21 世纪清华 MBA 系列教材

管 理 学

徐国华　张　德　赵　平

清华大学出版社
北　京

内 容 简 介

本书为工商管理硕士(MBA)的基础性教材。本书系统地介绍了管理的基本原理、原则和方法,详细地阐述了计划、组织、控制、激励、领导、协调等管理职能和企业文化建设的客观规律及实施要点。本书与其他教材的不同之处在于对中国古代的管理思想进行了深入的分析,对管理学的前沿问题和最新思潮进行了介绍,对21世纪的管理进行了展望。其中融进了作者多年的学术研究成果,有利于读者开阔视野、更新观念,这是一本内容新颖、语言流畅、深入浅出的教科书,它不仅适用于管理专业的本科生、研究生、MBA阅读,而且适于管理学者、企业经营者和所有想自修管理的朋友们阅读。

本书扉页为防伪页,封面贴有清华大学出版社防伪标签,无上述标识者不得销售。
版权所有,侵权必究。举报:010-62782989,beiqinquan@tup.tsinghua.edu.cn。

图书在版编目(CIP)数据

管理学/徐国华等编著.—北京:清华大学出版社,1998.10(2022.7重印)
(21世纪清华 MBA 系列教材)
ISBN 978-7-302-03072-0

Ⅰ.管… Ⅱ.徐… Ⅲ.管理学-研究生-教材 Ⅳ.C93

中国版本图书馆 CIP 数据核字(98)第 23004 号

责任编辑:魏荣桥
责任印制:杨 艳

出版发行:清华大学出版社
网　　址:http://www.tup.com.cn,http://www.wqbook.com
地　　址:北京清华大学学研大厦 A 座　　邮　编:100084
社 总 机:010-83470000　　邮　购:010-62786544
投稿与读者服务:010-62776969,c-service@tup.tsinghua.edu.cn
质量反馈:010-62772015,zhiliang@tup.tsinghua.edu.cn

印 刷 者:北京富博印刷有限公司
装 订 者:北京市密云县京文制本装订厂
经　　销:全国新华书店
开　　本:185mm×230mm　　印　张:21.25　　防伪页:1　　字　数:450 千字
版　　次:1998 年 10 月第 1 版　　印　次:2022 年 7 月第 57 次印刷
定　　价:45.00 元

产品编号:003072-03/F

MBA 课程系列教材编委会名单

主 任 委 员　赵纯均

副主任委员　李子奈　仝允桓

委　　　员　（以姓氏笔划为序）

　　　　　　王承继　仝允桓　孙礼照

　　　　　　李子奈　陈小悦　赵　平

　　　　　　赵纯均　赵家和　徐国华

　　　　　　蓝伯雄

前　言

随着我国改革开放的不断深入和经济的迅速发展,亟需大批拥有广博的知识基础、懂得市场经济的一般规律、熟悉其运行规则、掌握必要的管理技能、了解中国企业实情、具有决策能力、创新意识和开拓精神的管理人才,培养足够数量的这类人才,是我国管理教育界面临的紧迫任务。

工商管理硕士(Master of Business Administration,简称 MBA)教育是发达国家普遍采用的培养高层次管理人才的重要方式,是大学管理教育的主流,美国每年 MBA 学位授予人数约占全部硕士学位授予人数的四分之一。从 1991 年开始,我国国务院学位委员会授权清华大学等 9 所高等院校开展培养工商管理硕士(MBA)的试点工作,我国的 MBA 教育正式起步。1994 年起招收 MBA 研究生的试验点院校扩大到 26 所,并成立了全国工商管理教育指导委员会。

我国工商管理硕士(MBA)教育的目标是培养德智体全面发展、适应我国工商企业和经济管理部门需要的高层次务实型综合管理人才。根据这一目标,清华大学经济管理学院在 MBA 培养试点工作中总结改革开放后十几年来培养高层次管理人才的经验,借鉴国外优秀管理院校的成功做法,学习国内兄弟院校的长处,对 MBA 的培养方案、课程体系、教学内容和教学方法进行了系统研究并不断加以改进和完善,同时陆续编写了一批用于 MBA 教学的教材、讲义和案例集。

随着 MBA 培养规模的逐步扩大和对 MBA 教育规律认识的不断深化,国内原有的以编译为主的教材已不能适应 MBA 教育发展的要求,需要编写一套体系完整配套、内容实用新颖、具有国际可比性,同时符合中国国情的 MBA 课程系列教材。基于这一认识,我们组织力量对教材的选题、体系的组织和内容的取舍进行了认真的研究,在清华大学出版社的支持下,向读者奉献了这套教材。

这套系列教材在体系上充分考虑了对 MBA 知识结构的要求,覆盖了 MBA 培养方案中内容相对稳定的主要课程,既保证了各门课程知识的系统性,又照顾到课程之间的联系与协调。在教材内容上突出了"宽、新、实"的特点,即:知识面要宽,兼收并蓄中外管理科学的优秀理论与方法;内容要新而实,反映各学科的最新进展,理论联系实际,符合中国国情,具有可操作性。

本系列教材包括 15 门 MBA 主要课程中使用的 16 本教材。教材的编写者都是从事该课程教学多年的经验丰富的教师。教材的内容与体系经过了多轮教学实践的检验。

这套教材主要适于工商管理硕士课程教学,也可供管理科学与管理工程类专业研究生和高年级本科生使用,还可作为企业和各级经济管理部门实际管理工作者自学的参考书。

管理学科是一个迅速发展的学科,由于我们的水平所限,这套教材中难免有疏漏和不足之处,希望广大读者提出宝贵意见,使这套教材在再版时能更加完善。

清华大学经济管理学院工商管理硕士
(MBA)课程系列教材编写委员会
1995年1月

序

《管理学》是管理学科的一门基础性课程,该课程要求学生能够对管理的基本思想、基本内容、基本原则和基本方法有较全面的了解。虽然目前已有一些管理学教材,但多是针对大学本科和一般硕士生的。随着工商管理硕士(MBA)教育的兴起,越来越感到缺乏针对 MBA 学生的管理学教材,这就是我们编写此书的初衷。

本书以管理程序学派的思想为主要理论构架,并广泛吸收了其他管理学派的研究成果,既希望能够反映国外的主要管理理论,又希望能够反映中国古代的管理思想和当代成功的管理经验。本书的侧重点不在于具体的管理技术和方法,而在于树立正确的管理观念。特别是本书着重介绍了 20 世纪 80 年代以来管理学领域的最新成就,诸如知识经济与管理、科学管理与文化管理、管理与价值观、管理与文化的关系。我们希望 MBA 学生能从管理者的角度联系思想和业务实际学习本书,自当能获得较好的效果。

管理学是一门范围极广的学科,由于编者才疏学浅,疏漏之处在所难免,敬请读者不吝指正。

张德　赵平

1998 年 6 月日

于清华园

目　　录

第一章　基本概念 ··· 1
　　第一节　管理所要解决的基本矛盾 ····························· 1
　　第二节　管理的含义 ··· 1
　　第三节　管理的作用 ··· 3
　　第四节　管理学的特性 ·· 4
　　第五节　企业 ·· 10
　　本章复习题 ·· 14

第二章　管理思想发展史 ··· 15
　　第一节　早期的管理思想 ··· 15
　　第二节　泰勒的科学管理 ··· 18
　　第三节　法约尔的一般管理 ······································ 23
　　第四节　霍桑试验和梅奥的人群关系论 ···················· 29
　　第五节　巴纳德的组织理论 ······································ 34
　　第六节　现代管理学派 ·· 38
　　本章复习题 ·· 44

第三章　中国古代的管理思想 ······································· 45
　　第一节　一分为二地对待中国古代的文化遗产 ·········· 45
　　第二节　中国传统文化的基本特征 ··························· 46
　　第三节　中国古代的管理思想 ·································· 53
　　本章复习题 ·· 59

第四章　计划职能 ··· 61
　　第一节　计划的性质 ··· 61
　　第二节　计划的类型 ··· 64
　　第三节　计划与战略管理 ··· 69
　　第四节　组织目标 ··· 71
　　第五节　计划工作的步骤 ··· 78
　　第六节　现代计划方法 ·· 84
　　第七节　目标管理 ··· 92
　　本章复习题 ·· 96
　　本章讨论题 ·· 97

第五章 组织职能 … 98
第一节 组织的基本概念 … 98
第二节 组织设计的任务 … 100
第三节 组织结构的类型 … 102
第四节 组织设计的传统原则 … 110
第五节 组织设计的动态原则 … 116
第六节 组织设计的权变理论 … 119
第七节 团队组织与合作 … 122
第八节 组织变革 … 131
本章复习题 … 140
本章讨论题 … 140

第六章 控制职能 … 142
第一节 控制的内涵 … 142
第二节 控制的手段 … 146
第三节 控制的类型 … 149
第四节 控制的方法 … 156
第五节 如何有效地实施控制 … 164
本章复习题 … 168
本章讨论题 … 169

第七章 激励职能 … 170
第一节 基本概念 … 170
第二节 马斯洛的层次需要论 … 173
第三节 赫兹伯格的双因素理论 … 178
第四节 弗隆的期望理论 … 181
第五节 帕特和劳勒的激励模式 … 184
第六节 亚当斯的公平理论 … 185
第七节 斯金纳的强化理论 … 187
第八节 激励的一般原则 … 189
本章复习题 … 195
本章讨论题 … 196

第八章 领导职能 … 197
第一节 领导的内涵 … 197
第二节 人性假设理论 … 200
第三节 领导者素质 … 205
第四节 领导方式 … 210

第五节　决策…………………………………………………………………221
　　第六节　用人…………………………………………………………………232
　　第七节　领导效率……………………………………………………………235
　　本章复习题……………………………………………………………………241
　　本章讨论题……………………………………………………………………242
第九章　协调职能…………………………………………………………………243
　　第一节　团体…………………………………………………………………243
　　第二节　冲突…………………………………………………………………250
　　第三节　沟通…………………………………………………………………254
　　第四节　人际关系……………………………………………………………260
　　第五节　公共关系……………………………………………………………270
　　本章复习题……………………………………………………………………279
　　本章讨论题……………………………………………………………………280
第十章　组织文化…………………………………………………………………281
　　第一节　企业文化的内涵与结构……………………………………………281
　　第二节　文化力——企业竞争力的重要源泉………………………………285
　　第三节　企业文化建设——现代化管理的重要组成部分…………………289
　　本章复习题……………………………………………………………………293
　　本章讨论题……………………………………………………………………294
第十一章　比较管理………………………………………………………………295
　　第一节　美国的管理…………………………………………………………295
　　第二节　日本的管理…………………………………………………………300
　　第三节　德国的管理…………………………………………………………305
　　第四节　亚洲"四小龙"的管理………………………………………………309
　　第五节　中国的管理…………………………………………………………313
　　本章复习题……………………………………………………………………318
　　本章讨论题……………………………………………………………………318
第十二章　未来的管理……………………………………………………………319
　　第一节　管理的软化趋势……………………………………………………319
　　第二节　文化管理——21世纪的管理………………………………………322
　　本章复习题……………………………………………………………………328
　　本章讨论题……………………………………………………………………328
主要参考书……………………………………………………………………………329
后记……………………………………………………………………………………330

第一章 基本概念

管理是人们社会活动的重要组成部分之一,企业则是社会的基本经济细胞,所以,以企业为主要对象来研究管理具有普遍意义。这一章是本书的基础,主要介绍管理和企业最基本的概念。

第一节 管理所要解决的基本矛盾

管理,顾名思义:既管且理。管什么?理什么?家庭主妇要管理家务;儿童要管理自己的零用钱;每个人都要管理自己的时间。这是广义的管理。更重要的领域是组织的管理:总统管理国家,将军管理军队,校长管理学校,厂长管理工厂,总经理管理公司等等。这是狭义的管理。本书主要探讨后者,即组织的管理。

国家为什么要设立总统、总理、部长?军队为什么要设立司令、参谋?企业为什么要设立董事、总经理、厂长?这些管理者所面对的主要难题是什么?一言以蔽之——有限的资源与互相竞争的多种目标的矛盾,这是管理的基本矛盾。

假使资源的供应是无限的,人们要钱有钱,要物有物,要人有人,要时间有时间,要空间有空间……那么组织的活动将可随心所欲,为所欲为,管理将变成多余之举。遗憾的是,当今的世界,仍然是资源有限(甚至贫乏)的,而人们所要追求的目标则是多种多样的。这些目标在实现的过程中,围绕着争夺资源而进行无情的竞争。那么,这有限的资源如何在互相竞争的多种目标间合理分配?分配之后的资源如何组织、控制和协调?对于其中最宝贵的资源——人,如何进行领导和激励?这都需要有专人去思考,去组织,去携手实施,亦即进行管理。随着生产力的发展,随着人类社会的进步,资源与目标的矛盾越来越复杂,越来越重要,管理也越来越成为人们关注的焦点。

第二节 管理的含义

什么是管理?这是每个初学管理的人首先遇到的问题。众所周知,管理有许多特殊的领域,例如行政管理、经济管理、企业管理,以及各种行业、部门和过程的管理。这些领域都有专门的学科进行研究,但是我们稍加分析就可以发现,这些专门的学科有许多共性的内容,如人、财、物的组织与计划问题,对人进行领导和激励的问题等等。一般地说,这些专门的学科都有管理这一含义。本书所要研究的正是这种一般意义的管理。遗憾的是,直到目前为止,管理一词还没有一个统一的为大多数人所接受的定义。原因很简单,不同的人在研究管理时的出发点不同,因此,他们对管理一词所下的定义也就不同。

强调工作任务的人认为:"管理就是由一个或多个人来协调其他人的活动,以便收到个人单独活动所不能收到的效果。"这种定义的出发点为:在社会中人们之所以形成各式各样的组织和集团,这是由于集体劳动所能取得的效果是个人劳动无法取得的,或者仅能在很小的规模上很长的时间内取得。美国的阿波罗登月计划曾经聚集了几万名科学家、几千家企业为其研究、设计和制造。这样巨大的项目所需要的知识是任何人都无法全面掌握的,更谈不上具体地实现这项计划。即使像建造住房这种相对来说比较简单的工作,单凭个人去做也仅能局限在一个很小的规模上,而且要花费相当长的时间才有可能完成。总之,组织活动扩大了人类的能力范围。然而,要真正收到这种集体劳动的效果,必须有个先决条件,即集体成员的活动必须协调一致。类似于物理学中布朗运动的活动方式,是无法收到这种效果的。为此,就需要一种专门的活动,这种活动就是管理。

强调管理者个人领导艺术的人认为:"管理就是领导。"该定义的出发点为:任何组织都有一定的结构,而在结构的各个关键点上是不同的职位,占据这些职位的是一些具有特殊才能或品质的人,这些人被称之为领导者。组织中的一切有目的的活动都是在不同层次的领导者的领导之下进行的,组织活动是否有效,取决于这些领导者个人领导活动的有效性。所以,他们认为管理就是领导。

强调决策作用的人认为:"管理就是决策。"狭义地说,决策就是做出决定的意思。广义地说,决策是一个过程,它包括收集各种必要的资料,提出两个或两个以上备选方案,对备选方案进行分析评价,找出最佳方案,以及跟踪检查。该定义的提出者强调,决策贯穿于管理的全过程和所有方面;组织是由一些决策者所构成的系统;任何工作都必须经过这一系列的决策才能完成。如果决策错误,执行得越好,所造成的危害就越大。因此,任何一项组织工作的成败归根结底取决于决策的好坏。所以,他们认为管理就是决策。

管理一词还有许多定义,这些定义都是从不同的角度提出来的,也仅仅反映了管理性质的某个侧面。为了对管理进行比较广泛的研究,而不局限于某个侧面,本书采用下面的定义:

管理是通过计划、组织、控制、激励和领导等环节来协调人力、物力和财力资源,以期更好地达成组织目标的过程。

这个定义有三层含义:

第一层含义说明了管理采用的措施是计划、组织、控制、激励和领导这五项基本活动。这五项活动又被称之为管理的五大基本职能。所谓职能是指人、事物或机构应有的作用。每个管理者工作时都是在执行这些职能的一个或几个。简言之,计划职能包括对将来趋势的预测,根据预测的结果建立目标,然后要制订各种方案、政策以及达到目标的具体步骤,以保证组织目标的实现。国民经济五年计划、企业的长期发展计划以及各种作业计划都是计划的典型例子。组织职能一方面是指为了实施计划而建立起来的一种结构,该种结构在很大程度上决定着计划能否得以实现；另一方面是指为了实现计划目标所进行的组织过程。比如，要根据某些原则进行分工与协作，要有适当的授权，要建立良好的沟通渠道等等。组织对完成计划任务具有保证作用。控制职能是与计划职能紧密相关的，它包括制定各种控制标准；检查工作是否按计划进行，是否符合既定的标准；若工作发生偏差要及时发出信号，然后分析偏差产生的原因，纠正偏差或制定新的计划，以确保实现组织目标。用发射的导弹飞行过程来解释控制职能是一个比较好的例子。导弹在瞄准飞机发射之后，由于飞机在不断运动，导弹的飞行方向与飞机这个目标将出现偏差，这时导弹中的制导系统就会根据飞机尾部喷气口所发出的热源来调整导弹的飞行方向，直到击中目标。激励职能和领导职能主要涉及的是组织活动中人的问题：要研究人的需要、动机和行为；要对人进行指导、训练和激励，以调动他们的工作积极性；要解决下级之间的各种矛盾；要保证各单位、各部门之间信息渠道畅通无阻等等。

管理定义中的第二层含义是第一层含义的目的，即利用上述措施来协调人力、物力和财力方面的资源。所谓协调是指同步化与和谐化。一个组织要有成效，必须使组织中的各个部门、各个单位，直到各个人的活动同步与和谐；组织中人力、物力和财力的配备也同样要同步、和谐。只有这样才能均衡地达到多元的组织目标。一个以汽车为其主要产品并且管理良好的企业，它在人力、设备、厂房和资金方面都有一个适当的比例，每个部门、每个单位，以至每个人什么时间做什么，何时完成，送到什么地点，都将有严格的规定，这样才能保证用较低的成本，生产出高质量的汽车。这就如同一支配合良好的乐队，尽管大家各奏各的音调，配合起来则是一首美妙的交响曲。

管理定义中的第三层含义又是第二层含义的目的。协调人力、物力和财力资源是为使整个组织活动更加富有成效，这也是管理活动的根本目的。

第三节　管理的作用

美国国际商业机器公司的创办人托马斯(Thomas J. Walson)曾经讲过下面这样一个故事，深入浅出地说明了管理的作用。

有一个男孩子第一次弄到一条长裤，穿上一试，裤子长了一些。他请奶奶帮忙把裤子剪短一点，可奶奶说，眼下的家务事太多，让他去找妈妈。而妈妈回答他，今天她已经同别人约好去玩桥牌。男孩子又去找姐姐，但是姐姐有约会，时间就要到了。这个男孩子非常失望，担心明天穿不上这条裤子，他就带着这种心情入睡了。

奶奶忙完家务事，想起了孙子的裤子，就去把裤子剪短了一点；姐姐回来后心疼弟弟，又把裤子剪短了一点；妈妈回来后同样也把裤子剪短了一点。可以想象，第二天早上大家会发现这种没有管理的活动所造成的恶果。

由上述例子可以看出，任何集体活动都需要管理。在没有管理活动协调时，集体中每个成员的行动方向并不一定相同,以至于可能互相抵触。即使目标一致,由于没有整体的配合,也达不到总体的目标。

随着人类的进步和经济的发展,管理所起的作用越来越大。当今世界,各国经济水平的高低很大程度上取决于其管理水平的高低。国外一些学者的调查统计证实了这一点。第二次世界大战后,一些英国专家小组去美国学习工业方面的经验。他们很快就发现,英国在工艺和技术方面并不比美国落后很多。然而,英国的生产率水平同美国相比为什么相差得如此悬殊呢?进一步的调查发现,英国工业在生产率水平方面比较低的主要原因在于英国的组织管理水平远远落后于美国。而美国经济发展速度比英国快,其最主要的原因就是依靠较高的管理水平。美国前国防部长麦克纳马拉说过,美国经济的领先地位三分靠技术,七分靠管理。美国经济上的强大竞争力与美国在管理科学上的突飞猛进显然具有内在联系。

美国的邓恩和布兹特里斯信用分析公司在研究管理的作用方面也作了大量工作。多年来,他们对破产企业进行了大量调查。结果表明,在破产企业中,几乎有 90% 是由于管理不善所致。

中国国有企业面临许多困难。调查显示,80% 以上的亏损企业是由于管理不善所致。我国国有企业的改革和发展,没有轻松的道路可走,只有老老实实地研究改善经营管理,建立一套现代企业管理制度才行。没有现代财务、成本、质量管理和科学决策制度,没有扎扎实实的管理基础工作,就不能搞现代市场经济。1996 年 7 月朱镕基同志在一次会议中指出:"对管理的重要性,宣传得还太少,要大力宣传加强企业的经营管理,要大力提倡振兴中国的管理科学,要总结中国管理实践的经验。""今天到了要大力提倡改善中国的管理和发展中国的管理科学的时候了。党中央提出了'科教兴国'的方针。这个科学包括自然科学和社会科学两个方面,当然也包括了管理科学。现在,确实需要强调管理科学和管理教育也是兴国之道。"

第四节　管理学的特性

管理学作为一门学科与其他许多学科不同,它具有许多特点,如管理学是一门综合性学科,管理学既是科学又是艺术,管理学是一门不精确的学科。要用系统的观点来学习管理,了解管理学的这些特点,将有助于加深理解本书的内容。

一、管理学是一门综合性学科

管理学的主要目的是要指导管理实践活动。而当代的管理活动异常复杂,作为管理者仅掌握一方面的知识是远远不够的。只有具备广博的知识面,才能对各种管理问题应付自如。以企业为例,厂长要处理有关生产、销售、计划和组织等问题,他就要熟悉工艺、预测方法、计划方法和授权的影响因素等等。这里包括了工艺学、统计学、数学、政治学、经济学等内容。而最主要的是,厂长要处理企业中与人有关的各种问题,像劳动力的配置、工资、奖励、调动人的积极性和协调各部门中人们之间的关系。这些问题的解决又有赖于心理学、人类学、社会学、生理学、伦理学等学科的一些知识和方法。机关、医院、学校的管理活动也有类似的情况。管理活动的复杂性、多样性决定了管理学内容的综合性。管理学就是这样一门综合性学科,它不分门类,针对管理实践中所存在的各种活动,在人类已有的知识宝库中广泛收集对自己有用的东西,并加以拓展,以便更好地指导人们的管理实践,这是管理学的一大特点。

表 1-1 是管理学中的主要内容与其他学科的关联图。图中绘出了本书各章涉及到的学科,用 * 表示。

表 1-1 本书各章所涉及的学科

学科 章次	马克思主义哲学	心理学	人类学	社会学	政治学	经济学	历史	生理学	伦理学	数学	统计学	运筹学	系统论	会计学	工艺学	计算机	教育学	法学
第一章 基本概念	*		*	*	*		*											
第二章 管理思想发展史	*	*	*	*	*	*	*		*								*	
第三章 中国古代的管理思想	*	*	*	*	*	*	*		*									*
第四章 计划职能	*					*				*	*	*	*					
第五章 组织职能	*	*	*	*									*				*	
第六章 控制职能	*									*	*	*		*				
第七章 激励职能	*	*		*				*	*								*	*
第八章 领导职能	*	*		*					*									
第九章 协调职能	*	*		*									*				*	
第十章 组织文化	*	*		*					*								*	
第十一章 比较管理	*	*			*	*												*
第十二章 未来的管理	*	*		*		*										*		*

二、管理学既是科学又是艺术

管理学是一门科学,这是因为它确实具有科学的特点。

(1) 客观性。管理学的研究对象是人类社会中各种组织的管理活动,它从客观实际出发,揭示管理活动的各种规律,这些规律是客观存在的,谁违反这些规律就必然遭到惩罚。

(2) 实践性。管理学是从实践中产生并发展起来的一门学科,它所包含的知识都是人们多年来实践经验的总结,它的直接目的就是有效地去指导实践。

(3) 理论系统性。现在的管理学已经形成了一整套理论,这是通过对大量的实践经验进行概括和总结而完成的。管理学的各个章节所包括的内容相互间有着紧密的联系,从而形成了一个合乎逻辑的系统。

(4) 真理性。管理学的真理性是不言而喻的,它的许多原则都是经过了实践反复的检验才抽象出来的。因此,它是一种科学知识,是对客观事物及其规律的真实反映。

(5) 发展性。管理学是处于不断发展完善的过程当中,因为受到各方面条件的限制,管理学不可能达到尽善尽美的程度,它要在发展中不断充实、完善,有些内容还要进行修正,使之能够更有效地去指导实践。

总之,管理学完全具备科学的特点,确实是一种反映了客观规律的综合的知识体系。此外,管理学也要利用严格的方法来收集数据,并对数据进行分类和测量,建立一些假设,然后验证这些假设,以探索未知的东西。所以我们说管理学是一门科学。

那么,为什么说管理学又是一种艺术呢?这是因为艺术的含义是指能够熟练地运用知识,并且通过巧妙的技能来达到某种效果。而有效的管理活动正需要如此。真正掌握了管理学知识的人,应该能够熟练地灵活地把这些知识应用于实践,并能根据自己的体会不断创新。这一点同其他学科不同,学会了数学分析,就能求解微分方程,背熟了制图的所有规则,就能画出机器的图纸。管理学则不然,背会了所有管理原则,不一定能够有效地进行管理。重要的是培养灵活运用管理知识的技能,这种技能在课堂上是很难培养的,需要在实际管理工作中去掌握。

三、管理学是一门不精确的学科

在给定条件下能够得到确定结果的学科称之为精确的学科。数学就是一门精确的学科,只要给出足够的条件或函数关系,按一定的法则进行演算就能得到确定的结果。管理学则不同,在已知的条件完全一致的情况下,有可能产生截然相反的结果。用管理学术语来解释这种现象,就是在投入的资源完全相同的情况下,其产出却可能不同。比如两个企业,已知其生产条件、人员素质和领导方式完全相同,他们的经营效果可能相差甚远。为什么会有这种现象出现?这是因为影响管理效果的因素太多,许多因素是无法完全预知的,如国家的方针、政策和法令,自然环境的突然变化与其他企业的经营决策等等。这种无法预知的因素被称之为"本性状态"。正是由于"本性状态"的存在,才造成了管理结果的多样性。实际上,所谓"两个企业的投入完全相同"这句话本身就是不精确的,因为"投入"不可能完全相同,即使表面上在数量、质量、种类方面完全相同,人的心理因素也不可能完全相同。管理主要是同人发生关系,对人进行管理,那么人的心理因素就必然是一种不可忽略的因素。而人的心理因素是难以精确测量的,它是一种模糊量。诸如人的思想、感情、个性、作风、士气,以及人际关系、领导方式、组织文化等等,都是管理学的研究对象,又都是模糊量。在这样复杂的情况下,我们还没有找出更有效的定量方法,使管理本身精确化,而只能借助于定性的办法,或者利用统计学的原理来研究管理。因此,我们说管理是一门不精确的学科。

四、管理学的系统观念

在一个组织当中,它的每个要素的性质或行为都将影响整个组织的性质和行为,这是因为组织内的各要素是相互联系、相互作用、相互影响的,而且组织作为一个整体是由各要素的有机结合而构成的。因此在进行管理时,就要考虑各要素之间的相互关系,考虑每个要素的变化对其他要素和整个组织的影响。这种从全局或整体考虑问题的方式就称之为系统观念。

下一个严格的定义:"系统就是由两个或两个以上相互关联的要素所构成的集合。"

而作为系统观念主要有以下几点:

(1) 相互作用相互依存性。系统中的各要素不是简单的堆积或叠加,它们互相作用,互相制约,互为存在的条件,即具有整体与协作的形态。

(2) 重视系统的行为过程。即从行为与功能的角度来确定系统的要素及其联系。同时,为了更好地把握住系统的功能与行为,也注重对系统的结构进行分析。

(3) 根据研究目的来考查系统。系统的要素及联系,乃至系统与外部环境的边界等方面内容,都与目的有关。

(4) 系统的功能或行为可以通过输入与输出关系表现出来。即可以把系统看作一个转换模式,它接受投入,在系统中进行转换,从而输出产出。

(5) 系统趋向目标的行为是通过信息反馈,在一定的有规律的过程中进行的。所谓反馈是指将产出或系统过程的信息作为系统的投入,返回系统所导致转换过程和未来产出的变化。反馈有正负之分,正反馈是指使产出偏离增大,负反馈是指使产出偏离减小,重新达到平衡。

(6) 系统具有多级递阶结构。任何系统都是由次一级的子系统所组成的,同时它又是高一级超系统的子系统或组成部分。一个企业可以看成一个系统,它是由人事、生产、销售、财务等次一级子系统组成的,同时它又是整个国民经济的一个子系统。

(7) 等价原则。系统的某一给定的最终状态可以通过不同的方式不同的途径来达到,这些不同的方式和途径是等价的。这种观点认为,组织可以通过不同的投入和不同的内部运动来达到组织目标。管理活动并不一定非要寻找最优的固定的解决办法,而在于寻求各种可能的令人满意的解决方案。

(8) 开放系统与封闭系统。系统按其与外部环境的关系分为开放系统和封闭系统。开放系统是指系统本身和外部环境有信息交流。封闭系统是与外部环境没有信息交流的系统。但开放与封闭都是相对的,不是绝对的,是相比较而言的。例如,现代企业与传统企业相比,前者是一个开放系统。

(9)系统通过其要素的变化而得到发展,最后达到进一步整合,即系统达到更高层次的整体优化。这一过程可以由外部施加影响来完成,也可以由内部机制变化来完成。

上述几种系统观点对于管理都是十分重要的,在学习管理时以及实际进行管理时应该给予高度的重视。

五、管理学是一门软科学

软科学是和硬科学相对应的一种说法,这借用计算机技术中软件与硬件这两个术语的含义。一般把计算机主机及其外围设备称为硬件,而把有关计算机应用的技术及其程序称为软件。如果有了硬件,能否充分运用硬件,发挥计算机的全部功能,则取决于软件的优劣。管理情况与计算机的情况相类似,如果把组织中的人力、财力和物力看作硬件的话,管理就是软件。充分地调动人的积极性,发挥他们的内在潜力,有效地利用财力和物力,用较少的消耗,取得较大的效益,正是管理的任务。这是把管理看成软科学的第一层含义。第二,管理本身不能创造价值,它必须借助于被管理者及其他各种条件,并通过他们来体现管理的价值。这种价值很难从其他人创造的价值中明确地区分出来,究竟管理创造了多少价值,完全是一种模糊的概念。第三,若想通过管理来提高效益,是有一个时间过程的。其效益只能通过较长的时期之后才能看得出来。这不像设计了一种新产品,生产出来,销路不错,就能见到明显的成效。一种新产品设计方案在没有正式投产之前,人们就能对它进行比较准确的评估,预知其将来所带来的效益。一项管理措施在没有实施之前,总会有各种不同的看法,有些管理措施甚至在实施相当长时间之后,还不能准确地评价。特别提请注意的是,对管理措施的各种方案不易在事前进行评价,又不好逐项进行试验。因此,在选择管理措施时,往往主要取决于管理者的主观判断。即使某项措施经实践证明是无效的,也不能说明其他措施就一定有效。根据这些实际情况,人们把管理看成软科学。

六、管理的二重性

任何社会生产都是在一定的生产方式、一定的生产关系下进行的,生产过程具有两重性,既是物质资料的再生产,又是生产关系的再生产。因此,对生产过程进行管理也存在两重性,一种是与生产力相联系的管理的自然属性,另一种是与生产关系相联系的管理的社会属性。

现代化生产是社会化大生产,为了保证社会化大生产能够持续稳定地进行,就要按照社会化大生产的要求,合理地进行计划、组织、领导和控制,最有效地利用人力、物力和财力资源,提高经济效益。管理是生产力的要素之一,不进行有效的管理,生产就无法顺利地进行,更谈不上发展。在管理学中有一部分内容,诸如质量管理、库房管理、定额管理、成本管理、财务管理等,主要是对物的管理,不具有意识形态色彩。这些内容属于生产力的范畴,在不同国家、不同社会制度之间可以通用,甚至照搬。

在管理学中还包括另一部分内容,诸如组织目标、组织道德、领导作风、激励方式、管理理念、人际关系、群体价值观、组织文化等等,主要是对人的管理,具有较强的意识形态色彩,属于生产关系和社会关系的范畴。这些内容,与民族文化传统、社会制度、地方风俗、组织传统、社会风尚等密切相关,因此在不同国家、不同民族、不同社会制度之间的借鉴和交流较为复杂,不可直接照搬。当然,这并不是说这些内容没有普遍意义,只要是客观规律的真实反映,就具有科学性,也就有学习和借鉴的必要。只是在学习和借鉴过程中,我们应该清楚这些内容的历史的、阶级的和认识上的局限性,以及其适用的范围,结合自身的政治、思想和文化环境,取其精华,去其糟粕,实事求是,为我所用,同样会收到事半功倍的效果。

我们要正确认识管理的二重性,一方面要学习、借鉴发达国家先进的管理经验和方法,以便迅速地提高我国的管理水平;另一方面又要考虑我们自己的国情,建立自己的管理体系,或者说建立具有中国特色的社会主义管理体系,力争高速地发展我国经济。

需要注意的是,管理的自然属性和社会属性是两位一体的,不能把它们截然分开。我国的许多作者把管理的自然属性称为管理的一般职能,把管理的社会属性称为管理的特殊职能,而把管理的各项基本工作称为管理的基本职能。按照这种含义,管理的一般职能与管理的特殊职能总是结合在一起的,在管理的基本职能中体现出来,并一起发挥作用。例如,管

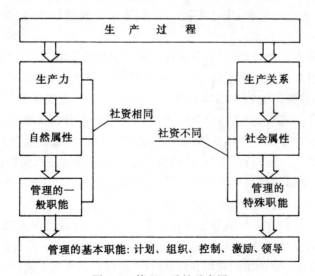

图 1-1 管理二重性示意图

理的基本职能之一是领导职能。针对不同的情况采用合理的领导方式，以提高效率是管理的一般职能，而在资本主义制度下，加强领导的目的是赚钱；社会主义的领导是为了增强大家同志式合作关系，高效地生产，为社会主义建设服务，而不是单单为了赚钱，这是管理的特殊职能在领导职能中的体现。

为了便于记忆，可按图1-1理解管理的二重性。

第五节 企 业

前面两节我们已经多次提到企业，今后我们仍然重点以企业为研究对象。本书之所以这样安排是由于企业的管理活动最复杂，其他类型的组织，如机关、学校、政府和医院等单位的管理活动，几乎在企业中都不同程度地存在着。本书中的结论也同样适用于其他类型的组织，在可能的情况下，我们也尽量给出一些其他方面的例子。

一、企业的含义

企业是从事生产、流通和服务等活动的独立的经济核算单位。它是拥有一定数量的固定资产和流动资金，依照法律进行登记，并得到批准，在银行开设账户，具有法人资格的基本经济单位。

所谓独立的经济核算单位是指该单位对自己的生产经营活动的成果与消耗、收入与支出、盈利与亏损独立地进行考核，并对其负责，以促进企业改进技术，加强经营管理，提高经济效益。

所谓固定资产是指可供长期使用，并保证其原有实物形态的劳动资料和其他物质资料。如房屋、建筑物、机器设备和运输工具等等。一般对固定资产的识别都有一些明确规定，比如我国规定，称为固定资产的物资必须具备两个条件：第一，使用年限必须在一年以上；第二，其价值大于一定的下限（大型工业企业为800元，中型企业为500元，小型企业为200元）。

流动资金是指在企业的生产经营活动当中，处于生产领域或流通领域供周转使用的资金。它的主要实物形态为原材料、燃料、辅助材料等。它们通过一次生产过程就丧失了原来的实物形态，其价值全部转移到产品中去，然后又变成货币形式，从下一个生产周期开始，又转换成另一批劳动对象，这样周而复始，所以称为流动资金。

账户是在会计核算中为了反映和考核有关单位的生产经营情况及其结果，对其经济业务按会计科目所作的分类记录，例如固定资产情况、原材料情况、货币资金情况等。

所谓法人是指具有一定的组织机构和独立财产，能以自己的名义进行民事活动，享有民事权利和民事义务，依照法定程序成立的组织。具有法人资格的组织，一般应具备如下几个条件：

① 必须正式在国家政府有关部门注册备案，完成登记手续。

② 应有专门的名称,固定的工作地点和组织章程。
③ 具有一定的组织机构和独立财产,实行独立核算。
④ 能独立对外。

二、企业的性质

一般而言,企业具有5个基本属性:

1. 商品性

企业从事的生产经营活动是以交换为目的的,无论其物质产品或服务皆进入市场,都成为市场中的商品。

2. 独立性

企业是独立的法人,能独立地承担民事责任;企业进行独立核算,自负盈亏;企业独立经营,自主地决定自己的生产经营活动。

3. 集团性

企业是一群人的集合,为了实现企业目标而进行分工合作,协调相互的关系,形成系统的合力。

4. 盈利性

盈利是企业生存和发展的基础,盈利也是企业经营的重要目标。

5. 社会性

企业是经济组织,同时又是社会组织。企业不仅有其经济上的追求——盈利、资产增值,还有其对社会的责任——为国家、民族和社区作贡献,为人类的幸福和文明尽义务。关注文化教育、社会公益、环境保护和扶贫济困等活动,这是现代企业的共同特性。

三、企业的分类

由于现代经济生活十分复杂,作为基本经济单位的企业也就有很多类别,企业的类别可以通过不同的方法进行划分。

1. 根据企业所属的经济部门可划分为农业企业、工业企业、建筑安装企业、运输企业、商业企业、物资企业、邮电企业、旅游企业和金融企业。

农业企业——从事农、林、牧、副、渔和采集等生产经营活动的企业。

工业企业——从事工业性生产和劳务等生产经营活动的企业。工业性生产和劳务活动主要指运用物理、化学和生物等技术,对自然资源、农业产品以及它们的中间产品进行加工,使其转化成生产资料或消费资料或维持其功能的活动。

建筑安装企业——主要指从事土木建筑和设备安装工程施工的企业。

运输企业——利用运输工具专门从事运输生产或直接为运输生产服务的企业。

商业企业——在社会再生产过程中专门从事商品交换活动的企业。商业企业主要通过商品的买卖活动,把商品从生产领域转移到消费领域,实现商品的价值,满足社会生产和人民生活的需要。

物资企业——组织物资流通并从事物资经营业务的企业。物资企业主要包括各级物资部门设立的专业公司、综合公司、供应站、物资储运公司和生产资料服务公司。

邮电企业——通过邮政和电信传递信息,办理通信业务和邮政业务的企业。

旅游企业——以旅游资源、服务设施为条件,通过组织游览活动向游客出售劳务的服务性企业。

金融企业——专门经营货币或信用业务的企业。它的经营范围主要包括:吸收存款、发放贷款、发行有价证券、从事保险、投资、信托业务、发行银行券、支票、办理货币支付、转账结算、国内外汇兑换和提供咨询服务等。

2. 根据生产力各要素所占的比重可将企业划分为劳动密集型企业,技术密集型企业和知识密集型企业。

劳动密集型企业——技术装备程度较低,用人较多,产品成本中活劳动消耗所占比重较大的企业。换句话说,劳动密集型企业是那种单位劳动力占用的固定资产少、活劳动占成本的比重大、资本有机构成低的企业。

技术密集型企业——又称资金密集型企业。即所需投资较多,技术装备程度较高,用人较少的企业。技术密集型企业同劳动密集型企业相比一般生产率较高,物资消耗少,单位产品成本低,竞争能力强。但它同时要求具有雄厚的资金,先进的技术装备,还要有大量的技术人才,相应配套的服务设施,否则就难以发挥优势。

知识密集型企业——综合运用先进的科学技术成就的企业。这类企业有较多的中、高级技术人员,需要花费较多的科研时间和产品开发费用,能生产高精尖产品。比如宇航工业企业,大规模集成电路工业企业等。

3. 根据生产资料所有制形式可分为全民所有制企业、集体所有制企业、合资经营企业以及私营企业。

全民所有制企业——又称国有企业。这类企业的特点是生产资料归社会主义社会中全体劳动人民占有,企业作为相对独立的经济单位具有法人财产权。因此企业必须维护国家财产的保值和增值,根据市场情况进行自主经营,自负盈亏;在企业内部,职工具有主人翁地位。

集体所有制企业——它是社会主义劳动群众集体占有生产资料的企业。它有权独立自主地支配自己的资产和产品。一般情况下,它只接受国家的指导性计划,独立经营,自负盈亏。管理人员应根据法律从全体劳动者中选举产生或罢免。

合资经营企业——这是由两个或两个以上不同单位或个人共同投入资金、设备、技术及其他资源,并通过协议共同经营的企业。它的主要特点是共同投资、共同经营、共分利润、共担风险。比如我国同外国的经济组织和个人,根据平等互利的原则建立的一些中外合资企业。

私营企业——这是由私人单独占有生产资料和产品的企业。这种企业的特点是完全自主经营,自负盈亏。比如我国目前存在的外国私人直接投资的私营企业,以及一些个体户自办的企业。

4. 按企业规模可划分为大型企业、中型企业和小型企业。

我们国家对企业规模的划分有过几次变动。70年代的标准,也就是目前实行的标准是以工业产品量表示的企业综合生产能力作为衡量企业规模的主要标记。例如,钢铁联合企业,年生产能力在100万吨以上的为大型企业,10万吨到100万吨的为中型企业,10万吨以下者为小型企业;棉纺厂纱锭在10万以上的为大型企业,5万到10万的为中型企业,5万以下者为小型企业。凡是产品品种繁多的企业则以固定资产原价值为划分标准。一般轻工业企业固定资产原价值在2 000万元以上者为大型企业,800万元到2 000万元为中型企业,800万元以下者为小型企业。其他行业也都有明确的规定。

除了上述几种分类方法外,还可以根据产品的经济性质划分为生产经营生产资料的企业和生产经营消费资料的企业。根据企业的组织结构类型划为单厂企业和多厂企业等等。企业的划分参看表1-2。

表1-2　企业的类别

分 类 原 则	企 业 类 型
根据企业所属经济部门划分	1. 农业企业　2. 工业企业　3. 建筑安装企业 4. 运输企业　5. 商业企业　6. 物资企业 7. 邮电企业　8. 金融企业
根据生产力各要素所占比重划分	1. 劳动密集型企业　2. 技术密集型企业 3. 知识密集型企业
根据生产资料所有制划分	1. 全民所有制企业　2. 集体所有制企业 3. 合资经营企业　4. 私营企业
根据企业规模划分	1. 大型企业　2. 中型企业　3. 小型企业
根据产品的经济性质划分	1. 生产生产资料的企业 2. 生产消费资料的企业
根据组织结构类型划分	1. 单厂企业　2. 多厂企业

本章复习题

1. 管理的含义是什么？有哪些有代表性的定义？
2. 论述管理的作用。
3. 为什么说管理学是一门综合性学科？
4. 为什么说管理学既是科学又是艺术？
5. 为什么说管理学是一门不精确的学科？
6. 如何理解系统的观念？
7. 为什么说管理是一门软科学？
8. 解释管理的二重性。
9. 控制职能属于管理的自然属性还是社会属性？
10. 什么是企业？
11. 什么叫法人？

第二章 管理思想发展史

管理从19世纪末才开始形成一门学科,但是管理的观念和实践已经存在了数千年。纵观管理思想发展的全部历史,大致可以划分为4个阶段:

第一阶段为早期的管理思想,产生于19世纪末以前。

第二阶段为古典的管理思想,产生于19世纪末到1930年之间,以泰勒(Frederick W. Taylor)与法约尔(Henri Fayol)等人的思想为代表。

第三阶段为中期的管理思想,产生于1930年到1945年之间,以梅奥(Elton Mayo)与巴纳德(Chester I. Barnard)等人的思想为代表。

第四阶段为现代管理思想,产生于1945年以后。这一时期管理领域非常活跃,出现了一系列管理学派,每一学派都有自己的代表人物。

将管理思想的发展按时间划分为4个阶段,只是为了讨论的方便,而不是说各阶段的管理思想是彼此独立、互不相关的。管理思想的发展大多是互相影响、互相补充的,很少是全部弃旧立新的。不能认为仅有现代管理思想才是正确的,前期的管理思想已无用途。对历史遗留下的各种管理思想,我们都应该采取分析和扬弃的态度。

下面我们分6节来讲述管理思想发展史。

第一节 早期的管理思想

自从有了人类历史就有了管理。因为人是社会动物,人们所从事的生产活动和社会活动都是集体进行的,要组织和协调集体活动就需要管理。

原始人在狩猎时,往往由一群人来捕杀一头猎物。这是由于他们认识到单个人没有这种能力,只有许多人同时从事这一活动,才能既保全自己,又捕获猎物。在这种情况下,需要大家配合行动,一些人举着火把,一些人抛掷石块,还有一些人拿着木棒……组织这种相互配合的活动实际上就是管理,尽管当时他们还没有创造出"管理"这一词。

管理思想是随着生产力的发展而发展起来的。原始社会的生产力水平非常低下,当时的管理水平也与之相适应。随着人类的不断进步,管理思想也有了很大发展。世界上的一些文明古国对早期的管理思想都有一些突出的贡献。

在公元前5000年左右,古代埃及人建造了世界七大奇迹之一的大金字塔。据考察,大金字塔共耗用上万斤重的大石料230多万块,动用了10万人力,费时20年才得以建成。完成这样巨大的工程是非常艰难的。其中包含了大量的组织管理工作,例如,组织人力进行计划与设计，在没有先进运输工具条件下，组织搬运，人力的合理分工等等。这些工作不但需要技术方面的知识，更重要的是要有许多管理经验。

在公元前2000年左右，古巴比伦国王汉穆拉比（Hammurabi）曾经颁布过一部法典，全文共有280多条，其中对人的活动作了许多规定，如个人财产怎样受到保护；百姓应该遵守哪些规范；货物贸易应该如何进行；臣民之间的隶属关系；最低工资标准；家庭纠纷与犯罪的处理等等。这里涉及了许多管理思想。

古希腊也留下了一些宝贵的管理思想。在公元前370年，希腊学者瑟诺芬（Xenophon）曾对劳动分工作了如下论述："在制鞋工厂中，一个人只以缝鞋底为业，另一个人进行剪裁，还有一个人制造鞋帮，再由一个人专门把各种部件组装起来。这里所遵循的原则是：一个从事高度专业化工作的人一定能工作得最好。"瑟诺芬的这一管理思想与后来科学管理的创始人泰勒的某些思想非常接近。尽管他们所处的时代相差了2200多年。

我们中国也是一个文明古国，她同样有着光辉的历史。在管理思想的发展史上占有重要地位。

早在2000多年前的春秋战国时期，杰出的军事家孙武所著的《孙子兵法》计十三篇，篇篇都闪耀着智慧的光芒。"知己知彼，百战不殆"这一名句就是书中的一例。它强调要了解敌我双方的情况，并要分析客观规律才能克敌制胜。像这样辩证的策略思想在《孙子兵法》中比比皆是。这种思想不仅在军事上，而且在管理上对今天的工作都有重要的参考价值。日本和美国的一些大公司甚至把《孙子兵法》列为培训经理的必读书籍。

我国现在还流传着田忌赛马的故事。故事发生在春秋战国时期，讲的是孙膑帮助田忌与齐王赛马。齐王出三匹马，田忌出三匹马。每匹马出场一次，共赛三场。胜的次数多者为最后胜利。然而，田忌最快的马比齐王最快的马要慢一些；田忌第二快的马比齐王第二快的马要慢一些；田忌最慢的马比齐王最慢的马还是慢一些。显然形势对田忌非常不利。田忌请孙膑帮忙。孙膑在分析了双方整个形势之后告诉田忌，当对方放出最快的马时，己方要放出最慢的马；当对方放出第二快的马时，己方放出最快的马；当对方放出最慢的马时，己方放出第二快的马。结果，田忌以二比一的优势赢得了这次比赛的胜利。这个故事所包含的管理思想就是当代管理科学中对策论的雏形。

在人类历史上，古罗马的文明，也为我们留下了管理方面的宝贵文化遗产。公元284年，古罗马建立了层次分明的中央集权帝国。他们在权力等级，职能分工和严格的纪律方面都表现出他们在管理上具有相当高的水平。

在15世纪的意大利，曾出现过一位著名的思想家和历史学家马基埃维利（Machiavelli Niccolo），他阐述了许多管理思想，其中影响最大的是他提出的四项领导原理。

（1）领导者必须要得到群众的拥护。这里有两层含义。其一，群众要拥护他作为领导者；其二，领导者做事要征得群众的同意。

（2）领导者必须维护组织内部的内聚力。领导者必须把组织的成员紧紧地团结在自己的周围,使自己及所在的组织具有吸引力。

(3) 领导者必须具备坚强的生存意志力。领导者要有坚韧不拔的精神,不软弱,不气馁,能为组织和自己的生存不断奋斗。

(4) 领导者必须具有崇高的品德和非凡的能力。

马基埃维利的四项领导原理是对当时出色领导人活动的概括和总结。现代领导理论中的一些原则同这些原理相当类似。由此看出,马基埃维利的贡献是不容置疑的。

在18世纪60年代以后,西方国家开始进行产业革命。这场革命使以手工业为基础的资本主义工场向采用机器的资本主义工厂制度过渡。产业革命使生产力有了较大的发展。随之而来的是管理思想的革命,计划、组织、控制等职能相继产生。企业规模不断扩大,劳动产品的复杂程度与工作专业化程度日益提高,企业经理人员也逐渐摆脱了其他工作,专门从事管理。

这期间苏格兰的政治经济学家与哲学家亚当·斯密(Adam Smith)在1776年发表了他的代表作《国富论》。该著作不但对经济和政治理论的发展有着突出贡献,对管理思想的发展也有重要的贡献。亚当·斯密在他的《国富论》中以制针业为例说明了劳动分工给制造业带来的变化。

他写道:如果一名工人没有受过专门的训练,恐怕工作一天也难以制造出一枚针来。如果希望他每天制造20枚针那就更不可能了。如果把制针程序分为若干项目,每一项就都变成一门特殊的工作了。一个人担任抽线工作,另一个人专门拉直,第三个人负责剪断,第四个人进行磨尖,第五个人在另一头上打孔并磨角。这样一来,平均一个人,每天可以生产48 000枚针,生产效率提高的幅度是相当惊人的。亚当·斯密认为,劳动分工之所以能大大提高生产效率,可归结为下面三个原因:

第一,增加了每个工人的技术熟练程度;

第二,节省了从一种工作转换为另一种工作所需要的时间;

第三,发明了许多便于工作又节省劳动时间的机器。

亚当·斯密这段生动论述,形象地把劳动分工的优越性展现出来了。

在产业革命后期,对管理思想贡献最大的人物应算英国人查尔斯·巴贝奇(Charles Babbage)。巴贝奇同是数学家、科学家和作家。他在进行管理研究时曾走遍英国和欧洲大陆,了解有关制造业方面的各种问题,并研究了经理人员解决这类问题的办法。巴贝奇以自己的亲身经验,奉劝当时的经理人员尽量采用劳动分工。通过时间研究和成本分析,他进一步分析了劳动分工使生产率提高的原因,他的解释比亚当·斯密更全面,更细致。劳动分工使生产率提高的原因是:

① 节省了学习所需要的时间;

② 节省了学习期间所耗费的材料;

③ 节省了从一道工序转移到下一道工序所需要的时间;

④ 经常从事某一工作,肌肉能够得到锻炼,不易引起疲劳;

⑤ 节省了改变工具,调整工具所需要的时间;

⑥ 重复同一操作,技术熟练,工作速度较快;

⑦ 注意力集中于单一作业,便于改进工具和机器。

巴贝奇的这 7 条原因现在已被人们普遍承认。

巴贝奇还提出了一种工资加利润分享制度,以此来调动劳动者工作的积极性。他认为,工人除了拿工资外,还应按工厂所创利润的百分比额外地得到一部分报酬。这样作法有以下几点好处:

① 每个工人的利益同工厂的发展及其所创利润的多少直接有关;

② 每个工人都会关心浪费和管理不善等等问题;

③ 能促使每个部门改进工作;

④ 有助于激励工人提高技术及品德;

⑤ 工人同雇主的利益一致,可以消除隔阂,共求企业的发展。

巴贝奇的这种工资加利润分享制度虽然有其阶级性,但他的这种管理思想对我们今天的工作仍然有一定的参考价值。

巴贝奇的另一贡献是他在其著名的著作《机械及制造经济》中对经理人员提出的许多建设性意见。

① 分析制造程序及成本;

② 应用时间研究技术;

③ 搜集资料时应使用印好的标准表格;

④ 分析企业机构的实际工作时,宜采用比较分析法;

⑤ 应研究各种不同颜色的纸张与油墨的效果,以确定何种颜色不易使眼睛疲劳;

⑥ 提问题时,要研究如何发问才能获得最佳效果;

⑦ 应根据以所得为基础的统计资料,来确定所需;

⑧ 生产程序的管理应该集权化,以求经济;

⑨ 应重视研究发展工作;

⑩ 应考虑厂址是否邻近原料供应地,以确定厂址位置;

⑪ 应建立一套对人人都有利的建议制度。

巴贝奇的这些思想无论在深度上,还是广度上都较前人甚至同代人有较大进步。他几乎研究了制造业的各个方面,他提出的许多原则不但适用于企业,也适用于其他类型的组织。

第二节 泰勒的科学管理

19 世纪末之前,工业上实行的是传统的管理办法,它的特点在于工厂的管理主要是凭工厂主个人的经验。不仅管理凭经验,而且生产方法、工艺制定以及人员培训也都是凭个人经验,靠饥饿政策迫使工人工作。企业主为了赚取更多的利润采用的手段不外乎是延长绝对劳动时间,或增加劳动强度。这种办法当时能够得以存在是因为工人阶级没有组织起来,并且失业现象严重。而随着工人阶级的成长壮大,企业主的这两种办法激起了工人阶级越来越强烈的反抗。劳资双方矛盾很大,工人阶级为了加强同企业主的斗争,组织起来成立工会,要求缩短工作日,降低劳动强度,增加工资。这就迫使企业主不得不放弃单靠解雇工人的办法去延长劳动时间,增大劳动强度。另一方面,当时生产力的发展水平也急需一套系统的管理理论和科学的管理方法与之适应。尽管早期的管理思想有其科学的一面,但毕竟非常零散,没有系统化。工厂主不可能完全认识到怎样进行管理才能既解决劳资关系问题,又不减少所获取的剩余价值。因此,如何改进工厂和车间的管理成了迫切需要解决的问题。当时许多工程师和管理实践家都在进行这方面的研究。泰勒是其中最有成就的一个,后人将他尊为"科学管理之父"。

泰勒于 1856 年出生在美国费城一个富裕家庭里,19 岁时因故停学进入一家小机械厂当徒工。22 岁时进入费城米德维尔钢铁公司,开始当技工,后来迅速提升为工长、总技师。28 岁时任钢铁公司的总工程师。1890 年泰勒离开这家公司,从事顾问工作。1898 年进入伯利恒钢铁公司继续从事管理方面的研究,后来他取得发明高速工具钢的专利。1901 年以后,他用大部分时间从事写作、讲演,宣传他的一套企业管理理论,即"科学管理——泰勒制"。他的代表作为《科学管理原理》。

一、泰勒科学管理的主要内容

泰勒科学管理的内容概括起来主要有 5 条:

1. 工作定额原理

泰勒认为,当时提高劳动生产率的潜力非常大,工人们之所以"磨洋工",是由于雇主和工人对工人一天究竟能做多少工作心中无数,而且工人工资太低,多劳也不多得。为了发掘工人们劳动生产率的潜力,就要制定出有科学依据的工作量定额。为此,首先应该进行时间和动作研究。

所谓时间研究,就是研究人们在工作期间各种活动的时间构成,它包括工作日写实与测时。

工作日写实,是对工人在工作日内的工时消耗情况,按照时间顺序,进行实地观察、记录和分析。通过工作日写实,可以比较准确地知道工人工时利用情况,找出时间浪费的原因,提出改进的技术组织措施。比如某位工人在工作时间内,进行工作准备用了多长时间,干活用了多长时间,谈天用了多长时间,满足自然需求用了多长时间,停工待料用了多长时间,清洗机器用了多长时间等等,都可以通过工作日写实清楚地记录下来,然后加以分析,保留必要时间,去掉不必要的时间,从而达到提高劳动生产率的目的。

测时,是以工序为对象,按操作步骤进行实地测量并研究工时消耗的方法。测时可以研究总结先进工人的操作经验,推广先进的操作方法,确定合理的工作结构,为制定工作定额提供参考。

所谓动作研究,是研究工人干活时动作的合理性,即研究工人在干活时,其身体各部位的动作,经过比较、分析之后,去掉多余的动作,改善必要的动作,从而减少人的疲劳,提高劳动生产率。

泰勒进行了一项很有名的实验。当时,他在伯利恒钢铁公司研究管理,他看到该公司搬运铁块的工作量非常大,有75名搬运工人负责这项工作。每个铁块重80多斤,距离为30米,尽管每个工人都十分努力,但工作效率并不高,每人每天平均只能把12.5吨的铁块搬上火车。泰勒经过认真的观察分析最后计算出,一个好的搬运工每天应该能够搬运47吨,而且不会危害健康。他精心地挑选了一名工人开始实验。泰勒的一位助手按照泰勒事先设计好的时间表对这位工人发出指示,如搬起铁块、开步走、放下铁块、坐下休息等等。到了下班时间,这名工人如期地把47吨铁块搬上了火车。而且从这以后,他每天都搬运47吨。泰勒据此把工作定额一下提高了将近3倍,并使工人的工资也有所提高。

所谓工作定额原理,即认为工人的工作定额可以通过调查研究的方法科学地加以确定。

2. 能力与工作相适应原理

泰勒认为,为了提高劳动生产率,必须为工作挑选第一流的工人。第一流工人包括两个方面,一方面是该工人的能力最适合做这种工作;另一方面是该工人必须愿意做这种工作。因为人的天赋与才能不同,他们所适于做的工作也就不同。身强力壮的人干体力活可能是第一流的,心灵手巧的人干精细活可能是第一流的。所以要根据人的能力和天赋把他们分配到相应的工作岗位上去。而且还要对他们进行培训,教会他们科学的工作方法,激发他们的劳动热情。

所谓能力与工作相适应原理,即主张一改工人挑选工作的传统,而坚持以工作挑选工人,每一个岗位都挑选第一流的工人,以确保较高的工作效率。

3. 标准化原理

标准化原理是指工人在工作时要采用标准的操作方法,而且工人所使用的工具、机器、材料和所在工作现场环境等等都应该标准化,以利于提高劳动生产率。

泰勒在这方面也做了一项实验。当时伯利恒钢铁公司的铲运工人每天上班时都拿着自己家的铲子,这些铲子大小各异,参差不齐。泰勒观察一段时间之后发现,这样做是十分不合理的。每天所铲运的物料是不一样的,有铁矿石、煤粉、焦炭等等,在体积相同时,每铲重量相差很大。那么,铲上的载荷究竟多大才合适？为此,他几星期改变一次铲上的载荷。最后,泰勒发现,对于第一流的铲运工人来说,铲上的载荷大约在 21 磅时生产效率最高。根据这项实验所得到的结论,泰勒依据不同的物料设计了几种规格的铲子,小铲用于铲运重物料,如铁矿石等。大铲用于铲运轻物料,如焦炭等。这样就使每铲的载荷都在 21 磅左右。以后工人上班时都不自带铲子,而是根据物料情况从公司领取特制的标准铲子。这种做法大大地提高了生产效率。这是工具标准化的一个典型例子。

4. 差别计件付酬制

泰勒认为,工人磨洋工的重要原因之一是付酬制度不合理。计时工资不能体现按劳付酬,干多干少在时间上无法确切地体现出来。计件工资虽然表面上是按工人劳动的数量支付报酬,但工人们逐渐明白了一件事实,只要劳动效率提高,雇主必然降低每件的报酬单价。这样一来,实际上是提高了劳动强度。因此,工人们只要做到一定数量就不再多干。个别人想要多干,周围的人就会向他施加压力,排挤他,迫使他向其他人看齐。

泰勒分析了原有的报酬制度之后,提出了自己全新的看法。他认为,要在科学地制定劳动定额的前提下,采用差别计件工资制来鼓励工人完成或超额完成定额。如果工人完成或超额完成定额,按比正常单价高出 25% 计酬。不仅超额部分,而且定额内的部分也按此单价计酬。如果工人完不成定额,则按比正常单价低 20% 计酬。泰勒指出,这种工资制度会大大提高工人们的劳动积极性。雇主的支出虽然有所增加,但由于利润提高的幅度大于工资提高的幅度,所以对雇主也是有利的。

5. 计划和执行相分离原理

泰勒认为应该用科学的工作方法取代经验工作方法。经验工作方法的特点是工人使用什么工具,采用什么样的操作方法都根据自己的经验来定。所以工效的高低取决于他们的操作方法与使用的工具是否合理,以及个人的熟练程度与努力程度。科学工作方法就是前面提到过的在实验和研究的基础上确定的标准操作方法和采用标准的工具、设备。泰勒认为,工人凭经验很难找到科学的工作方法,而且他们也没有时间研究这方面的问题。所以,应该把计划同执行分离开来。计划由管理当局负责,执行由工长和工人负责,这样有助于采用科学的工作方法。这里的计划包括三方面内容:

① 时间和动作研究；
② 制定劳动定额和标准的操作方法,并选用标准工具；
③ 比较标准和执行的实际情况,并进行控制。

以上 5 条就是科学管理的主要内容。泰勒认为科学管理的关键是工人和雇主都必须进行一场精神革命,要相互协作,努力提高生产效率。当然,雇主关心的是低成本,工人关心的是高工资。关键是要使双方认识到提高劳动生产率对双方都是有利的。泰勒对此有这样的论述"劳资双方在科学管理中所发生的精神革命是,双方都不把盈余的分配看成头等大事,而把注意力转移到增加盈余的量上来,直到盈余大到这样的程度,以至不必为如何分配而进行争吵。……他们共同努力所创造的盈余,足够给工人大量增加工资,并同样给雇主大量增加利润。"这就是泰勒所说的精神革命。遗憾的是泰勒所希望的这种精神革命一直没有出现。

二、对泰勒科学管理的分析

泰勒研究科学管理的意图是对付工人"磨洋工",即工人反对资本家的一种斗争形式,最大限度地利用工人的工作日,以保证企业主的最大利润,所以它的阶级性是很明显的。但是如何全面正确地分析它和对待它,不仅对于正确理解管理发展史,而且对于改进我们今天的企业管理都是很有意义的。

1. 泰勒科学管理的二重性

列宁认为:"泰勒制——也同资本主义其他一切进步的东西一样,有两个方面,一方面是资产阶级剥削的最巧妙的残酷手段,另一方面是一系列最丰富的科学成就,即按科学来分析人在劳动中的机械动作,省去多余的笨拙的动作,制定最精确的工作方法,实行最完善的计算和监督制度等等。"他要求"在俄国研究与传授泰勒制,有系统地试行这种制度,并使它适应下来。"他还认为"社会主义实现得如何,取决于我们苏维埃政权和苏维埃管理机构同资本主义新的进步的东西结合的好坏。"

列宁这段论述精辟地阐述了科学管理的性质,至今仍对我们具有现实的指导意义。

2. 泰勒科学管理的贡献

(1) 泰勒在历史上第一次使管理从经验上升为科学。泰勒科学管理的最大贡献在于泰勒所提倡的在管理中运用科学方法和他本人的科学实践精神。泰勒科学管理的精髓是用精确的调查研究和科学知识来代替个人的判断、意见和经验。他本人曾明确说过"科学管理不是什么效率设计,不是计算成本的制度,不是一种计件工资制,不是时间动作研究,不是职能工长制,不是一般人在谈到科学管理时所想到的任何设计"。他认为管理部门和劳动者双方都必须采纳一种观点,"双方都必须承认,在一切关于在组织中所进行的工作方面,用精确的调查研究和科学知识来代替个人的判断或意见(不论是工人还是上司)乃是必不可少的"。由此可见,泰勒所强调的是一种与传统的经验方法相区别的科学方法。

泰勒在进行科学管理的研究时以及在推行他的科学管理的过程中遇到了巨大的阻力,有来自工人阶层的,也有来自于雇主们的。但泰勒没有屈服,坚韧不拔,百折不挠,为科学管理献出了自己的毕生精力。

(2) 讲求效率的优化思想和调查研究的科学方法。泰勒理论的核心是寻求最佳工作方法，追求最高生产效率。他和他的同事创造和发展了一系列有助于提高生产效率的技术和方法。如时间与动作研究技术和差别计件工资制等。这些技术和方法不仅是过去，而且也是近代合理组织生产的基础。

由此可见，泰勒的科学管理和传统管理相比，一个靠科学地制定操作规程和改进管理，另一个靠拼体力和时间；一个靠金钱刺激，另一个靠饥饿政策。从这几点看，科学管理有了很大的进步。

3. 泰勒科学管理的局限性

（1）泰勒对工人的看法是错误的。他认为工人的主要动机是经济的，工人最关心的是提高自己的金钱收入，即坚持"经济人"假设。他还认为工人只有单独劳动才能好好干，集体的鼓励通常是无效的。泰勒规定在伯利恒钢厂中不准四人以上在一起工作，经过工长的特别允许除外，但不得超过一周。他认为工人是很笨拙的，对作业的科学化完全是无知的。工人的一举一动只能严格按照管理者的指示去做，只能服从命令和接受工资。他曾说"现在我们需要最佳的搬运铁块的工人，最好他蠢得和冷漠得像公牛一样。这样他才会受到有智慧人的训练"。

（2）泰勒的科学管理仅重视技术的因素，不重视人群社会的因素。他所主张的专业分工，管理与执行分离、作业科学化和严格的监督等，加剧了对工人的剥削。当时的工人将差别计件工资制愤怒地叫做"血汗工资制"。"泰勒制"加剧了劳资之间及管理人员和工人之间的矛盾。过去的管理仅是一般地规定任务，而现在还要规定一整套操作方法。控制越来越严密，管理越来越专横，越来越强调服从。由于强调采用科学的合理的最快的方法，工人的分工越来越细，操作越来越简单，越来越成为机械的附属品。

泰勒科学管理中所谓合理的工作量，理论上是一个工人在不损害健康的情况下，按照整个劳动期间能够维持的速度所能做出的全部工作。但是实际上这个工作量只有经过挑选的具有不寻常体力的少数人才能完成。例如在上述的搬运铁块的工作中，泰勒只使用了1/8的人数，其余均因体力不够，改做其他工作。

（3）"泰勒制"仅解决了个别具体工作的作业效率问题，而没有解决企业作为一个整体如何经营和管理的问题。

第三节　法约尔的一般管理

在以泰勒为代表的一些人在美国倡导科学管理的时候，欧洲也出现了一些古典的管理理论及其代表人物，其中影响最大的要属法约尔及其一般管理理论。

亨利·法约尔，法国人，1860年从矿业学校毕业，从1866年开始一直担任高级管理职务。他一生中写了很多著作。其内容包括采矿、地质、教育和管理等等。特别是他在管理领域的贡献,使他受到后人的瞩目。法约尔和泰勒的经历不同。研究管理的着眼点也与泰勒不同。泰勒是以普通工人的身份进入工厂的,因此,他所研究的重点内容是企业内部具体工作的作业效率,而法约尔一直从事领导工作,所以他是把企业作为一个整体加以研究的。法约尔的代表作是《工业管理和一般管理》。

一、法约尔一般管理的主要内容

1. 企业活动类别和人员能力结构

法约尔认为,企业无论大小,简单还是复杂,其全部活动都可以概括为6种:
① 技术性的工作——生产、制造;
② 商业性的工作——采购、销售和交换;
③ 财务性的工作——资金的取得与控制;
④ 会计性的工作——盘点、会计、成本及统计;
⑤ 安全性的工作——商品及人员的保护;
⑥ 管理性的工作——计划、组织、指挥、协调及控制。

法约尔对这6大类的工作作了分析之后发现,对基层工人主要要求其具有技术能力。随着组织层次中职位的提高,人员的技术能力的相对重要性降低,而管理能力的要求逐步加大,并且随着企业规模的增大,管理能力显得更加重要,而技术能力的重要性减少(参看表2-1和图2-1)。此点法约尔与泰勒是不一样的,泰勒极为重视作业阶层和技术能力,而法约尔更为重视一般性的管理工作和管理职能,即计划、组织、指挥、协调及控制。

表 2-1 大型工业企业技术职能人员必要能力的相对重要性比较

人员类别	能 力(%)						
	管理	技术	商业	财务	安全	会计	总计
大型企业							
工人(a)	5	85	—	—	5	5	100
工长(b)	15	60	5	—	10	10	100
车间主任(c)	25	45	5	—	10	15	100
分厂长(d)	30	30	5	5	10	20	100
部门领导(e)	35	30	10	5	10	10	100
经理(f)	40	15	15	10	10	10	100
联合企业总经理(g)	50	10	10	10	10	10	100
国家企业部长(h)	50	10	10	10	10	10	100
总统(i)	60	8	8	8	8	8	100

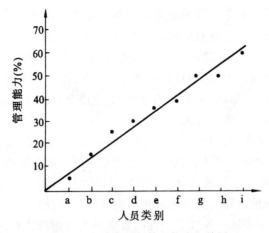

图 2-1 人员类别与管理能力相关图

由表 2-1 可以看出,法约尔把整个国家当作一个大型企业,给出了不同层次人员所需要各种能力的比重。我们可以把不同人员所应具备的管理能力的百分数用二维坐标表示出来,它基本上可以回归成一条直线,图 2-1 说明了职位越高所需的管理能力就越多,其他方面的能力就可相对减少。对不同规模的企业也有类似的现象。企业越小,领导人所需要的管理能力所占的比重就越小;相反,企业越大,领导人所需要的管理能力所占的比重就越大。

2. 管理的一般原则

法约尔在他的《工业管理与一般管理》一书中首先提出了一般管理的 14 条原则:

(1) 劳动分工。实行劳动的专业化分工可以提高效率。这种分工不仅限于技术工作,也适用于管理工作。但专业化分工要适度,不是分得越细越好。

(2) 权力与责任。权力与责任是互为依存互为因果的。权力是指"指挥他人的权以及促使他人服从的力"。而责任则是随着权力而来的奖罚。法约尔认为,一个人在组织阶梯上的位置越高,明确其责任范围就越困难。避免滥用权力的最好办法乃是提高个人的素质,尤其是要提高其道德方面的素质。

更为重要的是法约尔将管理人员职位权力和个人权力划出了明确的界限。职位权力由个人的职位高低而来。任何人只要担任了某一职位,就须拥有一种职位权力。而个人权力则是由于个人的智慧、知识、品德及指挥能力等个性形成的。一个优秀的领导人必须兼有职位权力及个人权力,以个人权力补充职位权力。

(3) 纪律。法约尔认为,纪律实际上是企业领导人同下属人员之间在服从、勤勉、积极、举止和尊敬方面所达成的一种协议。纪律对于企业取得成功是绝对必要的。法约尔还认为,纪律是领导人创造的。无论哪种社会组织,其纪律状况取决于领导人的道德状况。一般人在纪律不良时,总是批评下级。其实,不良的纪律来自不良的领导。高层领导人和下属一样,必须接受纪律的约束。制定和维护纪律的最有效方法是各级都要有好的领导,尽可能有明确而公平的协定,并要合理地执行惩罚。

(4) 统一指挥。无论什么时候,一个下属都应接受而且只应接受一个上级的命令。法约尔认为,这不仅是一条管理原则,而且是一条定律。双重命令对于权威、纪律和稳定性都是一种威胁。在工业、商业、军队、家庭和国家中,双重命令经常是冲突的根源。这些冲突有时非常严重,特别应该引起各级领导人的注意。

法约尔虽然钦佩泰勒在时间研究与动作研究方面的卓越贡献,但他对泰勒提出的 8 个职能工长制提出了反对意见。他认为,这种观念否定了统一指挥原则。

(5) 统一领导。这项原则表明,凡是具有同一目标的全部活动,仅应有一个领导人和一套计划。只有这样,资源的应用与协调才能指向实现同一目标。

不要把统一领导原则与统一指挥原则混同起来。人们通过建立完善的组织来实现一个社会团体的统一领导,而统一指挥取决于人员如何发挥作用。统一指挥必须在统一领导下才能存在,但并不来源于统一领导。

(6) 个人利益服从集体利益。集体的目标必须包含员工个人的目标。但个人均不免有私心和缺点。这些因素常促使员工将个人利益放在集体利益之上。因此身为领导,必须经常监督又要以身作则,才能缓和两者的矛盾,使其一致起来。

(7) 合理的报酬。法约尔认为,薪给制度应当公平,对工作成绩与工作效率优良者应有奖励。但奖励不应超过某一适当的限度,即奖励应以能激起职工的热情为限,否则将会出现副作用。他还认为,任何良好的工资制度都无法取代优良的管理。

(8) 适当的集权和分权。提高下属重要性的作法就是分权,降低这种重要性的作法就是集权。就集权的制度本身来说,无所谓好与坏。一个组织机构,必须有某种程度的集权,但问题是集权到何种程度才为合适。恰当的集权程度是由管理层和员工的素质、企业的条件和环境决定的。而这类因素总是变化的,因此一个机构的最优的集权化程度也是变化的。所以领导人要根据本组织的实际情况,适时改变集权与分权的程度。

(9) 跳板原则。企业管理中的等级制度是从最高管理人员直至最基层管理人员的领导系列。它显示出执行权力的路线和信息传递的渠道。从理论上说,为了保证命令的统一,各种沟通都应按层次逐渐进行。但这样可能产生信息延误现象。为了解决这个问题,法约尔提出了"跳板"原则。

法约尔用图来解释跳板原则(参看图 2-2)。他说:"在一个等级制度表现为 I—A—S 双梯形式的企业里,假设要

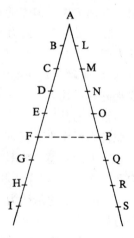

图 2-2 跳板原则解释

使它的 F 部门与 P 部门发生联系,这就需要沿着等级路线攀登从 F 到 A 的阶梯,然后再从 A 下到 P。这之间,在每一级都要停下来。然后,再从 P 上升到 A,从 A 下降到 F,回到原出发点。"

"非常明显,如果通过 F—P 这一'跳板',直接从 F 到 P,问题就简单多了,速度也快多了,人们经常也是这样做的。"

"如果领导人 E 与 O 允许他们各自的下属 F 与 P 直接联系,等级制度就得到了捍卫;如果 F 与 P 立即向他们各自的领导人汇报他们所共同商定的事情,那么,整个情况都完全合乎规则。"

"只要 F 与 P 双方意见一致,而且他们的活动都得到了他们直接领导人的同意,这种直接关系就可以继续下去;他们的协作一旦中止,或他们的直接领导人不再同意了,这种直接关系就中断,而等级路线又恢复了原样。"

法约尔认为,"跳板"原则简单、迅速,而且可靠,它减少了信息失真和时间延误,既维护了统一指挥原则,又大大地提高了组织的工作效率。但是,必须事先请示,事后汇报。在实际工作当中,违反"跳板"原则的现象屡见不鲜,而怕负责任是这种现象的主要原因,换句话说,领导人管理能力不够是违反"跳板"原则的主要原因。

(10) 秩序。所谓秩序是指"凡事各有其位"。法约尔认为这一原则既适用于物质资源,也适用于人力资源,如设备、工具要排列有序,人员要有自己确定的位置,合理的秩序是按照事物的内在联系确定的。他认为要使人们做到这点,不仅有赖于有效的组织,而且也有赖于审慎的选人。

(11) 公平。什么叫公平?它与公道有什么区别?法约尔认为,公道是执行已订立的协定。但制定协定时,人们不可能预测到将来所发生的一切事情,因此,要经常地说明它,补充它的不足之处。领导人为了激励其下属人员全心全意地做好工作,应该善意地对待他们。公平就是由善意和公道产生的。在怎样对待下属人员问题上,领导人要特别注意他们希望公平和希望平等的愿望。为了使这种愿望得到最大的满足,而同时又不忽视其他原则,不忘记总体的利益,领导人应该充分发挥自己的能力,努力使公平感深入人心。

在正常情况下,几乎每个人都有平等的愿望,都希望领导者能公平地对待他们以及他们的工作。领导者如果不公平,往往导致他们积极性下降,甚至造成思想上的混乱。

(12) 保持人员稳定。一个人要有效地、熟练地从事某项工作,需要相当长的时间。假如他刚刚开始熟悉自己的工作就被调离了,那么他就没有时间为本组织提供良好的服务。领导者的工作更是如此,熟悉工作的过程需要更长的时间。所以,一个成功的企业管理人员必须是稳定的。人员多有变动的机构必然是不成功的。人员不必要的流动是管理不善的原因和结果。因此任何组织都有必要鼓励职工做长期的服务。

(13) 首创精神。首创精神是创立和推行一项计划的动力。除领导人要有首创精神外,还要使全体成员发挥其首创精神,这样,将促使职工提高自己的敏感性和能力,对整个组织来说将是一种巨大的动力。因此,领导者要在不违背职权和纪律的情况下,鼓励和发挥下级的首创精神。高明的领导人可以牺牲自己的虚荣心来满足下级的虚荣心。

（14）人员的团结。一个机构内集体精神的强弱取决于这个机构内职工之间的和谐和团结情况。培养集体精神的有效方法是严守统一指挥原则并加强情况的交流，多用口头沟通。在一个企业中，全体成员的和谐与团结是这个企业发展的巨大力量，所以领导者应尽一切可能，保持和巩固人员的团结。

以上是法约尔提出的14条管理原则，它们包含了许多成功的经验和失败的教训，为后人的管理研究与实践指明了方向。但并不是说，人们只要记住这些原则，就能进行有效的管理，要真正使管理有效，还必须积累自己的经验，并掌握住应用这些原则的尺度。

3. 管理工作的五大职能

法约尔管理思想的另一内容是他首先把管理活动划分为计划、组织、指挥、协调与控制五大职能，并对这五大管理职能进行了详细的分析和讨论。法约尔认为，"计划就是探索未来和制定行动方案；组织就是建立企业的物质和社会的双重结构；指挥就是使其人员发挥作用；协调就是连接、联合、调和所有的活动和力量；控制就是注意一切是否按已制定的规章和下达的命令进行。"法约尔还认为，管理的这五大职能并不是企业经理或领导人个人的责任，它同企业其他五大类工作一样，是一种分配于领导人与整个组织成员之间的职能。另外，法约尔特别强调，不要把管理同领导混同起来。领导是寻求从企业拥有的资源中获得尽可能大的利益，引导企业达到目标，保证六大类工作顺利进行的高层次工作。

二、对法约尔一般管理的评价

1. 法约尔一般管理的贡献

虽然法约尔的管理思想同泰勒的管理思想都是古典管理思想的代表，但法约尔管理思想的系统性和理论性更强，他对管理的五大职能的分析为管理科学提供了一套科学的理论构架。后人根据这种构架，建立了管理学并把它引入了课堂。

法约尔是以大矿企业最高管理者的身份自上而下地研究管理的。虽然他的管理理论是以企业为研究对象建立起来的，但由于他强调管理的一般性，就使得他的理论在许多方面也适用于政治、军事及其他部门。

法约尔提出的管理原则，经过多年的研究和实践证明，总的说来仍然是正确的，这些原则过去曾经给实际管理人员巨大的帮助，现在仍然为许多人所推崇。可以预见，这些原则的大多数在将来一定也有其实用价值。

2. 法约尔一般管理的局限性

法约尔一般管理理论的主要不足之处是他的管理原则缺乏弹性，以至于有时实际管理工作者无法完全遵守。

以统一指挥原则为例,法约尔认为,不论什么工作,一个下属只能接受惟一一个上级的命令,并把这一原则当成一条定律。这和劳动分工原则可能发生矛盾。因为根据劳动分工原则,应将各种工作按专业化进行分工,才有助于提高效率,当某一层次的管理人员制定决策的时候,他就要考虑来自各个专业部门的意见或指示,但这是统一指挥原则所不允许的。例如,某一分厂的会计人员,在组织上隶属于这个分厂,按照统一指挥原则,总厂财务部门必然无法指挥分厂的会计人员。同样,一个地区政府的各个职能部门,由于隶属于地区政府,如果上级职能部门遵守统一指挥原则,也必然无法对地区职能部门进行指挥。

第四节 霍桑试验和梅奥的人群关系论

尽管泰勒的科学管理理论和方法在20世纪初对提高企业的劳动生产率起了很大作用,但是企图通过此种理论和方法彻底解决提高劳动生产率的问题是不可能的。因为:

第一,所谓"精神革命"的论断本身是不切实际的。一方面,资本家为了追求最大利润总是尽量少付给工人工资;另一方面,工人也并非纯粹的"经济人",除了金钱,还有精神上的需要。

第二,随着资本主义二三百年的发展,逐渐形成了一套资本主义的民主制度,民主意识日益强烈的人们反对独裁、专制,这就使得主张专制、独裁的科学管理理论在付诸实践时遭到工人们的强烈反对。

第三,随着科学的进步,生产规模不断扩大,有着较高文化水平和技术水平的工人逐渐占据了主导地位,体力劳动也逐渐让位于脑力劳动。这就使得金钱刺激和严格的控制失去了原有的作用。由于上述原因,对人的因素进行研究就变得十分迫切。因此,一个专门研究人的因素以达到调动人的积极性的学派——人群关系学派应运而生,这个学派为以后的行为科学学派奠定了基础,也是由科学管理过渡到现代管理的跳板。人群关系理论的诞生是从著名的霍桑试验开始的。

一、霍桑试验

霍桑试验是从1924年到1932年在美国芝加哥郊外的西方电器公司的霍桑工厂中进行的。霍桑工厂具有较完善的娱乐设施、医疗制度和养老金制度,但是工人们仍然有很强的不满情绪,生产效率很低。为了探究原因,1924年11月,美国国家研究委员会组织了一个包括多方面专家的研究小组进驻霍桑工厂,开始进行试验。试验分成了四个阶段:照明试验、继电器装配工人小组试验、大规模访问交谈和对接线板接线工作室的研究。

1. 照明试验

照明试验的目的是研究照明情况对生产效率的影响。在开始试验前,专家小组以泰勒科学管理作为指导思想,他们认为,工作的物理环境是影响工作效率的主要因素之一,所以,他们决定做此试验。

专家们选择了两个工作小组,一个为试验组,一个为控制组。试验组照明度不断变化,控制组照明度始终不变。当试验组的照明度增加时,该组产量如预期的开始增加;当工人要求更换灯泡时,而实际只给他们更换了一个同样光度的灯泡时,产量继续增加。与此同时,控制组的产量也在不断提高。通过这个试验,专家们发现照明度的改变不是效率变化的决定性因素,而另有未被掌握的因素在起作用。于是他们决定继续进行研究。

2. 继电器装配工人小组试验

为了有效地控制影响生产效率的因素,研究小组决定单独分出一组工人进行研究。他们选择了5位女装配工和一位划线工,把他们安置在单独一间工作室内工作。另外,研究小组还专门指派了一位观察员加入这个工人小组,他专门负责记录室内发生的一切。研究小组告诉这些女工,这项试验并不是为了提高产量,而是研究各种不同的工作环境,以便找出最合适的工作环境。研究小组还告诉这些女工,一切工作按平时那样进行。

试验过程中,研究小组分期改善工作条件。比如,增加工间休息,公司负责供应午餐和茶点,缩短工作时间,实行每周工作五天制,实行团体计件工资制等等。这个装配小组的女工们在工作时间可以自由交谈,观察人员对她们的态度也非常和蔼。这些条件的变化使产量不断上升。在实行了这些措施的一年半以后,研究小组决定取消工间休息,取消公司供应的午餐和茶点,每周仍然工作六天,结果产量仍然维持在高水平上。

究竟什么原因使这些女工提高了生产效率呢?研究小组把可能影响生产效率的因素一一排列出来。他们提出了5种假设:

① 改善了材料供应情况和工作方法;
② 改善了休息时间,减少了工作天数,从而减轻了工人的疲劳;
③ 改善了休息时间从而缓和了工作的单调性;
④ 增加产量后每人所得的奖金增加了;
⑤ 改善了监督和指导方式,从而使工人的工作态度有所改善。

此后,研究小组对这五个假设一一进行试验论证。最后,推翻了前四项假设,而把注意力集中于第5项假设上,即监督和指导方式的改善能促使工人改变工作态度、提高产量。研究小组为了在这方面收集更多的资料,决定进一步研究工人的工作态度及可能影响工人工作态度的其他因素。这是霍桑试验的一个转折点。

3. 大规模访问交谈

试验进行到第三阶段,研究小组决定进行大规模访问交谈。他们共花了两年时间对两万名职工进行访问交谈。通过交谈,了解工人对工作、工作环境、监工、公司和使他们烦恼的任何问题的看法以及这些看法如何影响生产效率。经过数次面谈,研究小组发现按事先设计好的问答式访问并不能获得他们所需要的材料。相反,工人们愿意自由地谈些他们认为重要的事。因而,后来采用自由交谈方式。这些访问交谈是很有价值的。工人们通过交谈得以大大地发泄胸中的闷气,许多人觉得这是公司所做的最好事情。工人们的工作态度之所以有所转变,是因为他们看到他们的许多建议被采纳,他们参与了决定公司的经营与未来,而不是只做一些没有挑战性和不被感谢的工作。

通过这些研究发现,影响生产力最重要的因素是工作中发展起来的人群关系,而不是待遇及工作环境。研究小组还了解到,每个工人的工作效率的高低,不仅取决于他们自身的情况,而且还与他所在小组中的其他同事有关,任何一个人的工作效率都要受他的同事们的影响。这个结论非常重要。为了进一步进行系统地研究,研究小组决定进行第四阶段的试验。

4. 对接线板接线工作室的研究

在第四阶段试验中,研究小组决定选择接线板接线工作室作为研究对象。该室有9位接线工、3位焊接工和2位检查员。研究小组持续观察他们的生产效率和行为达6个月之久,结果有许多重要发现。

(1) 大部分成员都故意自行限制产量。公司本来根据时间与动作研究确定其工作定额为每天焊接7 312个接点,但工人们仅完成6 000~6 600个接点,这是他们自己确定的非正式标准。一旦完成这个数量,即使还有许多时间,他们也自动停工,不再多干。工人们说:"假如我们的产量提高了,公司就会提高工作定额,或者造成一部分人的失业。"还有的工人说:"工作不要太快,才能保护那些工作速度较慢的同事,免得他们受到管理阶层的斥责。"

(2) 工人对待他们不同层次的上级持不同态度。对于小组长,大部分工人都认为他是小组的成员之一,因此没有反对小组长的表现。至于小组长的上级股长,大家看见他待遇较高,所以认为他有点权威。而对于股长的上级领班,大家看法就有了较明显的变化。每当领班出现时,大家都规规矩矩,表现良好。这说明,一个人在组织中职位越高,所受到的尊敬就越大,大家对他的顾忌心理也越强。

(3) 成员中存在着一些小派系。工作室中存在着派系,每一派系都有自己的一套行为规范,谁要加入这个派系,就必须遵守这些规范。派系内成员如果违反这些规范,就要受到惩罚。比如,某个派系的规范是:

① 不能工作太多;

② 不能工作太少；
③ 不能在主管面前打小报告；
④ 不得打官腔，孤芳自赏，找麻烦，即使是检查员，也不能像一个检查员；
⑤ 不得唠叨不休，自吹自擂，一心想领导大家。

这种派系是非正式组织，这种组织并不是由于工作不同所形成的，而是和工作位置有些关系。专家小组很容易地就发现了该工作室内存在着两个派系，(见图2-3)。

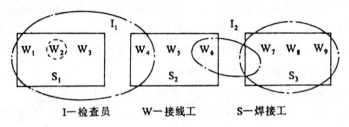

图 2-3　接线板接线工作室派系关系图

由图中可以看出，W_1、W_3、W_4、I_1 和 S_1 属于一个非正式组织；W_7、W_8、W_9 和 S_3 属于另一个非正式组织；W_6 正在靠近后一个非正式组织，但还没有被接受。

这种非正式组织当中也有领袖人物。他存在的目的是对内控制其成员的行为，对外保护自己派系的成员，并且注意不受管理阶层的干预。

研究小组在霍桑工厂进行的这四个阶段的试验，虽然经历了8年时间，但是获得了大量的第一手资料，为人际关系理论的形成以及后来行为科学的发展打下了基础。

二、梅奥及其人群关系理论的主要内容

梅奥是对中期管理思想发展作出重大贡献的人物之一。他是澳大利亚人，后移居美国。从1926年起，他应聘于哈佛大学，任工业研究副教授。梅奥曾经学过逻辑学、哲学和医学等3个专业，这种背景大大有利于他后来的研究工作。梅奥的代表作为《工业文明的人类问题》。在这本书中，他总结了亲身参与并指导的霍桑试验及其他几个试验的初步成果，并阐述了他的人群关系理论的主要思想，从而为提高生产效率开辟了新途径。为此，他的名字同他的著作一起载入了管理发展史册。

梅奥的人群关系理论的内容主要有下面几点：

1. 工人是"社会人"而不是"经济人"

科学管理的基础是把人当成"经济人"，认为金钱是刺激人们工作积极性的惟一动力。梅奥则认为，工人是"社会人"，影响人们生产积极性的因素，除了物质方面的以外，还有社会

和心理方面的,如他们追求人与人之间的友情、安全感、归属感、受人尊敬等等。

2. 企业中存在着非正式组织

"非正式组织"和"正式组织"是相对应的概念。正式组织是为了实现企业目标所规定的企业成员之间职责范围的一种结构。古典管理理论仅注意正式组织的问题,诸如组织结构、职权划分、规章制度等等。梅奥认为,人是社会动物,在企业的共同工作当中,人们必然相互发生关系,由此就形成了一种非正式团体,在该团体中,人们形成共同的感情,进而构成一个体系,这就是非正式组织。非正式组织形成的原因很多,有地理位置关系、兴趣爱好关系、亲戚朋友关系、工作关系等等。总之,这种非正式组织确实存在,它在某种程度上左右着其成员的行为。

梅奥认为,在正式组织中,以效率逻辑为其行动标准,为提高效率,企业各成员之间保持着形式上的协作。在非正式组织中,以感情逻辑为其行动的标准,这是出于某种感情而采取行动的一种逻辑。一般说来,管理人员的逻辑多为效率逻辑,而感情逻辑可以认为是工人的逻辑。

梅奥还认为,非正式组织对企业来说有利有弊。它的缺点是可能集体抵制上级的政策或目标,强迫组织内部的一致性,从而限制了部分人的自由和限制产量等。它的优点是,使个人有表达思想的机会,能提高士气,可以促进人员的稳定,有利于沟通,有利于提高工人们的自信心,能减少紧张感觉,在工作中能够使人感到温暖,扩大协作程度,减少厌烦感等。

梅奥指出,作为管理者的一方,要充分认识到非正式组织的作用,注意在正式组织的效率逻辑与非正式组织的感情逻辑之间搞好平衡,以便使管理人员之间、工人与工人之间、管理人员与工人之间搞好协作,充分发挥每个人的作用,提高劳动生产率。

3. 生产效率主要取决于职工的工作态度以及他和周围人的关系

梅奥认为,提高生产效率的主要途径是提高工人的满足度,即要力争使职工在安全方面、归属感方面、友谊方面的需求得到满足,而对此的需求是因人而异的,这主要取决于两方面因素:

(1) 职工的个人情况。包括由于不同的经历、不同的家庭生活和不同的社会生活所形成的不同的态度。

(2) 工作场所情况。包括职工相互之间,职工与领导者之间的人群关系好坏。

梅奥认为,职工的满足度越高,其士气就越高,从而生产效率也就越高,作为一个管理人员应该深刻认识到这一点,不但要考虑职工的物质需求,还应该考虑职工的精神需求。

以上三条就是梅奥人群关系理论的主要内容。

三、对梅奥人群关系理论的评价

1. 梅奥人群关系理论的贡献

梅奥的人群关系理论克服了古典管理理论的不足,奠定了行为科学的基础,为管理思想的发展开辟了新的领域,也为管理方法的变革指明了方向,导致了管理上的一系列改革,其中许多措施至今仍是管理者们所遵循的信条。当时出现的管理措施大致可以归纳为以下六点:

(1) 强调对管理者和监督者进行教育和训练,以改变他们对工人的态度和监督方式。

(2) 提倡下级参与企业的各种决策,以此来改善人群关系,提高职工士气。否定采取解雇和人事考核制裁等强制性手段迫使职工服从的古典管理方法。

(3) 加强意见沟通,允许职工对作业目标、作业标准和作业方法提出意见,鼓励上下之间实行意见交流。

(4) 建立面谈和调解制度,以消除不满和争端。

(5) 改变干部的标准。重视管理干部自身的人群关系以及协调人群关系的能力。

(6) 重视、利用和倡导各种非正式组织。重视美化工作和宿舍环境,建设娱乐、运动、生活福利设施等等。

2. 梅奥人群关系理论的局限性

(1) 过分强调非正式组织的作用。人群关系论认为,组织内人群行为强烈地受到非正式组织的影响。可是实践证明,非正式组织并非经常地对每个人的行为有决定性的影响,经常起作用的仍然是正式组织。

(2) 过多地强调感情的作用,似乎职工的行动主要受感情和关系的支配。事实上,关系好不一定士气高,更不一定生产效率高。

(3) 过分否定经济报酬、工作条件、外部监督、作业标准的影响。事实上,这些因素在人们行为中仍然起着重要的作用。

第五节 巴纳德的组织理论

巴纳德是对中期管理思想有卓越贡献的学者之一。他出生于1886年,1906年进入哈佛大学经济系学习,3年内他以优异的成绩学完全部课程,但因缺少实验科学学分而未能获得学士学位。他1909年离开哈佛后,进入了美国电话电报公司统计部服务。从1927年起他担任美国新泽西贝尔公司的总经理直到退休。他还在其他许多组织中兼职,例如,在洛克菲勒基金会任董事长4年,在联合服务组织任主席3年等等。巴纳德虽然未获得学士学位,但是由于他将社会学的概念用于管理上,在组织的性质和理论方面做出了杰出的贡献,他却得到了7个荣誉博士学位。巴纳德的代表作为《经理的职能》,他在该书中详细地论述了自己的组织理论。

一、巴纳德组织理论的主要内容

1. 组织是一个合作系统

在巴纳德之前,人们总把组织当成是一种僵硬的结构,只注意到组织中的职责、分工和权力结构。这种组织观点是比较机械的、孤立的。而巴纳德认为"组织是2人或2人以上,用人类意识加以协调而成的活动或力量系统",他所强调的是人的行为,是活动和相互作用的系统。他认为在组织内主管人是最为重要的因素,只有依靠主管人的协调,才能维持一个"努力合作"的系统。他认为主管人有3个主要职能:

(1) 制定并维持一套信息传递系统。这是主管人员的基本工作。通过组织系统图(以图表形式表现出组织在某一既定时期的主要职能和权力关系),加上合适的人选,以及可以共存的非正式组织来完成这项工作。非正式组织在沟通中十分重要,管理人员要给予足够的注意。

(2) 促使组织中每个人都能作出重要的贡献,这里包括职工的选聘和合理的激励方式等。

(3) 阐明并确定本组织的目标。这里包括要有适当的权力分散,组织中的每个人都要接受总体计划的一部分,主管人员要促使他们完成计划,然后经由信息反馈系统来发现计划实施中的阻碍和困难,据此来适当地修改计划。

2. 组织存在要有3个基本条件

巴纳德认为,组织不论大小,其存在和发展都必须具备3个条件,即明确的目标、协作的意愿和良好的沟通。

(1) 明确的目标。首先,一个组织必须有明确的目标,否则协作就无从发生。因为组织的目标不明确,组织成员就不知道需要他们做出哪些行为和努力,就不知道协作会给他们个人带来哪些满足,他们的协作意愿也无从发生。其次,组织不仅应当有目标,而且目标必须为组织的成员所理解和接受,倘若组织的目标不能为组织成员所理解和接受,也就无法统一行动和决策。然而组织目标能否为其成员所接受,又要看个人是否有协作意愿。因此,目标的接受与协作意愿是相互依存的。再次,对于组织目标的理解可以分为协作性理解和个人性理解。协作性理解是指组织成员站在组织利益立场上客观地理解组织目标。个人性理解是指组织成员站在个人利益立场上主观地理解组织目标。这两种理解往往是矛盾的。当目标简单具体时,两者的矛盾较小。当目标复杂抽象时,两者产生矛盾的可能性较大。一个目标只有当组织成员认为他们彼此的理解没有太大差异时,才能成为协作系统的基础。因此,主管人的重要职能就是向组织成员灌输组织目标和统一对组织目标的理解。最后,必须区分组织目标与组织成员的个人目标。巴纳德认为参加组织的个人具有双重人格,即组织人格与个人人格。前者是指个人为实现组织目标作出理性行动的一面,后者是指为了满足个人目标所作非理性行动的一面。组织目标是外在的非个人的客观的目标。个人目标属于内在的个人的主观的目标。这两者之间并无直接的关系,也并不一致。一个人之所以愿意为组织目标作出贡献,并不是因为组织目标就是个人目标,而是因为实现组织目标将有助于达成个人目标。因此,个人目标的实现是个人参与组织活动的决策基础。如何协调组织目标与个人目标的差异是主管者另一重要的任务。

此外,一个组织要存在和发展,必须适应环境的变化,组织目标也必须随环境作适当的变更。

(2) 协作的意愿。协作意愿是指组织成员对组织目标做出贡献的意愿。某人有协作意愿,意味着实行自我克制,交出个人行为的控制权,让组织进行控制。若无协作意愿,组织目标将无法达成。组织内部个人协作意愿强度的差异性很大,有的人强烈,有的人一般,有的人较弱,对于同一个人,其协作意愿的强度也不是固定不变的,而是随时间和外界条件的变化经常地变化着。因此组织内持有强烈协作意愿的人数与持有较弱协作意愿的人数也是经常变动的。组织内协作意愿的总和是不稳定的。

一个人是否具有协作意愿依个人对贡献和诱因进行合理的比较而定。所谓贡献,是指个人对实现组织目标做出的有益的活动和牺牲。所谓诱因,是指为了满足个人的需要而由组织所提供的效应。巴纳德认为,当一个人决定是否参与组织的活动时,首先要将自己对组织可能作出的贡献和从组织那里可能取得的诱因进行比较。只有当诱因大于贡献时,个人才会有协作意愿,而当比较的结果为负数时个人协作意愿会减弱。不仅如此,个人还要将参加这一组织和不参加这一组织或参加另一组织的净效果进行比较,从而决定是参加这一组织或参加另一组织或独立从事生产活动。然而对贡献和诱因以及其净效果的度量都不是客观的,而是个人的主观判定,它随个人的价值观念不同而有很大变化。作为组织,要在条件许可的情况下,针对不同的人来增大诱因,给职工的需求以更大的满足,从而激发他们为组织作出贡献的意愿。

(3) 良好的沟通。良好的沟通是组织存在和发展的第三个因素。组织的共同目标和个人的协作意愿只有通过意见交流将两者联系和统一起来才具有意义和效果。有组织目标而无良好沟通,将无法统一和协调组织成员为实现组织目标所采取的合理行动。因此良好的沟通是组织内一切活动的基础。

以上就是一个组织能够存在的必要条件,这里指的是正式组织。这3个条件中若有一条不满足,组织就要解体。

3. 组织效力与组织效率原则

要使组织存在和发展,不仅要包含 3 个基本要素,而且必须符合组织效力和组织效率这两个基本原则。

所谓组织效力是指组织实现其目标的能力或实现其目标的程度。一个组织协作得很有效,它的组织目标就能实现,这个组织就是有效力的。若一个组织无法实现其目标,这个组织就是无效力的,组织本身也必然瓦解。因此组织具有较高的效力是组织存在的必要前提。组织是否有效力是随组织环境以及其适应环境能力而定的。

所谓组织效率是指组织在实现其目标的过程中满足其成员个人目标的能力和程度。一个组织若不能满足其成员的个人目标,就不可能使其成员具有协作意愿和做出实现组织目标所必须的贡献,他们就会不支持或退出该组织,从而使组织的目标无法实现,使组织瓦解。所以组织效率就是组织的生存能力。一个组织要实现其目标,必须提供充分诱因满足组织成员的个人目标。

4. 权威接受论

巴纳德还认为,管理者的权威并不是来自上级的授予,而是来自由下而上的认可。管理者权威的大小和指挥权力的有无,取决于下级人员接受其命令的程度。他认为单凭职权发号施令是不足取的,更重要的是取得下级的同意、支持和合作。

巴纳德在他的《经理的职能》一书中有这样一段论述,"如果经理人员发出的一个指示性的沟通交往信息为被通知人所接受,那么对他来说,这个权力就是被遵从或成立了。于是,它就被作为行动的依据。如果被通知人不接受这种沟通交往信息,就是拒绝了这种权力。按照这种说法,一项命令是否具有权威,决定于命令的接受者,而不在于命令的发布者。"这是巴纳德对权威的一种全新的看法。

二、对巴纳德组织理论的评价

巴纳德组织理论对管理理论作出了重大贡献:

(1) 巴纳德最早把系统理论和社会学知识应用于管理领域,创立了社会系统学派。

(2) 关于经理的职能,他与他的前人不同,他的前人多采用静态的、叙述的方式来说明,而巴纳德则采用分析性和动态性的方式加以说明。

(3) 巴纳德首先对"沟通"、"动机"、"决策"、"目标"和"组织关系"等问题进行了开创性的专题研究,这引发了后人对此进行更深入的研究。

(4) 巴纳德将法约尔等人的研究向前推进了一大步。法约尔等人主要从原则与职能的角度来研究管理,而巴纳德却从心理学和社会学的角度来研究管理,并且将其中的概念加以发展,从而为管理研究开辟了新的领域。

(5) 巴纳德的"权威接受论"对权威提出了全新的看法,对我们很有启发。

巴纳德的理论具有广泛的影响,他用社会的系统的观点来分析管理,这是他的独到之处,后人把他的主要观点归纳起来称为社会系统学派。

第六节 现代管理学派

第二次世界大战以后,世界政治形式趋于稳定,许多国家都致力于发展本国经济,都在研究自己的管理理论。随着生产力的飞速发展,生产社会化程度日益提高,对管理的研究也就日臻深入。如果把众多的管理理论加以分类,大致有这样几种类型:以美国为代表的西方管理理论;以日本为代表的东方资本主义管理理论;苏联和东欧的社会主义管理理论;以及我国的管理理论。

这一节我们主要介绍以美国为代表的西方管理思想学派,在第九章还要专门介绍其他各种管理思想。

从目前看来,西方现代管理思想大致可分为7大学派。即管理的程序学派、行为科学学派、决策理论学派、系统管理理论学派、权变理论学派、管理科学学派和经验主义学派。所谓学派乃是一种看法,基于这种看法而建立起一整套理论。这种看法相当于欧几里德几何学中的公理一样,依据公理而建立起欧式几何学。管理理论中的这些学派虽然都有自己的独到之处,但他们所研究的对象基本是一致的,这些学派都在受着实践的检验。下面我们就逐一介绍这7种学派。

一、管理程序学派

管理程序学派是在法约尔管理思想的基础上发展起来的。该学派的代表人物有美国的哈罗德·孔茨(Harold Koontz)和西里尔·奥唐奈(Cyril O'Donnell)。其代表作为他们两人合著的《管理学》。

最初这个学派对组织的功能研究较多,而对其他功能注意不够。第二次世界大战后,法约尔的名著《工业管理和一般管理》的英译本在美国广为流传。法约尔将管理分为计划、组织、指挥、协调、控制5种职能使这个学派开阔了视野,迅速成长,并普遍为大家所接受。为什么这个学派能为人们广泛接受呢? 有如下几条原因:

(1) 这个学派视管理为一种程序和许多相互关连着的职能。在该派学者的著作中,尽管对管理职能分类的数量有所不同,都含有计划、组织和控制职能,这是它们的共同之处。

(2) 这个学派认为可以将这些职能逐一地进行分析,归纳出若干原则作为指导,以便于更好地提高组织效力,达到组织目标。

(3) 这个学派提供了一个分析研究管理的思想构架。其内涵既广泛,又易于理解,一些新的管理概念和管理技术均可容纳在计划、组织及控制等职能之中。

(4) 该学派强调管理职能的共同性。任何组织尽管它们的性质不同,但所应履行的基本管理职能是相同的。

管理程序学派一方面为人们普遍接受,另一方面也常常受到批评。主要批评意见是:

(1) 将管理看成是一些静态的不含人性的程序,忽略了管理中人的因素。

(2) 所归纳出的管理原则适用性有限。对静态的、稳定的生产环境较为合适,而对于动态多变的生产环境难以应用。

(3) 管理程序的通用性值得怀疑,管理职能并不是普遍一致的。不仅因职位的高低和下属的情况而异,而且也因组织的性质和结构的不同而发生变化。

二、行为科学学派

行为科学学派是在人群关系理论的基础上发展起来的。该学派的代表人物很多,像美国的马氏罗(Abraham H. Maslow),其代表作为《激励与个人》,赫兹伯格(Frederick Herzberg),其代表作为《工作的推动力》等等。该学派认为管理是经由他人达到组织的目标,管理中最重要的因素是对人的管理,所以要研究人,尊重人,关心人,满足人的需要以调动人的积极性,并创造一种能使下级充分发挥力量的工作环境,在此基础上指导他们的工作。行为学派和人群关系理论的共同点都是重视组织中人的因素。但行为学派却是在人群关系理论的基础上发展和完善起来的,它的特点是:

(1) 从单纯强调感情的因素,搞好人与人之间的关系转向探索人类行为的规律,提倡善于用人,进行人力资源的开发。

(2) 强调个人目标和组织目标的一致性。认为调动积极性必需从个人因素和组织因素两方面着手,使组织目标包含更多的个人目标,不仅改进工作的外部条件,更重要的要改进工作设计,从工作本身满足人的需要。

(3) 认为传统的组织结构和关系容易造成紧张气氛,对组织各层职工均有不利的影响。主张在企业中恢复人的尊严,实行民主参与管理,改变上下级之间的关系,由命令服从变为支持帮助,由监督变为引导,实行职工的自主自治。

三、决策理论学派

决策理论学派是从社会系统学派发展而来的。它的代表人物是美国的卡内基—梅隆大学教授赫伯特·西蒙(H. A. Simon),其代表作为《管理决策新学科》。西蒙由于在决策理论方面的贡献,曾荣获1978年的诺贝尔经济学奖。

该学派认为管理的关键在于决策,因此,管理必须采用一套制定决策的科学方法,要研究科学的决策方法以及合理的决策程序。有人认为西蒙的大部分思想是现代企业经济学和管理科学的基础。

决策理论有哪些主要论点呢?

1. 决策是一个复杂的过程

人们常常认为,决策只是在一瞬间即能完成的一种活动,是在关键时刻做出的决定。而决策理论学派认为,这种看法太狭窄了。它仅注意了决策的最后片刻,从而忽略了最后时刻之前的复杂的了解、调查、分析的过程,以及在此之后的评价过程。作为决策的过程在大的方面至少应该分成4个阶段:即提出制定决策的理由;尽可能找出所有可能的行动方案;在诸行动方案中进行抉择,选出最满意的方案;然后对该方案进行评价。这四个阶段中都含有丰富的内容,并且各个阶段有可能相互交错,因此决策是一个反复的过程。

2. 程序化决策与非程序化决策

西蒙认为,根据决策的性质可以把他们分为程序化决策和非程序化决策。程序化决策是指反复出现和例行的决策。这种决策的问题由于已出现多次,人们自然就会制定出一套程序来专门解决这种问题。比如为病假职工核定工资,排出生产作业计划等。非程序化决策是指那种从未出现过的,或者其确切的性质和结构还不很清楚或相当复杂的决策。比如某个企业要开发某种市场上急需而本厂又从未生产过的新产品,这就是非程序化决策的一个很好的例子。程序化决策与非程序化决策的划分并不是严格的,因为随着人们认识的深化,许多非程序化决策将转变为程序化决策。此外,解决这两类决策的方法一般也不相同。

3. 满意的行为准则

西蒙认为,由于组织处于不断变动的外界环境影响之下,搜集到决策所需要的全部资料是困难的,而要列举出所有可能的行动方案就更加困难,况且人的知识和能力也是有限的,所以在制定决策时,很难求得最佳方案。在实践当中,即使能求出最佳方案,出于经济方面的考虑,人们也往往不去追求它,而是根据令人满意的准则进行决策。具体地说,就是制定出一套令人满意的标准,只要达到或超过了这个标准,就是可行方案。这种看法,揭示了决策作为环境与人的认识能力交互作用的复杂性。

4. 组织设计的任务就是建立一种制定决策的人—机系统

由于计算机的广泛应用,它对管理工作和组织结构产生了重大影响。这使得程序化决策的自动化程度越来越高,许多非程序化决策已逐步进入了程序化决策的领域。从而导致了企业中决策的重大改革。由于组织本身就是一个由决策者个人所组成的系统,现代组织又引入自动化技术,就变成了一个由人与计算机所共同组成的结合体。组织设计的任务就是要建立这种制定决策的人—机系统。

四、系统管理理论学派

系统管理理论侧重于用系统的观念来考察组织结构及管理的基本职能,它来源于一般系统理论和控制论。代表人物为卡斯特(F. E. Kast)等人。卡斯特的代表作为《系统理论和管理》。

系统管理理论认为,组织是由人们建立起来的,相互联系并且共同工作着的要素所构成的系统。这些要素被称之为子系统。根据研究的需要,可以把子系统分类。比如,可以根据子系统在企业这个系统中的作用划分为:传感子系统,用来量度并传递企业系统内部和周围环境的变化情况;信息处理子系统,如会计、统计等数据处理工作;决策子系统,接受信息,制定决策;加工子系统,利用信息、原料、能源、机器加工和制作产品等。根据管理对组织中人的作用可划分为:个人子系统,群体子系统,士气子系统,组织结构子系统,相互关系子系统,目标子系统,权威子系统等。系统的运行效果是通过各个子系统相互作用的效果决定的。它通过和周围环境的交互作用,并通过内部和外部的信息反馈,不断进行自我调节,以适应自身发展的需要。

该学派认为,组织这个系统中的任何子系统的变化都会影响其他子系统的变化。为了要更好地把握组织的运行过程,就要研究这些子系统和它们之间的相互关系,以及它们怎样构成了一个完整的系统。

尽管这个学派在20世纪60年代达到它的鼎盛时代,以后逐渐衰退,但这个学派的一些思想还是有助于管理研究的。

五、权变理论学派

权变理论是一种较新的管理思想,它的代表人物是英国的伍德沃德(Joan Woodward)等人。伍德沃德的代表作为《工业组织:理论和实践》。权变理论认为,组织和组织成员的行为是复杂的,不断变化的,这是一种固有的性质。而环境的复杂性又给有效的管理带来困难,从而以前各种管理理论所适用的范围就十分有限,例外的情况越来越多。所以说,没有任何一种理论和方法适用于所有情况。因此,管理方式或方法也应该随着情况的不同而改变。为了使问题得到很好的解决,要进行大量的调查和研究,然后把组织的情况进行分类,建立模式,据此选择适当的管理方法。

建立模式时应考虑如下因素:
(1) 组织的规模。组织中人的数量是影响管理的最主要因素,因为随着人数的增多,所需要协调的工作量就加大。当一个组织规模发展了之后,就应发展更加正规的、高级的协调技术。

(2) 工艺技术的模糊性和复杂性。为了达到组织目标,就要采用一些技术,把资源输入转换成顾客满意的产品或服务这种输出。对于流水生产,需要严密的组织。而对于咨询公司,为顾客解决的都是惟一的问题,每种问题都有些不同,所采用的技术是知识和经验,下级需要的是一种有利于发挥自己才能的环境。

(3) 管理者位置的高低。管理者位置的高低直接影响到他或她所应该采用的管理方式。比如,所有的管理者都要制定计划,但高层和低层管理者们所制定的计划种类就不相同。

(4) 管理者的位置权力。所有的管理者都需要位置权力,但不同的管理位置所需要的权力有所差别。生产科长与团委书记就应当有不同的位置权力。

(5) 下级个人之间的差别。人和人是不一样的,由于所受教育、家庭环境、个人态度与性格等方面的不同就造成了人们之间的差别,这些差别直接关系到管理者对他们的影响。

(6) 环境的不确定程度。管理者要受到组织外部因素的影响,由政治、技术、社会、经济等方面变化所引起的不确定性,将对管理者的管理方式有所冲击,在变化的外部环境中最好的管理方法可能不适于具有稳定外部环境的组织中。

总之,要根据组织的实际情况来选择最好的管理方式。

六、管理科学学派

管理科学学派又称数理学派,它是泰勒科学管理理论的继续和发展。其代表人物为美国的伯法(E. S. Buffa)等人。伯法的代表作为《现代生产管理》。

管理科学派有如下特点:

(1) 他们力求减少决策的个人艺术成分。依靠建立一套决策程序和数学模型以增加决策的科学性。他们将众多方案中的各种变数或因素加以数量化,利用数学工具建立数量模型研究各变数和因素之间的相互关系,寻求一个用数量表示的最优化答案。决策的过程就是建立和运用数学模型的过程。

(2) 各种可行的方案均是以经济效果作为评价的依据。例如成本、总收入和投资利润率等。

(3) 广泛的使用电子计算机。现代企业管理中影响某一事物的因素错综复杂,建立模型后,计算任务极为繁重,依靠传统的计算方法获得结果往往需要若干年时间,致使计算结果无法用于企业管理。电子计算机的出现大大提高了运算的速度,使数学模型应用于企业和组织成为可能。

管理科学学派重点研究的是操作方法和作业方面的管理问题。现在管理科学也有向组织更高层次发展的趋势,但目前完全采用管理科学的定量方法来解决复杂环境下的组织问题还面临着许多实际困难,有待于进一步的研究,也有待于其他科学的发展。

有时人们把数理学派,决策学派和系统学派统称为管理科学学派,其特点是借助于数学模型和计算机技术研究管理问题,而且是偏于定量的研究。西方现代管理学派的师承关系请看图2-4。

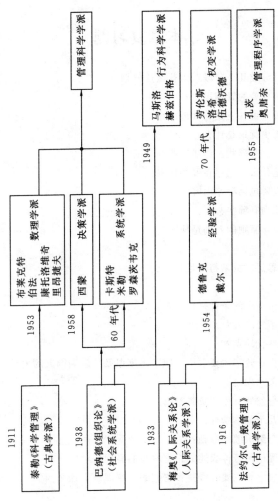

图 2-4 西方现代管理学派师承关系图

七、经验主义学派

经验主义学派的代表人物主要有戴尔(Ernest Dale),他的代表作有《伟大的组织者》、《管理:理论和实践》;德鲁克(Peter Drucker)的代表作有《有效的管理者》。

这一学派主要从管理者的实际管理经验方面来研究管理,他们认为成功的组织管理者的经验是最值得借鉴的。因此,他们重点分析许多组织管理人员的经验,然后加以概括,找出他们成功经验中具有共性的东西,然后使其系统化,理论化,并据此向管理人员提供实际的建议。

本章复习题

1. 管理思想的发展可分成几个阶段?为什么这样划分?
2. 产业革命前有哪些主要的管理思想?
3. 产业革命时及稍后有哪些主要的管理思想?
4. 科学管理产生的历史背景是什么?
5. 科学管理的主要内容有哪些?详述这些内容的含义。
6. 科学管理的贡献是什么?它存在哪些局限性?
7. 法约尔一般管理主要包括哪些内容?
8. 法约尔一般管理原则有哪些?
9. 统一指挥与统一领导原则的差别是什么?
10. 解释跳板原则。
11. 法约尔一般管理思想的贡献与不足是什么?
12. 何谓霍桑试验?
13. 梅奥人群关系理论产生的条件是什么?
14. 何谓社会人?何谓经济人?
15. 非正式组织有哪些优缺点?
16. 为什么梅奥认为生产效率主要取决于职工态度以及他和周围人的关系?
17. 分析梅奥的人群关系理论。
18. 巴纳德对管理思想发展有哪些贡献?
19. 组织存在要有哪几个基本条件?
20. 什么是组织效力与组织效率原则?
21. 巴纳德的权威接受论是怎样表述的?它对我们有何启示?
22. 现代西方管理思想学派主要有哪些?它们的主要观点是什么?

第三章 中国古代的管理思想

第一节 一分为二地对待中国古代的文化遗产

中国的传统民族文化,具有5000年的悠久历史和丰富多彩的珍贵内涵。作为东方文明的重要发端,中华文明不仅哺育了中华民族、大和民族、高丽民族等占世界人口1/4"黄色人类",而且对整个人类文明产生了深远的影响,成为人类文明宝库中的重要内容。正确地对其进行剖析、反思,对于正确地把握中华文明的历史命运,对于形成我国管理科学的民族特色,都是极其重要的。

改革和开放是一场巨大的社会变革,与历史上的一切重大转折时期一样,必然伴随着一场深刻的历史反思。这场反思从总结"文化大革命"的教训开始,涉及到社会民主与专制、个人与集体、领袖与群众、人治与法治等领域,其成果是深刻地剖析了中国社会中封建残余意识的种种表现和消极作用,这场反思的深入则是与对外开放的展开同步。一个长期半封闭的社会突然打开了窗户,西方文明一下子出现在12亿人面前。中华古老的文化传统面临着西方文化的严重挑战,在中、西文化的冲突中,一场以"中西文化比较"为内容的对中华文明的深入反思在全国全面展开。

在这场反思中,大体上可以归结为3种思潮:

(1)"民族虚无"论——持这种观点的人把传统民族文化视为"沉重的包袱"、"历史的惰力",把中华民族的民族性贬斥得一无是处。他们明确地主张"摆脱中国文化的传统形态","根本改变和彻底重建中国文化","要反传统,要全力动摇、瓦解、震荡和清除旧传统"。那么按照哪个模式重建中国文化呢? 只能是"全盘西化"。

(2)"儒学复兴"论——持这种观点的人看不到中华传统文化的局限性和消极性的一面,不加分析地盲目肯定以儒家思想为代表的中国传统文化,甚至认为中国的儒学会在一个新的基础上得到复兴。他们中的一些人主张大搞尊孔活动,似乎这才是振兴民族精神的正道。

(3)"中西合璧"论——持这种观点的人认为中国文化和西方文化各有所长,各有所短,中国的现代文化应该是把二者的优点集中起来,但对两种文化优劣扬弃的具体分析却不尽相同。

怎样正确评价中国传统文化,不仅是一个理论问题,更是一个实践问题。

历史总是喜欢捉弄人。正当我国国内某些人盲目否定中国文化之时,正是美国、欧洲、日本、韩国等国"中文热"、"中国文化热"方兴未艾之日。那些使美国企业大伤脑筋的日本企业家们,几乎都到中国传统文化中寻找精神武器,《论语》、《孙子兵法》、《老子》、《三国演义》

成为企业家的必读书,作为日本的企业文化核心的"团队精神"正是儒家家族伦理观念在企业中的运用,无怪乎日本企业文化被称为"家族主义企业文化",日本的资本主义被称为"儒家资本主义"。近几年,韩国在经济增长的同时,也掀起了空前的"中国热"。《孙子兵法》的销量创韩国出版史上的最高纪录,企业家称之为"企业的经营指针"。孙子提出的战略战术,被企业家们应用于激烈的市场竞争之中,孙子提出的"智信仁勇严"军人五德,在韩国被视为企业家的道德信条。而另一个"亚洲四小龙"成员——新加坡,近几年恢复了中断多年的儒家伦理教育,在企业中强化诸如勤劳、节俭、和谐、忠诚等儒家传统价值观和道德观。新加坡总理吴作栋讲出了这些措施的真正意图:"新加坡人越来越西化,人民的价值观也从儒家伦理的克勤克俭和为群体牺牲的精神转为自我中心的个人主义。这种价值观的改变,将会削弱我们的国际竞争能力,从而影响国家的繁荣与生存。"这个看法是颇有见地的。

日本、韩国、新加坡的经验和教训值得借鉴,它告诉我们:欧洲和美国的有益管理经验应该积极吸取,拒绝学习的盲目排外是愚蠢的,但我们不必也不应照搬他们的个人主义价值观念;中国传统文化的消极保守因素应该抛弃,但其重视伦理道德的群体价值观却是值得继承的思想文化遗产。

1990年8月1日,美籍华人科学家杨振宁对新加坡记者说:"我在美国住了45年,我认为今天的美国危机四伏,不可以效仿。假如说20世纪是美国的世纪,那么可以肯定地说21世纪不是美国的世纪。"为什么?根本原因在于美国的基本价值观——"个人至上主义推到了极端"。对于中、美文化都有深切体会的杨振宁先生的一席话,值得我们深思。

日本学者村山孚说得好:"我希望中国朋友在实现中国企业管理现代化的道路上,千万不要以为只有外国的新奇概念和奥妙的数学公式才是科学。中华民族几千年来积累的文化同样是实现中国企业管理现代化的宏大源流。"这些话对于一切学习管理学的人,可以说是金玉良言。

第二节 中国传统文化的基本特征

对待中华民族的传统文化,我们既不能采取盲目肯定一切的保守态度,也不应该采取盲目否定一切的虚无态度,而应采取辩证的、科学的、历史的分析态度。中华民族的文化传统像世间一切事物一样,有其积极的一面,也有其消极的一面,其文化内涵和外延不是静止的,而是随历史的发展、时代的演变而变化的复杂的动态过程。我们应在历史发展的长河中,考察中华传统文化的精华和糟粕,从而决定我们对它们的扬和弃。

一、入世精神

所谓入世精神,就是积极地关心社会现实的人生态度。众所周知,欧美是基督教和天主教的一统天下,南亚和部分东亚是印度佛教徒群集的地区,而中东和北非则是伊斯兰教的文化圈,但占世界人口将近1/4的中华民族的宗教传统却十分薄弱。如果说,西方基督教文化是"天学"、印度佛教文化是"鬼学"的话,那么中国传统文化就是以儒学为中心的"人学"。基督教、天主教、佛教、伊斯兰教文化的一个共同特点,是消极出世,而中国传统的"人学"文化,则是积极入世的。作为中国主导文化的儒家思想,不论是先秦的孔孟之道,还是两汉以后儒学,乃至程朱理学,其主旨都是经世致用、教民化俗、兴邦治国。其主要信条,如"内圣外王","修身、齐家、治国、平天下","正德、利用、厚生","要言妙道不离人伦日物"。儒家思想的基本精神要求将内在的修养外化为积极的事功;道家文化,看似玄虚奥妙,消极遁世,而其实质却是注重积聚自身的力量,最终实现"以柔克刚"、"以弱胜强"、"以少胜多"、"以后争先"的目的,以"不争"作为"争"的手段,"无为"的背后是"无不为";至于法家文化,奖励耕战,富国强兵,厉行法治,德刑并用,强调积极地治理社会,大胆地追求功利,具有更明显的现实精神。总之,以儒、道、法三家为主体的中国文化的传统,其精髓是积极的入世精神。

正是这种积极的人生态度,几千年来激励着中华民族在艰苦的环境中,创造了灿烂的古代文化,锤炼出自尊自强的民族精神。这种精神极大地影响着我国的企业文化,从20世纪50年代的"孟泰精神",60年代的"铁人精神",到80年代的"二汽精神",90年代的"海尔精神"、"长虹精神"、"联想精神"等,都贯穿着一条主线——不怨天,不尤人,发愤图强,艰苦创业,勇攀高峰,无所畏惧。它构成了我国企业文化拼搏向上的基调。

二、伦理中心

中国的古代社会,在意识形态上是一个以伦理为中心的社会。从春秋战国时代开始,孔子便提出了以"仁"为核心的思想体系,他说:"克己复礼为仁。"这里的"礼",便是君君、臣臣、父父、子子的等级秩序,"礼"作为宗法等级制度,具有外加的强制性。而"仁"的学说,则是要把"礼"的约束建立在道德教育的基础之上。到了后来,则演变成"三纲五常",即君为臣纲,父为子纲,夫为妻纲,以及仁、义、礼、智、信五德。"忠"和"孝"是维护"礼"的最重要的道德标准,而其特点则是服从。这种为封建等级制度服务的伦理道德,严重地束缚、压制个人的主动性,其消极影响至今犹在。在企业中这种封建伦理道德的表现是,各级管理干部与职工之间,随着在管理组织系统"金字塔"上位置的不同,所产生的等级观念,及其副产品——上对下的专横傲慢,下对上的盲从讨好,成为我国企业文化建设的消极因素。

然而,这种伦理中心主义的传统,又有其合理的方面,即重视维系人际关系的伦理纽带,有利于社会关系的稳定与和谐。它要求人们把自己看作家庭、社会的一员,并且时刻意识到自己在其中的责任;它把个人、家庭和国家的命运较为紧密地联系起来,使爱国主义和民族的整体感有了坚实的基础,有助于中华民族凝聚力的加强。正因为如此,它才成为中国封建社会的道德支柱。在当今社会中,只要对伦理道德的内容进行改造和更新,就可以成为树立社会责任感,提高民族凝聚力,发扬民主精神,促进社会稳定,建设优良企业文化的有力思想武器。

事实上,我国社会主义企业历来重视处理好国家、企业、个人之间的关系。强烈的爱国意识,对企业的高度认同,职工间的真诚友谊,爱厂如家,和谐共进,一直是我国社会主义文化的一大特色。我国最大的工业企业——鞍山钢铁公司的企业传统和企业品格是这样表述的:"对祖国的无限热爱,对社会主义事业的坚定信念;爱厂如家,忠于职守,把个人命运同企业兴衰连在一起的主人翁思想;为国争光,拼争第一,开拓创新,勇攀高峰的进取精神;识大体,顾大局,同心同德,团结协作的高尚风格……"这是中华民族重视伦理道德的传统,在社会主义企业中的突出表现,这是我国企业文化内容中的优势文化。

三、重义轻利

重义轻利的义利观,是中国几千年的传统观念之一。孔子说:"君子喻于义,小人喻于利。"孟子进一步主张:"何必曰利。"董仲舒提出:"仁人者,正其谊不谋其利,明其道不计其功。"

重义轻利的义利观,有其积极的社会意义。它提倡在物质利益面前要"克己","寡欲","见利思义,义而后取",它鄙弃"嗟来之食",不取"不义之财"。这在封建社会中,当然有其为封建统治服务的一面,但在今天,若将义的内涵更新为社会主义的道德规范,便值得大力提倡。当前,有些企业利欲熏心,卖假酒、假药,制作假商标、假广告,兜售黄色书刊、淫秽录像带,倒买倒卖,走私贩私,贪污受贿,干出一系列违法乱纪的事。为了消除这种见利忘义的腐败现象,除了严肃法纪之外,在全社会,特别是在工业企业、商业企业、旅游企业中,大力提倡以义取利,义利并重的义利观,引导干部和职工树立比金钱更高尚的追求,也是十分必要的。

我们也应该注意重义轻利的义利观的消极一面。在中国几千年的历史中,与重义轻利共生的,是"重农抑商"的经济思想。这种轻利、轻商的影响,至今仍在。它与僵化的经济体制相结合,形成了只算政治账,不算经济账,重视生产,轻视营销,否定物质激励,大搞精神万能的惟意志论的"左"的一套。这种传统观念,至今仍成为发展社会主义市场经济,改善企业经营,完善企业文化,提高企业经济效益和竞争能力的思想障碍。

四、中庸之道

中庸之道是中国传统文化中一个十分重要的独具特色的观念。孔子说:"中庸之为德也,其至矣乎!"可见,儒家把中庸看作是最高的道德。

什么叫中庸?汉朝郑玄这样注释《中庸》的题义:"名曰中庸者,以其记中和之为用也。"所谓"中",朱熹说:"中者不偏不倚,无过不及之名,庸,平常也。"所谓"和"指和谐,孔子说:

"礼之用,和为贵,先王之道,斯为美。"

中庸之道有两重性,一方面以"中和"为最高原则,忽视对立面的斗争,主张维持现状,否定变革,这在本质上是反辩证法的;而另一方面,它反对过与不及,不走极端,重视和谐,又有辩证法的因素。因此,对中庸之道不能做简单的否定或肯定。

中庸之道维护旧制、反对变革的消极影响是十分深远的,作为一股巨大的历史惰力,它几乎成为世代相传的心理定势。"祖宗之法不可变"、"先王之制不可变"、"三年无改于父之道",等等,被视为亘古不变的真理。这种因循守旧思想,今天仍然是改革所遇到的最大的心理障碍之一。任何改革措施,总会遇到强大抵抗。"没有先例"、"风险太大",常常成为拒绝改革的借口;"宁稳勿乱"、"不为人先",常常成为徘徊观望的理由。视传统为当然,视变革为畏途,这种心态一天不改变,中国的改革便一天难推进。

中庸之道在历史观、变革观上是消极有害的,但在群体观、社会观上却有其积极的一面。这主要反映在"和"的观念上。"和为贵"是中国几千年历史中处理人际关系、民族关系、社会关系的传统原则,用求大同、存小异的办法,协调社会各部分人的利益和要求,达到整体的协调、和睦,是中国社会长期稳定的重要文化支柱。在处理文臣武将关系中的"将相和",在处理民族关系中的"和亲",以及在为政治国中的"天时不如地利,地利不如人和",都是"和为贵"原则的具体运用。再如,故宫三大殿——"太和殿"、"中和殿"、"保和殿",以及皇家花园——"颐和园"的命名,也无不与这"和"的文化有关。

改革开放在一定意义上讲是社会各部分人之间利益的再分配、再调整,然而改革开放需要一个安定团结的内外环境,首先要求政治上的稳定;改革的目标也是要求得国家的长治久安,社会主义长期稳定的发展。我们只能在稳定中求改革,以改革和稳定求发展。因此,"和为贵"的传统原则,在处理各个民族、各个地区、各个部门、各个企业事业单位,处理社会上各部分人之间的矛盾冲突中,仍不失为一个正确而有效的原则。在人与人之间,在上下级之间,加强相互沟通,相互理解,在"求大同存小异"的基础上,实现上下同欲、同心同德,那么一个企业、一个地区以及整个国家,就会出现安定团结的"人和"局面,再大的困难也不会把我们难倒。对一个企业而言,"内求团结,外求发展"的内和外争原则,应该是一个可供选择的高明策略。它已被我国的许多企业成功的实践所证明。海尔公司的哲学叫作"中正之道",主张中和、公正,追求大中至正,取得了骄人的经营业绩,而衡水电机厂则依靠"和谐管理",在全行业亏损局面下取得了良好的经济效益,确实难能可贵。这类事例充分说明中庸之道"和为贵"观念的巨大的现实意义。

五、重视名节

中国传统文化的另一个特点是重视名节,重视精神需要的满足。孟子有一段名言:"生亦我所欲也,义亦我所欲也,二者不可得兼,舍生而取义者也。生亦我所欲,所欲有甚于生者,故不为苟得也;死亦我所恶,所恶有甚于死者,故患有所不辟也。"在中华民族的传统文化中,把民族、国家的尊严和荣辱,个人的人格、信念和操守,看得重于一切。这种思想,凝铸成我们民族的浩然正气。"人生自古谁无死,留取丹心照汗青",文天祥的《正气歌》和他为国捐躯、视死如归的伟大精神,正是我们民族精神的核心。

这种民族精神,在日常生活中表现为珍视荣誉、崇尚气节、讲求廉耻、高度自尊。时穷节乃见,在危难的关头,就表现为崇高的气节。"富贵不能淫,贫贱不能移,威武不能屈","士可杀不可辱",为了捍卫自己的信念、节操和名誉,为了维护民族和国家的尊严,敢于蔑视强暴,甘愿忍受贫苦,甚至不惜牺牲自己的生命。今天,我们只要去掉其中封建思想的糟粕,把自尊、自爱、自强、重视名节的精神,建立在社会主义意识形态的基础之上,就会形成有利的心理环境,激发出人民群众的集体荣誉感和民族自豪感。

在企业的激励机制中,重视荣誉,追求自尊,是一种较高层次的精神需要。只要方法得当,就可以通过荣誉激励、形象激励、感情激励、民主参与激励等精神激励手段,有效地调动职工的积极性、创造性,并强化职工的集体荣誉感和主人翁责任感,建设开拓进取、奋发向上的企业文化。辽宁朝阳重型机器厂倡导"惟旗是夺"的企业精神,实行"立功基础制"的激励制度;陕西石泉水电厂把"集体荣誉高于一切"定为企业精神;更多的企业提出"厂兴我荣,厂衰我耻"的口号,都是典型的范例。

重视名声向坏的方向的发展,就是追求虚荣、大讲排场、死要面子。这种贪图虚名、奢侈浪费的不良社会风尚,在当今仍存在着。有些企业,文过饰非,报喜不报忧,甚至花钱买荣誉,而不在实干上下功夫;当企业与上级主管部门或"关系户"打交道时,为了争本企业的面子,或者为了给对方面子,可以置企业亏损的困境而不顾,照样大摆宴席,花公款如流水,这种现象值得注意。

六、勤俭传统

勤劳节俭是中华民族的传统美德。黄河,狂暴的河;黄土,贫瘠的土。在如此严酷的自然环境里孕育的中华民族,依靠自己的勤劳和节俭,争生存,求发展。自古以来,我们民族就以勤俭为大德,奢侈为大恶,主张"克勤于邦,克俭于家"(《尚书》)。唐代诗人李商隐在《咏史》诗中道:"历览前贤国与家,成由勤俭败由奢。"这种克勤克俭的传统,在社会主义时代,得到了最充分的弘扬,发展为艰苦创业的民族精神。勤劳节俭、艰苦奋斗精神,在鞍钢、大庆、一汽、二汽、首钢、攀钢等大型骨干企业的企业文化中,一直占有十分重要的地位。

近几年,一些企业丢掉了艰苦奋斗的传统,在生产经营上不千方百计地顽强拼搏,却热衷于倒买倒卖,发不义之财,并且大吃大喝,公费旅游,住高级宾馆,坐豪华轿车……这种奢侈之风成为企业和社会的一种公害。在这种情况下,迫切需要恢复和发扬勤劳节俭、艰苦奋斗的企业文化传统。近年来,许多企业正式认定"勤奋"、"俭朴"、"艰苦奋斗"、"艰苦创业"为企业文化的主要内容,如天津市无缝钢管厂,在改革开放形势下,进一步发扬了"一支管,一度电,一滴水,一块砖"的"过日子精神",取得了较好的经济效益。

七、廉洁意识

在中国悠久的历史中,总是把官吏划分为清官与贪官,颂扬廉洁公正的清官,贬斥腐败昏庸的贪官。这种廉洁意识融进了民族的传统文化之中,具有十分深刻的内涵。古人云:"公生明,廉生威","公则民不敢慢,廉则吏不敢欺"。只要清除掉此话中以官治民的消极一面,我们便不难发现其中廉洁公正意识的历史价值。这种廉洁意识,在社会主义时代,与为人民服务思想相结合,升华为一种高尚的公仆意识,注入到企业文化的传统之中。南京无线电厂对各级管理干部提出"三为重"、"四不争"、"五精神"的要求。其中四不争——"不争名,不争利,不争功,不争权",集中体现出廉洁奉公的公仆的意识。针对当前社会上请客送礼、行贿受贿、以权谋私等腐败之风,迫切需要大张旗鼓地宣传和提倡廉洁意识。郑州保险公司为此制定了"八公开"、"十不准"的廉政措施,设立了举报电话和举报中心,使廉洁意识得到强化,成为全公司职工和干部共同信守的价值观念。这实在是明智和远见之举。

八、家庭观念

与西方国家意识形态上的个人主义传统相反,我国意识形态的传统是家庭观念。子从父,妻从夫,兄弟友爱,姐妹互助,这种家庭观念既包含有整体感、骨肉情,又包含有家长意识和服从意识。在中国几千年的历史中,家庭伦理是社会伦理的基础,家庭观念推而广之,渗透到社会关系的各个领域。皇帝叫"万岁爷",官吏叫"父母官",徒弟侍奉师傅严守"师徒如父子"的古训,百姓呼众人常用"父老兄弟"的惯语。在企业里,职工的主人翁意识,往往借助于家庭观念的中介,以"爱厂如家"的形式表现出来。从鞍钢20世纪50年代的"孟泰精神",到广州白云山制药厂80年代的"白云山精神";从广州第一橡胶厂"志在改革齐进取,爱厂如家当主人"的企业精神,到蛇口中国龙杯饮料有限公司"以公司为家"的感情管理,可以看出"爱厂如家"是企业凝聚力的源泉。它一方面意味着工厂像家庭一样温暖,领导像父母一样可亲可信,同事像兄弟姐妹一样团结友爱;另一方面意味着职工对工厂像对家庭一样关心爱护,与之融为一体,休戚与共,心甘情愿地为振兴企业而出谋划策和忘我劳动。应该说,这是我国企业文化内容中又一个独具特色的优势文化。

当然,家庭观念也有消极的一面,那就是企业领导者的家长意识和职工的盲目服从意识。它不利于企业内部民主管理制度的完善和落实,也不利于企业主要负责人与职工之间的平等沟通,往往造成命令主义的倾向,导致独断专行的恶果。在某些企业中,企业负责人的家长制作风,已经成为挫伤职工积极性的主要问题,这乃是根深蒂固的家庭观念消极的一面恶性膨胀使然,应该引起企业经营者们足够的注意。

九、任人惟贤

由于伦理中心主义的影响,以及中国长期文官统治的历史,自古十分重视人事。"知人善任"历来被认为是"治国平天下"的必备才能。中国古代的人事思想十分丰富,成为我国管理文化的重要历史遗产,其中一个核心内容是"任人惟贤"。

我国历史上一直存在着两种用人路线——"任人惟亲"和"任人惟贤"。尽管剥削阶级的本性使历代统治者难免掉进"任人惟亲"的泥坑,但从总体上看,大凡有成就的英明君主及其谋士,总是倡导"任人惟贤"路线的。《韩非子》中提出"宰相必起于州郡,猛将必拔于卒伍",主张任用有实践经验和成绩突出的人才,并指出:"术者,因任而授官,循名而责实,操生杀之柄,课群臣之能者也,此人主之所执也。""诚有功,则虽疏贱必赏;诚有过,则虽近爱必诛。"用这种赏罚分明、循名责实的办法,造成任人惟贤的开明局面。三国时著名政治家诸葛亮指出:"治国之要,务在举贤","为官设人者治,为人设官者乱","赏赐不避怨仇","诛罚不避亲戚。""挥泪斩马谡"的故事,是"任人惟贤"思想最形象化的注解。

尽管"贤"的标准具有鲜明的时代性,但"任人惟贤"的人事思想,的确是前人留下的宝贵历史遗产。在社会主义时代,"贤"的标准是德才兼备。在改革开放潮流推动下,企业在各级主要干部的选拔任用上,普遍试用"招聘制",变过去上级任命的"相马"方式为应聘者平等竞争的"赛马"方式,这是"任人惟贤"路线在当代的最新发展。在青岛海尔公司,把企业变成了"赛马场",赛马场上选良驹,一批德才兼备的人才走上各级领导岗位,该企业管理干部的平均年龄才26岁,这是海尔充满活力的重要组织保证。

不可否认,拉关系、堆山头,搞裙带组合、变"招聘"为"招亲"等不正之风依然存在。这是我国企业文化建设的现实课题,必须花大气力加以解决。

十、辩证思维

龙的子孙们在几千年与天斗、与地斗、与人斗的过程中,总结成功和失败两方面的深刻启示,逐渐形成了朴素的辩证思想方法,这在《老子》、《易传》、《孙子兵法》等典籍中有集中的表现。

我国朴素的辩证思维方式,首先表现在整体观方面。中国人与西方人在思维上的重大差别是:中国人习惯于从整体到个体,从个体角度审视和对待整体。比如在信封上写地址,中国人的顺序是国家、城市、区、街道、门牌号码;而大多数西方国家的书写顺序则恰恰相反。中国画以"写意"为主,即注重整体意味的把握,并不注重细节的真实;而西洋画则以"写实"为主(当然,印象画派等现代画另当别论)。再如,西医以人体解剖为基础,强调对症治疗;而中医则从人体的整体上进行分析,强调辨症治疗。这种不同的思维方法在企业文化中也鲜明地表现出来。中国人的企业习惯于从国家和企业的总体上去考虑问题,包括个人的进退升降。工作需要、国家需要、全局需要远远重于个人需要,十分有利于形成拼搏、奉献、团结、爱厂如家的优良企业文化。这与西方企业中个人主义价值观相比,具有突出的优势,但也有消极的一面,即容易忽视个人的正当利益和要求,容易压抑个体的积极性和创造性。

我国朴素的辩证思想方法,还表现在转化观上。"物极必反"、"相反相成"思想,在两千年前就已形成和普遍运用于战争、政治斗争和经商活动中。《老子》中"以顺待逆,以逸待劳,以卑待骄,以静待噪"的后发制人思想;"以弱胜强,以柔克刚,以退为进"的斗争策略;"将欲弱之,必固强之;将欲废之,必固兴之;将欲夺之,必固予之"的欲擒故纵方法……《孙子兵法》中"知彼知己,百战不殆","得道多助,失道寡助","不战而胜,是为上策"的战略思想;"避实而击虚","因敌变化而取胜"的应变策略;"令之以文,齐之以威"、"令民与上同意"的带兵原则;"千军易找,一将难求"、"将者,智、信、仁勇、严也"的人事哲学;以及三十六计的具体谋略……这些充满着对立面转化辩证思想的文化遗产,如今不仅成为治国、治军的锐利武器,也成为企业在激烈的市场竞争中致胜的法宝,成为制定企业发展战略、竞争策略、经营哲学、激励方法、干部标准、厂风厂纪的思想宝库。一些企业家,把这些优秀的文化遗产,同唯物辩证法相结合,运用在企业的生产经营活动中,取得了出色的成绩。例如,原来并不生产牙膏的广州软管厂,运用"乘隙插足"、"擒贼擒王"、"出其不意"、"反客为主"等竞争策略,使"洁银"牌牙膏后来居上。又如,衡水电机厂吕厂长运用"反弹琵琶"的逆向思维,在管理上不断创新,取得了很好的管理绩效,都是辩证思维的具体应用。

仅从上述 10 个方面不太完整的分析中,不难发现中华传统文化的内涵十分博大精深,尽管其中有封建性的糟粕,但也不乏科学的精华,而后者不仅与现代化大生产并不矛盾,而且将成为建设具有中国特色的现代企业文化的丰富营养。这一点,已经为中国许多优秀企业乃至东亚四小龙和日本企业的成功实践所证明,并将继续为大批中国企业的生产经营实践所证明。

第三节 中国古代的管理思想

先哲先贤群星闪烁,名著典籍浩如烟海,我们只能取其部分精华,以收一斑窥豹之效。

一、天时,地利,人和

大到一个国家,小到一个企业、一个学校、一家医院,都希望并力争有一个良好的内部和外部环境,以利于该组织的生存和发展。我们的祖先,将组织的环境概括为天时、地利、人和。

《淮南子·主术训》中指出:"上因天时,下尽地财,中用人力。"即只有顺应时势,合理地开发和利用自然资源,恰当地使用人力,才能成就事业,巩固政权。

天和地,反映了外部环境。《孙子兵法·地形篇》指出:"知天知地,胜乃无穷。"可见正确地判断外部环境之重要。"天"主要指时势,世势,即历史发展的趋势,顺其势则昌,逆其势则亡。所以,应"因时立政"(苏辙《乞裁损浮费札子》),"智者善谋,不如当时。"(《管子·霸言》)领导者善于谋划,不如顺应时势,容易成功。

在中国古代,长期依赖农业生产,因此,"地"的内容以土地为主。建立合理的土地制度成为经济繁荣的首要前提,《管子·乘马》中指出:"地者,政之本也,故地可以正政也。地不平均调和,则政不可正也。"管仲把土地制度提高到"政之本"的高度,一个良好的经济制度,才能保证政治进入良性循环的轨道,这一论断至今仍闪耀着真理的光芒。

在天时、地利、人和三要素中,"人和"处在关键地位。自古认为:天时不如地利,地利不如人和。《论语·学而》中指出:"礼之用,和为贵。"《荀子·强国》中指出:"爱民而安,好士而荣,两者无一焉而亡。"他将人和划分为两个层次:一个是"爱民",爱你的下属;另一个是"好士",即尊重人才、重用人才、爱惜人才。

民本思想,是中国古代的重要管理理念,也是"人和"的理论基础。《贞观政要·行幸,魏征》中指出:"君,舟也;人,水也。水能载舟,亦能覆舟。"它准确而形象地说明了领导者与群众之间的关系,为历代政治家所遵从。

"将相和"、"君臣和"是在管理层面的"人和"。"君臣遇合,天下事迎刃而解。"(苏辙《观案》)指出领导层的良好合作与和谐,是解决天下事的重要环节。

二、修身,齐家,治国

领导者的素质与组织的兴衰关系甚大,中国古代先贤对此有精辟的论述。《礼记·大学》中指出:"物格而后知至,知至而后意诚,意诚而后心正,心正而后身修,身修而后家齐,家齐而后国治,国治而后天下平。"这就是著名的"修齐治平"理论。领导者具有高度的道德和知识素养,才能够齐家、治国、平天下。《礼记·哀公问》中说:"政者,正也。君为正,则百姓从政矣。君之所为,百姓之所从也。"《论语·为政》中指出:"为政以德,譬如北辰,居其所,而众星拱之。"都是从领导者示范作用的角度,论述其自身修养的重要性。

领导者的自身修养从何做起呢?"治身莫先于孝,治国莫先于公。"(苏轼《司马温公行状》)从在家庭中尊老敬老做起,关心和爱护别人,养成利他和无私的品德。成就任何宏大的事业,都靠"居之以强力,发之以果敢,而成之以无私。"(宋·苏辙《新论中》)。

在领导者自身修养中,如何战胜外界的诱惑,战胜自身的弱点,是一个严峻的考验。"君子谋道不谋富。"(柳宗元《吏商》)"道德当身,故不以物惑。"(《管子·戒》)安于清贫,战胜物质上的诱惑,是领导者应有的道德境界。

"俭节则昌,淫佚则亡。"(《墨子·辞过》)领导者应以节俭为荣,以奢侈、淫逸为耻。

"贪愎喜利,则灭国杀身之本也。"(《韩非子·十过》)高度概括了沉重的历史教训。

"防意如防城,胜惑即胜敌"。洪仁玕在其名著《资政新篇》中的这句名言,浸透了太平天国后期许多起义将士的鲜血,值得每个领导者自戒。

"欲胜人者必先自胜"(《吕氏春秋·季春纪·先己》),必先战胜自己的人性弱点,才能战胜外界的挑战。

"以铜为镜,可以正衣冠;以古为镜,可以知兴替;以人为镜,可以明得失。"(《贞观政要·任贤》)李世民这句名言为领导者发现自身之不足,加强素质之修养,实在是金玉良言。

三、穷究事理,先谋后事

决策是领导者的首要任务。如何确保决策正确,是管理学的重要课题。中国古代的先哲们,在这方面有许多精辟的见解。

"先谋后事者昌,先事后谋者亡。"(《意林》引《太公金匮》)是说应谋划在先,行动在后,才能确保成功,反之则事必败。"不动声色,而措天下于泰山之安。"(欧阳修《相州尽锦堂记》)指的就是高级领导者运筹帷幄而决胜千里之外的大将风度。

"日之能烛远,势高也;使日在井中,则不能烛十步矣。"(《尸子卷上·明堂》)讲的是领导者应高瞻远瞩,而不能鼠目寸光。

"为国有三计:有万世之计,有一时之计,有不终月之计。"(苏轼《策别十八》)讲的是战略决策、战术决策之区别,长期发展战略与近期计划的区别。

"事无巨细,毕陈于前。若网在纲,振之则举,驰则尽废。"(苏辙《孙览河北运副除右司郎官》)指出决策者应抓主要矛盾,抓住关键,才能纲举目张,作出正确决策。

"不苟一时之誉,思为利于无穷。"欧阳修在《偃虹堤记》中的这句话,要求领导者不要只考虑一时的名声,而应考虑组织长期的利益,造福子孙万代。

"详其小,必废其大。"(苏辙《宇文融》)指的是,决策者若只专注于小事、细枝末节,必然在重大决策上产生失误。苏洵在《高祖》中盛赞"高祖之智,明于大而暗于小。"指的就是汉高祖在大政方针上算度准确、精于战略决策的突出优点。

"工欲善其事,必先利其器。"(《论语·卫灵公》)讲的是,决策者必须考虑决策实施的手段,物质基础和政策制度等。

"它山之石,可以攻玉。"(《诗经·小雅·鹤鸣》)讲的是借鉴其他组织(国家、地区、单位)经验的重要性,那是正确决策赖以形成的外部因素。

"见兔而顾犬,未为晚也,亡羊补牢,未为迟也。"(《战国策·楚策四》)讲的是决策者应注意搜集决策实施的反馈信息,及时纠正错误,采取补救措施,甚至于重新进行决策。

四、刚柔并济,德刑并用

如何进行管理？如何使下属跟从？如何规范部下的行为？如何维持良好的社会秩序？在这个根本的管理理念方面，我们的祖先留下了丰富的历史遗产。概括起来，叫做恩威并重、宽猛相济、刚柔并济、德刑并用。

孔子把治国方略概括为"道之以德，齐之以礼，有耻且格。"（《论语·为政》）即用法教引导人民，用礼节和制度约束人民的行为，则人民既有纪律、守秩序，又有道德、知荣辱。

《左传·昭公二十年》中记载着孔子的另一句名言："宽以济猛，猛以济宽，政是以和。"即提倡将宽与猛两手互为补充，使宽猛有度，则政治和谐，管理有序。

苏轼在《张世矩再任镇戎军》一文中指出："威与信并行，德与法相济。"即主张将领导者行政权威与取信于民并行，将道德的教化功能与法律的规范功能相结合。

在武侯祠有一副脍炙人口的名联："能攻心，即反侧自消，自古之兵非好战；不审势，则宽严皆误，后人治蜀要三思。"（清人赵藩撰题）上联强调"攻心为上"，不要盲目迷信强权和暴力；下联则强调"审时度势"，不要造成宽严悖误的被动局面。刚与柔、宽与严、德与刑、硬与软，是对立统一的辩证关系，如何将二者结合好，关键看当时的内外环境，因此"度势"是管理的前提。领导者应透过现象抓住本质，在纷繁复杂的矛盾中善于抓住主要矛盾，认清时势，乘势而上，才能移宽严有度，刚柔相济，取得事半功倍的管理效果。

五、义利两全,富民强国

中国古代先贤们，虽然大多主张重义轻利，但也有相当一批思想家、政治家将利与义并重，把二者看成是相互补充的、同等重要的方面。而这里的利主要指利国利民，它理所当然是"义"的一部分。

苏洵在《利者义之和论》中主张："义利利义相为用。"这里的义，不能脱离国家和人民的利；这里的利，不能脱离义的轨道，应以富民强国为准则。

苏轼在《录进单锷吴中水利书》中指出："古之贤人君子，大智经营，莫不除害兴利。"明代黄宗羲在《原君》中更强调君王应"不以一己之利为利，而使天下受其利；不以一己之害为害，而使天下释其害。"

怎样富民利民呢？孔子主张："敬事而信，节用而爱人，使民以时。"（《论语》）认真严肃地管理政务，取信于民；节约开支，是真正的爱民；不误农时，发展生产，使人民致富。

《三国志·吴书·骆统传》中指出："财须民生，强赖民力，威恃民势，福由民殖，德俟民茂，义以民行。"即财富是人民创造的，国家的强大依赖人民的力量，国威靠的是人民的气势，福利乃由人民所树立，道德靠人民的实践而兴盛，义的实现靠人民的共同行动。这几句话高度概括了民富国强、义利两全的真谛。

义利两全怎样具体操作？苏轼主张"用于国有节,取于民有制。"（《叶嘉传》）即节约开支,减少百姓负担。王安石主张"因天下之力,以生天下之财；取天下之财,以供天下之费。"（《上皇帝万言书》）即开源节流,量入为出。民富国强靠的是人民,"失民而得财,明者不为。"（苏轼《上文侍中论榷盐书》）有经济效益而失去民心之事,明智的领导者断不可为。

具体而言,富民和富国的办法很多,没有必要过分拘泥于某种既定模式。正如著名经济家桑弘羊所说："治家非一室,富国非一道。"（《盐铁论》）应该审时度势,制定正确的战略,实施正确的政策,探索和创造民富国强之路。

六、知人善任,赏罚严明

"为政之要,惟在使人。"（《贞观政要·崇儒学》）唐太宗李世民的这句名言,指出人才对管理的重要性。

何谓人才？以德才兼备为标准。"德不称其任,其祸必酷；能不称其位,其殃必大。"（王符《潜夫论·忠贵》）德与才的关系,是统帅与被统帅的关系。司马光指出："才者德之资也,德者才之帅也。""是故才德全尽谓之圣人；才德兼亡谓之愚人；德胜才谓之君子；才胜德谓之小人。"（《资治通鉴》）古代许多政治家主张亲君子,远小人。因为"自古以来,国之乱臣,家之败子,才有余而德不足,以至于颠覆者多矣。"（《资治通鉴》）

怎样识别人才？知人很难,因为人常有假象。正如诸葛亮所说："有温良而伪诈者,有外恭而内欺者,有外勇而内怯者,有尽力而不忠者。"（《将苑·知人性》）怎样去伪存真,正确识人呢？诸葛亮提出了"七观法"："一曰,问之以是非而观其志；二曰,穷之以辞辩而观其变；三曰,资之以计谋而观其识；四曰,告之以祸难而观其勇；五曰,醉之以酒而观其性；六曰,临之以利而观其廉；七曰,期之以事而观其信。"（《将苑·知人性》）意指,为了考察人的素质,可以人为地制造一些矛盾,在矛盾中考察他（她）。唐太宗的谋臣魏征则提出了《六观法》："贵则观其所举,富则观其所养,居则观其所好,习则观其所言,穷则观其所不受,贱则观其所不为。"乃是在人们地位、处境变化中,观察人的举止、言谈、兴趣、修养和追求,更容易反映人的本质。这些方法,至今有借鉴价值。

知人之后如何任用？一个正确的原则是用其所长。孔子说："无求备于一人。"（《论语》）汉朝东方朔有一名言——"水至清则无鱼,人至察则无徒。"因此,用人最忌求全责备。宋代政治家王安石指出："一人之身,才有长短,取其长则不问其短。"（《委任》）"薄于责人,而非匿其过；不苟于论人,而非求其全。"（同上）。因材施用,用其所长。正如《荀子·君道篇》所言："论德而定次,量能而授官。皆使人载其事而各得其所宜；上贤使之为三公；次贤使之为诸侯；下贤使之为士大夫。"坚持用人所长,则人人可用,各得其所,正所谓："大匠无弃材,寻尺各有施。"（唐·韩愈《送张道士》）

用人的另一个原则是"用人不疑"。宋代政治家欧阳修指出:"任人之道,要在不疑。宁可艰于择人,不可轻任而不信。"(《论任人之体不可疑札子》)意为宁可择人时多费一些精力,看准了再用,但不可轻易任用却不信任,不敢放手让其施展才干。《孙子兵法》指出:"将能而君不御者胜",就是讲用人不疑、充分授权才可致胜的道理。

考核是用人的一个重要环节,没有严格考核,就难分贤愚优劣,也无法施行正确赏罚。《管子》中有一句名言:"成器不课不用,不试不藏。"即对于人才,不经过考核不加任用,不经过试用,不作为人才储备。考核的办法是"听其言而观其行"(《论语》),"循名实而定是非,因参验而审言辞"(《韩非子》)。

用人时还要注意,不能考核后而无赏罚,降职乃至撤职是一种重要的惩罚办法,也是使官得其人、因材施用的必然结果。因此,"凡人为贵,当使可贱。"(《后汉书·马援传》)即能上能下,能贵能贱。

用人的另一个课题是如何激励下属,其中的关键是奖励和惩罚的实施。古代众多思想家、政治家形成了共识——必须赏罚严明。韩非子主张:"诚有功,则虽疏贱必赏;诚有过,则虽近爱必诛。"(《韩非子》)诸葛亮具体论证了这一原则,他说:"赏罚之政,谓赏善罚罪也。赏以兴功,罚以禁奸。赏不可不平,罚不可不均。赏赐知其所施,则勇士知其所死;刑罚知其所加,则邪恶知其所畏。"(《便宜十六策·赏罚第十》)唐太宗李世民用最精练的语言阐述了赏罚严明的原则:"赏当其劳,无功者自退。罚当其罪,为恶者咸惧。"(《贞观政要》)

七、事在四方,要在中央

在组织理论方面,中国古代的政治家、思想家虽然没有形成系统完整的理论,但也得出许多精辟的结论。

"事在四方,要在中央。圣人执要,四方来效。"(《韩非子·扬权》)韩非子这句话区分了决策层与执行层两个组织层次:中央政府决策,地方政府执行。最高决策者十分关键——应该是"圣人"来进行决策,然后地方竞相效法、执行。

"威不两错,政不二门。"(《管子·明法》)管仲这句话强调了统一指挥原则,不能政出二门,必须维护中央政府的权威。

要保证组织成员行为的高度统一,除了统一指挥之外,还应建立和健全制度和法律。"理国守法,事须划一。"李世民这句话强调借助"法"的统一达到"事"的划一,以便治理国家的思想。这也包括明确划分上级与下级的权力和责任,各负其责,各司其职,亦即"为治有体,上下不可相侵。"(《三国演义》第103回)。

为了保证组织的正常运作,必须有明确的议事规则,良好的正式沟通,必须坚持"公事不私议"(《礼记·曲礼下》)的原则。在议事过程中,应该让部下畅所欲言,"开直言之路,以利国也。"(《贞观政要》)唐代名臣魏征说得好:"君之所以明者,兼听也;其所以暗者,偏信也。"

"君暗臣谀,危亡不远。"(《贞观政要》)作为组织的领导者善于听取不同意见,而绝不能偏听偏信,这是组织正常运作的重要条件。

八、不谄不渎,上下同欲

任何一个组织,都是由人群所组成。建立什么样的人际关系,形成什么样的组织风气,是关系到组织生死存亡的重大问题。

《周易·系辞下》有一句名言:"君子上交不谄,下交不渎。"即对领导者不谄媚,对下级要尊重,不轻侮。《庄子·山木》中指出:"君子之交淡若水,小人之交甘若醴。"反对搞酒肉朋友,搞钱权交易,使人际关系"淡若水",摆脱物欲的纠缠,以利于形成清正廉洁的组织风气。欧阳修在《朋党论》中进一步分析:"君子与君子以同道为朋,小人与小人以同利为朋。"君子与小人的本质差别,在于前者交友的标准是"同道",即有共同的主张,共同的理想,共同的追求,而后者仅仅为了共同的利益,即只求"同利",缺乏团结一致的思想基础。因此,"君子周而不比,小人比而不周。"(《论语·为政》)即君子合群而不勾结,小人勾结而不合群,总以小集团、小帮派的利益而破坏整个组织的团结。

为了提高组织的凝聚力,组织的领导者应该率先示范,"同心而共济,始终如一。"(欧阳修《朋党论》)"交不为利,仕不谋禄"。(嵇康《卜疑》)不是为了谋取私利,而是为了达成组织的目标,诚心诚意地搞好团结。在共同的工作中,人与人之间难免会出现矛盾和冲突,一个合格的领导者应该有忍让,顾大局,体现出宽宏博大的胸怀。正如《尚书·君陈》中所说:"必有忍,其乃有济;有容,德乃大。"

两军相遇勇者胜,士气对于组织的成败至关重要。正如《尉缭子·战威》中所说:"夫将之所以战者,民也。民之所以战者,气也。气实则斗,气夺则走。"士气怎样鼓起?怎样维持?一字而言:义也。"夫惟义可以怒士。士以义怒,可以百战。"(苏洵《心术》)组织的领导者应该引导部下认识到组织奋斗的崇高目标,组织为之奋斗的事业的伟大意义,激励部下"舍生取义"的奉献精神,成就伟大事业的使命感和责任感,使整个组织成员的团结,建立在"上下同欲"的价值观基础上。这样的组织,其凝聚力是持久的,其战斗力是坚强的。正如《孙子兵法·谋攻篇》所指出的:"上下同欲者,胜。"

本章复习题

1. 应该怎样正确认识和对待中华古老的传统文化?
2. 为什么说"中华民族几千年来积累的文化同样是实现中国企业管理现代化的宏大源流"?
3. 对现实的中国企业文化影响较大的传统观念主要有哪些?
4. 何谓"入世精神"?其积极意义何在?

5. 何谓"伦理中心"？如何发扬其合理内涵？
6. 何谓"重义轻利"？其积极意义何在？其消极影响如何消除？
7. 怎样正确认识"中庸之道"的二重性？如何消除其在历史观上的消极影响？如何继承其在社会观上的积极一面？
8. "重视名节"在现实中的影响有哪些？怎样正确地分析和对待？
9. 如何在新形势下发扬"勤劳节俭"的优良传统？
10. "廉洁意识"在当前有何现实意义？
11. "家庭观念"对中国企业的文化有何影响？怎样分析其利弊？
12. 怎样正确弘扬"任人惟贤"的传统？
13. 辩证思维对于当前企业的经营活动有什么现实意义？
14. 中国古代的管理思想包含哪些方面内容？
15. 如何正确地看待"天时,地利,人和"？
16. 如何正确地看待"修身,齐家,治国"？
17. "穷究事理,先谋后事"对领导者决策有哪些启发？
18. "刚柔并济"的思想在当代管理中有什么现实意义？
19. "义利两全,富民强国"的思想为什么并未过时？在市场经济中如何运用它？
20. "知人善任,赏罚严明"的原则,在当代管理中有什么现实意义？
21. "事在四方,要在中央"在完善组织职能方面有哪些现实意义？
22. 怎样做到"上下同欲"？它在现代管理中的重要意义何在？

第四章 计划职能

无论是组织还是个人,无论是工作还是生活,都会经常遇到"计划"问题。国家政府为了确保未来的经济发展,要制定五年计划,一个企业要发展某种新产品,要制定新产品开发计划和销售计划;甚至一个家庭,为了有效地利用家庭的经济资源,也需要一个收支计划。计划是如此重要,以至于几乎任何活动都离不开它。每个人都能从日常活动中体会到,事前是否进行计划,事后将会得到完全不同的结果。下面我们就从计划的性质开始详细地讨论计划职能。

第一节 计划的性质

一、计划与计划工作的含义

什么是计划?为了清楚起见,有必要把计划与计划工作加以严格的区别。计划是一种结果,它是计划工作所包含的一系列活动完成之后产生的。它是对未来行动方案的一种说明,它告诉管理者和执行者未来的目标是什么,要采取什么样的活动来达到目标,要在什么时间范围内达到这种目标,以及由谁来进行这种活动。任何完整的计划都包含上述全部内容。值得注意的是,虽然计划应该尽可能地稳定,这有助于计划执行者富有成效地开展工作,但是计划也不是一成不变的,在计划期内,与计划目标有关的一些因素可能发生了巨大变化,这足以使计划本身失去效用。因此,要不失时机地对计划进行修订,使计划保持有效性。不难想象,一个企业的利润计划应该随着原材料的价格的变化而有所变化。

计划工作是另一个需要明确的概念,计划工作是各级管理者所要完成的一项劳动。严格地说,"计划工作是一种预测未来、设立目标、决定政策、选择方案的连续程序,以期能够经济地使用现有的资源,有效地把握未来的发展,获得最大组织成效"。由此可见,计划工作主要与未来有关,计划工作本身的目的就是力图使组织在将来获得最大的成效。这就需要正确地预测未来。因此也要对过去的信息情报加以科学的分析,根据分析的结果和现在的条件设立组织的未来目标,确定达到目标的一系列政策和方法,最后才能形成一个完整的计划。

二、计划工作的特点

计划工作是管理工作的一个必不可少的职能,这是由于它有如下的特点。

1. 计划工作为目标服务

任何组织或个人制定计划都是为了有效地达到某种目标。当然,在计划工作开始之前,这种目标可能还不十分具体,计划就是起始于这种不具体的目标。在计划工作过程的最初阶段,制定具体的明确的目标是其首要任务,其后的所有工作都是围绕目标进行的。例如,某家百货公司的经理希望明年销售额和利润额有较大幅度的增长,这就是一种不明确的目标,为此就要制定计划,根据过去的情况和现在的条件确定一个可行的目标。比如销售额增长20%,利润增长15%。这种具体的明确的目标不是单凭主观愿望就能确定的,它要符合实际情况。要以许多预测和分析工作作为其基础。计划工作要使今后的行动集中于目标,要预测并确定哪些行动有利于达到目标,哪些行动不利于达到目标或与目标无关,从而指导今后的行动朝着目标的方向迈进。可以说,没有计划的行动或多或少是一种盲目的行动。

2. 计划工作的首要性

计划工作在管理职能中处于首要地位,这主要是由于管理过程当中的其他职能都是为了支持、保证目标的实现。因此这些职能只有在计划工作确定了目标之后才能进行。一位厂长只有在明确目标之后才能确定合适的组织结构,下级的任务和权力,伴随权力的责任,以及怎样控制组织和个人的行为不偏离计划等等。所有这些组织、领导、控制职能都是依计划而转移的。没有计划工作,其他工作就无从谈起。计划工作首要性的另一个原因是,在有些情况下,计划职能是惟一需要完成的管理工作。计划工作的最终结果可能导致一种结论,即没有必要采取进一步的行动。比如,原打算在某地建立一个新的钢铁厂,首先要做的工作是进行可行性分析,如果分析的结果表明在此地建立钢铁厂是不合适的,那么所有工作也就告一段落,无须实行其他的管理职能。

3. 计划的普遍性

任何管理者或多或少都有某些制定计划的权力和责任。高层管理者不可能也不必要对自己组织内的一切活动作出确切的说明,这也是有效的管理者所必须遵循的一条原则。最常见的情况是高层管理人员仅对组织活动制定结构性的计划。换句话说,高层管理人员只负责制定战略性的计划,而那些具体的计划由下级完成。这种情况的出现主要是由于人的能力是有限的,现代组织中的工作是如此繁杂,即使是最聪明最能干的领导人,也不可能包揽全部计划工作。此外,授予下级某些制定计划的权力,有助于调动下级的积极性,挖掘下级的潜在能力,这无疑对贯彻执行计划,高效地完成组织目标大有好处。

4. 计划要讲究经济效益

计划的经济效益可用计划的效率来衡量。所谓计划的效率是指实现目标所获得的利益与执行计划过程中所有耗损之和的比率。换句话说,计划效率是指制定计划与执行计划时所有的产出与所有的投入之比。如果一个计划能够达到目标,但它需要的代价太大,这个计划的效率就很低,因此不是一份好的计划。在制定计划时要时时考虑计划的效率,不但要考虑经济方面的利益和耗损,还要考虑非经济方面的利益和耗损。

三、计划的重要作用

早在泰勒推行他的科学管理运动时期,许多管理者就已认识到计划在管理实践中具有重要的作用。特别是近十几年来,生产技术日新月异,生产规模不断扩大,分工与协作的程度空前提高,每一个社会组织的活动不但受到内部环境的影响,还要受到外来多方面因素的制约,企业要不断地适应这种复杂的变化的环境,只有科学地制定计划才可能协调与平衡多方面的活动,求得本组织的生存和发展。美国人豪斯(R. T. House)和他的同事们曾经对计划的重要性进行了较为深入的研究,他们调查了92家企业,其中17家企业有正式的长期计划,其他企业或仅有非正式的长期计划,或者完全没有长期计划。然后,他们给出了评价企业经营好坏的5个主要指标:销售额、股票价格、每张股票的收益,付税后的纯报酬,在上述5方面,有正式长期计划的公司几乎都优于没有长期计划的公司。由此可以看出,计划是企业管理中不可缺少的一个环节。

作为一个国家,计划的重要性就更加明显了。整个国家是一个复杂的社会系统,它有众多子系统,它们的相互关系有许多只能通过计划才能合理地确定。比如,国民经济的发展与社会发展的速度关系,消费与积累的比例关系,经济与社会发展的合理布局,固定资产的投资规模等等。总之,要使这个大系统获得最高的效益,保证人民生活和生产持续稳定地发展,都需要制定出科学的计划。具体地说计划的作用可以归纳为如下几条:

1. 计划是管理者指挥的依据

管理者在计划制定之后工作并没有结束,他们还要根据计划进行指挥。他们要分派任务,要根据任务确定下级的权力和责任,要促使组织中的全体人员的活动方向趋于一致而形成一种复合的、巨大的组织化行为,以保证达到计划所设定的目标。国家要根据五年计划安排基本建设各项目的投资,企业要根据年度生产经营计划安排各月的生产任务,新产品开发和技术改造。管理者正是基于计划来进行有效的指挥。

2. 计划是降低风险、掌握主动的手段

将来的情况是变化的,特别是当今世界是处于一种剧烈变化的时代当中,社会在变革,技术在革新,人们的价值观念也在不断变化。计划是预期这种变化并且设法消除变化对组织造成不良影响的一种有效的手段。未来可能会出现资源价格的变化,新的产品和服务会由竞争者推出,国家对企业的政策、方针可能变化,顾客的意愿和消费观念也会变化。如果没有预先估计到这些变化,就可能导致组织的失败。计划是针对未来的,这就使计划制定者不得不对将来的变化进行预测,根据过去的和现在的信息来推测将来可能出现哪种变化,这些变化将对达成组织目标产生何种影响,在变化确实发生的时候应该采取什么对策,并制定出一系列备选方案。一旦出现变化,就可以及时采取措施,不至于无所适从。的确,有些变化是无法事先预知的,而且随着计划期的延长,这种不确定性也就相应增大,这种情况的出现部分是由于人们掌握的与将来有关的信息是有限的,部分是由于未来的某种变化可能完全由于某种偶然因素引起的,但这并没有否认计划的作用。通过计划工作,进行科学的预测可以把将来的风险减少到最低限度。

3. 计划是减少浪费、提高效益的方法

计划工作的一项重要任务就是要使未来的组织活动均衡发展。预先对此进行认真的研究能够消除不必要的活动所带来的浪费,能够避免在今后的活动中由于缺乏依据而进行轻率判断所造成的损失。计划工作要对各种方案进行技术分析,选择最适当的最有效的方案来达到组织目标。此外,由于有了计划,组织中各成员的努力将合成一种组织效应,这将大大提高工作效率从而带来经济效益。计划工作还有助于用最短的时间完成工作,减少迟滞和等待时间,减少盲目性所造成的浪费,促使各项工作能够均衡稳定地发展。计划工作对现有资源的使用可以经过充分地分析研究,各部门都明确整个组织的现状,减少闭门造车的工作方式,使组织的可用资源充分发挥作用,并降低了成本。

4. 计划是管理者进行控制的标准

计划工作包括建立目标和一些指标,这是一份好的计划所应包括的内容。这些目标和指标将被用来进行控制。也许这些目标和指标还不能被直接地在控制职能中使用,但它确实提供了一种标准,控制的所有标准几乎都源于计划。计划职能与控制职能具有不可分离的联系。计划的实施需要控制活动给予保证。在控制活动中发现的偏差,又可能使管理者修订计划,建立新的目标。

第二节　计划的类型

由于人类活动的复杂性与多元性,计划的种类也变得十分复杂和多样。人们根据不同的背景,不同的需要编制出各种各样的计划。去除计划的具体内容,寻找各种计划中共性的东西,可以根据几种原则把计划进行大体的分类。目前最流行的分类方法见表4-1。

表 4-1 计划的分类

分类原则	计划种类	分类原则	计划种类
按计划的时间界限划分	1. 长期计划 2. 中期计划 3. 短期计划	按计划的范围划分	1. 政策 2. 程序 3. 方法
按计划制定者的层次划分	1. 战略计划 2. 管理计划 3. 作业计划	按计划的约束力划分	1. 指令性计划 2. 指导性计划
按计划的对象划分	1. 综合计划 2. 局部计划 3. 项目计划		

根据各种原则划分计划的种类,主要是为了研究分析的方便。任何一种计划都可能具有其他分类原则下某种计划类型的特征。例如政策是按范围划分的一种计划类型,但它也可能是一种长期计划。同样,综合计划是按计划的内容划分出来的,它完全可能又是一种中期计划。企业的年度生产经营计划是一种综合性计划,它包括企业计划年度的供应、生产、销售、劳动、财务、技术改造等多方面内容,同时,它又具有短期计划的性质。

一、长期、中期和短期计划

按计划期的长短可以把计划划分为长期计划、中期计划和短期计划。一般说来,人们习惯于把 1 年或 1 年以下的计划称为短期计划;1 年以上到 5 年的计划称为中期计划;而 5 年以上的计划称为长期计划。这种划分不是绝对的。比如,一项航天发展项目的短期实施计划可能需要 5 年。而一家小的制鞋厂,由于市场变化较快,它的短期计划仅能适用两个月。所以尽管我们按上述时间界限划分出长期、中期和短期计划,在讨论各期计划时还是应从它们本身的性质来说明。

二、战略、管理和作业计划

按计划制定者的层次可把计划分为战略计划、管理计划和作业计划。这种分法与按时间划分计划类型有较多相同之处。如在时间的长度方面、内容和广度方面就很相似,但也有些差别。

1. 战略计划

战略计划是由高层管理者制定的。它的作用是决定或变动一个组织的基本目的以及基本政策。战略计划的特点是长期性,一次计划可以决定在相当长的时期内大量资源的运动方向;它的涉及面很广,相关因素较多,这些因素的关系既复杂又不明确,因此战略计划要有较大的弹性;战略计划还应考虑许多无法定量化的因素,必须借助于非确定性分析和推理判断才能对它们有所认识。此外,一般的战略计划具有单值性,仅使用一次。战略计划的这些特点决定了它对施政计划和作业计划的指导作用。

2. 管理计划

管理计划是由中层管理者制定的,它将战略计划中具有广泛性的目标和政策,转变为确定的目标和政策,并且规定了达到各种目标的确切时间。管理计划中的目标和政策比战略计划具体、详细,并具有相互协调的作用。此外,战略计划是以问题为中心的,而管理计划是以时间为中心的。一般情况下,管理计划是按年度分别拟订的。

3. 作业计划

作业计划是由基层管理者制定的。管理计划虽然已经相当详细,但在时间、预算和工作程序方面还不能满足实际实施的需要,还必须制定作业计划。作业计划根据管理计划确定计划期间的预算、利润、销售量、产量以及其他更为具体的目标,确定工作流程,划分合理的工作单位,分派任务和资源,以及确定权力和责任。

三、综合、局部和项目计划

按计划对象可把计划分为综合计划、局部计划和项目计划三种。顾名思义,综合计划所包括的内容是多方面的;局部计划只包括单个部门的业务,而项目计划则是为某种特定任务而制定的。

1. 综合计划

综合计划一般指具有多个目标和多方面内容的计划。就其涉及对象来说,它关联到整个组织或组织中的许多方面。习惯上人们把预算年度的计划称为综合计划。企业中是指年度的生产经营计划。它主要应该包括:销售计划、生产计划、劳动工资计划、物资供应计划、成本计划、财务计划、技术组织措施计划等。这些计划都有各自的内容,但它们又互相联系,互相影响,互相制约,形成一个有机的整体。由于目前的企业已经形成了一种开放的系统,外界环境对这个系统有直接的影响。为此,就要使资源在各个部门合理分配,用有限的投入获得更大的产出,产生更大的组织效应。所以应把制定综合计划放在首要的位置上,要自上而下地编制计划。

2. 局部计划

局部计划限于指定范围的计划。它包括各种职能部门制定的职能计划,如技术改造计划、设备维修计划等;还包括执行计划的部门划分的部门计划。局部计划是在综合计划的基础上制定的,它的内容专一性强,是综合计划的一个子计划。是为达到整个组织的分目标而确立的。例如,企业年度销售计划是在国家计划、市场预测和订货合同的基础上,规定年度销售的产品品种、质量、数量和交货期,以及销售收入、销售利润和销售渠道。应该注意,各种局部计划相互制约的关系,如销售计划直接影响生产计划和财务计划等其他局部计划。

3. 项目计划

项目计划是针对组织的特定课题作出决策的计划。例如某种产品开发计划、企业的扩建计划、与其他企业联合计划、职工俱乐部建设计划等都是项目计划。项目计划在某些方面类似于综合计划,它的特殊性在于其目的是为了企业结构的变革。即针对企业的结构问题选择解决问题的目标和方法。它的计划期很可能为1年,这时它就要包括在年度计划之内。也许它的计划需要几年才能完成。比如企业扩建计划,这时年度计划仅包括它的一部分。项目计划是与组织结构的变革相关的。结构的组成要素有许多,比如企业中的市场、设备、产品、财务和组织等,几乎包括企业的一切领域。项目计划就是使这些因素具体地朝着将来的方向发展下去。我们必须注意把项目计划同在原有结构上的实现有效经营的管理计划相区别。

四、政策、程序和方法

按范围分类有3种形式,即政策、程序和方法。用这种分类方法可以使人们直观地认识到该计划的应用范围。尽管在政策、程序和方法这几种计划内部还存在着不同程度的区别,但一般说来,政策应用的范围最大,其次为程序,方法的应用范围最小。

1. 政策

政策是组织为达到目标而制定的一种限定活动范围的计划。具体地说,它规定了组织成员行动的方向和界限。政策一般比较稳定。一旦制定,就要持续到新的政策出现为止。政策往往由组织的最高管理层确定,但在制定政策时最好能参考实际执行者的意见,使他们在执行过程中能表现出自信和积极性。有时实际执行者可能不了解全局的情况,所提的意见往往是片面的,这就需要最高管理层综合各方面的意见来确定政策。政策是组织活动中必不可少的,它使各级管理者在决策时有一个明确的思考范围。比如一个企业有一项人事政策:"在今后5年中仅招收学有专长的职工"。人事部门就据此来考虑候选人的资格。政策还可赋予目标实际意义。目标往往是用比较抽象的词句表达的，使组织成员体会不深，但政策相对来说就比较具体，使人们易于理解。仍以上述企业为例："在今后5年中仅招收学有专长的职工"，该政策是为贯彻企业的一项长远目标。该目标可能是"5年内大大提高职工的素质"；相应的政策可能还有："对现有初中以下文化程度的职工全部轮训一次"；"所有管理干部都应熟悉自己的管理业务"等等。政策的另一个特征是，由于政策的广泛性，可以最大限度地避免由于政策制定者不了解下情而做出不适当的决定，并且给予下级一定的灵活性。这就使下级在不违反政策的前提下，尽可能发挥自己的判断潜力，做出更合实际的决定。

2. 程序

程序也是一种应用广泛的计划。程序可以定义为根据时间顺序而确定的一系列相互关联的活动。通常，程序说明了进行某种活动或完成某项工作的方法、时间、承担人员及所需要的资金、工具等。所以说程序是组织成员直接采取行动的指导方针。管理者一般把反复出现的业务编制出程序，一旦该项业务再次出现，执行人员只要按照以前编好的程序去做就能得到较好的效果。这种作法可以使管理人员把注意力集中于那些没有固定程序可依的例外事情上去。程序在本质上也正是为了那些例行业务而制定的，某种定型产品加工顺序需要工艺流程来指导，出差报销要有一定的程序，新产品开发也需要一定的程序。程序在企业中，在社会生活中，在国家事务中，在一切活动中无所不在。科学地制定程序，有助于提高效率。因此，在编制程序时，要注意几方面问题：第一，要充分考虑所要处理业务的实际情况，比如人员、设备、业务的种类及所要达到的目标。第二，要注意程序在维护稳定性的基础上要有一定的灵活性，特别要考虑到在紧急情况下，应该能够通融。第三，要定期检查程序的适用性，发现问题及时修改，以防条件变化时，原有的程序将对有效的管理造成阻碍。

3. 方法

方法是进行某种活动的手段，一般指完成程序中某一阶段工作的手段，所以方法多限于某一个局部工作。方法详细地说明了完成任务的各种事项，它最容易理解，与实际工作人员有最密切的关系。对于企业来说，方法与操作层的效率有直接关系。早在本世纪初，泰勒就开始推行其标准操作方法，获得了更高的生产效率。为了寻求最有效的方法需要进行多方面的研究，比如时间研究，动作研究等等，这是确定方法的基础。正确的工作方法是在现有条件下提高工作效率的最有效的手段之一。

五、指令性计划和指导性计划

按对计划执行者的约束力可以把计划分为指令性计划和指导性计划。

1. 指令性计划

指令性计划是由上级主管部门下达的具有行政约束力的计划。指令性计划一经下达，各级计划执行单位必须遵照执行，而且要尽一切努力加以完成。

2. 指导性计划

指导性计划是由上级主管部门下达的具有参考作用的计划。这种计划下达之后，执行单位不一定完全遵照执行，可考虑自己单位的实际情况，决定可否按指导性计划工作。这是一种间接的计划方法，上级为了促使下级按指导性计划工作，不是采取行政命令的方法，而是采用价格、税收、信贷等经济杠杆进行调节。对指导性计划任务给予某种优惠待遇，会使下级执行单位进行决策时感到执行指导性计划更为有利。上级计划制定部门还可以通过制定经济政策和经济法规对计划进行指导。对于完成指导性计划所需的人力、资源、资金等重要条件，下达计划的部门给予部分保证，其产品也由下达计划的部门安排部分收购。

指令性计划和指导性计划的关系是一个值得深入研究的问题。各级各类组织都应根据自己所处的内外环境和拟完成任务的特殊性，正确决定指导性计划和指令性计划的比例。

第三节 计划与战略管理

一、战略管理

战略管理是对企业的生产经营活动实行的总体性管理，是组织制定和实施战略的一系列管理决策与行动，其核心问题是使企业的自身条件和环境相适应，以求企业生存和发展。

战略管理发展大致分为3个阶段。

1. 长期计划阶段

20世纪60年代美国经济的繁荣为企业提供了发展机会，长期计划强调从企业内部进行观察，使人员、设备、技术、产品和财务等各种要素得到长期平衡的发展，计划的重点相应地放在自我诊断、扩张和兼并上。

2. 战略计划阶段

70年代美国经济处于停滞状态，企业计划重点转向行业，企业要在严峻的竞争环境下，研究自身所处的行业，认真对待潜在的进入者、供应者、顾客、替代产品以及本行业内竞争者。

3. 战略管理阶段

80年代美国企业进入全球性竞争,战略思维进一步拓宽。此时,企业战略要用系统的方法处理企业内的各种要素,检测它们是否具有更大的竞争力和适应环境突变的能力。如今,战略管理出现了鼎盛时期,不仅涌现了大量的研究成果,而且有了大量的企业实践活动,企业进入了战略制胜年代。

二、战略计划与长期计划

战略管理基本上形成了10个学派,其中一个很重要的学派是计划学派(planning school),该派认为战略的形成是一个企业高层管理人员有意识、有控制的计划过程。战略是在计划中形成的,战略计划是战略管理的核心。

虽然长期计划带有战略性特点,对企业的长远发展起指导作用,但战略计划与一般意义上的长期计划是有区别的。

1. 在长期计划阶段,计划人员的工作性质和内容在一般企业中没有明确规定,他们只是帮助管理人员制定一些超出年度预算范围的长期计划。在战略计划阶段,随着企业对外部环境变化、机会与威胁的重视,计划人员地位不断提高,他们在企业中发挥不可缺少的职能作用。

2. 两者对未来的看法不同,在长期计划中,企业认为根据历史的数据,运用外推法便可以预测出未来的情况,同时,企业的高层管理人员一般都认为未来的效益应该而且一定会比过去好。而在战略计划中,企业并不认为未来是可以用外推法预测出来的,也不认为未来一定会比过去好,企业一般要进行前景分析、竞争分析、战略组合分析以后再做决策。

3. 两者的制定过程不同,在长期计划过程中,企业首先用外推法预测未来计划期内综合指标,然后确定目标,并将目标分解到预算和利润计划中。在战略计划中,企业首先进行战略分析,谋求企业的前景与目标保持动态平衡,形成战略。

4. 长期计划适用于稳定的环境或可预期的环境,而战略计划则用于应付环境的突变。

三、战略计划系统制定的程序和方法

战略计划的制定可以分成以下几个步骤:

1. 分析组织的外部环境和内部环境;
2. 明确企业经营的方向、思想、范围;
3. 确定目标;
4. 提出多种可行的战略计划;

5. 评价可供选择的战略计划；
6. 选择满意的战略计划；
7. 实施战略计划；
8. 衡量和控制战略计划；
9. 战略计划的修正。

战略计划系统设计的方法一般有4种：
1. 自上而下的方法；
2. 自下而上的方法；
3. 上下结合的方法；
4. 设立特别小组。

第四节 组织目标

一、组织目标及其内容

目标是组织和个人在一个时期内通过努力而期望获得的成果。提到企业目标，有些人会脱口而出"利润最大化"。诚然，企业首先因资本存在才能生存，不能否定企业获取利润的动机，利润原则是企业经营的基本原则，但是也应看到，"利润最大化"只是建立在古典经济学派代表人亚当·斯密"经济人"假设之上的，他认为企业利益和社会利益不存在根本矛盾，在价值规律这只"看不见的手"的指挥下，企业越追求自身利益就越促进社会利益的实现。

随着经济管理实践和理论的深入发展，把"利润最大化"作为企业惟一目标日益显露出弊端，决策学派的代表人物西蒙首先提出了"管理人"的概念，把价值判断引入管理活动中，使企业建立起自身经济效益和社会责任双目标体系。德鲁克则认为，一个成功的企业应在8个方面建立自己的多目标体系：(1)市场方面，(2)技术进步和发展方面，(3)提高生产力方面，(4)物质和金融资源方面，(5)利润方面，(6)人力资源方面，(7)职工积极性方面，(8)社会责任方面。

日本学者高田馨对企业目的到企业行为的具体过程归纳如图4-1所示。

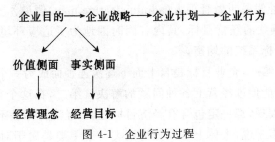

图4-1 企业行为过程

如图 4-1 所示,企业目的是包含着经营理念(management creed,management philosophy)和经营目标两方面内容。经营理念是指企业特别是其经营者所持有的信念、理想、意识形态等价值观方面,是企业所希望达到状态的价值侧面。经营目标是指为实现这种经营理念而设定的具体的事实侧面,如收益性、成长率、市场份额等可以计量表示的部分。

经营理念和经营目标两者有着密切的相互关系。经营理念对经营目标有着指导规范作用,也是经营目标的指向点和归结点。同时当环境发生变化,而对经营目标的不断修正,最终会导致经营理念的改变。

企业目的通过企业战略、企业计划对企业行为有着指导作用。企业目的在企业经营中有以下几种功能:

(1) 决策的价值前提。H. A. Simon 在论述决策时,认为决策是在价值前提和事实前提的基础上进行的。企业目的正是提供了企业内决策时所必要的价值前提。

(2) 选择方案的评价基准。企业在制定战略和计划时,会有各种的选择方案,对方案的合理性进行评价时是通过经营目的的预想达成度来评价的,对最接近这个目的的选择方案进行选择。

(3) 业绩评价基准。企业目的还是对企业行为结果即业绩进行评价时的基准。通过企业目的的达成度来评价企业业绩。

企业目标的理论,从传统的单一目标论,已发展到目前的多目标论。这种发展是随着经济和社会的发展而必然带来的倾向。

多目标论是随着企业的发展和对单一目标论的各个前提进行批判之中产生的,对单一目标论的批判主要集中在下列几点:

(1) 所有和经营的分离。现代的大部分企业所有和经营已经分离,对企业具有支配地位的经营者,要面对各环境主体的要求,特别是对企业社会责任的要求,这些要求强烈制约着利润追求本位的经营行为。

(2) 经济人假说的非现实性。指出在完全信息下、实现效用最大化的经济人假说的非现实性。提出了管理人假说,认为人间的行为是在不完全信息、预测困难下进行的,其行为只能是被限定的。在这种部分无知的制约下的合理性行为,使其最大化或最适化变为不可能。因此为了克服这种制约,人们要使用一种以抽象的目标为顶点,具体的、派生的目标为下位的目标系统。这种假说叫做管理人(administrative man)假说。

(3) 企业具有连锁状的经营目标,其内容因时因地为了适应环境变化而进行部分的或全面的修正,以追求目标系统的均衡。

多目标论的特点:第一,企业目标是自上而下逐次连锁而成为一个目标体系。这样就使决策的合理性更高,更能促进经营上各种问题的解决。第二,在这个目标系统之中,不管是否有没有利润的直接表现,都一定包含有经济目标,这个经济目标是不能完全否定的。

多目标论也有许多学说,大体上可以分为两类。第一类是属于对体制关联的事实进行目标化,以自有资本利益率、出资者的所得等经济目标为顶点。这种可称为营利经济说。

第二类是把企业的维持、存续、成长等制度关联的目标为顶点,进行系统化,可称之为制度维持说。

1. 营利经济学说

H. I. Ansoff 的多目标论是营利经济学说的一种代表。Ansoff 认为企业目标是企业经营管理者对照最终目的对企业的业绩进行指导、评价的准则。所谓最终目的虽然 Ansoff 并没有说明,但应该属于经营理念的范畴。

他认为企业具有两方面的目标。一方面是追求总资源转换过程最优化的经济目标,另一方面是企业内外环境主体相互作用结果的社会目标,也就是从企业角度来看的非经济目标。在这两方面目标中,经济的目标对企业的行为起主要影响作用。其内容是对总资源的长期成果的最大化,现实中用投资利润率(ROI)来衡量。社会目标(非经济目标)对企业行为起着修正或制约的影响。

企业除了经济的和社会的两方面的目标以外,企业行为还受着具有社会性质的责任和强迫这两种相关联要素的作用。

责任(responsibilities)指企业所接受的义务,并不形成对企业内部有支配和指导作用的组织机构的一部分。如福特汽车公司对福特财团运营的维持,是与福特汽车公司关于主业方面的决策没有任何关系的责任。中国企业的门前三包制度也是一例。

强迫(constraints)指企业的自由活动中的部分选择权被除外的决定规则,如法定最低工资。

当然,企业目标设定本身是个非常复杂的决策过程,Ansoff 论述的目标系统用图 4-2 表示(此图引自《经营学入门》,森本三男著)。

对图 4-2 中的要点作如下说明:

(1) 在设定经济目标时把企业存续期间分为近期和长期。近期是指可用±20%正确性的 ROI 可预测的期间(一般为 3~10 年),以后的期间称之为长期。

(2) 在近期 ROI 为惟一的目标内容。这时希望的 ROI 水准,要考虑企业内外环境条件,设定一个希望达到水平(有一定的幅度)。

(3) 对长期 ROI 作为测定目标是非常困难的,长期的 ROI 维持和增大,是与近期的企业行为相关的,因此要对这些相关目标进行测定。

(4) 为对应不可预测性事件,要设定弹力性目标。外部弹力性目标可分为使危险最小化的防卫目标和使机会最大化的攻击目标。内部弹力性是为了减缓不测事件的冲击而设定的,以强化财务体制为主要目标内容。

(5) 非经济目标是指从企业的基本经济目标不能直接导出的目标。

以上 Ansoff 的企业目标论以长期 ROI 的最大化为基本目标,在部分无知和满足化原理等行为科学的假设前提下,对下位各个目标进行系统化,因此也可称为投资利润率目标系统。

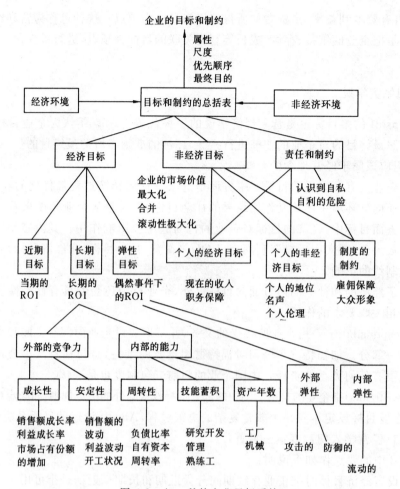

图 4-2 Ansoff 的企业目标系统

2. 制度维持学说

P. F. Drucker 是制度维持学说的代表。他认为企业不是追求利润的组织,批评了最大利润理论的非现实性,从而提出了顾客主权的新企业观。其企业观要点为,把各种经济资源转化为财富的是顾客,企业的将来以及成功的第一位的重要性,并不在于企业对自己生产的商品如何判断,而是由顾客判断其是否有价值。因此顾客,只有顾客才是企业的基石。对企业生存给予保证的是顾客,社会把资源委托给企业,让其进行商品生产,是为了提供给顾客,不能起到这种作用的企业,社会将不允许其生存。这种企业观归结为企业目的就是创造顾客(to create a customer),因此 Drucker 的企业目标论被称为创造顾客学说。但这里应提示大家注意,他虽然否认了企业目标的最高目标为利润,但并没有否认利润的存在和作用,而只是把利润作为一般目标。

Drucker 的企业目标论，还可以从另一个视角接近。企业和其他组织一样，保存自己是第一位的，对企业的生存和发展有直接影响的各个目标，都是必要的。在这里企业生存和成长是最高目标，因此又称为存续学说。这种情况下，作为存续的相关目标应考虑以下因素：

(1) 市场中的地位；
(2) 革新；
(3) 生产性；
(4) 物质、财务的资源；
(5) 收益性；
(6) 管理者的业绩和培养；
(7) 员工的业绩和态度；
(8) 社会责任。

创造顾客和企业存续间有这样的关系。创造顾客这一最高目标是在社会中企业应履行的任务，是企业把各种目标任务进行正当化、整合化的根据。因此创造顾客从企业内部来看是最高目标。另一方面，企业生存、发展是企业的根本需要和根本目标，通过各相关目标的平衡而达成。因此，顾客创造目标的存在意义在于把生存、发展的各个目标正当化和均衡化。

Drucker 的目标系统用图 4-3 表示。

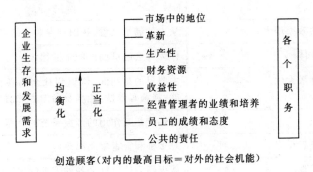

图 4-3　Drucker 的目标系统

二、经营理念

如上所述，经营理念或企业理念是企业所希望达到状态的价值侧面，具体讲是企业的信念、理想、意识形态等价值观。在考察企业的经营理念时，应注意下列几点。

(1) 在讨论经营理念的个别具体内容是否正确和适宜时，注意不要陷入价值判断之中，即避免用一种价值观来判断另一种价值观。应注意理解其内容,注意是在什么样的环境条件下提倡的,对企业行为、社会利益有什么样的影响,如何反映在具体的企业业绩上。也就是说要对这种理念下所带来的具体事实进行考察,通过对事实的考察来判断其经营理念是否正确和适宜。

(2)经营理念很大程度上受着企业及经营者所处的时代背景及企业的发展阶段所影响,因此其内容是不断变化的。但因为经营理念是企业的基本价值,其变化速度和程度不会像经营目标那样急速和激烈。虽然经营理念变化是缓慢的,当环境发生不断变化时也要注意适应环境的潮流。不断检查企业的理念,不要忽略经营理念的改变。

(3)现实的经营理念是企业个别的,而且是丰富多彩的。不同的企业有不同的经营理念,同一企业在不同阶段其理念也有所不同。对理念的理解可以通过个别企业事例研究而进行。但只有这种方法还不够,因为它不能成为企业管理的一般原则。所以还要注意进行整理,分类,进行类型化,归纳出其一般规律。

表 4-2 传统资本主义伦理和现代伦理的比较

传统的资本主义伦理	现 代 伦 理
个人主义的伦理,财产权的自己决定。	地域社会,集团参加,强调责任的社会伦理的发展,个人福利的社会文化的影响。
个人的自利极大化和以此为基础的社会全体福利的极大化。	协作的社会行为的必要性。
通过分工和专业化的效率增大。	从人的满足来看,认识到专业化的界限。
作为经济单位的企业体。	作为社会经济制度的企业组织。
作为单一目的的利润最大化。	主要目的是利润,认识到社会的各种需求,要满足多目的,强调有效性,能率及参加者的满足。
闭锁系统的企业组织。	与环境相互作用的开放系统的企业组织。
仅对市场和竞争环境起反应。	对多种利害者集团起反应。
自由放任的政府行为观。	认识到为适应社会各种需求的政府作用。
追求对自然的利用和支配。	与自然相调和,在其制约下生活。
通过利用环境资源达到经济增长。	认识到成长的界限,注意保护资源。
无制约地利用科学技术。	认识到科学技术的界限和对科学技术的应用进行统制的必要性。
社会对企业的期待只是商品和服务的生产。	社会对企业有更广泛的生活质量改善的期待。
用利润来对企业业绩进行测定。	用利润以及其他的社会的业绩指标对企业进行测定。

Kast 和 Rosenzeig 对西方资本主义经营理念的变化潮流从宏观角度进行过综合论述。他们论述的主要内容可归纳为传统的资本主义伦理(traditional capitalistic ethic)和正在形成的现代伦理(emerging contemporary ethic),如表 4-2 所示。

从上表中可以看出,传统的经营理念的要点是私有财产制,自由竞争市场,被限定的政府行为,个人主义的大前提,企业为利润最大化而专念于生产活动,由此而达到社会全体的福利最大化。与此相对照现代经营理念的要点为,企业是对社会有着影响力的开放系统,必然追求、调整各环境主体利益而达到全体利益的最高。企业目的内容是多元化的,政府要求企业对环境保护等外部社会负责任,对企业指导、规范的要求也是必然的,企业正成为具有社会性的一种组织。

Drucker 认为利润的作用有两个。一个是业绩测定尺度,认为利润是测定企业努力的有效性和健全性的惟一可能的检证工具。另一个是生存,成长的财务源泉,认为企业的费用有现期费用和未来费用,现期费用指通常的实际费用,通过现期生产的销售额给予补偿。未来费用指为企业的生存和成长的费用,包括下列内容:

(1) 生存费用——陈腐化,危险,不确定性等费用和社会费用(税金)。

(2) 成长费用——为了革新和扩大的费用。企业为了生存和发展应该有着超过这些费用水准的利润水准。

三、企业的社会责任

随着企业的不断发展,其对社会环境各主体的影响力也在不断增大。这种企业的影响力被称为企业的社会权力(social power)。各社会环境主体为主张自己的利益,对应企业的影响力需要发挥一种平衡力(countervailing power)。因此对企业会有各种各样的要求,企业无视这些要求就会发生生存困难。这些要求中应该由企业负责的,且在社会中形成共识的部分为企业的社会责任(social responsibility)。企业的社会责任可定义为企业的经营者要考虑其决策和企业行为对社会公共利益影响的责任。其内容包括内部、外部的经济责任和内部、外部的社会责任。对企业的社会责任有着肯定和否定两种立场。

T. Levitt, M. Friedman, F. A. Hayek, B. Wlewis 等学者持否定立场。他们认为要求经营者负有社会责任会带来许多弊害,这些弊害包括:

(1) 社会责任的要求与经营者的本性即成为其动机的自利心相矛盾;

(2) 会给企业带来成本增加,利润减少,危及企业生存;

(3) 侵害出资者的利益;

(4) 阻碍市场机制的效率和经济效率;

(5) 有招至政府介入的危险;

(6) 带来公益权利的扩大和单元社会化;

否定论者认为经营者应遵循的原则是利润原则,而不是社会责任原则。其论据如下:

(1) 利润最大化原理可以除去上述的弊害;

(2) 利润追求、私利追求可以带来公益;

(3) 公私利益的一致不可能无条件的实现,所以有必要设定一定的框架。这个框架就是企业的利害关系者对经营者的制约,以及政府的政策制约。

因此,否定论者们主张,企业的经营者是被动的为公益实现而努力,被动的承担社会责任。K. Davis, R. L. Blomstrom 是社会责任肯定论的代表,他们的主要论据如下:

(1) 对企业期待的变化。随着社会的发展和企业规模的扩大,人们对企业的期待也发生了变化,企业必须满足人们的这种需求才能存在,才能得到社会的容忍。

(2) 更好的企业环境。对于社会生活质量改善有贡献,有完美对应的企业,可以享受更好的社会环境条件。

(3) 大众形象。企业良好的大众形象有助于其经济业绩的提升,为作好这个形象是不可能回避履行社会责任的。

(4) 回避政府规制。规制会阻碍企业的决策弹性。为了减少政府新的规制有必要履行社会责任。

(5) 责任和权力的平衡。现代企业有着强大的社会权力和影响力,与此应负担相对应的社会责任。

(6) 企业保有资源。企业具有一定的经济资源外,还具有管理技能等经营资源,这些对解决社会问题有帮助。同时在其他制度失败了的社会问题处理上由企业来办,企业可能会有许多新的解决办法。

否定论者和肯定论者都承认社会责任的存在,承认市场经济体制的企业制度,并对政府活动的增加持排斥态度。他们的相异点在于被动地接受和主动地接受社会责任之上。

第五节 计划工作的步骤

一个完整的计划一般需要7个步骤才能完成,即选定目标、认清前提、发掘各种可行方案、对方案进行评估、确定方案、拟定政策以及拟定引申计划。这7个步骤并不一定全部经过,也不一定非按此顺序制定计划不可。在实际工作中,应根据具体情况确定哪些步骤需要,哪些步骤可以省略,哪些步骤可以平行进行。但是,考虑到一般性,我们仍逐一介绍每一步骤。

一、选定目标

计划的第一步就是为整个组织选定目标,然后再为组织各下属部门选定目标。目标是组织行动的出发点和归宿。组织的整体目标具有支配组织内所有计划的性质。选定目标阶段要注意解决3个问题：

1. 选择目标的内容和顺序

某一个组织在一定的时间内到底要取得哪些成果是首先需要确定的。此外，这些成果不可能是等量齐观的，在一定的时间和一定的条件之下，某一目标可能比其他目标更为重要。不同的目标内容和顺序将导致不同的政策和行动，也会有不同的资源分配顺序。因此，大至一个国家，小至一个人，正确地选择目标内容和顺序都是至关重要的。选择什么样的目标内容和顺序是和社会制度、组织的性质、面临的主要问题以及管理者个人、特别是高层管理者的价值观念有关。我们强调正确处理国家、集体、个人三者的关系就是为了指导组织和个人正确地选择目标的内容和顺序。

2. 选择适当的目标时间

这是指要用多长时间来达到目标。一般说来，人们往往习惯于按日历的相等间隔确定计划时间，从而也就确定了目标时间，但这种作法有时与实际工作中所需时间不一致。最好的办法是按承诺原则确定目标时间。我们作了某项选择就是对未来将采取的某一串行动作了"承诺"，合理的目标时间应当与合理承诺所包括的时间相同。例如目标时间应与采用某一方案所使用的投资能充分回收的时间相等。再例如一项新产品计划的时间范围不应只到做出该产品而应到销售能和支出相抵为止。

3. 目标要有明确的科学指标和价值

目标不能含糊其辞，应尽可能数量化，以便度量和控制。指标应反映出事物的本质并确切地反映目标。例如过去以总产值作为衡量企业经营好坏的最重要指标，造成了严重后果，就是因为总产值不能反映本质的东西。现在以产值、产量、品种、质量、利润和合同执行情况作为衡量企业的指标是一大进步。不仅要有数量指标，而且要有质量指标；不仅要有绝对指标，而且要有相对指标。如利润与利润率、单位流动资金所创造利润、单位总投资所创造利润、企业评估的分数与名次等。

二、确定计划前提

计划的第二步是确定计划的前提，即计划是以什么环境为前提的。这个环境是指未来计划实施的环境，为此必须对环境作出正确的预测。但是环境是复杂的，影响因素很多，有完全可以控制的，如开发新产品、新市场、资源分配等；有不能控制的，如税率、政治环境、物价水准、政府政策等；也有在相当范围内可以控制的，如企业内的价格政策、劳动生产率、市场占有率等。我们所说的预测环境、确定计划前提,并不是对将来环境的每一细节都给予预测,而仅是对计划有重大影响的主要项目做出预测。一般说来,制定企业的生产经营计划要进行下面几种预测。

1. 经济形势的预测

在通常的情况之下,每当经济形势发展较好时,企业的销售量就会增加,经济形势不佳时,销售量就停滞或下降。当然这是以企业总体而言的,落实到具体企业,不能一言以蔽之。在资本主义国家判断经济状况有许多提前指标和滞后指标,在我们国家主要还是依靠经济公报、市场信息和自身的体验。

2. 政府政策的预测

政府的政策对企业的生产经营有直接的影响,如税收政策、价格政策、信贷政策、能源政策和技术政策等都与企业息息相关。这些政策都是政府根据全局利益决定的,企业无法变更并且必须执行或遵守。一个企业虽然不能更改政府的政策,但可以了解政策并预测政策的变更。在制定目标时考虑到政策可能发生变化,一旦政策下来,可以尽快地适应它,或利用政策所带来的机会谋求自身的发展。

3. 销售预测

销售预测对企业具有重大影响,因为对一个企业来说,产品销售量的多少,是企业其他活动的起点和终点。它决定企业对人力、设备和资金等各项资源的需要量,影响到产品的价格和新技术与新产品的投入。目前,对市场情况进行预测已经有了比较成熟的方法,最常用的方法有如下几种:

(1) 推测法。这是根据过去的销售情况记录,销售人员和顾客的意见等第一手资料形成的印象对未来事态作出估计。这种方法比较省力,但不等于凭主观臆测。在有稳定市场或市场变化可以预料的企业中,这种方法是有效的。

(2) 统计抽样法。此种方法是利用统计抽样的原理对市场调查来预测产品将来可能的销售数量。但是必须谨慎地对待调查资料,因为往往询问调查与真正购买之间有较大的差异。

(3) 时间序列分析法。这种方法就是分析销售与时间的关系,根据以往的资料描绘出销售额与时间的关系曲线,在此基础上估计未来的销售量。例如,如果此曲线趋向于一直线的话,则

$$明年的销售额 = 今年的销售额 \times \frac{今年的销售额}{去年的销售额}$$

这一方法要求所用的时间不能太短,时间越长,越准确。但即使时间再长,仍然要清醒地看到此方法仅将时间作为影响销售量的惟一因素,这是很不全面的。

4. 资源的预测

销售预测反映了外界的客观需要,要满足这个需要,企业必须有一定的物质资源,如资金、原料和设备等。还要有一定的能力资源,如人员、技术、管理等。企业所定目标必须和自身的资源情况相适应,在预测资源时,既要分析自己的薄弱环节,更要分析自己人力技术上的特长,在竞争中保持自己的特色,取长补短或扬长避短,而不要弃长就短。

三、发掘可行方案

计划的第三步是发掘可行方案。

任何事物只有一种可行的方案是极少见的,完成某一项任务总是有许多方法,即每一项行动均有异途存在,这叫做异途原理。有些异途是潜藏着的,只有发掘了各种可行的方案才有可能从中抉择出最佳方案。如果只有一种方案,就无所谓抉择。管理界有个说法"若某一事物只有一个方法,则此方法大半会是错误的方法。"在管理的实践中,管理者发掘方案的才能与正确抉择的才能同样重要。然而要发掘多种可行方案,必须具有民主气氛。要群策群力集思广益,又要思路开阔,大胆创新。

四、评估方案

当发掘出各种可行方案后,必须对每一个方案的优缺点进行分析比较,比较时要考虑下面几点:

(1) 要特别注意发现每一个方案的制约因素或隐患。所谓制约因素是指那些妨碍达成目标的因素。在评估各种可行方案时,对制约因素认识得越深刻,选择方案时的效率就越高。

(2) 在评估时,即将一个方案的预测结果和原有目标进行比较时,既要考虑到许多有形的可以用数量表示的因素,也要考虑到许多无形的不能用数量表示的因素。例如,一个人或一个企业的声誉和人际关系等。

(3) 要用总体的效益观点来衡量方案。这是因为对某一部门有利的不一定对全局有利,对某项目标有利的不一定对总体目标有利。

五、选定方案

计划的第五步是从诸可行方案中选择一个或几个较优方案。选择通常是在经验、实验和研究分析的基础上进行的。

（1）经验。经验在抉择时起着重要的作用。人们通常都认为经验是最好的教师，"前事不忘，后事之师"就是这个意思。某一项已成功的计划，如果重要的因素没有变化则没有理由相信同样的计划会失败。以往犯过的错误如能对错误的原因正确分析并吸取教训，则同一个人再犯同样错误的可能性一定较小。

然而只凭经验抉择常造成失误。这是因为真正能根据自己的经验客观地了解自己过去的失败与错误者并不多见，通常都过分夸大自己成功的经验。此外，客观的情况总在不断地变化。目标前提在改变，行动也要改变。好的抉择是为未来而做的，经验仅是历史的写照，所以不能留恋过去，更重要的是创造未来。

需要注意的是，作为抉择基础的经验，不仅是某一个管理者的个人经验，也包括众人的经验。不是事物表面的偶然联系，而是事物内在的本质联系。为了做好抉择，管理者要清醒地估计自己以往的经验，要学习别人的经验和科学知识，要分析客观情况的内在本质的联系。

（2）实验和试点。对于一些依靠经验和直觉以及数学分析都不能作出正确决定的问题，通常是依靠实验和试点来解决。例如一项新产品通常都要经过试制、试销并加以改进才敢于大批生产。一项新的重大的政策只有在局部进行试点后，才敢于做出抉择。此种方法虽好，但费钱、费时、费人，所以只有当其他方法都不宜采用时才采用本办法，并要尽量吸取以往的经验以减少试验量。另外试验的条件要尽可能和未来的情况一致，要防止实验和试点是成功的，但据此做出抉择推广以后却是失败的现象。避免这种现象的关键在于正确分析试验的前提，即正确分析那些影响试验结果的主要因素，以及试验条件与推广条件之间的异同。

（3）借助于建立数学模型进行研究与分析。这种方法首先是将问题分解为各部分，找出影响目标达成的所有重要参数和限制因素。其次是分析并找出各参数和限制因素与目标之间的因果关系，建立数学模型。最后是将各可行方案的假设变量值代入模型，求出结果，并互相比较，确定较优方案。

任何模型的价值都取决于它是否能较好地代表所考虑的系统，能否真实地反映各变量之间的相互关系。一个准确的、高度简化的模型要比一个管理者靠智力建立起来的概念更为有用。下式是人的工作效率及影响因素的数学模型：

$$E = A_1 + A_2 + A_3 + A_4 + A_5 + A_6 + A_7 + A_8$$

式中：E——工作效率；A_1——干部权力；

A_2——干部威信；A_3——管理水平；

A_4——工资水平；A_5——奖金情况；

A_6——职工觉悟；A_7——工作秩序；

A_8——物价。

这个简化了的模型清晰地告诉我们,工作效率不是单一因素作用的结果,而是众多因素作用的结果。为了达到同一个工作效率水平,一些因素作用大,另一些因素作用就可以小。利用这样的模型,管理人员就能系统地考虑影响问题的主要因素,而不致于过多地考虑次要因素。

当然,这种方法也有它的局限性,一是某些问题无法使之定量化,二是任何模型都不可能包括所有的变量,三是各变量之间的数学关系常常是近似的,因此模型的精确度总是相对的。

在实际工作中,人们往往综合运用以上3种方法来选择较优方案。

六、拟定政策

计划职能的第六步是拟定政策。政策是贯彻和达成目标的保证,政策为整个组织采取行动规定了指导方针,保证行动符合目标,并指导人们去实现目标。例如我们确定了提高产品质量,打入国际市场的目标,也选择了优质优价、创名牌、承包奖励等一系列措施来为目标服务,然而要保证这些措施能够有效地贯彻,必须拟订政策。当然,一个企业所涉及到的政策是很多的,如选择与开发产品的政策、投资政策、销售政策、人事和奖励政策等,但这些政策不是都由国家规定的,许多要由企业自己来定。即使一些全局性的政策也往往来自基层,来自实践。在拟定政策时要考虑有效的政策应具备的特点:

第一,稳定性和灵活性。没有稳定性就没有方向和秩序,朝令夕改会导致人们无所适从。但是情况又是在变化着,要使政策能够很好地指导实践,它就必须随着条件的变化而变化。这就是稳定性和灵活性的辩证关系。

第二,全面性、协调性和一致性。政策的作用是保证实现计划目标,而计划目标往往是多方面的,因此政策也应包括多方面内容,以便应付各种可能出现的情况。不能只顾一点不顾其余,只顾当前不顾长远。政策必须能够协调下级的活动,否则,下级将会单纯地追求自己的目标而不顾及整体的目标。政策还应保证和其他政策的一致性,以便于贯彻和评价。

七、拟订引申计划

虽然抉择了方案,也拟定了政策,但计划仍不能说是完整的,还必须拟订引申计划,即各个业务部门和下属单位还要拟定细节计划或称之为付次计划,如生产计划、销售计划和财务计划等。在这一阶段中要考虑:

(1)务必使有关人员和部门了解企业总体计划的目标、计划前提、主要政策、抉择理由、掌握总体计划的指导思想和内容。

(2)协调并保证各付次计划方向一致以支持总计划,防止仅追求本单位目标而妨碍总体目标。

(3) 协调各付次计划的工作时间顺序。例如制造与采购、加工与装配的时间配合。

(4) 组织每一个重要部门制定预算，协调资金的使用，保证经济目标的实现。

预算是数字化了的计划，是企业各种计划的综合反映，也是一个单位的经济目标。它既是评估计划的重要标准，也是协调下属部门活动的主要手段。它既是计划职能的一部分，也是控制职能的一部分。下属部门的每一活动无一不直接地或间接地和预算相关联。

预算在管理中非常重要。我国人大每年都讨论财政的预决算，通过它可以反映和控制工业、农业、国防和文教等各项事业的发展。一个厂长对下属的各单项计划可能不看，但是企业的预算则非看不可。由于实际情况总是在变化，所以预算也应有所变化，以便能更好地指导实际工作。变动预算的方法有两种，一种是将预算和产量相联系，使预算随产量的变化而变动。一种是滚动预算，每隔一定的时间就定期地修正，使其符合新情况。例如今年12月做明年1～12月预算，明年1月做明年2月至后年1月的预算。

第六节　现代计划方法

计划工作的效率高低和质量的好坏在很大程度上取决于所采用的计划方法。现代计划方法为制定切实可行的计划提供了手段。在计划的质量方面，现代计划方法可以确定各种复杂的经济关系，提高综合平衡的准确性，能够在众多的方案中选择最优方案，还能够进行因果分析，科学地进行预测；在效率方面，由于采用了现代数学工具并以计算机技术作为基础，大大加快了计划工作的速度，这就使得管理者从繁杂的计划工作中解脱出来，能够集中精力考虑更重要的问题。总之，现代计划方法具有许多优点，已经逐渐为更多的计划工作所采用。下面介绍其中几种主要方法。

一、滚动计划法

滚动计划法是一种定期修订未来计划的方法。这种方法根据计划的执行情况和环境变化情况定期修定未来的计划，并逐期向前推移，使短期计划、中期计划有机地结合起来。由于在计划工作中很难准确地预测将来影响经济发展的各种变化因素，而且随着计划期的延长，这种不确定性就越来越大。所以，如果硬性地按几年以前的计划实施，可能导致巨大的错误和损失。滚动计划法可以避免这种不确定性可能带来的不良后果。具体做法是，用近细远粗的办法制定计划。如图4-4所示，这是5年的滚动计划方法。

由图4-4可以看出，在计划期的第一阶段结束时，要根据该阶段计划的实际执行情况和外部与内部有关因素的变化情况，对原计划进行修订，并根据同样的原则逐期滚动。每次修订都使整个计划向前滚动一个阶段。这就是所谓的滚动计划法。这种方法适用于任何类型的计划。

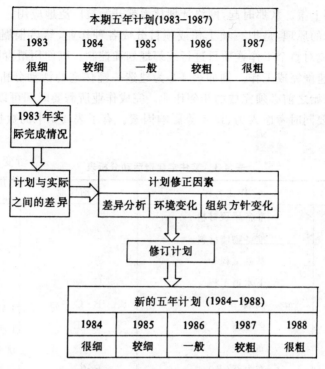

图 4-4　滚动计划法示意图

滚动计划法虽然使得计划编制工作的任务量加大,但在计算机已被广泛应用的今天,其优点十分明显。最突出的优点是计划更加切合实际。滚动计划相对来说缩短了计划时期,加大了准确性,能更好地保证计划的指导作用,提高计划的质量。其次滚动计划法使长期计划、中期计划与短期计划相互衔接,短期计划内部各阶段相互衔接。这就保证了即使由于环境变化出现某些不平衡时也能及时地进行调节,使各期计划基本保持一致。第三个优点是滚动计划大大增加了计划的弹性,这对环境剧烈变化的时代尤为重要,它可以提高组织的应变能力。

二、网络分析技术

网络分析技术是国外 20 世纪 50 年代出现的一种较新的计划方法,它包括各种以网络为基础制定计划的方法,如关键路径法(CPM)、计划评审技术(PERT)、组合网络法(CNT)等。1956 年美国的一些工程师和数学家组成了一个专门小组首先开始了这方面的研究。1958 年美国海军武器计划处采用了计划评审技术,使北极星导弹工程的工期由原计划的 10 年缩短为 8 年。1961 年,美国国防部和国家航空太空总署规定,凡承制军用品必须用计划评审技术制定计划上报。从那时起,网络计划技术就开始被广泛地应用。

网络计划技术的原理,是把一项工作或项目分成各种作业,然后根据作业顺序进行排列,通过网络的形成对整个工作或项目进行统筹规划和控制。以便用最少的人力、物力和财力资源,用最高的速度完成工作。例如表 4-3 为建造一幢住宅的活动分析表。表中紧前作业是指该项作业开始之前必须完成的相邻作业。完成作业所需要时间可以采用一定的方法进行估算,估算时要同时考虑人力、设备等影响因素。有了表 4-3 中的数据后,就可以绘制网络图(见图 4-5)。

表 4-3 某住宅建造活动分析表

作业代号	作业名称	紧前作业	完成作业时间
A	准备屋顶材料	—	12
B	准备砌墙材料	—	5
C	基础工程	—	7
D	下水道工程	C	7
E	砌墙	B·C	10
F	盖屋顶	A·E	4
G	布电线（Ⅰ）	E	4
H	布电线（Ⅱ）	F·G	2
I	装地板	H·K	5
J	室内油漆清理	I	6
K	水暖安装	D·E	6
L	铺路	D·E	2
M	室内粉刷	H·K	6
N	门窗修饰	M	2
O	室外清理布置	L	2

根据这样一张网络图就可以确定关键作业,即必须按时开工与完工的作业,否则将影响整个工期。然后我们可以重新平衡人力、物力,重新确定作业所需时间,经过几次平衡最后可以得到最优方案。整个平衡与作图步骤如图 4-6 所示。

这是一个相当简单的例子。一个大的工程项目可能含有几万项作业,需要几千家不同的单位或部门协调配合。在这种情况下采用网络技术进行统筹规划将显出它的巨大优越性。网络技术特别适用于各种工程项目,无论是机床修理,还是发电站的建设,甚至航天工程都可以通过网络分析技术来科学地计划,并能够收到良好的效果。

网络分析技术之所以被广泛地采用是因为它有一系列优点:

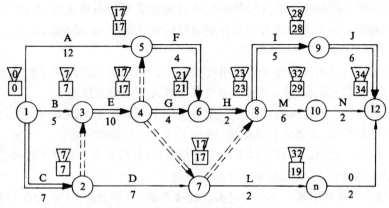

图例: ① —节点,作业的开始点与终结点
　　　→ —作业
　　　--- —作业之间的关系
　　　➡ —关键作业
　　　▭ —该节点紧后作业最早可能开始时间
　　　▽ —该节点紧前作业最迟必须结束时间

图 4-5　某住宅建造网络图

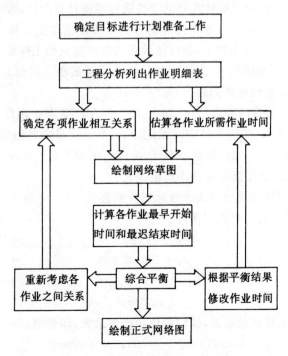

图 4-6　网络计划绘图与平衡步骤

（1）能把整个工程的各个项目的时间顺序和相互关系清晰地表明，并指出了完成任务的关键环节和路线。因此管理者在制定计划时可以统筹安排，全面考虑，又不失去重点。在实施过程中，管理者可以进行重点管理。

（2）可对工程的时间进度与资源利用实施优化。调动非关键路线上的人力、物力和财力从事关键作业，进行综合平衡，这样既可节省资源又能加快工程进度。

（3）可事先评价达到目标的可能性。指出实施中可能发生的困难点，以及这些困难点对整个任务产生的影响，准备好应急措施，减少了完不成任务的风险。

（4）便于组织与控制。特别是对于复杂的大项目，可以分成许多支系统来分别控制，在保证各局部最优的情况下，就能保证整个项目最优。

（5）简单易懂，具有中等文化程度的人就能够掌握，对复杂的，多节点的工作，可以利用已有的软件在计算机上优化。

（6）应用范围十分广泛，适用于各行各业。

三、线性规划方法

线性规划是另外一种较新的计划方法。1939年，苏联经济数学家康脱诺维奇（Л. В. Конторович）首先提出用线性规划的方法进行经济计划工作，后来经许多科学家的继续研究，目前它已经成为一种相当成熟的计划方法。线性规划主要解决两类问题。一类是最大化问题，即在有限的资源条件下，如何使效果最好或完成的工作最多。另一类是最小化问题，即在工作任务确定的情况下，怎样使各种消耗减至最小。简而言之，所谓线性规划是解决某个问题的整体效益最优的问题。

例如，某企业生产A、B两种产品，已知生产一个A产品需要用煤9吨，电力4千瓦小时，劳力（按工作日计算）3个，净产值700元；生产一个B产品需要用煤4吨，电力5千瓦小时，劳力10个，净产值1 200元。该企业有煤360吨，电力200千瓦小时，劳力300个，怎样计划A、B两种产品的产量才能使所获净产值最大？

对于这样的问题用线性规划方法进行计划效果甚佳。设x_1为A产品产量，x_2为B产品产量，则由已知条件可得下列约束条件：

$$9x_1 + 4x_2 \leqslant 360$$
$$4x_1 + 5x_2 \leqslant 200$$
$$3x_1 + 10x_2 \leqslant 300$$
$$x_1, x_2 \geqslant 0$$

在满足上列约束条件的情况下，我们希望净产值最大，即希望：

$$\max f(x_1\ x_2) = 700x_1 + 1\ 200x_2$$

上式称为目标函数。我们可以利用许多办法求解这个问题，最后得到生产20个A产品、24 个 B 产品获得最大的净产值 42 800 元。

线性规划的一般形式为：

$$约束条件：\begin{cases} \sum_{j=1}^{n} a_{ij} x_j \leqslant b_i & (i=1,2,\cdots,m) \\ x_j \geqslant 0 & (j=1,2,\cdots,n) \end{cases}$$

$$目标函数：f = \sum_{j=1}^{n} c_j x_j$$

利用线性规划的一般形式可以求解具有许多约束条件和未知变量的优化问题。但建立线性规划的数学模型必须具备几个基本条件：

① 变量之间是线性关系；
② 问题的目标可以用数字来表达；
③ 问题中应存在着能够达到目标的多种方案；
④ 达到目标是在一定的约束条件下实现的，并且这些条件能用不等式加以描述。

具备上述条件的情况到处存在，从科学研究到工业、农业、商业、交通以及军事计划等方面，都有大量的问题可以利用线性规划方法使之最优化。

四、投入产出法

投入产出方法是由美籍俄国经济学家沃西里·里昂惕夫(Wassily W. Leontief)在 1936 年首先提出来的，后来他又在这方面做了大量工作。由于他的突出贡献，1973 年他荣获了诺贝尔经济学奖。目前已有一百多个国家采用投入产出法进行经济方面的研究。我们国家从 1973 年以后正式引用投入产出法编制各种计划。

投入产出法是利用高等数学的方法对物质生产部门之间或产品与产品之间的数量依存关系进行科学分析，并对再生产进行综合平衡的一种现代的科学方法。它以最终产品为经济活动的目标，从整个经济系统出发确定达到平衡的条件。它的基本原理是，任何系统的经济活动都包括投入和产出两大部分，投入是指在生产活动中的消耗，产出是指生产活动的结果。在生产活动中投入和产出之间具有一定的数量关系，投入产出法就是利用这种数量关系建立投入产出表，根据投入产出表对投入与产出的关系进行科学分析，再用分析的结果来编制计划并进行综合平衡。投入产出表的基本形态如表 4-4。

这张表共分 4 个象限，左上角为第一象限，横行表示产品的流向。

x_{ij}——第 i 个生产部门的产品作为第 j 个生产部门投入的数量；

$\sum_{j=1}^{n} x_{ij}$ ——第 i 个生产部门投入到所有生产部门产品的数量；

$\sum_{i=1}^{n} x_{ij}$ ——第 j 个生产部门生产所需要的所有资源的数量。

第二象限为右上角部分

y_i——第 i 个生产部门产品中用于积累和消费的数量；

x_i——第 i 个生产部门在一定时期内生产的全部产品的数量。

第三象限为左下角部分

v_j——第 j 个生产部门用于劳动报酬的数量；

m_j——第 j 个生产部门所创造的社会纯收入的数量；

第三象限表明了新创造价值的初次分配情况。

第四象限用来表示新创造价值的第二次分配。但由于这部分情况十分复杂，还有待于进一步研究，故一般的投入产出表都省略该部分。

表 4-4 投入产出表基本形式

		中间产品					最终产品			总产品
		生产部门 (j)					消费	积累	合计	
		1	2	...	n	合计				
生产部门 (i)	1	x_{11}	x_{12}	...	x_{1n}	$\sum_{j=1}^{n} x_{1j}$			y_1	x_1
	2	x_{21}	x_{22}	...	x_{2n}	$\sum_{j=1}^{n} x_{2j}$			y_2	x_2
	⋮	⋮	⋮	⋮	⋮	⋮			⋮	⋮
	n	x_{n1}	x_{n2}	...	x_{nn}	$\sum_{j=1}^{n} x_{nj}$			y_n	x_n
	合计	$\sum_{i=1}^{n} x_{i1}$	$\sum_{i=1}^{n} x_{i2}$	...	$\sum_{i=n}^{n} x_{in}$	$\sum_{i,j=1}^{n} x_{ij}$			$\sum_{i=1}^{n} y_i$	$\sum_{i=1}^{n} x_i$
新创造价值	劳动报酬	v_1	v_2	...	v_n	$\sum_{j=1}^{n} v_j$				
	社会纯收入	m_1	m_2	...	m_n	$\sum_{j=1}^{n} m_j$				
	合计									
总产值		x_1	x_2	...	x_n	$\sum_{j=1}^{n} x_j$				

这种投入产出表对于各种规模的经济部门都是适用的。对于这些部门的产品来说其流向都可分为三部分：一是留作本部门使用，作为生产消耗部分；二是提供给其他部门作为生产消耗部分；三是直接满足社会最终需要部分，包括个人消费、社会消费、储备与出口。例如表中横行第 2 个部门。

x_{22} 为自己产品留作自己使用；

$x_{21}, x_{23}, \cdots, x_{2n}$ 是提供给其他部门作为生产消耗部分;

y_2 就是第 2 个部门生产的直接满足社会最终需要部分。

所以第 2 个部门生产的全部产品(总产品)x_2 就是所有这三部分之和。

从纵的方向说,仍以第 2 个部门为例。

x_{22} 是本部门提供的产品投入;

$x_{12}, x_{32}, \cdots, x_{n2}$ 是其他部门的产品作为本部门的投入。

这些投入是本部门生产必需的,也是物质方面的全部投入。

第三象限中 v_2 是给人的劳动报酬。

以上都可视为成本。

m_2 就是剩下的社会纯收入部分。

把第 2 列全部加起来就构成第 2 个部门的总产值。总产品中的 x_2 和总产值中的 x_2 是相等的。因此,

$$\sum_{j=1}^{n} x_j = \sum_{i=1}^{n} x_i$$

即社会总产值等于社会总产品。投入产出法就是利用这种投入与产出的关系进行计划。

对投入产出表进行分析,可以确定整个国民经济或部门、企业经济发展中的各种比例关系,并且能够为制订合理的价格服务。此外,这种分析可以预测某项政策实施后所产生的效果;能够从整个系统的角度编制长期或中期计划,而且易于搞好综合平衡,还可以用此种办法计算出某个在建项目对整个系统的影响。总之,投入产出法是一种实用的科学的计划方法。

五、计量经济学方法

计量经济学的奠基人是挪威经济学家弗瑞希(Frisch, Ragnar),由于他在这方面作出的突出贡献,曾与他人一起获得了 1930 年的诺贝尔经济学奖。计量经济学是运用现代数学和各种统计的方法来描述和分析各种经济关系。这种方法对于管理者调节经济活动,加强市场预测,以及合理地安排生产计划,改善经营管理等都具有很大的实用价值。严格地说,所谓计量经济学,就是把经济学中关于各种经济关系的学说作为假设,运用数理统计的方法,根据实际统计资料,对经济关系进行计量,然后把计量的结果和实际情况进行对照。

用计量经济学方法解决实际问题的程序如下:

(1) 因素分析。即按照问题的实际情况分析影响它的因素种类、因素之间的相互关系以及各因素对问题的影响程度。

(2) 建立模型。根据分析的结果,把影响问题的主要因素列为自变量,所有次要因素都用一个随机误差项表示。而把问题本身作为因变量,然后建立起含有一些未知参数的数学模型。

(3) 参数估计。由于模型有许多参数需要确定,这就要用计量经济学方法,利用统计资

料加以确定。参数估算出来之后就要计算相关系数,以检查自变量对因变量影响程度。此外,还要对参数进行理论检验和统计检验,如果这两项结果不好就要分析原因,修改模型,重新进行第三步骤,直至模型满意为止。

(4) 实际应用。计量经济模型主要有 3 种用途:第一为经济预测,即预测因变量在将来的数值。第二为评价方案,即对计划工作或决策工作中的各种方案进行评价以选择出最优方案。第三为结构分析,即用模型对经济系统进行更深入的分析,深化认识。计量经济模型的这三种用途都可以应用于计划工作,它能够使计划更加完善、更加科学。

第七节 目标管理

当一个组织的最高层管理者确定了组织的宗旨后,这个宗旨怎样才能变成组织的目标,整个组织的目标怎样才能变成各个部门以及各个人的分目标,解决这些问题的一种较新方法就是目标管理。

一、目标管理的含义

目标管理是美国著名企业管理专家德鲁克(Peter Drucker)提出的一种管理制度。它被广泛地应用在企业、医院、学校和政府机构中,特别是应用在对管理人员进行管理的活动中。它的具体形式多种多样,但基本内容都是一样的。所谓目标管理,乃是一种程序和过程,它使组织中的上级与下级一起商定组织的共同目标,并由此决定上下级的责任和分目标,并把这些目标作为经营、评估和奖励每个单位与个人贡献的标准。由此可以看出,目标管理有 3 层含义。组织目标是共同商定的,而不是上级下指标,下级提保证,根据组织的总目标决定每个部门以及每个人担负什么任务、责任以及应达成的分目标,以这些总目标和分目标作为单位经营和个人活动的依据,一切活动都是围绕达到这些目标,将履行职责变为达到目标,个人和单位考核也以目标为依据。

目标管理在指导思想上是以 Y 理论为基础的,即认为在目标明确的条件下,人们能够对自己负责。在具体方法上是泰勒科学管理的进一步发展。它的实质有两点:

(1) 重视人的因素。目标管理是一种参与的、民主的、自我控制的管理制度,也是一种把个人需求与组织目标结合起来的管理制度。实行这种制度能使工作人员发现工作的兴趣和价值,享受工作的满足感和成就感,同时组织目标也得以完成。在这种管理制度下,上级对下级的关系是平等、尊重、信赖、支持,下级在承诺目标和被授权之后是自觉、自主和自治的。

(2) 建立目标锁链与目标体系。德鲁克认为"企业的目的和任务必须转化为目标","一个领域没有特定的目标,则这个领域必然会被忽视"。管理人员必须通过这些目标对下级进行领导。而目标必须有层次,要形成一个目标锁链和目标体系。主要目标与分目标,各部分目标之间要相互配合，方向一致。每个管理人员和职工的分目标，就是企业目标对他的要求，同时也是他对总目标的贡献。只有每个管理人员和职工都完成了自己的分目标，整个企业的总目标才有完成的希望。

上面这两个实质是缺一不可的，否则就不成其为目标管理。有些组织实施目标管理时，往往就因为忽略了人的因素，或者没有建立严密的目标体系，最后导致失败。

二、目标管理的具体方法

目标管理的具体做法分3个阶段：第一阶段为目标的设置，第二阶段为实现目标过程的管理，第三阶段为测定与评价所取得的成果。

1. 目标的设置

目标的设置是实施目标管理的第一阶段，同时也是最重要的阶段。如果目标设置合理、明确，后两个阶段中的具体过程管理和评估就容易了。第一阶段可以细分为4个步骤：

(1) 高阶层领导者预定目标，但这个预定的目标是暂时的、可以改变的。目标管理中的目标可以由下级和职工提出，上级批准。也可以由上级部门提出，再同下级一起讨论制定。但是不管哪种形式，首先必须共同商量决定；其次，领导必须根据企业的长远规划，面临的客观环境，对应该和能够完成的任务目标有一个清醒的估计，对应当确立哪几个目标，目标值多大，心中有数。简单地将下级的目标汇总，不是目标管理，而是放弃领导；将预定的目标视为不可改变的，强迫下级接受也不是目标管理，这样做，职工不会有参与感，承诺感。下级认为是圈套，立刻就会失去对上级的信任感。

(2) 重新审议组织结构和职责分工。目标管理要求每一个目标和分目标都要成为某些人的确切责任，即谁对完成这些目标和分目标负责，完不成找谁。如果目标责任不清，目标订得再好也难以完成。因此在预定目标之后，往往需要重新审查现有的组织结构，做出若干变动，明确职责分工。尽可能做到某个目标只属于一个主管，一个部门。对需要跨部门配合的目标也应明确谁主谁从。

(3) 确立下级的目标。首先向下级传达和明确组织的规划和目标，在此前提下和下级商定他的目标。商定时上级最好先听听下级的意见，他能做些什么，有些什么困难，需要帮助什么，然后再将自己认为合理的目标告诉下级。讨论时，上级一定要持平等、信任态度，尊重下级，耐心倾听下级的意见，要帮助下级发展一致性和支持性目标。此外，在商定具体目标时还要注意：目标必须有重点，有顺序，不能太多，5～6项即可，多则易于顾此失彼；目标必须具体化、定量化，以便于测量；目标要有"挑战性"，又要有实现的可能性，要留有余地。目标太低，不能鼓舞士气，失去目标管理的意义，目标太高，通过努力还完不成，也破坏激励气氛。最后应该强调的，目标确定的结果应该是下级目标支持上级目标、分目标支持总目标,每个人员或每个部门的目标要和其他人员其他部门目标协调一致,不损害本单位和整个组织的长远利益和长远目标。

(4) 上级和下级要就实现各项目标所需要的条件以及实现目标后的奖惩事宜达成协议,并授予下级以相应的支配人、财、物和对外交涉等权力。双方商妥后,由下级写成书面协议,编制目标记录卡片,整个组织汇总所有资料后,绘制出目标图。

2. 实现目标过程的管理

目标管理制度强调自主、自治和自觉。但不等于达成协议后领导可以放手不管。相反的由于组成了目标锁链和目标系统,一环失误,可能牵动全局,因此领导在实现目标过程中应对工作情况进行定期检查,但这种检查应是外松内紧的,利用双方经常接触的机会和正常的信息反馈渠道自然地进行。检查最好是自下而上的进行,由下级主动提出问题和报告,领导对下级工作中的问题不要随意训斥、指责,更不能推卸责任。要检查双方对协议执行情况,上级检查下级,下级也检查上级。上级对下级要给予多方面的支持、协助。必要时,也可以通过一定的手续,修改原定的目标。

3. 总结和评估

在达到预定的期限之后,由下级提出书面报告,上下级在一起对目标完成情况进行考核,决定奖惩:工资、职务的提升和降免,并同时讨论下一轮的目标,开始新循环。如果目标没有完成,应分析原因总结教训,但最忌相互指责。上级应主动承担应承担的责任,并启发下级作自我批评,以维持相互信任的气氛,为下一循环打好基础。

三、对目标管理体制的分析

目标管理在全世界的反响很大,是当前世界上很流行的一种计划方法和管理制度。但也有人认为,到目前为止空论远多于有效的实施。因此客观地分析目标管理的优缺点,有助于扬长避短,收到实效。

1. 目标管理的优点

(1) 它是比较科学和有效的管理方法,往往会带来良好的绩效,起到立竿见影的效果。例如销售额的增加,成本的降低,利润的扩大。目标管理使各项活动的目的性很明确,有利于避免那些"运动就是一切,而目的是没有的"事,避免搞形式主义,花架子。以往企业着重管理作业程序,方法问题,无形中忽略了对成果的重视。目标管理是一种达成目标的科学周密的方法。目标锁链是由于对目标进行了分解,而目标分解是为了目标相互支持。如此环环扣紧,把各方面的力量、积极性和可能采取的措施都汇集起来了,从而使目标切实可行,易见成效。

(2) 目标管理有助于改进组织结构和职责分工。任何一个组织和职位都应当具有弹性。目标管理要求尽可能把完成一项组织目标的成果和责任划归一个职位或部门。这条原则的实施常常使我们发现组织的缺陷——授权不足与职责不清。目标管理是促进分权管理使组织具有弹性的最好办法。荷耐威尔公司的一位高级管理者曾说过"有两件事是荷耐威尔的基本信条,要使荷耐威尔运转需要分权管理,要使分权管理运转则需要目标管理"。

(3) 目标管理启发了自觉,进一步调动了职工的主动性、积极性,提高了士气。由于目标是经过商定的,他明确了自己的工作在整体工作中的地位与作用,他参与了讨论并做了许诺,有了授权,并受到支持。通过目标和奖励,将个人利益和组织的利益紧密联系在一起,这时他不再是只听从命令等待指示和决定的盲从的工作者,而是一个主动的自己能够掌握命运的可以在一个领域内施展才华的积极工作者。目标管理评价企业和个人的标准是目标的达成程度。这种评价比较公正、客观,目标完成后及时给予奖励和升迁,无形中也提高了士气。总而言之,目标管理实现了"三全"——全员参与、全员保证、全员管理,由压制人的管理变成以自我控制为主的管理,显著地提高了管理成效。

(4) 目标管理表现出良好的整体性。组成一个完整的目标锁链和目标体系之后,将企业的所有任务和目标联成一个有机的整体:自上而下,目标层层分解;自下而上,目标层层保证。

2. 目标管理的缺点

(1) 目标难以制定。许多岗位工作难以使目标定量化和具体化。一个组织的目标好订、作业的目标也好订。但是真正让每一个管理人员和工人都订数量化目标,有时是很困难的。可能是下级不了解整体目标,不了解整体目标和他个人的关系;或者组织本身的目标就含糊不清,使管理者无法配合制定;领导心中无数,提不出要求和意见。

(2) 目标管理的哲学假设不一定都存在,这里不仅指群众而且也包括领导。目标管理对于人类的动机作了过分乐观的假设:认为多数人都有发挥潜力、承担责任、实行自治和富有成就感的需要,都有事业心和上进心,而且只要有机会,他们就会通过努力工作来满足这些需要,把工作中取得成就看得比金钱更重要。这就是"自我实现人假设",即 Y 理论。而现实并不完全这样,特别是目标的考核和奖励搞在一起以后,往往是指标要低,出力要少,奖励要多。因此在商定目标时,如果没有科学管理作基础,没有齐全的资料数据,而又缺乏全局观点的话,很容易产生留一手、打埋伏,互相摸底,讨价还价,从而破坏了信任和承诺的气氛。当然,这种破坏也可能由上级引起,上级的管理指导思想并未改变,仅是变换花样,通过某种形式让下级接受自己设定的比较高的目标,以达成控制的目的,这样就失去了信任的气氛,形不成承诺、自觉、自治与愉快的感觉。

(3) 目标的商定很费时间。目标的商定要几上几下,统一思想单向沟通与双向沟通相比、命令与协商相比,后者更为费时;而且把协议以书面形式表示,就需要更多的时间。

四、如何推行目标管理

目标管理是一种很实用的管理方法,应该大力推广。究竟如何推行目标管理?除了掌握具体的方法外,要特别注意下面3个问题:

(1) 推行目标管理要有一定的思想基础和科学管理基础。所谓思想基础是指要教育职工确立全局观念,长远利益观念,要正确理解国家、集体和个人之间的关系。这是因为目标管理容易滋长急功近利本位主义的倾向,如果没有一定的思想基础,设定目标时就可能出现不顾整体利益和长远利益的现象。所谓科学管理基础是指各项规章制度比较完善,信息比较通畅,能够比较准确地度量和评估工作成果。这点不仅是推行目标管理的基础,也是推行一切现代管理方法的基础。

(2) 能否推行目标管理关键在于领导。目标管理制度中的领导不是原则的领导,而是具体的实际的领导,对各项指标都要心中有数。工作不深入,没有专业的知识,不了解下情,不熟悉生产,不会经营管理是不行的。所以实行目标管理不是对领导要求低了而是更高了。目标管理中的领导者与被领导者之间不是命令与服从的关系,而是平等、尊重、信赖和相互支持的关系。因此,要求领导改进作风,提高水平,发扬民主,善于沟通。在目标管理中,领导的重要职能是协调,首先表现在设置目标过程中的协调,其次表现在执行过程中的协调。要使大家的方向一致,目标之间要相互支持,这就需要领导者掌握一些协调的方法。另外,目标管理中的领导者应善于授权,因为没有分权就不能创造个人自由地达成目标的条件,这必然要导致目标管理的失败。

(3) 目标管理要逐步推行、长期坚持。推行目标管理需要许多配套工作,如提高人员的素质,健全各种责任制,做好其他管理的基础工作,制定一系列有关的政策等等。这些都是企业的长期任务,所以目标管理也只能逐步推行,先试点,在试点的基础上总结经验,再大片推广。也正是由于上述原因,不能期望目标管理是包治百病的灵丹妙药,在一朝一夕就能取得巨大成效,需要长期坚持,不断发展和完善,这样才能收到良好的效果。

本章复习题

1. 什么是计划和计划工作?
2. 计划工作有哪些特性?如何理解这些特性?
3. 为什么说计划是管理者指挥的依据?
4. 为什么计划能够减少或避免将来出现的风险?
5. 政策有何特点和作用?
6. 指令性计划与指导性计划的含义是什么?它们具有什么关系?

7. 长期计划与战略计划有什么异同？
8. 何谓战略管理？
9. 组织目标包括哪些方面？单目标论与后来的多目标论有何区别？
10. 何谓"营利经济学说"？何谓"制度维持学说"？
11. 怎样正确地理解企业的社会责任？
12. 计划工作一般应有哪些步骤？
13. 选定目标时应注意哪些问题？
14. 制定计划时一般要进行哪些预测？
15. 评估方案时要注意哪些问题？
16. 拟定政策时要考虑哪些问题？
17. 什么是引申计划？引申计划有什么作用？
18. 何谓滚动计划法？它的主要思想是什么？
19. 网络分析技术的基本原理和作用是什么？
20. 网络计划的优化步骤有哪些？
21. 线性规划能够解决什么问题？
22. 投入产出法有什么用途？
23. 经济计量学方法有什么用途？
24. 目标管理的含义是什么？
25. 什么是目标锁链？
26. 怎样具体实施目标管理？
27. 目标管理有哪些优缺点？

本章讨论题

1. 实际企业中的生产经营计划与车间的作业计划各有什么特点？
2. 实际工作中怎样根据计划来制定控制标准？
3. 长期计划、中期计划和短期计划应如何衔接才能使它们有效？
4. 制定政策应从哪些方面考虑？
5. 在市场经济条件下，企业实行战略管理的必要性有多大？战略计划在整个计划工作中的地位如何？
6. 将追求利润的最大化作为企业的惟一目标对不对？为什么多目标论逐渐取代了单目标论？
7. 试举例说明企业经营理念在企业计划工作中的作用。
8. 怎样把现代计划方法应用到实际计划工作当中？
9. 计划职能与管理的其他职能有什么联系？
10. 举例说明计划工作的重要性。
11. 你所了解的企业怎样制定年度的经营计划？
12. 制定一项计划必须遵从书中所列步骤吗？举例说明。
13. 目标管理和经济承包责任制有何异同？
14. 实施目标管理应具备哪些基本条件？

第五章 组织职能

组织是管理的另一项基本职能。管理者的主要任务之一就是要使组织不断发展、完善,使之更加富有成效。

第一节 组织的基本概念

一、组织的含义

什么是组织?这个问题的答案似乎非常简单,"华东计算机开发公司"是个组织,国务院是个组织,某所大学也是个组织。这样的例子人人都能说出许多,但这并没有说明组织的确切含义。组织的一个较为直观的含义如下:"组织是为了达到某些特定目标经由分工与合作及不同层次的权力和责任制度,而构成的人的集合。"这个含义具有3层意思。

(1) 组织必须具有目标。因为任何组织都是为目标而存在的,不论这种目标是明确的,还是隐含的,目标是组织存在的前提。"华东计算机开发公司"的目标可能是推广计算机应用技术,并获得盈利;大学的目标是为了培养高级科学与技术人才。

(2) 没有分工与合作也不能称其为组织。分工与合作关系是由组织目标限定的。企业为了达到经营目标要有采购、生产、销售、财务和人事等许多部门。这是一种分工,每个部门都专门从事一种特定的工作,各个部门又要相互配合。只有把分工与合作结合起来才能产生较高的集团效率。

(3) 组织要有不同层次的权力与责任制度。这是由于分工之后,就要赋予每个部门乃至每个人相应的权力和责任,以便于实现组织的目标。若想完成任何一种工作,都需要具有完成该项工作所必需的权力,这是不言而喻的,同时又必须让其负有相应的责任。仅有权力而无责任,可能导致滥用权力,而不利于组织目标的实现。权力和责任是达成组织目标的必要保证。这是古典管理学派的定义,更适用于组织初创期。叫做"结构论"。

第二种定义叫做"行为论",是社会系统学派的巴纳德提出的:"组织是两人或两人以上有意识加以协调的活动或效力系统。"这里强调的是组织成员的协调和协作,更适用于组织的运行分析。

第三种定义叫做"系统论",是由系统学派提出的:"组织是开放的社会系统,具有许多相互影响共同工作的子系统,当一个子系统发生变化时,必然影响其他子系统和整个系统的工作。"这种定义把组织内的部门和成员看成是有机联系、互相作用的子系统。从作用上分,可以包括传感子系统、信息子系统、决策子系统、加工子系统等;从组织上分,可以包括个人子系统、群体子系统、士气子系统、组织结构子系统、目标子系统、相互关系子系统、权威子系统等等。"系统论"更适合于组织变革时使用。

二、组织环境

任何组织都是在一定的环境下生存和发展的。环境给组织提供资源,吸收组织的产出,同时又给予组织许多约束。一个组织要保持持续的发展,它就必须适合其周围的环境。环境总是处于变化之中,有时变化剧烈,有时变化缓慢。当环境变到足以阻碍组织的发展时,就必须对组织进行调整和改革,以适应环境的变化。不适应环境是组织失败的主要原因之一。

组织与它的环境是相互作用的,组织依靠环境来获得资源以及某些必要的机会;环境给予组织活动某些限制,而且决定是否接受组织的产出。如果组织能够不断地提供环境所能接受的产品或服务,环境就会不断地给组织提供资源和机会。例如,一个企业如果能够不断地生产出顾客愿意接受的产品,顾客就会付出代价,这种代价将作为资源重新投入企业,使企业生产进行下去。环境和组织之间的作用如图 5-1 所示。

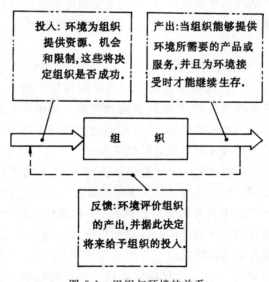

图 5-1 组织与环境的关系

组织环境包括许多要素,其中最主要的是人力、物质、资金、气候、市场、文化、政府政策和法律。这些要素几乎包罗了各种组织的环境要素,当然有些组织对其中几种要素依赖的程度大些,而对其它要素依赖的程度小些,例如,一所大学对气候的依赖程度不大,而一个农场成功与否在很大程度上取决于气候的好坏。这是因为各种组织对环境要求不同。

组织环境中最主要的资源是人力资源。如果在一个组织中没有足够的、训练有素的人来为组织工作,组织就不能生存。一所大学必须能使教师愿意在那里工作,也必须能够吸引学生报考。一所工厂必须有一些具备一定技术水平的工人和一些优秀的工程师和优秀的市场营销人员为本企业服务。所以说,人力是组织的最基本的资源和环境条件。此外,人力情况还决定着组织其他资源的可利用性,也对环境的其它要素产生影响。

任何组织几乎都离不开资金这一资源。资金可以靠本组织的产品或服务来获取,也可以通过银行贷款、出售股票、发行债券等方法来取得。对于有些非盈利性组织,如机关、学校等可以从政府的财政中取得。资金对于组织的生存与发展起着重要的作用,做任何事情几乎都离不开资金,而且组织环境中这一要素可能对其它要素产生巨大的影响。

市场是否愿意为组织的产品和服务付出一种满意的价格,这是盈利性组织所关心的一个重要问题。如果市场愿意付出,组织就会繁荣;否则,组织就可能失败。顾客是市场上的最终评判者,顾客的偏好直接影响着产品或服务价格及其销路,如果顾客不接受组织所提供的产品和服务,组织活动就将发生障碍。竞争者也对组织活动产生影响,其他厂家能够以更低的价格、更优的质量推出与本企业相同的产品或代用品,必然直接影响本企业产品的价格和销路。

文化传统、社会风俗和政治背景等方面的条件是组织环境的重要组成部分。炼钢厂不能污染空气,汽车制造厂的产品要减低噪音,社会主义制度要求经营者尊重职工在企业中的主人翁地位,在少数民族地区办厂还经常受到人们宗教习惯的制约。这些都是组织环境中文化因素在起作用的典型例子。

政府的政策与法律是组织环境的重要因素之一,它们对组织产生巨大影响。组织必须按照政府的政策和法律行事,同时也受到政策和法律的保护。例如,国家限制外国汽车进口,会给本国汽车制造企业提供机会;产业政策的改变使一些组织获得好处,而使另一些组织处于困境;为加速发展某个地区的经济,政府可能会提供较多的投资,促使该地区的企业扩大再生产;消费资金的使用政策对组织成员的工作热情也将产生影响;合同法对违反合同的组织要给予一定的惩罚,而对于另一方则提供保护;有关人事的法令将影响组织聘用人员等等。总之,政府的政策与法律,是组织环境的重要因素之一,它对组织也能产生巨大的影响。

综上所述,组织环境对组织具有两个方面影响,一是提供资源和机会,二是给予限制。因此,组织要适合于环境并利用环境提供的资源和机会以求生存和发展。组织要了解环境的各种要素,明确哪些要素对组织的成功与否起关键作用,它们是怎样影响组织活动的,是直接影响的,还是间接影响的,采用什么措施才能适应组织环境的变化,是改变环境还是变革组织。只有这样,才能立于不败之地。

第二节 组织设计的任务

组织设计是组织职能的重要内容。

一、组织设计所面对的基本矛盾

为什么非得设计出一套组织机构？为什么不能由一个首长来管好一个组织？人们经常会提出这样的问题。实际上，在一个稍大一些的组织内，人们可以感受到一个共同的矛盾——管理对象的复杂性与个人能力的有限性。面对全球一体化的经济形势，面对变幻莫测的市场，面对日新月异的科学技术，面对需要层次各不相同的员工，面对日趋激烈的竞争，任何组织的领导者都会发现自己的知识面太窄，需要决策的事太多，时间不够用，能力不够大。在这种情况下，惟一的选择是由一群人来管理。这就存在一个权力和责任的划分问题，分工与协调问题，所以必须设计出相应的组织结构。组织设计的基本任务，就是如何发挥管理者群体的作用，有效地管理复杂多变的对象。

二、组织设计的目的

借用系统论的观点，组织设计的目的就是："发挥整体大于部分之和的优势，使有限的人力资源形成最佳的综合效果。"

系统功能大于部分功能之和，这是系统论揭露的普遍规律。同样一堆电子元件：电阻、电容、磁性天线、二极管、三极管、导线……用不同的规则连接起来，会成为性能差异甚大的不同的半导体收音机。线路图就是线路设计的成果，它用相同的元件组成了不同的系统，其系统功能也是很不相同的。

同样，同样是2 000名职工，采用不同的组织结构进行分工，会得出完全不同的组织效应。一个优秀的组织结构，能够做到机构精简、高效，职能分工合理而明确，既高效又统一，既发挥了个人积极性、创造性，又能保持高度的和谐和统一，甚至可以发挥出"以一当十"的神奇作用。反之，一个不良的组织结构，会因为机构臃肿、人浮于事而效率低下，因为职能不清、职能重叠而扯皮不止，因为有权无责而滥用权力，因为有责无权而消极怠工……在一些成功的企业中，大都可以看到优秀的组织设计；相反，在一切失败的企业中，大都可以发现不良的组织设计。

三、组织设计的步骤

组织设计通常可分为以下几个步骤：

1. 工作划分

根据目标一致和效率优先的原则，把达成组织目标的总任务划分为一系列各不相同又互相联系的具体工作任务。

2. 建立部门

把相近的工作归为一类,在每一类工作之上建立相应部门。这样,在组织内根据工作分工建立了职能各异的组织部门。

3. 决定管理跨度

所谓管理跨度,就是一个上级直接指挥的下级数目。应该根据人员素质、工作复杂程度、授权情况等合理地决定管理跨度,相应地也就决定了管理层次和职权、职责的范围。

4. 确定职权关系

授予各级管理者完成任务所必需的职务、责任和权力。从而确定组织成员间的职权关系:
(1) 上下级间的职权关系——纵向职权关系:上下级间权力和责任的分配,关键在于授权程度。
(2) 直线部门与参谋部门之间的职权关系——横向职权关系:直线职权是一种等级式的职权,直线管理人员具有决策权与指挥权,可以向下级发布命令,下级必须执行。如企业总经理对分公司经理,学校校长对系主任。而参谋职权是一种顾问性质的职权,其作用主要是协助直线职权去完成组织目标。参谋人员一般具有专业知识,可以就自己职能范围内的事情向直线管理人员提出各种建议,但没有越过直线管理人员去命令下级的权力。

5. 通过组织运行不断修改和完善组织结构

组织设计不是一蹴而就的,是一个动态的不断修改和完善的过程。在组织运行中,必然暴露出许多矛盾和问题,也获得某些有益的经验,这一切都应作为反馈信息,促使领导者重新审视原有的组织设计,并进行相应的修改,使其日臻完善。

第三节 组织结构的类型

组织结构是随着社会的发展而发展的,目前常用的组织结构形式有 5 种:即直线职能结构、事业部结构、模拟分权结构、矩阵结构以及各种形式的委员会。这些结构还有些变化型式,我们在相应的类型中,一并加以讨论。

一、直线职能结构

这种组织结构是当前国内各类组织中最常采用的一种结构,无论是机关、学校、企业或医院,这种结构随处可见。以企业为例,其结构图如图 5-2 所示。

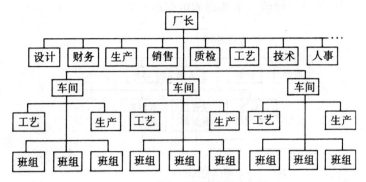

图 5-2 直线职能结构示意图

由图可以看出,这种组织结构是按照一定的职能专业分工,各级都建立职能机构担负计划、生产、人事、销售、财务等方面的管理工作,各级领导都有相应的职能机构作为助手,从而发挥了职能机构的专业管理作用。整个系统中管理人员分为两类,一类是直线指挥人员,相当于军队中的各级军官,他们可以对下级发号施令;另一类是职能人员,相当于军队中的参谋、后勤人员,他们只能对下级机构进行业务指导,而不能直接对下级发号施令,除非上级直线人员授予他们某种权力。这种划分保证了统一的生产指挥和管理。另外,这种结构导致权力高度集中,凡不能在一个部门范围内作出决定的问题,最后必须由厂长作出。

直线职能结构之所以被广泛地采用,是由于它具有许多优点。这种结构分工细密,任务明确,且各个部门的职责具有明显的界限。各职能部门仅对自己应做的工作负有责任,可以专心从事这方面工作,因此有较高的效率。这种结构的稳定性较高,外部环境变化不大的情况下,易于发挥组织的集团效率。其不利方面是缺乏信息交流,各部门缺乏全局观点,不同的职能机构之间,职能人员与指挥人员之间目标不易统一,矛盾较多,最高领导者的协调工作量大。这种结构还不易于从企业内部培养熟悉全面情况的管理人材。此外,这种结构使整个组织系统刚性较大;分工很细,手续繁杂,反应较慢,不易迅速适应新的情况。

尽管直线职能结构有一些缺点,但同其它种类型的组织结构相比,还是一种比较好的组织形式。目前中国大部分企业采用此类结构形式。但它不适宜多品种生产和规模很大的企业,也不适宜创新性的工作。

二、事业部结构

这是欧美、日本各大企业所采用的典型组织形态。所谓事业部结构,就是一个企业内对于具有独立的产品和市场、独立的责任和利益的部门实行分权管理的一种组织形态。这样的部门就是事业部门,它必须具备 3 个要素:第一,具有独立的产品和市场,是产品责任或市场责任单位。第二,具有独立的利益,实行独立核算,是一个利润中心。第三,是一个分权单位,具有足够的权力,能自主经营。事业部的组织形态如图5-3所示。

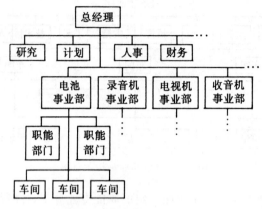

图 5-3 事业部结构示意图

采用事业部的组织是把政策制定与行政管理分开,政策管制集权化,业务营运分权化。企业的最高管理层是企业的最高决策管理机构,以实行长期计划为最大的任务,集中力量来研究和制定公司的总目标、总方针、总计划以及各项政策。事业部的经营活动只要在不违背总目标、总方针、总计划的前提下完全由事业部自行处理,因而事业部成为日常经营活动决策的中心,是完全自主的经营单位,可以充分发挥自己的主观能动性。为了使企业保持完整性,为了使高层领导不致"大权旁落",保证事业部不至于"各行其是"、"群雄割据",最高管理当局必须保持3方面的决策权:

(1) 事业发展的决策权。整个企业采用什么技术,打入什么市场,搞什么产品,开辟什么新事业,放弃什么事业等经营方针以及价格政策、竞争策略等基本原则的决策权要留在总部。

(2) 有关资金分配的决策权。资金的供应以及资金分配必须由企业高层管理控制,而不能交分权的事业部处理。

(3) 人事安排权。事业部组织下的人,尤其是干部和专业人员都是整个公司的资源。公司的用人政策,各事业部重要的人事安排应由总部高层决策。为了发挥事业部结构的优点应当避免由最高管理机关的成员兼任各部经理,因为这样做的结果既没有最高的决策又没有分散的经营。

采用事业部结构的组织,直线和职能的关系比较清楚。公司的职能部门的主要任务是对最高管理层和各事业部门作有效的建议、劝告与服务,它不是事业部那样的独立的利益责任单位,因此它只起参谋咨询作用。

事业部结构具有许多显著的优点。它能使最高管理部门摆脱日常行政事务,成为坚强有力的决策机构,并使各个事业部发挥经营管理的主动性,而高层领导不致忙于协调、监督等较低层的管理工作。这种结构既有较高的稳定性,又有较高的适应性。这种结构还是培养管理人材的最好组织形式之一。分权化的事业部经理与一家独立公司的高层所面对的问题几乎是一样的,他应考虑市场、人力、技术,考虑今天和明天。所不同的只是不必负责有关财务资源与供应。所以事业部制在培养和考验着明天的领导人才。此外,事业部结构扩大了有效控制的跨度,使上级领导直接控制下层单位的数目增加。

事业部结构也有其相对不足的地方。比如,对事业部一级的管理人员水平要求较高。每个事业部都相当于一个单独的企业,事业部经理要熟悉全面业务和管理知识才能胜任工作。另外,集权与分权关系比较敏感,一旦处理不当,可能削弱整个组织的协调一致。而且,各事业部皆有完备的职能部门,管理人员增多,管理成本较高。

需要提及的是当企业的规模比较小时,是无法采用此种组织形式的,仅当企业规模比较大时,而且其下层单位够得上成为一个"完整的企业机构"时才宜采用,即下层单位除了要有自己的设计制造外,还要有自己的市场、自己的销售,并能自己选择进货,这样才能组成事业部门。

三、模拟分权结构

介于直线职能结构和事业部结构之间的有一种模拟分权结构,这种结构如图5-4所示。

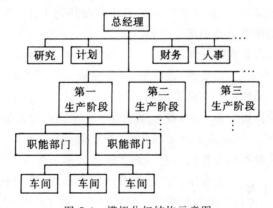

图 5-4 模拟分权结构示意图

事业部结构是由于企业规模不断扩大而发展起来的一种组织形态。但是,有许多大企业,比如,连续生产的化工企业由于产品品种或生产过程所限根本无法分解成几个独立的事业部门。然而企业的规模又是如此之大,以致于高层管理人员感到采用其它组织形态都无法管理,这时就出现了模拟分权结构的组织。

模拟分权结构是模仿事业部结构的形式进行分权,它与事业部结构的重要差别是:

① 这种结构的组成单元并不是真正的事业部门,实际上是生产阶段;

② 这些生产阶段有自己的管理层,自己的利润指标,这种指标是按整个企业的内部价格确定的,而不是来源于市场;

③ 这些生产阶段都没有自己独立的外部市场,并且生产阶段之间关系相当密切,一个生产阶段出现障碍,可能导致其它生产阶段出现障碍。

模拟分权结构最大的优点在于它解决了企业规模过大不易管理的问题。在这种结构下,高层管理人员可以在可能的范围内把权力分给生产阶段一级的管理人员,减少了自己的行政工作,从而能够把精力集中于战略性问题上来。这种结构的缺点是,无法使组织中每一个成员都能明确自身的任务,各个部门领导人也不易了解整个企业的全貌,在沟通效率和决策权力方面还存在着较大的缺陷。此外,这种结构要求各个生产阶段的负责人有较强的容忍力,将本单位和个人的利益交给上级处理。尽管模拟分权结构同事业部结构相比有些缺陷,但对于大型材料工业企业,如玻璃、造纸、钢铁、化工等企业解决组织结构问题,是惟一可以采用的结构。

四、矩阵结构

矩阵结构是从专门从事某项工作的工作小组形式发展而来的一种组织结构。所谓工作小组一般是由一群不同背景、不同技能、不同知识、分别选自不同部门的人员所组成的,通常人数不多。组成工作小组后,大家为某个特定的任务而共同工作。最典型的例子是电影制片厂的摄制组或工厂的技术革新小组。

工作小组的结构特点是根据任务的需求把各种人才集合起来,任务完成后小组就解散。在某一小组内,人员也不固定,需要谁,谁就来,任务完成后就可以离开。所以一个人可以同时参加几个工作小组。例如一个演员可以同时参加几个摄制组。工作小组的优点是适应性强,机动灵活,容易接受新观念新方法;各个成员像一个球队的运动员一样,都了解整个小组的任务和问题,责任感强。其缺点是缺乏稳定性,在规模上有很大的局限性。

工作小组适用于需要不同专长的人在一起才能完成的工作以及具有许多事先不能确定的复杂因素的工作。如果一个企业中同时组织几个工作小组,而且这种工作小组的形式长期存在,结果就会出现一种新的组织结构——矩阵结构,又叫规划—目标结构。

1. 二维矩阵结构

二维矩阵式结构是第二次世界大战后在美国首先出现的,它是为了适应在一个组织内同时有几个项目需要完成,每个项目又需要具有不同专长的人在一起工作才能完成这一特殊的要求。仍以企业为例,其具体结构如图5-5所示。

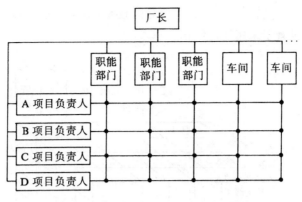

图 5-5 二维矩阵结构示意图

由图 5-5 中我们可以看出,一个企业可能有几个项目,每一个项目都有一个人在厂长的直接领导之下专门负责。根据项目的特殊需要,从各个职能部门和车间抽调若干人组成各个项目小组。

由于矩阵结构是按项目进行组织的,所以它加强了不同部门之间的配合和信息交流,克服了直线职能结构中各部门互相脱节的现象。它同样具有工作小组那种机动灵活性,可随项目的开始与结束进行组织或给予解散。一个人还可以同时参加几个项目小组,这就大大提高了人员的利用率。此外,由于职能人员直接参与项目,而且在重要决策问题上有发言权,这使他们增加了责任感,激发了工作热情。

矩阵结构最主要的缺点是项目负责人的责任大于权力。因为参加项目的每个人都来自不同的部门,一般隶属关系仍在原部门,而仅仅是临时参加该项目。所以项目负责人对他们工作的好坏,没有足够的激励手段与惩治手段,这些权力依然在原部门领导人手中。另外,矩阵结构造成双重指挥也是一大缺陷,项目负责人和原部门负责人都对参加该项目的人有指挥权。所以,项目负责人必须与各个部门负责人配合,才能顺利地进行工作。

矩阵结构适用于产品品种多且变化大的组织,特别适用于以开发与实验项目为主的单位,例如应用研究单位等等。

2. 三维矩阵结构

目前已经有人根据矩阵结构的特点,发展了一种三维矩阵组织结构。图 5-6 是三维矩阵组织结构示意图。由图 5-6 可以看出,这个组织机构由三方面构成,有专业职能部门,按产品划分的产品事业部门,以及按区域划分的各地区管理机构。这三方面结合在一起,共同研究某种产品的开发、生产和销售等重大问题,协调了各方面之间产生的矛盾,加强了信息沟通,对于大规模的企业较为适用。

矩阵组织多应用于建筑公司、房地产公司、飞机制造公司等企业。特别适用于单件、小批量、高单价的制造业企业,以及以项目为单元的服务业和创新性较强的科研机构。一些大型活动(如奥运会),也宜于采用矩阵结构。

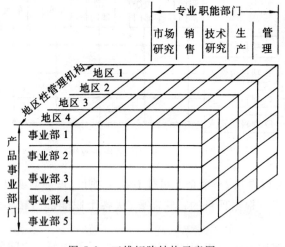

图 5-6　三维矩阵结构示意图

五、委员会组织

委员会也是一种常见的组织形式,它是执行某方面管理职能并实行集体行动的一组人。

委员会按时间可分为两种类型:一种是临时委员会,它是为了某一特定目的而组成的委员会,完成特定的目的后即解散;另一种是常设委员会,它促进协调沟通与合作,行使制定和执行重大决策的职能。委员会按职权也可分为两个类型:一种是直线式的,例如董事会,它的决策要求下级必须执行;另一种是参谋式的,它为直线人员提供咨询建议和方案等。委员会还可分为正式和非正式的。凡是属于组织结构的一个组成部分,并授予特定的责任和职权的委员会为正式的;反之,为非正式的委员会。

委员会在实践中随处可见,几乎各级组织都存在着这样或那样的委员会,如董事会、管理委员会、监察委员会等等,它之所以得到如此广泛的应用是因为具有如下优点:

(1) 集思广益。整个委员会所具有的知识、经验、判断均较其中一人为高。相互一起讨论研究可以避免个别领导人的判断错误。委员会讨论的结果不是许多个别观点的简单综合,而是各种想法在一起重新创造的组合,因此能产生解决问题的更好方案。

(2) 集体决策。通常,委员会除了行政负责人参加外,尚有各方面专家、各部门各层次代表组成。委员会中委员的权力都是平等的,委员会最后是以少数服从多数的原则解决问题并采取集体行动的。如此可以避免权力过分集中于某一个人身上,既可以防止个人滥用权力也可避免忽视某个层次、某方面人士的意见和利益。

(3) 便于协调。委员会是很好地协调各部门活动的场所。讨论问题的过程也是沟通和协调的过程。当讨论和确定某项决策时，该项决策可能会使某一部门面临什么问题，为执行这项决策各部门应做哪些配合，均应得到反映，这有助于相互了解，协调和决策的实行。

(4) 鼓励参与。委员会使下级干部和职工有可能参与决策的制定。人们都希望对影响个人和组织利益的事加以控制，对自己所参与和帮助制定的决策更乐意接受和有更大的积极性。

由于委员会是由许多人共同决策，所以它也有一些缺点：

(1) 委曲求全、折衷调和。委员会通常都有委曲折衷的危险，当意见发生不一致时，要么争执双方互不相让，旷日持久，议而不决；要么讨价还价，各做让步，采取折衷的方法解决。结果谁也没有满足希望，谁也没有完全失望。但是结论却由于妥协而往往没有留下多少有实质性的内容。在妥协不可能时，可以采取少数服从多数的原则作出决议，但多数赞成的决议不一定是良好的决议。

(2) 责任不清、缺乏个人行动。个人同意集体的决议并不意味着他的观点完全同决议一致，个人对集体作出的决议或建议，也不承担个人责任。因此有人认为委员会处理执法性问题如裁判、司法、审判性问题以及处理部门与部门之间的争论较为恰当。而对于行使决策、组织、执行、领导等问题，委员会不是有效的形式，通常以个人行动为好。美国管理协会曾就这个问题对20家公司作了调查，结果如表5-1所示。由表可以说明委员会有许多方面不如个人管理的好。

表 5-1　个人管理和委员会管理的效果比较(%)

管理职能	可以由委员会有效地执行	主要由委员会执行，但个人管理也可以	主要由个人执行，但由委员会辅助	由个人执行，而委员会执行无效
计划工作	20	20	25	35
控制	25	20	25	30
确定目标	35	35	10	20
组织	5	25	20	50
权限争议	90	10	0	0
领导	0	0	10	90
行政	20	25	25	30
执行	10	15	10	65
革新	30	20	20	30
信息沟通	20	15	35	30
咨询	15	25	35	25
决策	10	30	10	50

如何有效地发挥委员会的作用呢？为使委员会顺利地、有效地发挥作用，应注意如下几点：

（1）必须明确委员会的目标、任务和职责权力范围。不要让委员会做应当由个人作决策的事，更不要让委员会议论小事，作无关紧要的决策。

（2）精心挑选委员会的组成人选。委员们既要有一定的代表性，又要有完成委员会任务所需要的专门才干、品德和权威的人，这样的委员会才能完成组织目标。

（3）委员会的规模不宜过大，能充分讨论问题，反映各方面意见便于做出正确决策即可。

（4）讨论有关议题的情报应事先通知，做好调查研究和数据准备，不要坐而论道。

（5）委员会主席不应当在委员中占有支配地位。要有鼓励大家积极参与的能力，要能吸取他人的智慧，能引导和协调集体朝向目标努力。

第四节 组织设计的传统原则

在进行组织设计或改革的时候，要对组织设计的原则加以认真地研究。这些原则是在大量实践的基础上总结抽象出来的，它们凝聚了前人在组织设计方面成功的经验与失败的教训，尽量遵循这些原则就会大大减少管理上发生的障碍。国外一些学者做过统计，所有组织在管理方面出现的问题绝大多数都是由组织结构不合理造成的，这些问题轻则使组织效率降低，重则使组织解体。可以说组织结构的好坏对于组织成功具有举足轻重的作用。因此，在组织设计或组织结构改革的过程中，应该经常对照组织设计原则进行检查，衡量利弊，排除隐患。

传统的组织设计原则主要适用于那些从事重复的稳定的例行工作的组织。

一、层级原则

组织中的每一个人都必须明确：

（1）自己的岗位、任务、职责和权限。

（2）自己在组织系统中处的位置，上级是谁，下级是谁，对谁负责。

（3）自己的工作程序和渠道，从何处取得情报和信息，从何处取得需要的决策和指示，从何处取得所需的合作。例如在一个剧组里演员必须了解自己扮演什么角色、角色的性格和特征、在全剧中的作用、台词、什么时候出场，这些都应有明确的规定，只有这样才有可能把剧演好。

任何组织都必须遵守层级原则，这是组织能够运行的基础。

二、管理跨度原则

管理跨度是指一个领导者直接指挥下级的数目。管理跨度原则要求一个领导人要有一个适当的管理跨度。管理跨度与管理层次成反比关系。管理层次是指组织中职位等级的数目。管理跨度大,管理层次就少;反之,管理跨度小,管理层次就大(参看图5-7)。

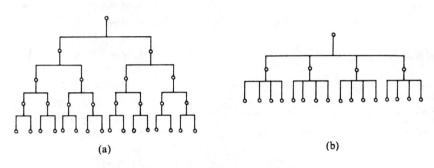

图 5-7 管理跨度与管理层次的关系

由图 5-7 中可以看出管理层次和管理跨度之间的关系。当最底层需要 16 人时,如果管理跨度为 2,则需要 4 个管理层次;如果管理跨度为 4,则仅需要 2 个管理层次。此外管理跨度大小又间接影响到各级干部的多少。这并不是说管理跨度越大越好,因为管理跨度大,上级主管需要协调的工作量就大。具体地说,当直接指挥的下级数目呈算术级数增长时,主管领导人需要协调的关系呈几何级数增长。计算公式如下:

$$\sum = n(2^{n-1} + n - 1)$$

其中:$\sum$——需要协调的关系数

n——管理跨度

需要协调的关系包括上级与下级的直接关系,下级之间交叉关系和其它集体关系(参看表 5-2)。由上式可以看出,当管理跨度增大时,上级需要协调的关系数增长更快。每个人的知识,能力和精力都是有限的,这一点决定了管理跨度不能无限度地增加。究竟多大的管理跨度合适,国内外许多专家学者和实际管理工作者都在探讨,但至今没有一个公认的客观标准。这是由于影响管理跨度的因素很多,有些因素本身就很难用定量的标准来度量,比如管理者的个人素质,下级的素质与整体素质,所管活动的相似性等等。

对该问题进行比较深入研究的有美国洛克希德导弹与航天公司,他们在 70 年代提出了自己的研究成果。他们认为,影响管理跨度的有 6 大因素(参看表 5-3)。每个因素有 5 个等级,每个等级给出一个权数。比如,职能相似性的等级是这样划分的:

表 5-2　一个上级和两个或三个下级之间潜在的协调关系

	一个上级 M 与两个下级 A 和 B	一个上级 M 与三个下级 A、B 和 C
直接单一关系	1. M→A 2. M→B	1. M→A 2. M→B 3. M→C
直接群体关系	3. M→A 与 B 4. M→B 与 A	4. M→A 与 B 5. M→A 与 C 6. M→B 与 A 7. M→B 与 C 8. M→C 与 A 9. M→C 与 B 10. M→A 与 B 和 C 11. M→B 与 A 和 C 12. M→C 与 A 和 B
交叉关系	5. A→B 6. B→A	13. A→B 14. A→C 15. B→A 16. B→C 17. C→A 18. C→B

表 5-3　影响管理跨度的主要因素及重要性

影响因素 \ 等级	一	二	三	四	五
职能相似性	很相似 1	较相似 2	一般 3	较不相似 4	很不相似 5
地区相近性	很近 1	较近 2	一般 3	较远 4	很远 5
职能复杂性	很简单 2	较简单 4	一般 6	较复杂 8	很复杂 10
指导和控制工作量	很小 3	较小 6	一般 9	较大 12	很大 15
计划工作量	很小 2	较小 4	一般 6	较大 8	很大 10
协调工作量	很小 2	较小 4	一般 6	较大 8	很大 10

第一级为很相似,权数为 1;
第二级为较相似,权数为 2;
第三级为中等,权数为 3;
第四级为较不相似,权数为 4;
第五级为很不相似,权数为 5;

其它 5 个因素也有类似的划分和相应的权数。在进行组织设计时,考虑某个职位的管理跨度时要根据这 6 个影响因素找出相对应的等级,然后把对应的权数求和,再查找表5-4,根据总权数就可以查出建议采用的管理跨度。这种定量研究管理跨度的方法是一个方向。应该注意的是,各国有自己的情况,各个领导人的素质、能力等也不完全相同,当然还有其它因素,因此还不能说这种定量方法已经成熟到可以实际应用的程度。目前,人们仍然主要采用定性的办法确定管理跨度。一般除考虑上面 6 个因素外还应考虑:

表 5-4 推荐管理跨度

权 数 总 和	建议标准管理跨度	权 数 总 和	建议标准管理跨度
40~42	4~5	28~30	6~9
37~39	4~6	25~27	7~10
34~36	4~7	22~24	8~11
31~33	5~8		

(1) 主管人员的能力。能力强,精力充沛,经验丰富,管理跨度可以大些,反之,应小一些。

(2) 下级人员能力。下级能力强且训练有素,管理跨度可以大些,反之,应小一些。

(3) 沟通程度。有关命令、政策、方针和指示容易传达,管理跨度可以大些;反之,应该小一些。

(4) 层次高低。管理者位于组织中的层次高,用来制定计划处理例外活动就多,管理跨度应该小一些;反之,应该大一些。

由上所述,在确定管理跨度时,应具体问题具体分析,不能绝对地说管理跨度是大好,还是小好。管理跨度的大小是有条件的,条件不同,适当的管理跨度可能相同,也可能不同,粗略地讲,上层管理跨度 4~8 人为宜,下层管理跨度 8~15 人为宜。

三、统一指挥原则

该原则最早是由法约尔提出来的。他认为无论什么工作,一个下级只能接受一个上级的指挥。如果两个或两个以上领导人同时对一个下级或一件工作行使权力,就会出现混乱的局面。在法约尔之后,人们又把该原则发展为一个人只能接受同一的命令。如果需要两个或两个以上领导人同时指挥的话,那么必须在下达命令前,领导人互相沟通,达成一致意见后再行下达。这样下级才不会无所适从。在一个领导人下达命令时,可能由于情况紧急,来不及同其他领导人沟通,但事后必须及时把情况向其他领导人讲清楚,形成统一意见,避免出现多头指挥的现象。统一指挥原则十分重要,现代组织中出现的许多问题都是由于领导人违反这一原则引起的。看看我们周围的组织,就不难找出这样的实例。例如,某厂长要求工人这样工作,而副厂长要求他那样工作,以致使工人不知如何是好。根据心理学的研究,许多领导人忽视这一原则是由于习惯于下命令而不习惯于磋商,习惯于直接指挥而不习惯于间接指挥。他们往往不信任或不完全信任自己的下级,事必躬亲,造成不同层次的领导人同时指挥的现象。另外,由于派性和权力之争所引起的多头指挥也仍然可见。

四、责权一致原则

在委以责任的同时,必须委以自主完成任务所必需的权力。权力是完成任务的必要工具。有权无权是不一样的。权力不可太大也不可太小,必须与职责相适应。有责无权不仅束缚管理人员的积极性和主动性,而且使责任制度形同虚设,最后无法完成任务;有权无责必然助长瞎指挥、滥用权力和官僚主义。

五、适当的授权原则

组织日益庞大,业务活动日益复杂和专业化后,往往使原来的组织分工职责权力不能适应需要。必须实行授权,授权是领导将部分事情的决定权由高阶层移至低阶层。授权可将某些职能转交给下级,也可以针对某事把某项特殊任务的处理权交给下级,完成后权力收回。

领导者可以把职权授予下级,但责任不可下授,工作可以让下级干,但出了问题领导者还要对自己的上级负责。当然,得到权力的下级要对授予自己权力的领导者负责。

六、经济原则

要以较少的人员,较少的层次,较少的时间达到管理的效果。层次多,则管理人员多,管理费用增加,办事迟缓,人浮于事,增加矛盾。层次少,则管理人员少,便于建立良好的沟通,减少内耗,提高办事效率,迅速做出决策。但层次不是越少越好,层次太少,必然加大管理跨度,使领导工作不深入,不具体,指挥无力。

七、分工与协作原则

分工就是按照提高管理的专业化程度和工作效率的要求,把组织的任务、目标分成各个层次,各个部门以及各个人的任务和目标,明确各个层次,各个部门乃至各个人应该做的工作以及完成工作的手段、方式和方法。

分工是提高工作效率的有效手段,通过分工,人们可以专心从事某一方面的工作,对工作会更加熟练,更能提高效率。

一般而言,有6种常见的分工方法:

(1) 操作专业化——按操作技术进行分工。如:钳工班、车工班、铣工班、刨工班、磨工班等。

(2) 职能专业化——按管理职能进行分工。如:销售处、生产处、供应处、设备处、人事处、行政处等。

(3) 过程专业化——按生产过程进行分工。如:铸造车间、锻压车间、机加工车间、装配车间、调试车间等。

(4) 产品专业化——按不同的产品进行分工。如:球面轴承分厂、精密轴承分厂、特大型轴承分厂、军用轴承分厂等。

(5) 地区专业化——按不同地区进行分工。如:北京分公司、东北分公司、西南分公司、西北分公司、江苏分公司等。

(6) 顾客专业化——按不同的顾客群进行分工:如:妇女商店、儿童用品商店、华侨商店、机关服务部、中老年服装商店等。

实事求是、讲求实效,是合理分工的要点。

协作是与分工相联系的一个概念,它是指明确部门与部门之间以及部门内部的协调关系与配合方法。组织作为一个系统,各个部门都是其子系统,各部门不可能脱离其它部门而单独运行,必须经常与其它部门相互协调,实现本部门目标,同时保证整个组织目标的实现。

只有分工没有协作,分工就失去意义,而没有分工就谈不上协作,它们之间是相辅相成的。因此,在进行组织设计时,要同时考虑这两方面问题。

八、执行与监督分离原则

在组织设计时,应将外部监督人员与执行人员在组织上分开,避免二者组织上一体化。否则,由于监督者与被监督者利益上趋于一体化,而使监督职能名存实亡。如:车间的专职质量检查员不应归车间编制,由车间考核和奖罚,而应归属总厂质检处编制,由质检处对其工作进行考核和奖罚,才能确保其严格履行质量检查的职责。

九、精简与效率原则

精简、统一、效率是组织设计的最重要原则。机构精简、人员精干,才能实现高效率。机构精简了,协调工作量减少了,推诿扯皮也少了,沟通容易了;人员素质提高了,2个人干出5

个人的活,效率大大提高,管理成本自然会降低。

西方发达国家流行一种"百人律"——即指任何一个组织的总部,管理人员总数不得多于一百人,否则就是低效率的组织。

80年代中期,美国企业界掀起了"减肥热",大量砍掉了公司的中层职能机构。仅在1983年至1987年间,美国就有60万至120万年薪超过4万美元的中层经理人员失去工作。这是美国公司提高企业效率和效益的有效手段。

第五节 组织设计的动态原则

在一个比较稳定的环境中,只用传统的组织设计原则就足够了,但是由于当今技术发展迅速,市场变化莫测,企业竞争剧烈,传统的组织设计原则已不能完全适应组织发展的需要了。为此有人提出了一些动态组织的设计原则。这些原则的指导思想是让组织结构具有弹性,能比较快地适应环境的变化,并迅速地做出决策。让知识和职权更密切地配合,使得决策是由那些拥有知识的个人和团体来制定,从而保证决策的正确性以达到组织目标。动态的组织设计原则具体内容如下:

一、职权和知识相结合的原则

职权和知识相结合的原则要求职能人员和专家拥有一些必要的职权,以便能使他们更有效地发挥作用,为组织服务。

企业管理人员可以分为两类,一类是直线指挥人员,他们直接负责完成企业的组织目标,拥有对下级实行指挥和命令的权力,并对所管辖的工作负全部责任。另一类是职能管理人员,他们是直线指挥人员的参谋,只是协助直线指挥人员。他们只能对下级机构进行业务指导,提出建议、忠告,而无决策之权,更不能对下级机构直接进行指挥和命令。这样的好处是保证指挥命令一致,缺点是妨碍专家和职能人员专业技能的发挥。直线人员对职能人员提出的建议可接受也可不接受,忠告可听可不听。这就不能保证组织及时地采纳正确的意见。为此,可将职能部门的功能加以扩大,扩大的方法有3种:

1. 强制性磋商

为了使下一级的直线指挥人员在一些特殊的问题上能和职能部门加以磋商,上级直线指挥人员可授权某一职能部门,即让下级直线人员在采取某项行动之前,必须事先和该部门商量,否则不予商谈和批准,以加强职能人员的发言权和影响力。如引进某项新技术或新产品,必须征求下级技术部门的意见。但这种强制性的磋商,并不限制上级总管对事情作最后的判断和决定。

2. 赞同性职权

如果上级直接指挥人员希望职能人员和专家能有更多的影响力,他可以要求下级主管在采取行动之前,不仅必须征求职能部门的意见,而且必须获得职能部门的同意。职能部门或专家具有否决权,如职工晋级、提升要得到企业的人事和劳动部门的同意。这种赞同性职权的出现,能使有关的专家有机会纠正直线人员的一些错误,避免灾祸和损失。我们某些领域内赞同性职能应用较少,应避免的灾祸并未避免。某些领域内却被滥用,使获得否决权的人太多,致使创新办事步履艰难。

3. 功能性的职权

所谓功能性职权是指上级直线指挥人员将某一方面的权力完全下授给某一职能部门,该部门可直接行使直线指挥人员的权力、向下线直线人员下达命令,其效力和上级主管相同。例如,安全人员可在影响安全的情况下,让工人停产,并强制车间采取安全措施。功能性职权,理论上是希望专家们在他们的领域内握有实权,而打破一般组织中直线指挥人员和职能人员的界限。但是,过多的功能性职权将破坏命令统一的原则。到底如何处理直线指挥人员和职能人员的矛盾,首先要看矛盾的起因是什么,是因为人,还是因为工作;是不尊重知识,还是不尊重权力;是只顾当前,还是兼顾长远;是从专业局部出发还是从企业全局出发。对直线指挥人员应强调尊重专业知识,尊重科学,考虑长远。对职能人员应强调尊重权力,重视管理,讲究经济效益。双方都应当认识相互争权必然会损害组织利益,只有知识和权力结合,直线人员和职能人员结合才有利于组织目标的实现。

二、集权与分权相平衡原则

集权与分权相平衡原则要求根据组织的实际需要来决定集权与分权的程度。所谓集权组织就是一个企业的决定权大部分集中在上层,所谓分权组织是将企业的决定权,根据职务上的需要分至各阶层。集权和分权是相对的,没有绝对的集权,也没有绝对的分权,只有程度的不同。同一个企业在不同的时期权力的集散程度也是变化着的。影响集权或分权的因素有8点:

1. 工作的重要性

凡涉及到庞大的费用支出或影响职工士气的问题都属于重要事项,有关的决定权应集中在上层,不便分权。相反,决定比较不重要的事项可实行分权。

2. 方针的统一性

组织的方针政策有必要统一时,应实行集权。凡是组织的方针政策不需要统一时,可实行分权。是统一好还是不统一好呢？这不能一概而论,要具体分析。外贸不统一好吗？内部竞争互相压价,外国人渔翁得利,所以应该统一,实行集权管理。农村的生产组织和分配方式统一好吗？地区不同,水平不一,千差万别,以不统一为好,应实行分权管理。

3. 经营规模

规模越大,经营管理越复杂越困难,越应将单位划小,实行分权管理。一个单位的大小,有人认为100～250人最合适,也有人认为1 000人更合适。但无论如何,被划分的单位应在经济上和管理上都能独立自主。

4. 组织的工作性质

凡属于流动性大、变化大时,宜采用分权。变化较小、较有规则性时,宜采用集权。

5. 组织历史

若现有企业由原来若干独立小单位合并而成,宜实行分权。相反由小企业成长而成的大组织,宜实行集权。

6. 管理者的数量和质量

当管理者足够时,可实行分权管理;如管理人员不足时,则实行集权管理。管理者水平高时,可实行分权管理;反之,则实行集权管理。

7. 管理者的管理水平和控制能力

管理者管理水平高,控制测定能力强,宜采用集权管理;管理者组织水平低,控制测定能力弱,宜采用分权管理。

8. 企业外部的环境

外界环境变化大,宜采用分权。外界环境变化小,宜采用集权。

总之,企业的权力结构受国家政策和社会的影响很大。权力的集散程度须视组织的特性,所处的环境和管理人员的数量和水平而定。但是不管是权力相对集中也好,相对分散也好,其考虑的出发点都是如何保证决策的迅速性、正确性,以及如何有利于决策的实施。如果一个组织很容易获得信息,迅速正确地做出决策,并能很快地传送到各个部门,则可采用较为集权的形式;反之则采用分权的形式。

三、弹性结构原则

传统的组织理论强调组织结构明确、稳定和角色的可替换性。而近代的组织理论则强调为了适应环境的变化,提高竞争能力和提高效率,一个组织应具有弹性。所谓具有弹性是指一个组织的部门结构、人员的职责和职位都是可以变动的,以便保证知识和职权的结合,保证集权和分权的均衡。弹性组织结构原则包括如下两点:

1. 使部门结构具有弹性

在现实生活中,我们常可以发现部门结构缺乏弹性的事例,如许多部门已经存在了很久,但它们对完成整个组织目标并没有什么贡献。它们之所以存在,只是因为别的单位有,所以我们也应当有;或因为过去有,所以现在也应当有。更有甚者是因人设事,有菩萨才盖庙。这些事例从反面说明了使部门结构具有弹性的必要性。怎样使部门结构具有弹性,重要的措施之一就是根据任务和完成组织目标的需要,定期审查组织内任何一个部门存在的必要性,如果已不必要,就应该改组。

另外,根据环境和任务的要求,成立若干工作小组;也是增加组织结构弹性的良好方法。一个问题产生之后,将解决此问题的有关人员,从各单位抽出,临时组成一个工作小组专门解决问题,问题解决后小组解散。如调资小组、技革小组、新产品试制组等等。

2. 使职位具有弹性

使职位具有弹性可以采用下面一些办法:

第一,按任务和目标需要设立岗位,不按人设岗。一个人的职位责任不是一成不变的,应根据不同时期的组织目标和分配给他的任务而改变职责。

第二,干部的定期更换。即要求干部都有一定的任期,不能无限制地担任下去。目的是增加弹性,也给更多的人提供机会。

第三,实施职工一专多能、一人多岗,使岗位人员有弹性。如机场的海关检查,繁忙时开12个窗口,会计人员也可在此上岗,而清闲时只开4个窗口,会计人员再回到会计岗位上。

第四,实行多种用工制度,使组织内人员富有弹性。如一个大型商场,正常时有300名售货员,但每日下午6~9时顾客较多,可以雇佣200名售货员每天下午6~9时上班。周末两天顾客盈门,还可雇佣300名售货员每周周末两天上班。这种多种用工方式确保了售货员人数随顾客多少而增减,使组织弹性大大增加,从而确保企业效益。

第六节 组织设计的权变理论

权变理论是权变学派提出的。他们认为组织结构类型很多,但不存在在任何情况下都是最好的组织结构。以企业来说,组织结构要随着工作任务、企业的技术特性、企业所处的内外部环境的变化而改变。

一、组织必须适应于工作任务

对于重复、简单、呆板的工作,其工作程序和效果都是可以预测的,应采用正式的集权式的组织结构,加以指挥管理。对于复杂的创造性的工作,其工作的程序和效果并不是可以准确预测的,最好是用分权的组织结构加以指挥管理。

二、组织必须适应技术工艺特性

以企业的工艺技术特性来分,企业的类型可分为 3 种,即单件小批量生产、批量生产和大批量生产。单件小批量生产是按照顾客的"订货"或"订做"进行生产,通常包括产品的设计和制造,如波音 747 飞机、大型电子计算机等。单件小批生产由于所生产的产品往往是顾客"订货"或"订做"的,一般工艺装备都是通用的,对操作人员的技术水平要求较高,技术权力相当分散;大批大量生产型企业一般都采用专业化程度很高的专用高效设备,产品种类少,一次生产的数量很多,对操作人员的技术水平要求较低,产品大部分已经标准化、通用化、系列化,所以技术权力相对集中,比如自行车和汽车制造企业多属此类;批量生产型企业是介于单件小批量生产与大批量生产企业之间的一种类型,它的技术工艺特性也介于二者之间。对于单件小批量生产的企业在组织设计时宜采用分权的方式进行管理;对于大批量生产的企业宜利用相对集权的方式管理,组织设计时采用传统的原则,明确层次结构,职责范围;而对于批量生产企业要灵活掌握集权与分权的界限,组织设计时要同时考虑传统设计原则和动态设计原则。

三、组织要适合于周围环境

组织的周围环境是指社会环境,如人口总数、年龄构成、人口分布、教育水平、兴趣和价值观念等;经济环境,如国际与国内市场的竞争与开发,以及价格等;技术环境,如新技术、新工艺、新材料和新设备等;政治环境,如国际国内政治形势、国家的企业政策、投资政策、价格政策、税收政策等等。

企业所处的环境大致可分为 3 类:

第一类是稳定的环境。它的特点是:

① 产品或服务在最近几年内是稳定的,没有改变;

② 消费者和参与竞争者均维持稳定,很少有人进入或退出;

③ 政府制定的与企业有关的政策、法令连续而稳定;

④ 在可能竞争的领域中,技术缺少创新和突破;

⑤ 企业内部人际关系维持良好和稳定状态；
⑥ 社会政治局面稳定。这种企业适合采用正式化、集权化的组织结构。

第二类是变迁环境。它的特点是：
① 产品和服务在近几年内已有温和的变化；
② 具有一群数量相当稳定的竞争者，但不断有人进入和退出；
③ 政府制定的与企业有关的政策、法令发生变化，但变化的趋势是可以预测的；
④ 技术不断在创新，但每步新的发展都与过去的技术相承接；
⑤ 工人与管理人员间的关系、政治形势和社会趋向不断在改变中。这种企业虽然仍适合用正式化和集权化的组织结构，但必须要委以专人注视环境变化，销售部门必须经常调查市场消费者的需求变化。技术人员必须不断引进新技术，以降低成本，改进产品性能。

第三类是剧烈变化的环境。它的特点是：
① 产品或服务经常改变；
② 竞争者的组成经常在改变。而且有一些大厂商介入市场；
③ 政府的行动很难预测。它受几个不同的因素交互影响，如能源政策、污染政策等；
④ 技术有重大的创新，有许多和以前不同的新技术被企业采用；
⑤ 群众的行为和价值观念在迅速地改变。

处于这种环境下的企业很多，如我国的摩托车、电视机、空调器、电冰箱、服装、食品、化妆品制造企业。这种企业需要有强烈的敏锐性、创造性。必须采用非常畅通的沟通渠道，相当分权化的组织机构，并具有很大的弹性，以便在发现新的机会时能迅速地转移重心。

根据以上论述，将组织环境和组织结构的关系绘制成图5-8。

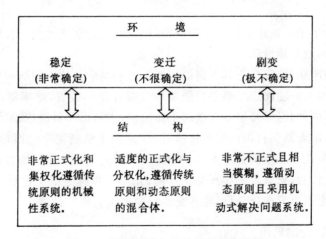

图 5-8 组织环境与结构之间的关系图

第七节　团队组织与合作

"建立团队"已成为今日企业界热门的术语。然而,实行团队方法的结果,并不如人们想象得那么好。

十多年前,福特汽车公司即开始引进团队方法,用于新车的设计。如今,该公司宣称,团队设计方法已遭遇"严重的问题";而福特与日本汽车业者的新车开发时间差距,也一直无法拉近。通用汽车公司的土星事业部,本准备用团队方法取代传统的生产线,企图建立一个"未来工厂"的典范。如今,该厂又逐渐回复为底特律的生产线模式。几年前,宝碱公司大张旗鼓地推进团队专案。时至今日,从新产品的开发到行销,宝碱又走回原来的老路子——个人负责个人的事。

但更多的企业却取得了较好的效果,团队组织得到广泛的应用。所谓团队组织,很像一个工作小组(team)。

一、团队种类

上述失败的原因之一,也许是最大的原因,就是绝大多数企业经理人都以为团队只有一种。事实上,团队共有3种。从结构、对成员行为的要求、力量所在、弱点、所受限制、成立的条件,到团队应有的作为及可能的作为(后两点特别重要),3种团队均大不相同。

1. 棒球队

负责心脏外科手术的医疗小组及亨利福特的生产线,即属于此类。长久以来,底特律用来设计新车的团队,也是棒球队。

在棒球队这种团队里,队员有其一定的位置。每一名队员均为团队一份子,执行特定功能,而非执行整个团队的功能。二垒手只能留在二垒守备的位置,绝不能离开守备位置,跑去帮投手投几球。同理,麻醉师也不能擅离工作岗位,去帮助外科医生动手术。棒球界有一句古老谚语:"当打击者站到打击区准备挥棒时,守备者将感到完全的孤独。"在底特律的传统模式中,行销人员几乎见不到设计人员;事实上,行销人员也从不征询设计小组的意见,设计人员完成份内工作后,把成果丢给开发工程师;开发工程师完成工作后,又把成果丢给制造部门;制造部门生产出汽车成品后,随即交给行销人员去推广销售。

2. 美式足球队,交响乐团

凌晨3点,一名病人休克,从医院派来的一名医护人员,以及日本汽车制造商的设计小组,均属于这类团队。美式足球队的队员或交响乐团的团员,亦如同棒球队队员有其固定位置。吹双簧管的绝不会去帮忙拉小提琴,不论小提琴手拉得有多么糟。但这类团队呈现出来的,是一种整体表现。日本汽车制造商的设计团队,也是底特律及宝碱急于模仿的,就是美式足球团队。以工程术语来说,在这种团队里,设计师、工程师、制造人员及行销人员,乃是"平行"运作。传统的底特律团队,则是"连续"运作。

3. 网球双打队伍

通用汽车公司即希望土星部门以这种团队取代传统的生产线。其他如小型爵士乐团、大企业资深主管组成的小组,及最可能开发出真正创新成果(如15年前的个人电脑)的团队,都属于此类。

在双打比赛中,队员有一责任区,而不是只照顾一固定位置。任何一个队员,都应根据比赛当时的情况,针对队友的优缺点,随时调整位置,并适时做"掩护"。

今日,从企业主管到管理学者,都不赞同公司或工厂应用棒球队式的团队。有些人甚至不承认棒球队是一种团队。然而,这种团队有很大的优点。每一名成员的绩效可分开评估,每一名成员有明确及特定的工作目标,有该负的明确责任,且责任可以衡量。正如每一名职棒选手,每一次比赛完毕都有新的成绩出来一样。教练可针对球员的优缺点加强训练,期望他们发挥出最大的潜力。由于每一名队员无需改变守备位置,因此教练团尽可在每一个守备位置安排一名"明星"球员。不管这些明星的脾气多么暴躁,多么善妒,多么爱出风头,只要他在球场上的表现最佳,就是教练团的最佳选择。

棒球队比较没有弹性,然而,若经过多次比赛,模式已经固定,碰到什么情况,球员都知道如何应付,则这种团队将会运作得很顺利。过去几十年来,底特律一向采用这种团队模式。

大约20年前,底特律最不需要的,就是高弹性及速度快的设计。当时的传统制造模式就是大量生产——在尽可能不作任何变动的情况下,尽量生产更多数量的相同汽车。由于"车况良好的旧车"的二手价格——3年车龄以内的旧车——一直是新车购买者决定购买新车决策的关键因素,因此每隔5年或更短时间就推出新车型,是一项严重错误(新车一经推出,同型旧车的二手价格将相对跌落)。因此,底特律大多选择5年或更长时间,才推出新车型。

"弹性大量生产"并不是日本人发明的。早在1960年,IBM即引进此一生产模式。然而,当日本人采用它时,却能够成功地让新车型及同型旧车同时畅销,因此,棒球式团队即成为底特律乃至于整个大量生产的产业不应该使用的团队。设计过程须重组为美式足球队。

美式足球队的弹性,正是今日底特律急切需要的。但美式足球队的要求也加倍严格。这种团队所要求的是"分数",不管它是美式足球教练给予场上球员的暗号,还是交响乐团指挥给予团队的指示。在开始设计新车或一种新的电子产品时,从外观风格、科技、性能、重量到价格等,日本人的要求都非常严格及细腻,并且比美国同业更执著于既定标准。

在传统的"棒球队"设计团队中,从工程、制造到行销,每一个位置都有其独特的运作方式。然而,在美式足球队或交响乐团,却不允许有个人表现。教练或指挥的话就是命令,就是不能打一点折扣的法律。这个惟一老板的命令,非遵守不可,因为队员或团员的报酬及考核,全操在他的手中。

日本企业设计团队的个别工程师,亦隶属于公司的工程部门。他到这个设计团队来,是因为团队领导人请他来的,而不是总工程师派他来的。他可以向原属部门咨询意见,但必须接受团队领导人的直接指挥。他的考核成绩也是团队负责人打的。如果这种团队有所谓的明星,也是因为团队要求有单独表现。

双打团队的要求甚至更严格。土星的"弹性制造"工厂,即朝这个方向努力。事实上,任何弹性制造工厂都应该走这条路。这种团队的人数有其限制,至多不可超过5~7人。在完全发挥团队功能之前,成员必须一同接受训练,一同工作一段不算短的时间。团队应设定一明确的工作目标,同时亦应给予个别成员发挥独特能力的空间。简言之,"贡献"的是个人,"表现"的是整个团队。

上述3种团队,都是名副其实的团队。但因为从它们对成员行为的要求、可能产生的最佳绩效,及所受到的限制,彼此差异甚大,因此不可能出现所谓"混合团队"。每一种团队都有其特定的运作方式。值得注意的是,想要改变一种团队成为另一种团队,绝非易事。

渐进式的改变是无法成功的。不管幅度多大,非一次彻底打破传统模式不可。换言之,团队成员不能同时向旧上司及新上司(教练、指挥或团队领导人)负责。今后,团队成员的薪资,考核及升迁,都要看他们在新团队扮演新角色的成绩如何而决定。但因为如此做太不寻常,以致常有妥协情况发生。

二、团队成员的不同风格

有效团队的成员不仅有各自的专长,同时也为团队带来不同的风格。一般而言,可分为4类特征,每一种皆有助于团队的成功。而每一位成员亦多少表现出每一风格的不同层面。

1. 贡献者

贡献者(contributor)属于任务导向的人。他们视团队为一个由各种专家组成的团队,每一位成员皆各有所长。团队成功的关键在于任务的圆满完成,因此乐于分享信息与己之所长。他们不仅尽量提供别人可利用的信息,也常帮助其他团队训练成员。

贡献者督促团队达成较高的绩效标准,他们处事分轻重缓急,同时擅于利用时间与信息。他们重视专业与效率,常利用品质、卓越、结果等字眼来描写自己的期望。对他人而言,他们是一群有组织、可信赖、可使团队立于不败之地的成员。

2. 合作者

合作者（collaborator）认为对团队目标的承认是很重要的，因此必须确保团队的目标明确，以回答诸如下列的问题：我们要做什么？我们为谁做这些事？虽然他们重视团队在整个企业中扮演的角色，然而合作者不至于见树不见林，他们也可专注于目前的工作。他们帮助团队发展长短期目标，并且定期检查与讨论任务与进展情形。合作者是有弹性的和开放的，而且是合作的。他们愿意广泛地参与，而且任劳任怨。他们乐于与其他团队分享光荣，也愿意埋头苦干，隐身幕后，当一名无名英雄。

3. 沟通者

沟通者（communicator）属于程序导向。他们对于团队如何完成任务、达成的目标最有兴趣，他们认为团队必须有一种保持效率的吸引力，利用倾听、耐心、幽默还有各种技巧，可以创造一个开放、和谐、非正式的气氛。为了鼓励参与，他们督促沉默的成员多发表意见，同时要求较健谈者多倾听。他们也帮助建立组织的向心力，比如会前会后非正式地谈论各种运动比赛等。

沟通者是积极进取的人，在团队刚组成或有新成员加入的尴尬时期，他们特别重要。他们对于团队工作的热诚，是帮助建立与维持团队的动力。

4. 挑战者

挑战者（challenger）特别关心团队的方向与成败，往往他们不停地质疑团队的目标、作业方式，甚至工作伦理。他们希望别人也如自己一般的诚实与直率。即使在一个鼓励成员惟惟诺诺的企业文化中，他们也准备和领导人或其他多数成员持不同论点，因此很可能被误解为不适合当团队的成员。

挑战者对于团队面对的问题持开放的态度，即使是有关他们对于团队的贡献如何等。经由书面或口头报告，他们努力界定各种问题与选择方案，还有对于客户与成员的影响等。

挑战者致力于解决问题，对于"我们去年曾试过这方法"等理由无法接受。他们鼓励团队承担必要的风险以实现创新，不过他们也深知何时该煞车，放慢脚步。

三、团队是一种有效的组织

以福特为例，尽管财务人员已离开财务部门，加入一个新的设计团队，仍然只向财务部门负责。通用的土星部门也企图维持传统的指挥体系，让第一线监督人员及工厂会计人员继续享有指挥权，而不是赋予工作团队更多的决策权。这就像在同一时间、同一场地，让棒球队员及网球双打人员一同比赛。这样做只会造成困扰，造成队员更多的挫折感，当然也不会有什么好成绩。

从另外一种角度来看,团队其实是一种工具。每一种工具都有其特色、要求及限制。团队无所谓好坏或需不需要,它是一个事实。人们只要在一起工作或比赛,就是一个团队。因为某种目的而决定使用某种团队,是一重要、困难且高风险的决策。有时,不使用团队的决策,可能更难决定。直到今天,管理当局仍应学习如何应用不同的团队。

今日公司的组织远较以往精简,主要透过团队(tema),方得以较少的人力达成较高的绩效。对于强化竞争优势,诸如改善品质、加强客户服务,或缩短产品开发流程等重要目标的达成,团队是一有效的方式。员工也可经由加入团队而受到其他方面的训练,一旦员工不局限于一种工作,公司的效率、品质、生产力与员工满意程度,都将同时获得提升。

另外,今日的企业活动颇为复杂,远非单一成员足以全盘了解,团队组织说明了"三个臭皮匠,胜过一个诸葛亮",可集思广益,强化创新与创造的能力。

一项涵盖51家公司的研究指出,团队有3个主要的益处:
① 加强解决问题的能力;
② 提高生产力;
③ 资源使用更有效率。

以下是成功利用团队的例子。

通用汽车公司一个由技术部门组成的团队,在两年内,将后轮驱动避震系统的售后保证成本降低了4倍。

亚道夫公司(Adolph Coors Co.)一个由7个不同部门成员组成的团队,将公司推出新啤酒的时间缩短一半。

四、有效团队的特征

一个有效的团队由一群相互独立却拥有共同目标的人员所组成,同时成员也认同共同努力是达成目标的最佳方式。有效的团队也会带来愉快的经验,使成员期盼团队开会时间的到来,同时感受到进步与成就。

有效的团队与成员有以下12个特征:

1. 目标明确

每个成员都清楚且接受他们的目标,而且常要求扩大目标。他们清楚开会的流程、任务的分派,还有工作的进度,同时知道如何集中努力于目前的任务。

2. 非正式的气氛

有效团队的成员喜欢共同工作,他们轻松地交谈,运用幽默感创造轻松的气氛。他们开会前后常聚在一起谈些非工作上的话题,主动地帮助别人,而且乐于和别人分享成功的喜悦。

3. 参与

成员皆乐于参与团队目标或任务的完成,至于贡献程度高低则不重要。

4. 倾听

倾听的能力可以说是有效团队成员最鲜明的特征。他们单纯地聆听而不加入任何自己的判断。他们深知别人的贡献,而且对于别人要说的事表现出极高的兴趣。

5. 君子之争

每个人都可自由表达意见,没有破坏性的敌意与诋毁,只有团队力量表征的多元性。有效的团队擅于利用解决问题的技术来化解冲突,凝聚组织的向心力。成员的弹性、客观与幽默,在团队中创造出有利气氛,使成员进行极有风度的君子之争。

6. 共识

共识的形成需要一致性,可是并非全无异议,当成员一致同意最后的决定,或者听由上级裁决,共识便已形成。重点并不在于多数决定,而在于每个人皆能够支持最后的结果。

7. 公开的沟通

这需要成员互相信赖,这种信赖感应经过长时间的培养。成员的可信赖、愿意合作,皆有助于公开沟通。团队的领导人必须鼓励讨论,不加入个人的判断。

8. 明确的角色与任务分派

有效的团队工作需要各成员间的互相配合,因此成员对工作期望的一致是很重要的。成员的角色必须明确,决策要明快,而且清楚规划必要的后续工作。成员不仅要负起自己的责任,可能时也要帮助别人。

9. 分享领导权

每个成员都必须负责团队任务的完成。因为团队的失败,也代表每个成员的失败。团队领导人或协调者拥有行政与层级的职权。至于其他功能则根据成员的能力与团体需求而分配于成员间。

10. 对外的关系

有效的团队会与外界分享他们成功的经验,借以建立团队的可信度和美誉度。同时也建立一个对外接触的联络网,比如针对客户或各部门主管等,以取得回馈、资源或其他援助。

11. 多元化风格

成功的团队通常拥有各种能力与人格的成员。

12. 自我评估

优秀的团队经常正式或非正式地评估本身的效果。

五、团队发展的四个阶段

如同个人一般,团队也经历不同的发展阶段。同时,团队也可能陷入不成熟的阶段,因而降低了绩效。领导者应了解团队的需求,并且及时采取有助于团队迈向成熟与高绩效的行动。

1. 初创期

在初创阶段,团队的目的与成员的期望尚不明确。成员经由尝试而了解可接受的行为、任务的本质,还有团队将如何推动工作。他们需要被告知该做什么,这种互动是很表面的,而且是集中于正式的领导人。

在初创阶段,贡献者想知道自己的角色,还有对于工作与时间的要求。此时,贡献者的贡献是开始讨论各种可能的任务,询问领导人程序和方向,还有对团队的问题提出研究与报告。

合作者要求领导人指出团队的目标与任务。此时,他们对团队的贡献在于要求领导人审查团队的目的,提供意见,并且鼓励别人也同样提出意见。另外,合作者也建议团队建立有利于完成任务的目标。

沟通者则想认识团队的其他成员。此时,他们对团队的贡献在于会先自我介绍,也要求别人作自我介绍,要求领导人说明成员人选的标准,或者提议列出别人的专长,成立团队的人才库等。

挑战者则想确定团队将完成哪些有用的事情,并且认真公开地处理事情。他们的贡献在于,帮助别的成员也乐于完成团队的任务,还有表达自己的不满、向领导人提出问题等。

2. 风暴期

这一重要阶段的特征在于冲突的发生,还有对团队任务与结构的抗拒等。团队成员表现出关怀与挫折感,自由地交换看法与意见。此时,团队正学习如何处理分歧,以便共同工作,完成任务。如果无法成功渡过这一阶段,团队常会变得分崩离析,而且缺乏创意。

在这风暴阶段,贡献者担心团队无法运作,或无法客观地检讨问题。他们的客观和要求别人保持客观有利于团队。他们可能要求别人以数据、资料来支持自己的意见,提醒其他成员要完成自己的"家庭作业",并且完成分派的任务。

合作者关心的是团队是否了解全局,以及冲突是否会降低对团队任务的承诺。合作者的开放与乐于助人有利于团队。他们也准备随时针对新的情况,修正团队的任务。

沟通者在风暴期最可能有贡献,因为他们了解下面表达冲突的益处。他们具有良好的倾听技巧和解决分歧的方式,努力将全部成员纳入讨论、要求领导人确保所有不同意见皆能发表等,都有助于整个团队。

挑战者也是这阶段的重要角色。他们测试团队与领导人对于任务和程序的了解程度,并促使团队考虑解决问题的创新方式。挑战者对事不对人的态度,不惜放缓脚步,以求有清楚的共识,还有要求团队承担适度的风险,皆有益于团队。

3. 标准期

团队的向心力在这一阶段形成。成员接受了团队,并且发展出解决冲突、制定决策及完成任务的常规。在这一开放与信任的阶段,成员喜欢开会,并且自由地交换信息。然而,一旦分享式领导的作风形成,也有使团队停滞于集体想法的风险。

贡献者在标准期举足轻重。他们担心标准被降低,因此要求团队坚持高标准,另外,他们也帮助团队有效地利用技术资源,对工作分出轻重缓急,分派工作,并且对重要工作负起责任。

合作者怀疑标准期的良好感受可能移转了团队对目标与任务的重视。他们此时扮演的重要角色,是帮助团队重视全局,经常问:"我们正朝着目标前进吗"之类的问题。他们会监督以往对任务的承诺是否仍然存在,还有能否进行必要的变革。他们也可能坚持成员都必须了解团队的努力。

沟通者在这一阶段将会满意团队积极的组织气氛,可是也关心成员可能因害怕伤害团队的和谐,而不敢放手而为。沟通者会提醒他人,不一致意见的存在是可以接受的,即使决策过程充满共识,仍然存在着冲突。沟通者也会提议评估团队的运作方式是否尚有改进之处。

这一阶段挑战者担心团队的想法,还有尖锐的问题没被提出。他们提出这些问题,也鼓励别人如此做。同时在适当阶段,他们会挑战领导人,询问团队一般的分歧是否已有效化解;另外,在决策与规划上,他们也鼓励承担风险。

4. 成熟期

这是收获的阶段。团队已有了结构、目的、角色,且已对完成任务做好准备。成员自动自发,在解决问题与制定决策的过程时注重结果。随着团队完成重要的阶段性任务,它也逐渐获得组织中其他部门的认同。

虽然成员定期地评估绩效,修正行动,却仍有志得意满的风险,可能延误原定的完成期限,或者失去创造性的动力。以往各阶段的不良习惯也可能再度出现。

此时,贡献者关心的重点在于标准的降低。他们会督促团队维持标准,甚至更换成员以完成任务。另外,贡献者也可能建议发展性的活动,要求分派新的任务等。

合作者此时会寻找扩大任务或目标的机会,以避免停滞不前。他们会推动脑力激荡,以提出新的建议,保证所有重要成员都来参与,并且描绘未来的新蓝图。

沟通者在成熟期会庆祝成功,可是却担心团队的退步。他们因此希望所有的成员都参与庆祝,对于出现退步现象的成员会私下谈话,对于信守任务承诺的成员则给予正面的回馈。

挑战者的重要角色在于强调可能出现的自满情绪,因此会强调各种停滞不前的现象,并且质疑成功的可能性。他们会建议团队评估目前的资源与应完成的工作,同时展开诸如新成员应否加入或新任务应否承担的复杂讨论。

六、领导人的团队建立策略

成功的团队领导人能融合各种风格的长处。以下是如何利用不同风格,建立有效团队的策略:

1. 认识成员

在团队活动正式开始前,非正式地和每位成员见面,交换彼此的背景与对团队的感受,并且了解成员的动机是否有助于团队目标的完成。

2. 确定团队的目标

说明你对团队的期望,并且检查时间表、预算与各种限制。让每一位成员参与预先设定议程的讨论,以明确了解团队的任务与目标。

3. 明确角色

使每个人都清楚团队对自己的期望。

4. 建立标准

鼓励团队发展共同工作的标准,比如所有会议皆需全员参与,重视承诺,允许不一致的意见,保守机密等。

5. 描绘计划

发展目标与行动计划,包括任务分派与完成期限等。

6. 鼓励提出问题

意见不一是很自然的事,领导人应该表现出鼓励对现状的质疑,接受不同意见。

7. 维持均衡

有效的团队能在不同风格的成员间有良好的均衡。均衡并不代表每一风格一律平均利用,而是指在必要时适当引用每一种风格。

8. 分享光荣

每个成员贡献的多寡与团队的成就如何,皆由领导人决定。另外,领导人也要负责将喜悦与外界分享,特别是高阶主管与公司内部通信的编辑。

9. 强调参与

让每一位成员参与团队的工作,并且让每一个人都得到任务的分派。对于重要的决策,应设法达成共识。

10. 庆祝成就

庆祝每阶段的成就与其他重要的事件。

11. 评估团队的有效程度

领导人应负责推动至少每年一次的自我评估,包括团队的实力、进展情形,还有任务的时效性、有效性,对工作品质的满足程度,及必要的改变等等。

第八节 组织变革

但是世界上没有一个组织能永远保持不变,其原因或由于组织自身的矛盾和缺陷而显得效能不高或由于外界环境变化而使得自身难以适应。一个健康的有活力的组织必须时刻评估自己的组织效能,掌握组织自身的发展规律,敏锐的洞察外界环境的变化,扬长避短不断自我完善,有计划地主动的寻求各种变革以求生存的发展。

一、组织的生命周期理论

组织像任何有机体一样有其生命周期。格林纳(Greiner)认为一个组织的成长大致可分为创业、聚合、规范化、成熟、再发展或衰退五个阶段。每阶段的组织结构、领导方式、管理体制和职工心态都有其特点。每一阶段最后都面临某种危机和管理问题,都要采用一定的管理策略解决这些危机以达到成长的目的。如图5-9所示。

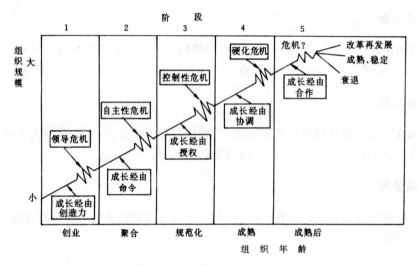

图 5-9 组织成长之五个阶段

第一为创业阶段。这是组织的幼年期,规模小,人心齐,关系简单,一切由创业者决策指挥。组织的生存与成长完成取决于创业者的素质与创造力。他创造了市场,掌握整个组织的活动与发展。一般这些创业者属技术业务型,不重视管理。随着组织发展,管理问题日趋复杂,使创业者感到无法以个人的非正式沟通来解决问题,因此到了创业期的后期,组织内部管理问题层出不穷,从而产生"领导危机"。

第二为聚合阶段。这是组织的青年时期,企业在市场上取得成功,人员迅速增多组织不断扩大,职工情绪饱满,对组织有较强的归属感。创业者经过锤炼自己成为了管理者或引进了有经验的专门管理人才。这时为了整顿正陷入混乱状态的组织,必须重新确立发展目标,以铁腕作风与集权和管理方式来指挥各级管理者,这就是"成长经由命令"。在这种管理方式下,日久中下层管理者由于事事都必须请示,听命于上级而感到不满,要求获得较大的自主决定权。但是,高层主管已经习惯于集权管理,一时难以改变从而产生"自主性危机"。

第三为规范化阶段。这是组织的中年时期,这时企业已有相当规模,增加了许多生产经营单位,甚至形成了跨地区经营和多元化发展。如果组织要继续成长就要采取授权的管理方式,采用分权式组织结构,容许各级管理者有较大的决策权力。这阶段属于"成长经由授权"。但是日久又使高层主管感到由于采取过分分权与自由管理,企业业务发展分散,各阶层、各部门各自为政,本位主义盛行,使整个组织产生了"失控危机"。

第四为成熟阶段。为了防止"失控危机",组织又有采取集权管理的必要,将许多原属中基层管理的决策权重新收归总公司或高层管理者。但是由于组织已采取过分分权的办法,不可能重新恢复到第二阶段的命令式管理。解决问题的办法是在高层主管的监督与加强各部门之间的协调、配合,加强整体规划,建立管理信息系统,成立委员会组织,或实行矩阵式组织。一方面使各部门有所作为,另一方面使高层主管能够掌握控制整个公司的活动与发展。为此就必须拟定许多规章制度、工作程序和手续。随着业务的发展和复杂,这些规定、制度成了妨碍效率的官样文章,文牍主义盛行,产生了"官僚主义危机"或"硬化危机"。

第五是成熟后的阶段。此阶段组织的发展前景既可以通过组织变革与创新重新获得再发展,也可以更趋向成熟、稳定,也可能由于不适应环境的变化而走向衰退。为了避免过分的依赖正式规章制度和刻板的手续所形成的文牍主义,必须培养管理者和各部门之间的合作精神,通过团队合作与自我控制以达到协调配合的目的,另外要进一步增加组织的弹性,采取新的变革措施,如精简机构,划出核算单位,开拓新的经营项目,更换高级管理人员等。

一个组织并不一定都按上述的阶段顺序发展,但却说明了组织在不同的时期面临不同的问题需要采用不同的管理方式。任何组织要生存和发展都需要变革。

二、组织老化与对策

常言说:"人生八十,企业三十"。意即人到 80 岁谓之老矣,企业经过 30 年也已经衰老。其他组织亦有衰老、老化问题。

1. 组织老化的标志

(1) 机构臃肿——机构越设越多,机关管理人员越来越多,人为地生出许多事来,使上级协调工作量大增,忙得团团转,却忙不到点子上。

(2) 反应迟钝——庞大的管理机构失去了对新事物的敏感性,也失去了雷厉风行的作风。一天可办完的事得办 10 天,一个月可办完的事得办半年。有些事经过漫长的公文旅行,已超过期限,变得毫无意义;有些事一经递到机关,犹如石沉大海。推诿扯皮、效率低下。

(3) 文山会海——机构越多,协调工作量越大,会议越多,文件越多。一个部门若一个月不开会、不发文件,就会受到怀疑:他们是否在工作? 于是文山会海汹涌而来,领导人整天在开会和签署文件的包围中痛苦地呻吟。

(4) 模式僵化——经过几十年的延续,组织模式难以改变,刚性很大,只能作加法,不能作减法,"存在即合理",成了思维定式;思维模式也开始僵化,一些老的管理人员抱残守缺,墨守陈规,难以接受外界的新鲜思路;行为模式同时僵化,几十年一贯制,办事拖拉,你急他不急,互相扯皮,该办也不办……麻木、守旧、低效,是僵化的典型表现。

2. 组织老化的对策

防止和克服组织老化,是组织变革的重要课题。事实证明,人返老还童几乎是幻想,但组织经过变革、增加弹性和活力、返老还童、焕发青春,则是可以做到的。常见的对策有:

(1) 定期审议——把组织结构的调整、精简列入议事日程,定期进行。在美国、日本的许多企业里,每年审查和调整一次组织机构,包括职能部门的撤并,也包括事业部的合并和改组。在美国,有些企业实行"日落法",各组织机构像太阳朝起暮落一样,每年年初打报告申诉自己继续存在的理由,由领导层逐个审查,决定其是否继续存在,以及是否进行撤、并和改组。

(2) 破格行为——为了冲破僵化的组织及其官僚主义作风的阻碍,可以采用一些破格行为,逼迫组织焕发活力。在中国常见的"现场办公",把有关部门的负责人召集到现场,分析问题,有议有决,使久拖不决的事情迎刃而解;还可以简化办事程序,如朱镕基在上海当市长后,为了解决申办三资企业难的问题,简化办事程序,实行"一个公章"制度即属此例;突破旧章,对已有的繁琐规定先放置不用,先破后立。如美国麦克弗森就任达纳公司总裁后,宣布中止22英寸厚的政策文件,而代之以一页纸的"主旨声明",实行大破大立的改革。

(3) 走动管理和越级建议——为了克服组织的老化和官僚化,促使管理人员了解下情,在欧美日等国家,流行着一种"走动管理"方式,即规定机关管理人员不得只靠会议和文件办公,而要深入第一线,走到现场去调查研究,了解真实情况,修改和完善政策,还可以在现场进行面对面的指导。有些著名企业家亲自在全球范围内走动,使跨国公司重新焕发活力。还有一些著名公司实行"开门政策",鼓励越级建议。总裁办公室的门永远向全体职工敞开,鼓励普通职工反映问题、提出建议、参与管理。这些措施都取得了良好的效果。

(4) 人员平行流动——一个人久在一个部门工作,久干一件工作,容易造成思想僵化、行为僵化,以及形成非正式群体,不利于组织的变革。实行管理人员、经理人员的平调制度,不仅可以防止和克服这种现象,而且还有利于培养多面手和全面管理人才。

(5) 灵活用工方式——如本章第五节所述,采用诸如全日制、一周两天、一天两小时等多种用工方式的组合,可以使组织增加弹性,防止组织的老化。日本的百货业目前共有100余种用工方式,以适应不同的经营环境。

(6) 组建团队组织——根据工作需要,组建一些精干的团队组织,是使组织焕发活力的有效方法,第七节已专门阐述。

三、组织变革的动因

促使组织变革的动因可以分为外部和内部两个方面。

外部的动因指市场、资源、技术和环境的变化,这部分因素是管理者控制不了的。市场变化如顾客的收入、价值观念、偏好发生变化,竞争者推出了新产品或产品增添了功能,加强广告宣传、降低价格、改进服务从而使公司的产品不再具有吸引力。资源的变化包括人力资源、能源、资金、原材料供应的质量、数量以及价格的变化。技术的变化如新工艺、新材料、新技术、新设备的出现,这些不仅会影响到产品,而且会出现新的职业和部门,会带来管理上、责权分工和人与人关系的变化。一般社会环境变化包括政治形势、经济形势、制度、投资、贸易、税收、产业政策与企业政策的变化。环境的变化特别是市场任务环境的变化是促使组织变革产生的最重要动因。

内部的动因主要是人的变化、组织运行和成长中的矛盾所引起的。任何一个组织都存在着使这个组织成长的因素,同时也存在着使这个组织衰败的因素。如管理者与组织缺乏弹性,对外界环境的变化反应迟钝、决策缓慢,决策质量不高或做不出决策。企业内部不协调,组织目标与个人目标、各部门之间目标分歧,人与人之间沟通不畅,摩擦冲突太多,指挥不灵。职工的价值观念、工作态度产生变化,工作效率不高、怠工、士气低落、不满与抱怨增加。新的领导者上任或原有领导人采用了新的思想观念,组织高层制定了新的战略和目标;职工队伍增加了新的成分和思想发生变化。另外,在组织成长的每个阶段所具有的特殊矛盾,这些都促使管理者采取变革的措施,以保证组织的生存与发展。

四、组织变革的种类

组织变革按领导者控制的程度可分为主动的变革与被动的变革。主动的变革是有计划的变革,是管理者洞察环境中可能给组织带来的机遇与挑战,考虑到未来发展趋势与变化,以长远发展的眼光,主动地制定对组织进行变革的计划并分段逐步实施。被动的变革是指管理者缺乏长远的战略观念,当环境发生变动时,要么显得束手无策,要么在环境的逼迫下被动的匆匆的作出对组织进行更动的决定。重大的成功的变革都是主动的有计划的改革。

组织变革按工作的重点可分为以人为中心,以组织为中心,以技术为中心的3种变革。不论采用那种变革的方式,其最终目标都是为了改变组织中人的行为,都是为了提高组织的效能。

在以人为中心的变革方式中,管理人员首先致力于改变人员的态度、价值观念和需求的种类与层次,通过转变人员的工作态度促使人们修正自己的行为,从而达到改进工作绩效的目的。但以人为中心的改革往往费时较多,改革成本太高,故有人认为不如改变组织结构和技术环境,再藉以改变人的行为来得更为快捷。

在以技术为中心的变革方式中,管理人员通过改变从原料的投入到转变成为产品的整个过程所使用的技术促使人们的工作内容、工作顺序、工艺程序的改变,以达到影响人的行为、提高工作绩效的目的。改进技术意味着运用各种新技术去提高工作效率。技术变革有两个方面:一是劳动密集型,一是资本密集型。不同类型的技术对组织结构和下级人员的工作行为产生不同的影响,这些影响包括:第一,影响工作分工与工作内容;第二,影响下级的社会关系;第三,影响工作环境;第四,影响管理者所需要的技能;第五,影响工作的类型;第六,影响工资;第七,影响工作时间。因此,在考虑技术变革问题时,不仅要考虑新技术可能带来的效益,而且要考虑新技术可能对组织结构和下级行为带来的影响。

在以组织为中心的变革方式中,则不侧重人态度的转变,而是通过改变组织结构、沟通渠道、奖惩制度、管理政策与工作环境;通过工作环境的改变,组织中的人会自动修正他们的行为。在这种方式的变革中,人们态度的转变似乎无关紧要,但是组织结构的任何变更,必然会对人的态度产生影响,这种影响可能有助于或有碍于组织结构的改变。

五、组织变革的实施

任何一个涉及到人的变革过程都包括解冻、改变和固结3个过程。

解冻就是要促使人们改变他们原有的态度和观念并消除那些支持这些态度或行为的因素,输给他们一些新观念。任何一个组织内部存在着力图保持现状、抵制变革的势力。因为人们在一个熟悉的环境中感到舒适,受到的压力较小。而变革将意味着有些人将会失去这种舒适感和预知感,所以他们要抵制。因此就要有一个解冻的过程作为实施改革的前奏,使人们认识现实总是有缺点,是可以改进的,原有的某些观念随着环境的变化是应该更新的,不能满足于现状。使人们对改革有所准备,将妨碍改革的因素减至最少,鼓励人们接受新的观念,乐意接受变革。

人们在经历了解冻过程,对变革做好了准备之后,具体的变革活动就可以开始实施。变革必须包含一个由现行的行为方式和组织结构向新的行为方式和组织结构转变的过程。正是在这个过程中,变革行动实地进行了。人们往往倾向于变动的过程就是改革的全部,但如果我们把变革视为一个三阶段的过程就应当认识到根本性的变革只有在前有一个解冻过程,后有一个固结过程的条件下才能完成。

变动发生后,人和组织都有一种退回到原有习惯和行为模式之中的趋势。为了避免这种情况,必须保证新的行为模式和组织结构不断得到加强和巩固,为此就要对继续保持新态度与新行为方式的职工予以支持和奖励。这种巩固和加强新的行为模式的过程称为固结。没有这一过程,变革只是一种对组织和成员仅有短暂影响的活动。

变革的步骤,一般说来分成6个步骤:

1. 发现问题征兆、认识改革的必要

一个组织不成长可以生存,但不变革组织则难以生存。管理者不能只看到成绩、看到机遇、面向过去,而应更多的看到问题,看到挑战,面向未来。要有紧迫感、危机感和预见性,以变图兴,把握和创造未来。但从哪里获得需要变革的信息呢?除了从外部环境变动的一般信息中发现对自己的有利或不利因素外,最重要的是从组织内部日常活动的反馈信息中发现异常情况,如利润、销售、市场占有率、质量、成本、员工士气等数据。通过它们以显示出内外部环境引发变动的力量和组织自身的优劣,如果利润率和市场占有率的下降,则表明了企业竞争能力的减弱,需要及早诊治与变革。切不可麻木,将不正常情况视为正常。

2. 诊断问题

发现问题的征兆是比较容易的,但透过征兆诊断出问题的根源却是困难的。如诊断问题发生错误就不可能正确地提出变革的措施,达到解决问题的目的。因此,诊断问题必须回答什么是有别于征兆的真正问题?改变什么可以解决这些问题?改变的结果是什么?如何衡量这些目标?诊断问题是整个变革过程正确进行的关键环节,此阶段必须将变革的目标具体化,目标可以以财务和生产数据表示,如利润、市场占有率、销售量、生产率、废品率,也可用对组织成员有意义的个人发展目标来表示,但目标必须明确,易懂,有挑战性。

3. 选择变革的方法

前已述及,变革的方式可分为以人为中心,以技术为中心,以组织结构为中心。选择哪种变革方法应根据诊断出的问题的性质,有针对性的选择,但变革技术的分类丝毫不意味着这3种类型变革间有着明显的区别。现实中的改革往往采用综合的方法,针对问题选择重点,相辅相成,配套进行。

4. 分析变革的限制条件

一项变革能否取得成功,除了正确地诊断问题与选择变革的方法外,还要分析变革受到哪些条件的制约。一般说来变革受3个因素的影响。

(1) 领导的支持。任何一项变革的计划或改革者得不到上级和管理部门的支持和认可,其成功的可能性是很小的,变革是破旧立新,破除现有的妨碍生产和人发展的规章制度,这不仅是下面的制度,也包括上级的制度,所以被领导者在采取一项变革之前应尽可能得到上级的支持赞助或保持中立,允许试验,而领导者对下级的改革也应采取乐于支持的态度,如果要使一项改革具有普遍意义加以推广到其它单位,高层领导态度的转变更具有决定意义。

(2) 改革要综合配套进行。任何一项改革不能孤立单一的进行,必须在政策、组织、结构、控制方法、工作制度,人们的行为习惯上作相应的改变。任何改革也不可能只有优点而无缺点,只有成果而不须成本,都是解决了某些问题而又产生新的问题,对可能出现的问题必须作出妥善的处理。

(3) 变革要求人们在思想和价值观念作出相应的改变。如果变革和现有的组织文化相对立,那么改革的制定者必须对预期的阻挠采取预防措施,另一方面也要考虑社会和人们的承受能力,考虑周围条件的影响,不顾现实条件而进行的变革会把事情搞糟,不能追求理想的变革方案,有时只能满足于审慎的有节制的改革,有些改革的目标也不是一次能完成的,要分步实施。

5. 正确地选择推行改革的方式和策略

推行改革的策略可分为:

(1) 根据下级参与变革决策和程度分命令式、参与式和分权式。①命令式是指由领导做出变革的决策,自上而下的发布命令,说明所要进行变革的内容和下级在贯彻这些变革中的职责。②参与式是指让下级在不同的程度上参与讨论、分析与选择改革的方案,吸取众人的智慧。③分权式是指将决策权力交与下级,由下级对自己存在的问题进行讨论,自行提出解决问题的方案,并对方案最终负责。

(2) 按变革解决问题的深度可分为计划性的变革和改良式的变革。①计划性的变革是指对问题进行系统、广泛的研究,统筹全局,作出规划,然后有计划有步骤的实施,将变革和政策、工作制度、管理方式的改进、人员的培训同时进行,让职工有充分的思想准备。②改良式的变革是指对问题进行症结性治疗,小改小革,进行修补,这是组织中经常采用的一种变革方式,优点是符合实际需要,局部进行变革阻力较小,比较稳妥,缺点是缺乏整体和长远规划,头痛医头、脚痛医脚,带有随机和权宜的性质。

(3) 按改革进行的步调可分为突破式和渐近式。①突破式是领导以最大的决心和魄力对于重大性的变革要求一步到位,定期完成。此种方式虽然问题有可能在短期内获得解决,但由于时间仓促,考虑不周,或由于人的态度问题,士气低落,而形成较大的变革阻力。②渐近式是利用足够的时间分步骤的逐步推进变革,在不知不觉中达到变革的目标。此种方式自然阻力较小,易于接受,但也很容易使变革变成旷日持久,成效不大。

以上虽然讲的是几种分类的情况,但它向我们指出推行改革的策略中有速度、广度、深度和参与程度的问题。至于选择哪种改革的策略要依问题的性质,参与者以及各种不同的组织因素而定。但一般说来,属重大问题的变革,下级的态度对变革的推行和成功至关紧要,我们应当把支持和合作扩大到最大限度,把抵制缩小到最小,因此,非属紧急情况和确有把握,不要采用突变式和命令式,由于干部的水平和素质所限,一般在基层也很少采用分权式,通常情况下多采用计划式和参与式的变革。但这个结论也不是绝对的。至于改革的进度应力求抓住有利时机,既不操之过急,又不要过分缓慢和拖延。

6. 实施变革计划

任何一项组织变革的决策都是为了实施。没有行动的决策等于没有决策。实施变革计划时要恰当地选择发起变革的时间和范围。除情况紧急,问题直接涉及组织和存亡应立即予以实施,否则,一般不宜选在业务繁忙的旺季。至于实施的范围,既可以在整个组织范围内贯彻,使其在很短的时间内成为既成事实,也可以在组织逐级、逐部门、分阶段进行。往往成功的改革都采用分阶段,限制改革的范围以积累经验,逐步推开的做法。

组织变革是一种改革现状的努力。任何改变现状的做法都会或多或少的遇到变革对象的阻力与反抗。产生阻力的原因首先来源于传统的价值观念和习惯势力。相当一些也来自人们对变革不确定后果的担心。任何变革,都既有优点又有缺点,即使再好的改革方案也未必能自然带来良好的结果。具有不同的学历、经历、专业知识的人对问题的认识不同。从某种意义上来说变革也是一种利益和权力格局的再调整,变革中利益和权力受到威胁的人势必抗拒和阻挠改革。变革也将导致工作技术与方法的改变,使某些人丧失原来的技术与经验的优势,产生失去工作或难以适应新的技术和工作的忧虑,从而抗拒变革。对变革真正目的的误解和偏见也促使某些人怀疑和抗拒变革。

变革总是要付出代价,没有人为变革作出牺牲,没有思想观念的革命,变革几乎是不可能实现的。不能将阻力看成完全是消极的。它促使人们对变革方案考虑得更加周全,因此改革的推动者不应当压制抗拒的发生,而应当设法疏导,力求将变革的阻力降至最少,赢得更多人对改革的支持。其方法是:

进行说服宣传,使更多的人正确了解变革的动因和目的及其可能产生的绩效和好处。使人们对变革的意图有正确的了解。

组织相关的人员参与变革方案的设计。当变革的问题重要、复杂、涉及面广,光靠变革推动者没有把握和能力制定出变革方案时,一定要吸取相关的部门和人员参与变革计划的设计,以便集思广益,使变革切实可行、有效。

对变革的有利因素和不利因素进行认真的分析,权衡利弊,对变革可能出现的新问题,事先作妥善的处理,争取绝大多数人对改革的同情和支持。一般情况下只有得到多数人同情和支持的变革才能取得成功。

充分磋商与协调,当变革的方案可能影响到某些部门和群体的利益时,应事先找有关方面进行磋商与协调,尽可能使变革的方案兼顾各方面的利益。不要追求理想改革的方案,现实的变革方案是多数人可以接受的方案。

正确地选择变革的方式与策略,避免操之过急,妥善处理变革与稳定的关系,不作不停顿的改革,巩固一项改革成果后再展开另一项改革。

实施变革时要及时收集可以衡量变革效果的指标信息。衡量变革的效果有些可用既定的信息指标系统,有些则需另行设计特定的指标信息。根据收集到的信息要评估和确定整个改革期间改革效果的发展趋势,因为衡量一项变革的效果不能仅从某一个时点来考虑,有的变革,开始效果甚为明显,但迅速恢复常态,有的开始无效果,甚至会出现负效果,但稍后则逐步上升。要对实际成果与计划成果进行比较,及时对偏差采取纠正行动。

本章复习题

1. 什么是组织?
2. 组织结构与组织过程是什么关系?
3. 组织环境主要包括哪些要素,它们对组织有什么影响?
4. 组织与环境有什么关系?
5. 传统的组织设计原则适用什么情况?
6. 影响管理跨度的因素主要有哪些?怎样影响?
7. 统一指挥原则有什么作用?
8. 怎样理解责权一致原则?
9. 动态的组织设计原则适用于什么情况?
10. 如何应用职权和知识相结合原则?
11. 怎样平衡集权与分权的程度?
12. 何谓弹性结构原则?
13. 组织设计的权变理论的主要内容是什么?
14. 何谓团队组织?
15. 团队组织中通常有哪几类人?
16. 团队组织的建立过程分哪几个阶段?
17. 何谓组织生命周期?
18. 何谓组织老化?防止和克服老化的方法有哪些?
19. 直线职能结构有什么特点?该种结构适于什么样的组织?
20. 事业部结构有什么优缺点?
21. 模拟分权结构有什么优缺点?适于什么样的组织?
22. 矩阵结构有什么优缺点?适于什么样的组织?
23. 委员会有什么特点?
24. 委员会的弱点有哪些?如何克服这些弱点使委员会发挥作用?

本章讨论题

1. 举例说明违反统一指挥原则给组织带来的危害。
2. 目前一些组织的管理跨度不合理是由什么原因造成的?
3. 当前组织机构改革遇到了哪些困难?

4. 举例说明组织环境对组织的影响情况。
5. 现代企业中应用了哪些动态的组织设计原则?
6. 怎样应用权变理论来进行组织设计?
7. 实际企业中根据什么因素来划分部门?
8. 怎样克服矩阵结构的缺点?
9. 谈谈你所知道的采用了事业部结构的组织情况。
10. 你认为应如何使委员会发挥良好的作用。
11. 怎样在中国的环境中建立团队组织?
12. 试举例说明组织生命周期。
13. 试举例说明组织老化及防止办法。
14. 组织变革的动因有哪些?中国企业的改组和改造有什么必然性?
15. 如何正确实施组织变革?你有什么切身体会?

第六章 控制职能

控制职能是管理活动的五大基本职能之一,有人把控制与管理混同起来,认为管理就是控制,如把质量管理称为质量控制,把宏观经济管理称为宏观经济控制等。这种看法是不正确的,因为管理具有更加广泛的内涵,而控制仅仅是管理活动的一种形式,同其他管理职能相比,它具有不同的性质、内容和方法。这一章我们要从五大方面来讨论控制职能,即控制的性质、控制的手段、控制的类型、控制的方法以及如何有效地进行控制。

第一节 控制的内涵

一、控制的一般概念

控制就是检查工作是否按既定的计划、标准和方法进行,发现偏差,分析原因,进行纠正,以确保组织目标的实现。由此可见,控制职能几乎包括了管理人员为保证实际工作与计划一致所采取的一切活动。

控制和计划的关系相当密切,具体有如下 4 个方面:

(1) 计划起着指导性作用,管理者在计划的指导下领导各方面工作以便达成组织目标,而控制则是为了保证组织的产出与计划一致而产生的一种管理职能。

(2) 计划预先指出了所期望的行为和结果,而控制则是按计划指导实施的行为和结果。

(3) 只有管理者获取关于每个部门,每条生产线以及整个组织过去和现在状况的信息才能制定出有效的计划,而这些信息中绝大多数都是通过控制过程得到的。

(4) 如果没有计划来表明控制的目标,管理者就不可能进行有效的控制。计划和控制都是为了实现组织的目标,两者是互相依存的。

一般说来,控制过程中采取的更正措施是使实际工作符合原来的计划目标,但是有时也会导致更换目标和计划,改变组织机构,更换人员以及其他重大的变革。

是否在任何情况下都能设计出一个完善的控制系统是人们研究控制职能时所遇到的一个基本问题。为了解决这个问题,人们提出了许多控制模型,最常用的是传统的控制模型,这个模型包括 3 个基本假设:

(1) 要有界线清楚的一致的标准,根据这种标准就能对实施情况进行度量。

(2) 能够找到某种度量单位以便实际测量所达成的结果。

(3) 当标准同实际实施情况比较时,任何差异都能够被用来作为更正活动的根据。

满足这3个基本假设是利用传统控制模型来设计控制系统的前提条件。一般来说,企业的生产经营活动往往能够满足这些基本假设,因此,传统的控制模型在企业中得到广泛的应用。

然而,也有一些控制活动不能满足传统控制模型的3个基本假设,这时人们不得不采用策略控制模型来设计控制系统。这种模型的基点不是要有界线清楚的一致的标准,而是利用协商和判断的办法进行控制。例如,对于某些一次性项目,由于以前对此毫无经验,因此信息反馈的作用就十分有限,惟一的控制标准可能是资源是否被利用了,有没有资源挪做它用。这种根据投入来评价的做法往往依赖于具有分派资源权力的个人或群体的价值观与行为规范。

以上两种控制模型都是有用的,但考虑到本书主要是以企业为研究对象的,而传统的控制模型对绝大多数企业来说更为有用。所以,下面将重点介绍传统的控制模型。

二、控制过程

正式控制模型是根据预定的目标或标准探查偏差给予更正的过程。它主要依赖于对已发生情况进行反馈,如图6-1所示。一个正式控制模型需要6个互相联系的步骤:

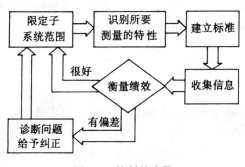

图 6-1 控制的步骤

1. 限定子系统的范围

一项正规的控制模型可能是为某一个职工、某一个部门或者整个组织建立的,而控制本身可能是针对专门的投入、生产过程或者产出。比如,在造酒厂对投入进行控制是要控制酿造的时间、温度,而且要对酿造过程的各个阶段进行抽样化验。对产出进行控制是要把造好的酒很好地储存起来。所以,要制定一项正规的控制措施,首先就要明确是为谁制定的,目的是什么,即确定子系统的边界。

2. 识别所要测量的特性

在控制过程中必须识别所要获得的信息的种类。若建立正式控制过程,需要较早地确定以下内容：第一，能够被测量的特性是什么？第二，获得与所期望的目标相关的每个特性信息的成本如何？第三，是否每个特性的变化都影响子系统达成目标？在识别所要测量的特性之后，管理者就要把那些能够测量的特性挑选出来。这时，选择原则或称帕累托（Vilfredo Pareto）定律很有帮助。这个定律认为，在任何一群被控制的元素中，少量的元素总是能解释大量的结果。比如在酿造啤酒的过程中，影响啤酒质量的因素很多，但主要因素是水的质量、酿造的温度以及酿造的时间。这3个因素控制好了，就能保证啤酒的质量。上一章中讲的目标管理也是基于这种原则，直接控制目标就是控制少量的但关键的要素，而这些要素足以说明结果中的主要内容。

3. 订立标准

标准是衡量实际工作绩效的依据和准绳，标准来自于组织目标，但不等于组织目标。在具体的业务活动中，笼统地将组织的计划目标作为标准是不行的，必须根据具体的作业特点设置标准。例如成本、利润、工时、单位产品的材料消耗定额等等。标准最好是定量的，但也有许多项目不容易定量，如工作作风、人群关系、道德水准等，这些虽然不能定量化，但是仍然应该提出一些定性的标准。例如对员工提出坚定正确的政治方向，艰苦奋斗的创业精神，勤奋团结的工作态度，严谨进取的科学作风。如果没有标准，岗位责任制将变成分工制而无法进行控制。

4. 收集数据

收集数据是为了获得每个预定特性的度量情况。收集数据的工作可以由人来做也可以由机器来做，比如财务的月报表往往是由人做的，零件加工的自动测量装置则能自动对预定特性进行度量。数据既可以由施加控制的人或群体来收集，也可以由被控制的人或群体来收集。在后一种情况下，数据有失真的情况。如果否定的数据是被用来作为批评或惩罚被控制对象的依据，那么被控制者就可能曲解或隐瞒数据。特别是当正式控制过分强调惩罚，而不是强调更正错误的行为或措施时，则被控制对象就会受到刺激，以至于经常把曲解了的数据或信息报告给上级，这使得辨别责任的工作相当困难。高层管理者为了得到高质量的数据和信息，可以建立专门的部门来从事这项工作，如统计部门、审计部门等。此外需要注意的是，要针对目的来收集数据。不同的部门收集数据的目的是不同的。人事部门收集数据是为了对人进行评价，以及确定人的工资待遇并安排工作岗位，财务部门收集数据可能是为了确定收入与消耗方面的记录是否符合某些财务标准。

5. 衡量绩效

所谓衡量绩效就是找出实际工作情况与标准之间的偏差信息，根据这种信息来评估实际工作的优劣。

控制仅有标准是不够的,只有实际工作成果也不能保证公正客观地评价业务活动,只有将实际工作成果和标准进行对比,找出差异,才能对业务活动进行客观的公正的评价。不应把实际工作成果简单地理解为某项工作或某个项目的最后结果,有时它可能是中间过程或状态本身,有时它也可能是由中间过程或状态推测出来的结果。控制的目的不是为了衡量绩效,而是为了达到预定的绩效。所以,在控制过程中要预测可能出现的偏差,以便控制未来的绩效。

6. 诊断与更正

诊断包括估价偏差的类型和数量并寻找产生偏差的原因。诊断之后,就应采取措施来更正实际工作结果与标准之间的差异。并不是任何偏差都需要采取更正行动,也不是任何人都能采取更正行动,仅在偏差较大又影响到目标时才需要采取行动。也只有被授予权力的人员才能够采取行动。

采取更正行动之前,必须仔细分析产生偏差的原因。有时计划目标错了,有时计划和组织不适应,有时是人员不称职或培训不够,有时是设备、技术条件的影响。因此,着眼点应在如何采取更正措施、防止今后偏差的再次发生上。正因为产生偏差的原因是复杂的,所以更正行动可能是各式各样的,如调整人力、设备,加强教育、管理,明确职权分工,重新拟定目标等。一般情况下不要过多地追究个人责任,以防引起负作用。

在实际控制活动中,并不是都要经过上述 6 个步骤。在许多情形下,限定子系统的范围,识别所要测量的特性以及订立标准这 3 个步骤只需一次完成,以后很少变动。在衡量绩效后如果没有偏差,就让活动继续进行,再收集进一步活动的数据;如果衡量绩效时发现偏差,就要诊断问题、分析偏差产生的原因并给予更正,让更正后的活动继续进行,然后再收集进一步活动的数据。如此往复,直到需要重新限定子系统范围或重新需要识别所要测量的特性,或重新需要订立标准时为止。

三、控制在组织中的地位

如果把组织看成一个开放系统,为了使组织的产出符合系统本身及环境的要求,就必须存在控制子系统,它与组织中其他活动的关系如图 6-2 所示。组织中的最高层领导首先根据组织所面临的内外部环境来设置组织目标,计划子系统根据目标和环境状况而制定管理计划。这些计划一方面下达给运行系统,付诸实施。另一方面要送到控制系统储存起来,以供日后与实际绩效比较。运行系统的有关投入,运行过程以及产品的信息要反馈给控制系统。控制系统在收集了这些资料以及外部环境的资料后进行分析,并同所储存的计划进行比较,最后决策是更正运行活动或是提出修改计划。控制系统向计划系统提出的报告有时还会导致目标的变化。

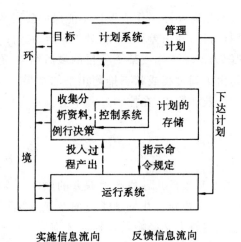

图 6-2 控制子系统在组织中的位置

第二节 控制的手段

管理活动采用的内部组织控制手段包括人员配备,对实施情况进行评价,正式组织结构,政策与规则,财务办法以及自适应办法等。如图 6-3 所示。这些控制手段并不是相互排斥的,而是紧密相关的。在许多情况下,可能同时需要采用几种控制手段,以保证控制的有效性。换句话说,综合使用几种控制手段比单单依靠一种控制手段常常更为有效。例如,作为财务控制手段中的预算往往同实施评价同时采用,管理者被希望在预算内展开工作,而对他们工作的评价,部分取决于他们的实施与预算之间所出现的偏差。下面我们就对每种手段作一下简单说明。

图 6-3 常用的内部管理控制手段

一、人员配备控制

如果管理者能够有效地控制本组织员工的非期望行为和态度,组织的有效性就会大大提高。人员配备就是从这个目的出发而运用的控制手段。这里包括两方面内容,一是对职工进行选择,二是对职工进行训练。人事选择的技术包括人员最初的选聘和以后的提升与调动,而训练则可以促使职工的行为和态度趋向于工作和组织的需要。一个组织若想成功,人员选择和训练都是十分必要的。

1. 人事选择

人事选择主要针对任用谁、提升谁和调动谁的问题。这是一种非常重要的控制手段。如果在人事选择方面出现偏差,可能会给组织带来重大损失。与此相反,选择出合适的人员,特别是合适的高级管理人员,将会给组织带来巨大的收益。一个组织往往根据职位的类型来选择要在此职位工作的人员,不同的职位需要具有不同特质的人员。除了技术方面的要求外,职位上的差别主要受到两方面因素的影响:一是所选人员的决策对组织有多大帮助和危害;二是该人在分配和利用组织资源时有多大程度的灵活性。显然对组织影响较大且有较多灵活性的位置,在人事选择时应给予充分的注意。例如,选择销售部门经理就要格外慎重,而选择一般职工则可以适当放宽要求。

2. 人事训练

人事训练既包括岗位所需要的技术和业务方面的训练,又包括使职工的行为和态度组织化、定型化方面的训练。人们往往是怀着不同目的加入组织的,即使在技术和业务方面足以满足特定位置要求的人员,也不能保证在行为和态度上始终与组织保持一致,并献身于组织的事业。这就需要组织对他们进行教育,灌输组织的目标和文化,以适应组织的需要。当然,业务和技术方面的训练也是必要的,但脱离了对人员的行为和态度方面的训练,业务和技术训练不可能得到满意的结果。例如,企业的某些职工并不安心在本企业做长期服务,而企业却花大量的财力对他们进行业务和技术训练,这无疑是一种浪费。

二、实施评价控制

实施评价是组织为了防止并更正非期望行为的一种有效的控制手段。这种手段的有效性有较大的变化幅度,这是因为人的经验、阅历、价值观以及感知能力不同,同样的手段对于不同的人效果不同。例如有的人对于其他人、甚至自己的上级的评价不太重视,而仅注意自己的评价,而另外一些人则认为上级对自己的评价是衡量自己成功与否的标志。对于这两种人就应采用不同的控制手段。在组织中,一系列奖励和惩罚往往都来自于实施评价,奖励与惩罚是实施评价的结果。比如通过实施评价,组织可采用奖金、工资、退休金、工作保障等来强化职工的良好行为,也可采用低奖金、批评、处分,甚至解雇等惩罚措施来否定和更正组织所不期望的行为。在一个完善的管理系统中,实施评价应依赖于职工的内在奖励(如满意的工作)、自我控制(个人工作责任感)、群体控制(工作群体的态度和规范)以及外在奖励(如提高报酬和提升等)。具有良好特性的组织总是存在着良好的组织文化。

三、正式组织结构控制

正式的组织结构有助于高层管理者对组织进行控制。正式结构控制所包括的内容是建立权力结构、信息沟通渠道以及合适的控制跨度。

1. 权力结构

在一般的组织当中都有记录在案的组织图、工作规则或岗位责任制。它们说明了组织中的每个职位拥有的权力和责任,如何合理地建立这种正式的权力结构对管理控制影响很大。权力和责任划分合理,人们就能够有效地工作并互相合作。否则就可能导致管理失控。要注意的是,对于不同层次的职位,权力和责任的规定方式也应不同。对于低层的职位,最好严格权力和责任的界限,而且要尽可能标出细节,对于高层的职位则应标出主要权力和责任界限,一些细节问题可以灵活处理。

2. 信息沟通渠道

正式组织结构有助于通过正式信息沟通渠道来进行控制。组织的结构关系也就是信息沟通渠道。通过沟通渠道各级管理者可以知道在自己负责管理范围之内,工作进展情况,人员的行为和态度,以及与组织目标相脱离的大部分偏差,从而确保对自己负责范围的控制。

3. 控制跨度

控制跨度是影响正式控制的另一个结构变量。所谓控制跨度与管理跨度的含义基本相同,即向同一个人报告的人员数量。改变管理者的控制跨度将影响到他对下级控制的程度。控制跨度小,控制就能紧些,控制跨度大,控制就可能松些。这是由于跨度小,只有较少的下级向一个上级报告,上级就有可能对每一个下级抽出更多的时间和精力进行控制。与此相反,管理者可能没有足够的时间和精力来控制下级。

四、政策与规则控制

政策与规则是实施控制的重要方式。许多组织活动都采用这种方式进行控制,这种控制方式或手段有助于限定部门或个人的主观判断以及所要采取的活动。政策是一种活动的指导,它往往是一般性的,而不是专门性的。例如某企业提出的一条一般性人事政策为"提升将取决于职工对组织的贡献"。规则是对一种行为过程的说明。由于建立规则是为了创造一种活动的制度,它有可能是禁令,也可能不是,但在行为过程中必须遵从规则。政策与规则的基本差别在于灵活性的大小。政策由高层管理者制定而且可以用来作为许多规则的指导。这种指导可以针对各个管理层面,例如在企业中,内部政策往往都由厂长和职工代表大会制定。具体的规则可能由各个部门根据政策的要求自己制定,并报上级批准。关于政策我们已经说了很多,所以仅对规则作一些说明。规则反映了正式职权,它有助于控制个人或部门之间的结构关系,有效地利用规则可以保证各部门以及各个人的活动同组织目标一致。例如,规则可以限定人事部门的相对职权,也可以限制组织中其他管理人员在人员任用方面的相对职权。规则可以增加无感情的色彩,对下级规定了最小可接受的工作标准或工作定额,下级就要服从。规则还可以作为一种结束的信号。例如,一个商店规定17:00点钟停止营业,当顾客正站在柜台前准备购买某种物品时,下班铃声响了,营业员就可以根据这种规定拒绝服务,顾客也会意识到营业员的这种拒绝是有章可循的。规则还有派生新规则的作用。例如,一项规则规定,职工的住房应根据工作年限进行分配,但是划分工作年限的等级和分房标准可以继续商定,最后制定出另外的规则。

五、财务控制

财务控制的目的包括:第一,防止错误地分配资源;第二,及时提供经济信息反馈,以便更正错误的行为。财务控制的历史最长,它已发展出一整套控制技术或方法。整个组织活动过程都在这种控制技术或方法、程序的控制之下。后面我们将讲述几种基本的财务控制方法,如预算方法、财务报表分析、损益平衡分析等。在许多组织中财务控制是由内部审计部门、财务部门以及高层管理集团进行的,财务控制对于经济活动至关重要,因此也是企业控制的核心问题。

六、自适应控制

随着科技的进步,机器变得更复杂了,然而也变得易于人们的操作和控制。这大大提高了劳动生产率,自适应控制就是科技发展的结果。目前一些企业中所采用的人-机对话就是一种人与机器共同控制的系统。而自动化又提供了一种基本的机器自己控制系统。自动化通常是把控制机同工作机相结合,一些机器控制着另外一些机器,而无需人去直接控制,人只要注意各种机器是否正常运转就足够了。比如,用计算机来控制原油冶炼过程,一旦过程中出现偏差,计算机就能帮助冶炼设备自行调整。这种自适应控制多用于大批量生产或批量生产的企业当中,当然要采用这种控制手段需要有大量的资金才能得以完成。这就要考虑控制的经济性问题。

第三节　控制的类型

管理控制的种类很多,最为常用的有如下几种分类方法:第一,根据控制的性质可以分为预防性控制和更正性控制;第二,根据控制点位于整个活动过程中的位置划分为预先控制、过程控制和事后控制;第三,根据实施控制的来源划分为正式组织控制、群体控制和自我控制;第四,根据控制信息的性质划分为反馈控制和前馈控制;第五,根据控制所采用的手段划分为直接控制和间接控制。当然,上述各种分类方法不是孤立的,有时一个控制可能同时属于几种类型。比如,大学招收新生时要进行考试,它属于预防性控制,也属于事先控制。控制分类情况如表6-1所示。

表 6-1 控制的类型

分 类 原 则	控 制 类 型	分 类 原 则	控 制 类 型
1. 按控制活动的性质划分	① 预防性控制 ② 更正性控制	4. 按信息的性质划分	① 反馈控制 ② 前馈控制
2. 按控制点的位置划分	① 预先控制 ② 过程控制 ③ 事后控制	5. 按采用的手段划分	① 直接控制 ② 间接控制
3. 按控制来源划分	① 正式组织控制 ② 群体控制 ③ 自我控制		

一、按控制活动的性质划分类型

根据控制活动的性质划分控制的种类,可以把控制分为预防性控制和更正性控制。

1. 预防性控制

使用预防性控制是为了避免产生错误又尽量减少今后的更正活动。例如,国家强调法制,制定较详细的法律条文并大力宣传,这就是预防性控制措施。人人知法,人人懂法,就可以最大限度减少那些由于不知法、不懂法而导致的违法行为。一般说来,像规章制度、工作程序、人员训练和培养计划都起着预防控制的作用。在设计预防性控制措施时,人们所遵循的原则都是为了更有效地达成组织目标。然而,要使这些预防性的规章制度等能够真正被遵从,必须有良好的监控机构作为保证。

2. 更正性控制

在实际管理工作中更正性控制使用得更普遍一些。其目的是,当出现偏差时,使行为或实施进程返回到预先确定的或所希望的水平。例如,国家发现某些地区走私现象严重,为了改变这种现象,在交通要道和关口设立了一些检查站,以希望减少走私活动。再例如,审计制度增加了管理部门采取迅速更正措施的能力,因为定期对企业进行检查,有助于及时发现问题、解决问题。

二、按控制点的位置划分类型

控制职能可以按照控制活动的位置,即侧重于控制事物进程的哪一阶段而划分为 3 种类型:预先控制、过程控制和事后控制。以制造系统为例,3 种控制的位置如图 6-4 所示。根据该图,我们可以对这 3 种类型的控制进行分析。

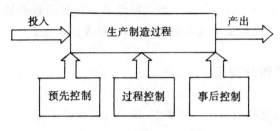

图 6-4　控制活动的位置

1. 预先控制

由图 6-4 可以看出,预先控制位于制造过程的初始端,投入与制造过程的交接点就是控制活动的关键点。这一点既是整个活动过程的开始点,又是整个活动时间的开始点,所以它具有特殊的意义。它可以防止组织使用不合要求的资源,保证组织的投入在数量上和质量上达到预定的标准,在整个活动开始之前能剔除那些在制造过程中难于挽回的先天缺陷。这里所说的资源是广义的,它包括人力、物力、财力、技术等所有与活动有关的因素。

预先控制的实例很多,例如进厂材料和设备的检查、验收,工厂的招工考核,入学的考试和体检,干部的选拔等等都是如此。

2. 过程控制

过程控制是对正在进行的活动给予指导与监督,以保证活动按规定的政策程序和方法进行。例如生产制造活动的生产进度控制、每日情况的统计报表、学生的家庭作业和期中考试、每日对住院病人进行临床检查等都属此种控制。

过程控制一般都在现场进行,而遥控不易取得良好的控制效果。指导和监督应该遵循计划中所确定了的组织方针、政策与标准,临时确定或由个人主观确定新标准,将导致标准的多样化,无法统一测量和评价。再有,指导和控制的内容应该和被控制对象的工作的特点相适应,对于简单重复的体力劳动也许采取严厉的监督可以导致好的效果,而对于创造性劳动,控制的内容应转向如何创造出良好的工作环境,并使之维持下去。显然,在这种情况下实行严格的监督,只能使被控对象的工作效果更加远离组织的目标。此外,过程控制的效果还与指导者或控制者的个人素质密切相关。例如,工厂的质量检验人员由技能和知识均好的老工人担任,效果就好些;纠正违反交通规则者的行为效果和交通警察的个人态度关系较大。

3. 事后控制

事后控制是历史最久的控制类型。传统的控制办法几乎都是属于这种类型,传统的质量控制往往局限于成品的检查,把次品或废品挑选出来,以保证出厂的产品都符合质量标准,这是典型的事后控制。这种控制位于活动过程的终点,把好这最后一关不会使错误的势态扩大,有助于保证系统外部处于正常状态。但是事后控制的致命缺陷在于整个活动已告结束,活动中出现的偏差已在系统内部造成损害,并且无法补偿。

三、按照控制源划分类型

按照控制来源可以把控制分成3种类型,即正式组织控制、群体控制和自我控制。

1. 正式组织控制

正式组织控制是由管理人员设计和建立起来的一些机构或规定来进行控制,像规划、预算和审计部门是正式组织控制的典型例子。组织可以通过规划指导组织成员的活动,通过预算来控制消费,通过审计来检查各部门或各个人是否按照规定进行活动,并提出更正措施。例如按照规定对在禁止吸烟的地方抽烟的职工进行罚款,以及对违反操作规程者给予纪律处分等,都属于正式组织控制的范畴。在大多数组织中,普遍实行的正式组织控制的内容有如下几方面:

(1) 实施标准化。依靠管理人员的设计和监督,制订出标准的工作程序以及生产作业计划等。

(2) 保护组织的财产不受侵犯。比如防止偷盗、浪费或错误地使用组织资源。这包括设备使用记录、审计作业程序以及责任的分派等。

(3) 质量标准化。它包括产品或服务的质量。主要采取的措施有对职工培训、工作检查、统计质量控制以及激励系统。

(4) 防止滥用权力。这可以通过明确的权力和责任制度、工作说明、指导性政策、规则以及财务方面的要求来完成。

(5) 对职工的工作进行指导和测量。这可以通过评价系统、产品报告、废品损耗、直接观察和指导等方式来完成。

正式组织控制还有其他的用途,如确保组织获利和继续生存与发展等。

2. 群体控制

群体控制基于群体成员们的价值观念和行为准则,它是由非正式组织发展和维持的。非正式组织有自己的一套行为规范。尽管这些规范并没有明文规定,但非正式组织中的成员都十分清楚这些规范的内容,都知道如果自己遵循这些规范,就会得到奖励。这种奖励可能是其他成员的认可,也可能是强化了自己在非正式组织中的地位。如果违反这些行为规范就可能遭到惩罚,这种惩罚可能是遭受排挤、讽刺、甚至被驱逐出该组织。例如建议一个新来的职工自动把产量限制在一个群体可接受的水平,就是群体控制的一个例子。群体控制在某种程度上左右着职工的行为,处理得好有利于达成组织目标;如果处理不好将会给组织带来很大危害。

3. 自我控制

个人自我控制是个人有意识地去按某一行为规范进行活动。例如,一个职工不愿意把公家的东西据为己有,可能是由于他具有诚实、廉洁的品质,而不单单是怕被抓住遭惩罚。这是有意识的个人自我控制。

自我控制能力取决于个人本身的素质。具有良好修养的人一般自我控制能力较强,顾全大局的人比仅看重自己局部利益的人有较强的自我控制能力;具有较高层次需求的人比具有较低层次需求的人有较强的自我控制能力。

以上3种控制(正式组织控制、群体控制和个人自我控制)有时是互相一致的,有时又是互相抵触的。这取决于组织对其成员的教育和吸引力,或者说取决于组织文化。有效的管理控制系统应该综合利用这3种控制类型,并使它们尽可能和谐,防止它们互相冲突。

四、按照控制信息的性质划分类型

按照控制信息的性质可以把管理控制划分为反馈控制和前馈控制。

1. 反馈控制

所谓信息反馈控制就是用过去的情况来指导现在和将来。控制论的创始人维纳(Winer Norbert)曾指出,自然界经由信息反馈来发现错误,并引发更正错误的行为过程,以此来控制它们自身。维纳的控制论及控制系统几乎适合于一切控制过程。例如,汽车的自动调速装置是一个物理反馈运动的过程;人的体温、血压、细胞数量之所以能维持正常水平也是借助于生物方面的反馈控制过程来实现。即使是人类社会这样一个巨大的系统,也是不断地分析过去的信息来指导将来的发展进程。管理控制也不例外,管理控制活动往往是借助于信息反馈来实现的(参看图6-5)。图6-5说明了整个管理反馈控制的详细过程。在实际工作当中,管理人员在分析偏差产生的原因之后,必须设计出采取更正措施的程序或方法,以便确保更正活动达到预期的目的。

图 6-5　管理控制的反馈图

2. 前馈控制

由前所述,反馈控制得到了非常广泛的应用,但是简单的反馈控制并不能有效地解决一切控制问题。其最主要的原因就是时滞问题,即从发现偏差到采取更正措施之间可能有时间延迟现象。现代科技的发展使我们能够利用计算机进行信息传递,测量实施情况,把测量的结果同标准进行比较并找出偏差。这些工作也许能在极短的时间内完成,但是分析偏差产生的原因以及制定出正确的更正程序,并实际执行更正活动总要有一段时间过程,结果在进行更正的时候,实际状况已经有了很大变化。例如,在质量控制活动中,找出使某产品质量发生偏差的原因可能要花费一些时间,确定并采取正确的更正措施可能要花费更长的时间。再比如,在一家制造企业的库存控制活动中要控制许多项目,包括原材料种类和数量、备件和配件种类和数量、半成品和成品数量等。在这种情况下发现偏差并采取更正措施所需要的时间可能更长,也许需要几个月,这直接影响到控制的有效性。为了解决这种问题,采用前馈控制可以收到较好的效果。

所谓前馈控制又可称为指导将来的控制,它的具体办法是不断利用最新的信息进行预测,把所期望的结果同预测的结果进行比较,采取措施使投入和实施活动与期望的结果相吻合。比如一个企业期望的销售预测表明:下个月的销售量同所期望的销售量相比将低很多。这时就可以采取新的广告措施、推销办法或引进新产品,以便改进实际销售量。司机开汽车的情况也可以较好地说明前馈控制的概念。当司机要使汽车保持在一个基本恒定的速度时,他往往并不等到上坡后汽车实际慢下来时才加速,而是在上坡前就预测到汽车速度将要下降,因而提前加速,以使汽车速度保持稳定。因此可以说前馈控制的着眼点是通过预测被控对象的投入或者过程进行控制,以保证获得所期望的产出。这就解决了时滞现象所带来的问题。前馈控制与反馈控制的性质在图 6-6 中进行了比较。

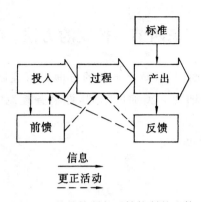

图 6-6　前馈控制与反馈控制的比较

五、按控制的手段划分类型

按所采用的手段可以把控制划分为直接控制和间接控制两种类型。直接控制按字面意义来理解,应是控制者与被控制对象直接接触进行控制的形式。间接控制是控制者与被控制对象之间并不直接接触,而是通过中间媒介进行控制的形式。

1. 直接控制

现代经济管理活动中,人们把直接控制理解为通过行政手段进行的控制,采用行政命令是一种最直观的、也是最简单的办法。然而在实际经济管理活动中,这种直接控制的办法往往不能使整个系统的效果最优。这是由于几方面原因:

① 信息反馈引起时滞现象;
② 信息太多以致在现有的技术条件下无法全面地科学地处理;
③ 直接控制忽略了企业中人的因素,不利于下级积极性、创造性的发挥,人的潜力和能动性无法发挥出来。

如上所述,直接控制的应用存在着某些界限,超出这个界限,势必会起负作用。

2. 间接控制

在现代经济管理活动中,人们习惯于把利用经济杠杆进行控制称为间接控制。经济杠杆主要指税收、信贷、价格等经济措施或经济政策。间接控制是相对于直接控制而言。在企业内部将奖金与绩效挂钩的分配政策,以及运用思想工作手段,形成良好的风气、高品位的价值观,都可以有效地控制人们的行为,这都属于间接控制。这种间接控制的办法由于减少了需要处理的信息量,调动了企业中人的积极性,有利于整个经济系统达到更优的效果。

第四节 控制的方法

经济管理工作包括多方面内容,对于不同的方面进行控制就要有不同的方法。这一节我们把管理控制的方法归纳为3类加以论述,即财务控制方法、人员控制方法和综合控制方法。

一、财务控制方法

1. 预算控制

预算是数字化了的计划,是用数字来表示预计的结果。一个组织需要通过预算来估计和协调计划,所以预算是计划的一个重要组成部分,但是预算同时又是常用和广泛的控制手段之一。人们根据预算的使用情况来评价工作效果,并且由于有了预算,各项活动都受到控制。

预算的种类很多,但是就一个企业来说可以把各种预算归纳为5类:

(1) 收支预算。这是最常用的预算,其中收入是一方,通常包括产品销售收入、外加工收入、专利转让、利息及其他收入;支出是另一方,它包括材料费、人员工资、燃料、动力、折旧、低值易燃品和办公旅差费等等。

(2) 现金预算。这是对现金的实际收支作预先的安排,以免票据到期支应不开而出现透支情况。资金成为设备、库存、材料或成品后就不能流动。在资本主义国家,资金周转不开是个严重的问题,往往造成工厂倒闭。但也并不是现金存得越多越好,关键是取得平衡,能支应开。

(3) 资金支出预算。这是指对工厂的投资,如对厂房、机器和存货等的投资进行安排。这些资金有时需要相当一个时间才能还本。因此,对这部分资金的投入一定要慎重地进行预算,必须使这部分资金的使用符合企业的长期计划和整个资金的分配使用计划。

(4) 产品、材料、时间和空间预算。有些计划成果可用金钱来表示,但在不少情况下用物理单位来表示更便于控制,如产品产量,需用面积,工时和台时等。对这些内容也可以制定预算。

(5) 资产负债表预算。这种预算是表示某一个会计期末(即人为规定的结算日期)的资产、负债和净值这几项计划的预计成果。这个预算表是其他预算的一个综合统计,做此预算的目的在于描绘出组织机构的财务情况,显示全部预算是否恰当。

预算是一种有效的控制工具。它的优点很多:第一是明确,各项工作成果均数字化了,使人一目了然;第二是控制很方便,因为任何活动最终都会反映到财务上,都需要用钱;第三是便于授权,同时又保证不会失去控制,凡预算内批准的项目,即可授权下级处理。但预算也存在一些问题,通常的缺点是预算偏大、偏细、偏死。偏大,头戴三尺帽,不怕砍一刀,大而无当,积压浪费资金,事业单位更会造成年终突击花钱的现象;偏细,有时重点很不突出,大项控制很松,小项控制很严,抓芝麻丢西瓜;偏死,预算中列入的项目才让干,没有的就不让干,造成只对预算负责,而不对目标和绩效负责。为此应当强调预算是可以变动的。预算只是一种工具,工具要为任务和管理服务,而不能让任务和管理为工具服务。领导在汇总审批预算时要对人、财、物心中有数,要按目标顺序来决定资源的分配。

2. 损益平衡分析

任何产品的成本都是由两部分组成的,一部分为固定成本,一部分为变动成本。固定成本包括生产这种产品所需要的管理费用,工人基本工资,设备的折旧费用等。这些费用基本上是恒定的,不随着产量的变化而变化。变动成本包括原材料费,能源费等,这些费用与产量成正比关系变化。而在完全竞争的市场上,产品的价格不能由一个企业自己控制,只能根据市场的价格来销售产品。由此就产生一个问题,即当产量很少时,该企业单个产品的成本就很高。这是因为固定成本不随产量变化,产量少固定成本占总成本的比重就大。这时的成本可能高于市场价格,企业发生亏损。只有当产量达到一定水平时,才能收支相抵,超过这个水平企业方可获利。产量和成本以及收益的这种关系用平面坐标图表示就称为损益平衡图(见图 6-7)。

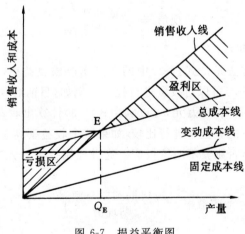

图 6-7 损益平衡图

由图 6-7 可以分析,变动成本加上固定成本是总成本,只有当销售收入大于总成本时方能盈利,而当销售收入小于总成本时就将亏损。在临界点 E,销售收入等于总成本,没有盈利也无亏损。E 点称为损益平衡点,E 点所对应的产量 Q_E 为临界产量。Q_E 的计算公式为:

$$临界产量 = \frac{总固定成本}{单位产品售价 - 单位产品变动成本} \tag{6-1}$$

损益平衡分析在管理中有许多用途,主要有如下几条:
① 确定临界产量,以便于管理者决策是发展还是收缩产品的生产;
② 确定不同的产量水平时其盈亏情况如何,要达到何种产量和销售量才能达到预定的利润;
③ 帮助制定价格政策;
④ 帮助选择不同行动方案,如销售方法、开发新产品决策和设备更新等方案的选择。
但是这种损益平衡分析方法有以下局限性:
① 它假定各种费用、产量和收入之间存在一种线性关系,而实际上只有产量变动范围较小时此假定才能成立;
② 它假定成本不变,是一个静态模型,因此仅在相对稳定情况下才有价值;
③ 损益平衡分析是一种描述性的模型,它只能用于指导决策,即它只是提供一个概念,用以了解成本、收入和产量之间的关系。

3. 按贴现计算收益率方法

贴现是企业向银行取得贷款的一种形式。企业或者个人为了早日取得现金,持未到期的票据(如汇票)向银行请求贴现,银行按市场利息率照票面金额扣除自贴现日起至票据到期日止的利息后,将现金付给请求贴现的企业或个人。具体贴现值计算如下:

$$贴现值 = \frac{票据到期金额}{(1 + 利息率)^n} \tag{6-2}$$

其中:n——单位时间数。

按贴现计算收益率方法是把式(6-2)中的利息率改成收益率,然后使式子左边为收益率,如式(6-3)。利用式(6-3)可以对投资进行控制。例如,目前有现金10万元,如果对某项事业投资,预计一年后能收回20万元,可以利用式(6-3)计算出收益率为100%。然后就把这个收益率同正常情况下的收益率进行比较,如果这个收益率高于正常情况下投资的收益率,这项投资就是有利的,否则就不应该投资。这种控制投资的方法是比较科学的,它包括了资金使用的时间价值。

$$收益率 = \left(\frac{票据到期金额}{贴现值}\right)^{1/n} - 1 \tag{6-3}$$

4. 财务报表分析

财务报表是用于反映企业经营的期末财务状况和计划期内的经营成果的数字表。财务报表分析,又称经营分析,就是以财务报表为依据来判断企业经营好坏,并分析企业经营的长处和短处。它主要包括3种分析:

第一,利润率分析,指分析企业收益状况好坏;

第二,流动性分析,指分析企业负债与支付能力是否相适应,资金的周转状况和收支状况是否良好等;

第三,生产率分析,指分析企业在计划期间内生产出多少新的价值,又是如何进行分配将其变为人工成本、应付利息和净利润的。

财务报表分析方法主要有实际数字法和比率法两种,前者是用财务报表中的实际数字来分析,后者是求出实际数字的各种比率后再进行分析。由于后者更加容易辨识,所以较常采用。

在比率法中还可以分成构成比率法、趋势比率法、相关比率法,以及新增价值比率法:

(1) 构成比率法。构成比率法的具体做法是,把经济项目中的各个单项占总项目的比率求出来,然后进行分析。比如百分比资产负债比率,就是求出流动资产和固定资产占总资产的比率,流动资金和固定资金占企业资金总额的比率等。

(2) 趋势比率法。这种方法需要把某一年度作为基础期,并把该年度的各项目金额作为基数,根据这种标准求出以后年度各项目金额的百分比。这种方法可以从前后联系中来分析企业的经营状况。

(3) 相关比率法。这种方法是先从资产负债表或损益表中挑选出相关的特定项目,然后计算出相关比率进行分析。这是最常见的分析方法。比如选出净利润和总资金这两个相关项目,然后就可求出总资金利润率。

$$总资金利润率 = \frac{净利润}{资金总额} \times 100\% \tag{6-4}$$

对于各种资本项目都可以按此法计算出相关比率,比如在流动性分析中可以计算流动资产对负债的比率;酸性试验比率,即现金、应收款及流动资金和流动负债的比率。此外,还可以把总资产、应收款项、库存资产、固定资产作为分母,求出这几种周转比率,以确定资金活动状况如何。

(4) 新增价值比率分析。新增价值在这里是指企业通过人的劳动新创造出的价值,具体实现为通过生产和销售活动向社会作出了多少贡献,并如何将其进行分配。新增价值比率分析是为了搞好企业的生产率分析而进行的。新增价值计算如下:

$$新增价值 = 本期净利 + 人工费 + 租金 + 缴纳税款和其他公共费用 + 折旧费 \tag{6-5}$$

二、人员行为的控制方法

管理控制中最主要的方面就是对人员的行为进行控制,这是因为任何组织当中最关键的资源都是人,任何高效的组织都是配备着有能力高效地完成指派任务的优秀人员,这可以从周围许多组织的情况得到证明。怎样选择人员,怎样使职工的行为更有效地趋向组织目标,这就涉及到人员行为的控制问题。然而,由于人的行为是由人的思想、性格、经验、社会背景等多种因素综合作用的结果。而这些因素本身又很难用精确的方法加以描述,这就使对人员行为的控制成了管理控制中相当复杂和困难的一部分,在这部分控制过程中,对人的行为和绩效进行评价最为困难。

对人员的行为和绩效进行评价之所以如此困难,主要因为对许多人来说很难既客观又简明地建立起绩效判断的标准。对于生产物质产品的人,例如装配工人、机械加工工人可以按照他们所生产的产品数量和质量来衡量他们的绩效。但对于生产精神产品的人,如企业的管理人员,大学教师,政府工作人员等有时就无法对他们的工作规定得十分清楚,因而相当大的一部分评定过程几乎完全根据评定者的主观判断,这种判断极易产生评定偏差,最后导致人员行为的失控。

对绩效评定的另一个困难,是多数工作都需要有两个或两个以上的标准来衡量。比如一个工人生产的产品数量可能超过了标准,但有些产品质量不合格;大学教师要做三方面工作:教学、科研和育人。某人在某些方面可能相当出色,而在其他方面又逊色较多,而且他的成绩随时间变化。这一段时间好些,那一段时间又可能差些。

面对这些困难是否有良好的评价方法呢?人们在实践中不断探索,逐渐总结了一些可行的方法。尽管这些方法还存在一些缺陷,但是它们至少可以使管理工作者有了一些决策的依据。常用的绩效评定方法有如下几种:鉴定式评价方法,实地审查方法,强选择列等方法,成对列等比较法以及偶然事件评价法。

1. 鉴定式评价方法

这种方法是最简单最常用的人员绩效评价办法。具体做法是,评价人写一篇针对被评价者长处和短处的鉴定,管理者根据这种鉴定给予被评价者一个初步的估计。这种方法的基本假设是评价人确切地知道被评价者的优缺点,对他有很好的了解,并且能够客观地撰写鉴定。然而,在实际工作当中,上述基本假设有时并不完全满足。况且,由于鉴定的内容不同,标准也不一致,所以用此种方法只能给人一种初步的估计,完全依赖这种办法往往会造成评价的失误。这种方法适用于调换或任免等人事方面的决策工作。

2. 实地审查方法

这种方法往往是复查的一种手段。当通过其他方法对被评价人有了初步的估计之后,为了核实这种估计的准确性,而到被评价者所在单位或工作现场实地调查了解。这时要召集当地评价者共同讨论,确定评价的统一标准。然后对于这些评价者的不同意见加以审查。管理者在实地审查时能够发现这些评价人的宽严态度,从而对被评价者有了更加深入的了解。但是这种方法将耗费相当多的时间和精力,因此只适用于重要的人事决策工作。

3. 强选择列等方法

这种方法是为了克服偏见和主观意念，建立比较客观的评价标准。做法是管理者列出一系列有关被评价者的可能情况，然后让评价者在其中选择最适合被评价者的条目，并打上标记。管理者据此加权评分，得分高者就是好的，得分低者就是差的。这种方法比较准确，但它只限于应用在性质类似或标准的工作，超出这个范围其准确性将大为降低。

4. 成对列等比较法

这种方法基点是把要评价的人员两两进行比较，即每个人都同所有的人比较一次，然后按照某种评价标准进行选择。比如，被评价的人员一年来对企业的贡献，或在工作中的开拓和进取精神等。在两两比较时，选择较好的一个打上标记。当全部比较完毕，标记最多者就是根据所定标准最出色的一人，而无标记者则是最差的一人。图 6-8 是一种实用的选择表格，根据这表格就能准确地确定出该组员中李××是最佳者，而周××是最差者。但是这种方法有一个缺陷，就是比较标准只是单一项。如果要有多种标准进行综合衡量，只能对每种标准都进行一次比较，然后给出每个标准一个权数，最后再进行加权比较来确定次序。这样就使工作量进一步加大，特别是在要被评价的人数较多时更是如此。此外这种方法由于是依据主观的判断进行，有时能产生较大误差，这时最好由几个人同时单独进行评价工作，最后取平均值以减少这种误差。这种方法同强选择列等方法都适用于评定工资、奖金等方面。

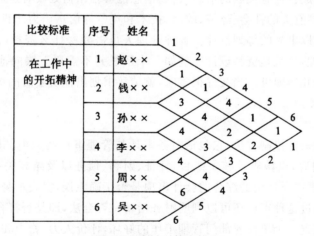

图 6-8　成对列等比较法

5. 偶然事件评价法

采用此种方法时，管理人员要持有一份记录表，随时记录职工积极或消极的偶然事情，根据这种记录以便定期对职工的工作绩效进行评价。根据这种偶然事情进行评价比较客观,但关键是能否把职工的所有偶发事项全部记录下来。另外,对职工来说都有各种责任制,如果责任制所规定的工作标准得到职工的赞同,这种方法就能有效地调动职工的积极性,否则职工还会有不公平感。这种方法和目标管理配合起来使用,可以有效地监控职工的工作。

除了上面介绍的几种对人的绩效评定方法外,还有一些类似的方法。这些方法的基本原则都是要尽量客观、准确地对人员绩效进行评价,以满足组织各方面工作对人的要求。

三、综合控制方法

综合控制方法与财务控制方法和人员控制方法的差别在于它的适用范围较宽,几乎在任何种类的管理控制中都可采用。例如资料设计法可以帮助各层管理人员收集控制资料,审计法可以帮助管理人员正确地控制各种工作,以使其符合标准。下面我们就介绍这两种综合控制方法。

1. 资料设计法

资料设计就是设计一个专门系统或程序,以保证为各种职能或各层管理人员提供最必需的资料。缺乏必要的信息就无法进行控制,但信息太多,又不加处理和选择,就会产生信息消化不良症,使领导淹没在浩如烟海的资料报表之中。一个管理人员只需要那些对实际工作有价值的与达成目标有关联的信息,这些信息能够指出何处没有达成目标,其原因是什么,以及与工作计划有关的社会、经济、政治、技术和竞争等信息。为此我们对各种管理人员所需要的信息要加以事先的筹划设计。各种管理人员需要些什么资料,这些资料应当如何搜集,如何汇总处理,这就是资料设计。例如一个厂长并不需要下层向他提供所有的报表,通常由他指定提供几项即可。当文件很多时,就请秘书划出他所要看的部分。

2. 审计法

审计是常用的一种控制方法,它包括财务审计与管理审计两大类。所谓财务审计是以财务活动为中心内容,以检查并核实账目、凭证、财物、债务以及结算关系等客观事物为手段,以判断财务报表中所列出的综合的会计事项是否正确无误,报表本身是否可以信赖为目的的控制方法。通过这种审计还可以判明财务活动是否合法,即是否符合财经政策和法令。所谓管理审计是检查一个单位或部门管理工作的好坏,评价人力、物力和财力的组织及利用的有效性。其目的在于通过改进管理工作来提高经济效益。此外,审计还有外部审计和内部审计之分,外部审计是指由组织外部的人员对组织的活动进行审计;内部审计是组织自身专门设有审计部门,以便审计本组织的各项活动。

审计工作有一些公认的原则,以保证审计的有效性。具体原则有:

① 政策原则，即审计工作必须符合国家的方针政策；
② 独立原则，审计监督部门应能独立行使职权，不受任何干涉；
③ 客观原则，审计一定要实事求是地进行，客观地作出评价和结论；
④ 公正原则，审计工作必须站在客观的角度上，不偏不倚，公正地进行判断；
⑤ 群众原则，审计工作要走群众路线，依靠群众才能解决许多困难问题；
⑥ 经常性原则，审计工作应经常化、制度化。

财务审计的主要方法有：

第一，监督性盘存。即审计人员监督财产、物资和货币的实地盘点。在盘点过程中，审计人员还应该抽查某些实物的数量和质量。

第二，抽样。即在为数众多的审计对象中，抽选某些样本进行审核。

第三，发函询证。即向与被审计对象有往来的单位或个人发函询问，来核对应收付款项的余额。

第四，反复对证。即以原始凭证为依据，将其同有关实物、单位、个人和其他原始凭据相互对证，而有关的其他原始凭据、实物、单位和个人之间还可以再互相对证。

第五，凭证检查。即会计凭证、账簿记录和会计报表的检查。

管理审计的方法与审计的一般方法基本一致（参看图6-9）。其中查明事实真象是管理审计工作的最基本任务，它一般包括下面几方面内容：

第一，熟悉被查单位或部门的组织、人事、业务性质、管理制度、业务操作程序以及领导关系等。

第二，确定需要取得的资料。

第三，查明各种业务记录，如单据、合同、函电、规章程序、账册、会议记录、总结报告等。

第四，向各级管理人员和职工调查，完成书面记录。

第五，核实所得材料并进行分析，形成清楚的调查记录。

图6-9 管理审计方法

接着就要考虑如何确定客观的评价标准。制定标准要符合审计对象的实际情况，不能太低也不能太高，最好是处于中上水平，这样被审计对象才有提高管理水平的动力。在具体评价被查对象的管理水平时，可采用比较法，即以查明的实际情况和标准进行比较，利用评分方法表述评价结果。最后综合评价结果提出审计结论。审计结论应在成本效益分析的基础上提出解决管理问题、提高管理水平的具体建议。

除上述两种综合控制方法外,网络分析技术和目标管理也是非常好的综合控制方法。网络分析技术作为一种控制方法可以有效地对项目所使用的人力、物力、财力资源进行平衡,能够控制项目的时间和成本,能够在实施出现偏差时找出原因和关键因素,并能从总体上进行调整,以保质按量达成目标。目标管理作为一种控制方法的特点是标准清晰、明确,各级管理者容易作出判断;由于整个组织或系统的目标分解成为各个子系统的目标,若各个子系统能达成目标,就能够确保整个组织达成目标,这在某种程度上说提高了控制的可靠程度;目标管理的核心是各级组织成员都参与自己目标的制定,员工的行为和态度与组织目标更加接近,这使人员行为的控制容易了许多。各种控制方法的应用范围如表6-2所示。

表 6-2 控制方法的应用范围

方法类别	方法名称	应用范围
一、财务	1. 预算	收入、支出、积累、产量、销量、原材料利用、成本、利润、时间、人力资源等多方面
	2. 损益平衡分析	产量和价格等方面决策
	3. 贴现收益率法	投资
	4. 财务报表分析	利润、资金周转、收入、支出、生产率等多方面
二、人员	1. 鉴定式评价方法	人员选用、晋升、调任等
	2. 实地审查方法	人员选用、晋升、调任等
	3. 强选择列等方法	人员的晋升、工资等
	4. 成对列等比较法	建立人事决策档案等
	5. 偶然事件评价法	训练、监督等
三、综合	1. 资料设计	各种控制的基础
	2. 审计	财务与管理活动的保证监督等
	3. 网络分析技术	项目的进度、时间、资源等
	4. 目标管理	组织目标、人员行为和态度等

第五节 如何有效地实施控制

控制是管理的一项基本职能,也是较易出现问题的一项职能。在许多情况下,人们制定出了良好的计划,也有适当的组织,但由于没有把握住控制这一环节,最后还是达不到预期的目的。实际上无效的控制就会引起计划无效和组织无效。为了能够实施有效的控制,认真研究以下问题肯定会有帮助的。

一、控制的目的性

控制作为一种管理职能是普遍存在的,它为组织目标服务。但是不同的组织、不同的层次、不同的工作性质、不同的对象,控制的目的是不一样的。良好的控制必须具有明确的目的,必须反映出业务的性质和需要,不能为控制而控制,搞形式主义。例如,对生产一般日用消费品的企业来说,影响企业成功的因素可能主要是产品的推销,顾客对产品的反映以及竞争情况的变化。因此,控制产品质量是关键问题。但是对于从事矿产品采掘这样的企业来说,生产与发送的成本控制以及高生产效率的控制才是影响企业成功的最主要问题。无论什么性质的工作都能列举出许多目标,但总有一个或几个目标是最关键的,达到了这些关键目标,其他目标可能随之达到,即使有些次要目标达不到也不妨碍大局。管理者的任务之一就是要在众多的甚至相互矛盾的目标中选择出关键的反映工作本质和需要的目标,并加以控制。它们可能是时间和数量方面的,也可能是质量和成本方面的。对于组织中不同的层次,还可能是物理的、消耗的、资金使用的、程序和方法的、有形和无形的等等。

二、控制的及时性

较好的控制必须及时发现偏差,迅速报告上级,使上级能及时采取措施加以更正。如果信息滞后,往往造成不可弥补的损失。如进口产品检验不合格,过了索赔期,对方就不承担责任。时滞现象是反馈控制的一个难以克服的困难。正像我们前面所提到过的,虽然检查实施结果,并将结果同标准进行比较,找出偏差,可能不会花费很长的时间。但分析偏差产生的原因,并提出纠正偏差的具体方法也许旷日持久,当真正采取这些办法去纠正偏差时,实际情况可能有了很大变化,如图6-10所示。如果在第3时刻发现偏差,分析偏差原因及制定措施花费一单位时间,则在第4时刻落实控制措施,最后实施的结果与目标有一段差距。

如何解决这种问题?较好的办法是采用前馈控制,采取预防性控制措施,使实施的最初阶段就能严格按照标准方向前进。一旦发现偏差,就要对以后的实施情况进行预测,使控制措施针对将来,这样即使出现时滞现象,也能有效地加以更正。

三、控制的经济性

控制活动是需要费用的,是否进行控制,控制到什么程度,都要考虑到费用问题。要把控制所需要的费用同控制所产生的结果进行经济方面的比较,只有当有利可图时才实施控制。生产当中的质量控制是说明这个问题的较好例子。首先是要制定恰当的质量标准,当标准较低时,操作工人在控制产品质量时的费用随着标准的提高,增长的幅度也不大。当标

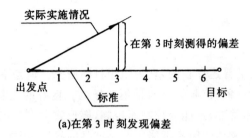

(a) 在第 3 时刻发现偏差

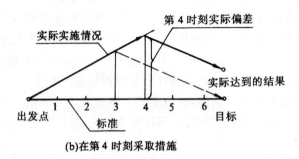

(b) 在第 4 时刻采取措施

图 6-10 时滞现象所引起的结果

准较高时,操作工人控制产品质量的费用与标准的提高量成指数增长的关系,如图 6-11 所示。前一段曲线是线性关系,后一段曲线为指数关系。由此可以看出,标准不宜太高,要与实际情况相适应。其次,在产品质量检查方面也要考虑经济因素,是抽样检查,还是全部检查,管理者要对此做出适当的决策。

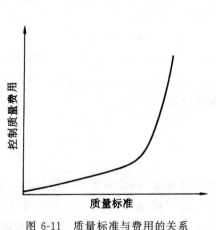

图 6-11 质量标准与费用的关系

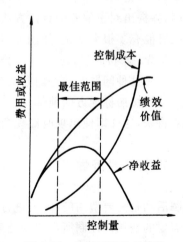

图 6-12 控制系统的经济性

具体考虑控制的经济性时,可以采用损益分析的方法定量地比较,这时损益分析图有一种变化的形式,如图 6-12 所示。只有在最佳范围内实施控制才是合适的。当然,在选择控制形式之前要有足够的信息资料,以便能够比较准确地画出控制成本与绩效价值的曲线。

四、控制的客观性

控制应该客观,这是对控制工作的基本要求。在整个控制过程中最易引起主观因素介入的是绩效的衡量阶段,尤其是对人的绩效进行衡量更是如此。这可能来自两种心理方面的作用,一种是晕轮效应,另一种是优先效应。晕轮效应是一种以点代面的效应。人们往往习惯于把人的行为中的某一点覆盖于人的全部行为之上。这种效应很容易引起判断上的主观性,造成评价上的偏差。比如人们常说"情人眼里出西施",就是形容这种晕轮效应。所谓优先效应是指人们往往把第一印象看得更加重要,以至于影响今后对人的评价。这也是心理作用。很显然,一个人在第一段时期工作的好与坏只能说明他那时的绩效情况,而不应以此来代替他今后的绩效情况。但是许多人没有意识到这一点。许多例子证明优先效应是随处可见的,像"要给人一个好印象","应踢好头三脚"等等。管理者要特别注意自己的评价工作,严防上述两种心理效应在评价工作中出现,因为如果没有对绩效的客观的评价或衡量,就不可能有正确的控制。

要客观地控制,第一要尽量建立客观的计量方法,即尽量把绩效用定量的方法记录并评价,把定性的内容具体化。第二是管理人员要从组织目标的角度来观察问题,应避免形而上学的观点,避免个人偏见和成见。

五、控制的其他要求

在设计控制系统时,或在实施控制过程时,除了要考虑上述 4 种影响因素外,还有其他一些要求,其中比较重要的要求有 5 条:

1. 控制应该具有弹性

控制必须保证在发生了一些未能预测的事件情况下,如环境突变,计划疏忽,计划变更,计划失败等,控制工作仍然有效,不受影响。因此控制必须有弹性,必须有替代方案。例如应当允许企业随着生产的发展,并根据实际需要随时增加人员等等。

2. 控制必须配合组织形态

控制要同组织和人员分工、职责、权力结合起来。组织是维持控制系统的骨架,组织和控制要配合进行,否则将无效。例如,警察控制违章与市民控制交通违章,效果大不一样。

3. 控制应注意预测未来

及时发现偏差，不如预先估计出可能发生的偏差，预先采取行动更好。所以管理者应设计一种控制方法，使未来的偏差能早日觉察以防患于未然。例如企业对现金的预测控制，医学上对中风前兆的预测与治疗。

4. 控制必须针对重点

控制不仅要注意偏差，而且要注意偏差的项目。我们不可能控制工作中所有的项目，但必须控制关键的项目，而且仅当这些项目的偏差超过了一定限度足以影响目标的达成之后，才予以控制更正。

5. 控制必须为人所了解

控制往往涉及到数学公式，各种图表，统计分析等，这些常不为人所了解，以致失去效用。所以控制要尽可能用简单明了的方法表达，使人易于了解与接受。

本章复习题

1. 什么是控制？
2. 控制与计划的关系如何？
3. 传统控制模型需要什么条件？
4. 什么是策略控制模型？
5. 控制过程一般有哪些步骤？
6. 控制在组织中处于何种位置？
7. 管理控制有哪些策略，它们的具体含义是什么？
8. 控制有哪些种类？它们是怎样划分的？
9. 预先控制、过程控制和事后控制各有什么特点？
10. 正式组织控制和自我控制各有什么特点？
11. 直接控制和间接控制的含义是什么？
12. 什么是预算，它的应用范围如何？
13. 用损益平衡图来说明这种控制方法的作用。
14. 何谓财务报表分析？它包括哪些内容？
15. 如何正确使用人员绩效评定方法？
16. 人员绩效评定方法的应用范围有哪些？
17. 试述审计的含义、内容及作用。
18. 为何控制应反映工作的本质和需要？
19. 如何解决控制活动中的时滞问题？

20. 晕轮效应与优先效应有什么危害？
21. 有效的控制活动应注意哪些问题？

本章讨论题

1. 直接控制和间接控制的优缺点。
2. 在实际工作中对人员绩效进行评价有哪些障碍，如何克服？
3. 企业中如何应用审计制度？
4. 举例说明各种失控现象所产生的原因及带来的危害。
5. 如何提高员工的自我控制能力？

第七章 激励职能

在第一章中,我们曾经介绍了管理的行为学派。该学派的观点认为要搞好一个企业,提高劳动生产率,增加经济效益,最重要的是调动人的积极性,进行人力资源的开发。一些调查表明人的资源潜力是很大的,而这部分资源的开发,对提高劳动生产率的作用是不可低估的。国外有人做过这样的调查:按时计酬的职工每天一般只需发挥20%~30%的能力用于工作就足以保住饭碗。但如果能充分调动其积极性,那么他们的潜力可发挥到80%~90%,这之间的差额用于提高劳动生产率,其效果是可观的。这须依靠有效的激励。

第一节 基本概念

为了弄清行为产生的原因,首先我们要研究动机与行为的关系,在此基础上我们再研究激励的问题。

一、需要、动机与行为

凡人类有意识的活动均称之为行为。而行为产生的原因是心理学家争论的焦点。

一种观点认为人与其它动物没有什么差别,人类行为的原因在于人的本能。这种本能是从人的动物祖先那里遗传下来的,主要表现为自我保存和性的本能,只是这种本能不能像动物那样自由地表现出来,而是受着社会条件和道德观念的限制,通过各种伪装形式表现出来。此种观点认为人的行为完全是由人的自然性质决定的。

第二种是社会学化的观点。此种观点认为人的行为是社会环境将自己的特征投射到人体上的结果,因此人的行为完全是外力推动的。例如,有人认为权力欲是推动人们行为的主要力量,也有人认为金钱、地位或对权威的顺从是决定人们行为的主要力量。总之,他们认为人的行为完全是由社会性质决定的。

第三种是相互作用的观点。这种观点认为前面两种主张都是片面的,要么强调人的生物本能对个人行为的影响,要么强调社会环境对个人行为的影响。而实际上,人们的行为是环境与个体相互作用的结果。最具有代表性的是勒温的场论。这一理论用公式表示为:

$$B = f(P, E)$$

其中:B——行为　P——个人

E——环境　　f——函数关系

大部分心理学家持第三种观点。根据这种观点他们认为,人的行为是由动机决定的,而动机是由需要支配的。

所谓需要是客观的刺激作用于人们的大脑所引起的个体缺乏某种东西的状态。这里所说客观的刺激不只是指身体外部的,也包括身体内部的。例如人饿了想进食,这是由于人饿时体内血糖成分降低,血液成分失去了平衡所产生的刺激,这种刺激通过神经系统反映到人脑的下丘部分传到大脑皮层,产生了饥饿的感觉和进食的需要。客观的刺激可以是物质的,也可以是精神的,例如雷锋精神对人们的影响。

动机是人们行为产生的直接原因,它引起行为、维持行为并指引行为去满足某种需要。动机是由需要产生的。当人们产生某种需要,而又未能满足时,心理上便产生了一种不安和紧张,这种不安和紧张成为一种内在的驱动力,促使个体采取某种行动。心理学把这种现象称为动机。当人有了动机以后就要寻找、选择和接近目标。找到目标后,就进行满足需要的活动。需要满足后,紧张消除,然后又有了新的需要。在整个过程中,寻找、选择和接近目标的行为,被称之为目标导向行为;满足需要自身的活动被称之为目标行为。上述的行为循环可用图7-1表示。

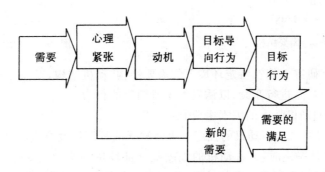

图 7-1　人的行为循环

动机是由需要支配的,有需要才可能产生动机。但是动机和需要有时是很难区别的,有时也不必严格区分。可以总括为一句话:需要带有较强的客观性,而动机则是纯主观的。例如同样需要钱,为什么有人通过辛勤劳动获得,有人则通过投机倒把获得,又有人去偷去抢呢?这只能说明动机不同。需要是侧重于缺乏某种东西的客观状态,而动机总是和具体的目标以及一定的行为方式相联系的,因而动机更多的受社会、文化、意识、道德和个人品质的影响,它经过了更多的思维加工。所以在一些情况下,内在的需要和外界的刺激不等于就是动机,能不能成为动机还要受个体的人格系统和社会心理环境的影响。

二、需要结构与动机结构

行为是由动机决定的,动机来自需要。但是这句话不能反过来理解;有某种需要,就有某种动机,有某种动机就有某种行为。事实上有某种需要不一定就会产生某种动机,有某种动机不一定就会引发某种行动。因为一个人同时可以有许多种需要和动机,一般而言,人们同时存在着生存、安全、社交、自尊和自我实现等多种需要,但在特定的时间和空间内,其中一种需要是最强的,被称为主导需要。在这种主导需要驱使下会出现多种动机,但只有一种最强的动机(称为优势动机)实际产生行为。这就形成了具体的需要结构和动机结构,如图 7-2 和图 7-3 所示。

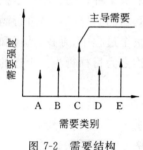

图 7-2 需要结构　　　　　图 7-3 动机结构

我们应该认真研究人们在特定环境下的需要结构、动机结构,以及各种动机之间的矛盾和斗争,然后因势利导,进行激励,以诱发组织所期望的行为。

一般而言,影响动机强度的因素主要有:

(1) 在外界条件一定时,动机的强度与个体缺乏的程度以及个人的个性直接有关。

(2) 在内部条件一定时,某种动机的强度随外部环境的刺激而变化。例如某人想升工资的动机强度,随组织今年升工资的计划、比例以及其他单位同类人员升级的情况而变化。

(3) 某种动机的强度还取决于这种动机的过去是否得到强化,如果过去这种动机引发的行为曾取得良好的结果,这个动机就会得到强化,该行为会重复出现。如果这种动机过去曾取得坏的结果,该动机因此削弱或消失,从而使该行为不再出现。

(4) 动机强度随着行为进行的过程而有所改变。同一动机随着目标导向行为的进行,越接近目标,动机强度越大;而随着目标行为的进行,需要逐渐得到满足,其强度逐渐减弱。例如,饥饿时越接近食堂和自己喜爱的食物,食欲越旺盛;而随着进食过程,食欲越来越低。

三、激励

一个人可能同时有许多需要和动机,但是人的行为却是由最强烈的动机引发和决定的。

因此,要使职工产生组织所期望的行为,可以根据职工的需要设置某些目标,并通过目标导向使职工出现有利于组织目标的优势动机并按组织所需要的方式行动,这就是激励的实质。

所谓激励,就是创设满足职工各种需要的条件,激发职工的工作动机,使之产生实现组织目标的特定行为的过程。

为了达到激励的目的,设置目标时必须符合下列各点:

(1) 设置目标的目的,不仅是为了满足组织成员的个人需要,最终还是为了有利于完成组织目标。因此在设置目标时,必须将组织目标纳入其中或将组织上所希望出现的行为列为目标导向行动,使成员只能在完成组织目标后才能达到个人的目标。其过程如图 7-4 所示。如果没有组织目标,没有目标导向行动,尽管满足了成员的需要也不能称为激励。那种认为满足了个人目标,就会带来满意和积极性,就自然能完成组织目标的想法是不符合实际的。

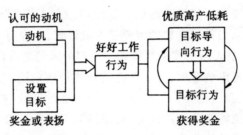

图 7-4 激励过程的简单表达式

(2) 目标的设置必须是受激励者所迫切需要的。已经满足了的需要不可能激发动机或激发出来的动机强度不高。如好好干,可以分一套住房,这样的目标对已经住上套房的人是没有吸引力的。

(3) 目标的设置要适当,既不能俯手而拾,又不能高不可攀,应是通过努力可以达到,而不努力则达不到的。例如诺贝尔奖金对一般人来讲就没什么吸引力,因为获得诺贝尔奖金这种目标对常人来说是不可能达到的。

(4) 设置目标最好让大家参与讨论,这样不仅可以使目标定得合理,还有助于对目标导向行动的深刻理解,同时满足了职工参与感,使职工工作更努力。

第二节 马斯洛的层次需要论

既然激励的实质在于满足人们的需要,促使其按组织所需要的方式行事,因此要激发动机,调动人们的积极性,就必须研究人们的需要。需要有多少种?人们需要的一般规律是什么?许多人曾对此进行过研究。有人将需要分为存在需要、关系需要和成长需要;还有的人按需要的起源把它分为自然需要与文化需要,按对象把它分为物质需要和精神需要。但是影响最大的还是马斯洛(A. H. Maslo)1954年在他的代表作《动机与个性》里提出的层次需要理论。这一理论,几十年来流传甚广,是行为科学家试图揭示需要规律的主要理论。

一、层次需要论的内容

马斯洛的层次需要论有3个要点:

1. 人类的多种需要分为5个层级

(1) 生理的需要。这是人类为了维持其生命最基本的需要,也是需要层次的基础。若衣食住行、空气和水等这类要求得不到满足,人类的生存就成了问题。从这个意义上来说,这些基本的物质条件是人们行为最强大的动力。马斯洛认为,当这些需要还未达到足以维持人们生命之时,其他需要将不能激励他们。他说:"一个人如果同时缺少食物、安全、爱情及价值等,则其最强烈渴求当推对食物的需要。"一般说来,生理需要的满足都与金钱有关。

(2) 安全需要。当一个人的生理需要得到了一定的满足之后,他就想满足安全的需要。即不仅考虑到眼前,而且考虑到今后,考虑自己的身体免遭危险,考虑已获得的基本生理需要及其他的一切不再丧失和被剥夺。例如要求摆脱失业的威胁,要求在生病及年老时生活有保障,要求工作安全并免除职业病的危害,希望解除严格的监督以及不公正的待遇,希望干净和秩序的环境,希望免除战争和意外的灾害等等。

(3) 社交的需要。当生理及安全的需要得到相当的满足后,社交的需要便占据主导地位。因为人类是有感情的动物。他希望与别人进行交往,避免孤独,希望与伙伴和同事之间和睦相处,关系融洽。他希望归属于一个团体以得到关心、爱护、支持、友谊和忠诚。人为什么要归属于一个团体?因为人们有一种把与自己信念相同的人找出来的倾向,以此来肯定自己的信念,特别是当一种信念岌岌可危时尤为如此,这时他们便聚在一起,并试图对所发生的事态及他们的信仰达成一个共同的认识。爱情是较高级的社交需要,它既包括男女之间的爱,也包括父母与子女间的爱、兄弟姊妹之间的爱。为了爱情,人们甚至可以舍弃一切。社交需要比生理和安全需要来得细致,各个人之间的差别性也比较大,它和一个人的性格、经历、教育、信仰都有关系。

(4) 自尊的需要。当一个人开始满足归属感的需要以后,他通常不只是满足做群体中的一员,而且要产生自尊的需要。即希望别人尊重自己的人格和劳动,对自己的工作、人品、能力和才干给予承认并给予公正的评价。希望自己在同事之间有较高的地位、声誉和威望,从而得到别人的尊重并发挥一定的影响力。

(5) 自我实现的需要。马斯洛认为这是最高层次的需要,当自尊的需要得到满足以后,自我实现的需要就成为第一需要。自我实现的需要就是要实现个人理想和抱负、最大限度地发挥个人潜力并获得成就,实现自我价值。它是一种"希望能成就他独特性的自我的欲望,希望能成就其本人所希望成就的欲望"。这种需要往往是通过胜任感和成就感来获得满足的。

所谓胜任感是指希望自己担当的工作与自己的知识能力相适应,工作带有挑战性,负有更多的责任,工作能取得好的结果,自己的知识与能力在工作中也能得到成长。

所谓成就感表现为进行创造性的活动并取得成功。具有这种特点的人一般给自己设立相当困难但可以达成的目标,而且往往把工作中取得的成就本身看得比成功以后所得到的报酬更为重要。

以上 5 种需要的关系可以用图 7-5 表示(引自小詹姆斯·唐纳利等著《管理学基础》)。

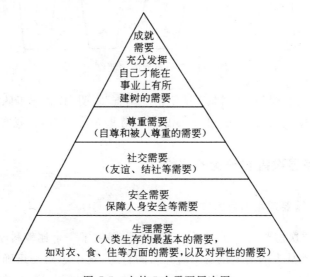

图 7-5 人的 5 个需要层次图

2. 5 种需要之间的递进规律

一般而言,生存和安全需要属于较低层次的、物质方面的需要;社交、尊重和自我实现的需要,则属于较高层次的、精神方面的需要。马斯洛认为,人的需要遵循递进规律,在较低层次的需要得到满足之前,较高层次的需要的强度不会很大,更不会成为主导的需要。当低层次的需要获得相对的满足后,下一个较高层次的需要就占据了主导地位,成了驱动行为的主要动力。

3. 人的需要的个体差异性

马斯洛认为,由于各人的需要结构发展的状况不同,这 5 种需要在体内形成的优势位置也就不同,但是任何一种需要并不因为高层次的要求获得满足而自行消失,只是对行为的影响比重减轻而已。此外,当一个人的高级需要和低级需要都能满足时,他往往追求高级需要,因为高级需要更有价值,只有当高级需要得到满足时,才具有更深刻的幸福感和满足感。但是如果满足了高级需要,却没有满足低级需要时,有些人可能牺牲高级需要而去谋取低级需要,还有些人可能为了实现高级需要而舍弃低级需要。

人们常常是5种需要同时存在,只是各自的需要强度不同,呈现出不同的需要结构。若用横坐标长短表示需要强度,则可将人们区分为5种典型的需要结构,如图7-6所示。

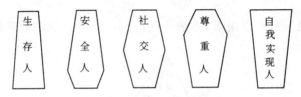

图7-6　5种典型的需要结构

1986年中国总工会作的"全国职工队伍情况调查"表明,我国职工队伍中需要结构分别为:生存人占33%,安全人占20%,社交人占7%,尊重人占20%,自我实现人占15%。

二、对马斯洛层次需要理论的评价

1. 马斯洛层次需要理论的巨大贡献

(1) 马斯洛的层次需要论为我们研究人的行为提供了一个比较科学的理论框架,成为激励理论的基础。他从人的需要出发来研究人的行为,这个思路是正确的。他将人类千差万别的需要归为5类,揭示了一般人在通常情况下的需要与行为规律,指出了人们的需要从低级向高级发展的趋势,这符合心理发展的过程,对我们很有实用价值。

(2) 马斯洛将各类需要研究得很细,指出了每一类需要的具体内容,这对我们很有用处。它告诉我们人的需要是多种多样的,激励方式也是多种多样的。不仅要给人以物质的满足,而且要给人以精神的满足。特别是基本生理需要得到一定的满足以后,精神需要更为重要。因为,满足人的高级需要将具有更持久的动力。

(3) 马斯洛将自我实现作为人的需要的最高层次对我国的管理者同样具有积极的意义。

第一,人有自我实现的需要,这是一种客观的事实,应当承认我们过去对这种需要的认识、研究、重视、开发和利用不够。

第二,自我实现的需要有其一定的含义和积极的一面。不要将自我实现和组织目标简单地对立起来,自我实现应当理解为充分发挥潜力、实现理想、多做贡献的愿望。但个人的理想不一定就是以个人为中心,更不等于个人主义。只要这种理想有利于社会进步和四化建设,我们应当鼓励支持。在我们国家中具有自我实现需要的人,即希望发挥自己潜力取得成就的人越多,对社会主义建设越有利。国外一些专家认为,一个国家有成就感的人越多,这个国家越兴旺。据他们统计,英国1925年国民经济情况很好,当时英国有高度成就需要的人数在25个国家中名列第五。第二次世界大战后,英国经济走下坡路,到1950年再作调查,英国在39个国家中名列第27名。在我们国家如果能够为更多的人开辟通往理想的道路,发挥他们的聪明才智,并使他们取得成就,社会主义制度的优越性就会更加明显。

2. 马斯洛层次需要理论的缺陷

对于马斯洛层次需要理论国内外都有不同的意见。这些意见大致可以归纳为下面几种:

(1) 对需要层次的分析简单、机械。人类需要的发展不带有自然成熟的色彩,往往不是非经过某一层次需要才能有下一层的需要,而是随着环境和个体情况的变化同时存在着若干种需要。在顺序上,特别是在后3种需要顺序上,有些人看重社会需要,有些人自我实现的需要最强烈,有些人则只停留在前两种需要上,而后3种需要很少。实际上人同时存在几种需要,这几种需要同时产生动机,动机之间不仅有强弱之分,而且是斗争的,不讲多种需要和动机的斗争是一个缺陷。中国古代流传至今的名句,如:"贫贱不能移,富贵不能淫,威武不能屈","不为五斗米折腰"等等,都是"递进规律"所无法解释的。

(2) 马斯洛层次需要论的理论前提——人都是自私的,不是一种科学的假设。层次需要论是以人本主义为其理论基础的。他认为人的需要都是本能的活动,都是生而具有的,生理需要是为了维护自己的生存,安全需要是出于趋利避害的本能,社交的需要是为了自己享受生活的乐趣,自尊和自我实现的需要是为了出人头地。总之,人的一切行为都是出于人的利己本能。马斯洛把无私解释成"以健康的方式自私",否认无私行为的真实性,这种看法不符合社会实际,是十分有害的。

(3) 把人的基本需要归结为5个层次,也不尽完善。事实上,马斯洛越研究越发现5个层次不够,诸如:爱美的需要,求知的需要,劳动的需要等等,都是人的普通需要。最后,他把需要层次归结为13层,但都无法得到世人的认同。我们认为,5个层次统统是"我"的需要,而人都有一种"超越自我"的需要,亦即人们往往追求高尚的社会理想,愿意为民族、为国家牺牲个人的一切,这种需要层次远远超出了"自我实现"的境界。在各个民族,各个国家都有自己的英雄和伟人,他们都是"超越自我"需要占主导的人。我们不妨在自我实现之上,加一"超越自我"的层次。这个6层次论,也许可以克服5层次论的不足。如图7-7所示。

图7-7 需要层次图

第三节 赫兹伯格的双因素理论

双因素理论是由美国心理学家赫兹伯格首先提出的,他在 50 年代后期对一些企业进行了调查。调查时,他设计了许多问题,如什么时候你对工作特别满意,什么时候你对工作特别不满意等等。然后,他向一批工程师和会计师征询意见。赫兹伯格在研究了调查结果后提出了激励的双因素理论。

1. 双因素理论的内容

赫兹伯格认为,使职工感到满意的因素与使职工感到不满意的因素是大不相同的。使职工感到不满意的因素往往是由外界环境引起的,使职工感到满意的因素通常是由工作本身产生的。赫兹伯格发现造成职工非常不满的原因有:公司政策、行为管理和监督方式、工作条件、人际关系、地位、安全和生活条件。这些因素改善了,只能消除职工的不满、怠工与对抗,但不能使职工变得非常满意,也不能激发他们工作的积极性,促使生产增长。赫兹伯格把这一类因素称为保健因素,即只能防止疾病,治疗创伤,但不能提高体质。赫兹伯格还发现使职工感到满意的原因有:工作富有成就感、工作成绩能得到认可、工作本身具有挑战性、负有较大的责任、在职业上能得到发展等等。这类因素的改善,能够激励职工的工作热情,从而提高生产率。如果处理不好,也能引起职工不满,但影响不是很大,赫兹伯格把这类因素称为激励因素。这两类因素如表 7-1 所示。

表 7-1 保健因素与激励因素

保健因素(环境)	激励因素(工作本身)	保健因素(环境)	激励因素(工作本身)
金钱	工作本身	工作环境	责任
监督	赏识	政策与行动	成就
地位	进步	人际关系	
安全	成长的可能性		

赫兹伯格认为,传统的满意与不满意的观点是不正确的。满意的对立面应当是没有满意,不满意的对立面应该是没有不满意。在图 7-8 中,(a)图为传统观点;(b)图为赫兹伯格的观点。

赫兹伯格的双因素理论和马斯洛的层次需要论是兼容并蓄的。只不过马斯洛的理论是针对需要和动机而言的,而赫氏理论是针对满足这些需要的目标和诱因而言的。两者的关系如图 7-9 所示。由此可见生理、安全、社交以及自尊需要中的地位为保健因素,而自尊中的晋升、褒奖和自我实现需要为激励因素。

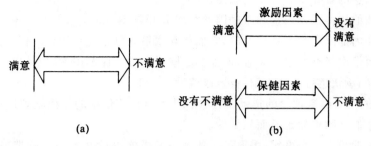

图 7-8 传统观点与赫兹伯格观点的比较

2. 对双因素理论的评价

(1) 赫兹伯格的双因素理论虽然在国内外有很大影响,但也有人对它提出了批评,主要有 4 点:

第一,赫兹伯格调查取样的数量和对象缺乏代表性。样本仅有 203 人,数量较少。而且对象是工程师、会计师,他们在工资、安全、工作条件等方面都比较好,因此,这些因素对他们自然不会起激励作用,但不能代表一般职工的情况。

第二,赫兹伯格在调查时,问卷的方法和题目有缺陷。首先,把好的结果归结于自己的努力,而把不好的结果归罪于客观的条件或他人身上是人们一般的心理状态,人们的这种心理特征在他的问题上无法反映出来。其次,赫兹伯格没有使用满意尺度的概念。人们对任何事物总不是那么绝对,要么满意,要么不满意,一个人很可能对工作一部分满意一部分不满意,或者比较满意,这在他的问题中也是无法反映的。

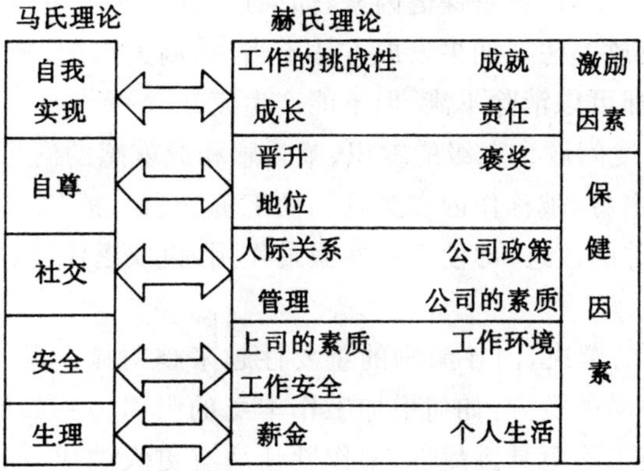

图 7-9 马斯洛层次需要论与赫兹伯格双因素理论的关系

第三,赫兹伯格认为,满意和生产率的提高有必然的联系,而实际上满意并不等于劳动生产率的提高,这两者并没有必然的联系。

第四,赫兹伯格将保健因素和激励因素截然分开是不妥的。实际上保健因素和激励因素、外部因素和内部因素都不是绝对的,它们相互联系并可以互相转化。保健因素也能够产生满意,激励因素也能够产生不满意,例如奖金既可以成为保健因素,也可以成为激励因素,工作成绩得不到承认也可以使人闹情绪,以致消极怠工。

(2) 赫兹伯格双因素理论的贡献。尽管有些人对赫兹伯格的双因素理论提出了一些不同看法,但赫兹伯格的贡献是显而易见的。

第一,他告诉我们一个事实,采取了某项激励的措施以后并不一定就带来满意,更不等于劳动生产率就能够提高。

第二,满足各种需要所引起的激励深度和效果是不一样的。物质需求的满足是必要的,没有它会导致不满,但是即使获得满足,它的作用往往是很有限的,不能持久的。

第三,要调动人的积极性,不仅要注意物质利益和工作条件等外部因素,更重要的是要注意工作的安排,量才录用,各得其所,注意对人进行精神鼓励,给予表扬和认可,注意给人以成才、发展、晋升的机会。用这些内在因素来调动人的积极性,才能起更大的激励作用并维持更长的时间。

3. 双因素理论的应用

双因素理论值得我们借鉴,但必须结合中国特殊的国情。

(1) 我们在实施激励时,应注意区别保健因素和激励因素,前者的满足可以消除不满,后者的满足可以产生满意。

(2) 双因素理论诞生在温饱问题已经解决的美国。在当前,中国的温饱问题尚未完全解决,因此,工资和奖金并不仅仅是保健因素,如果运用恰当,也表现出显著的激励作用。关键在于工资和奖金的发放办法。如果发放方法不当(如搞大锅饭、平均主义),那么工资奖金顶多是一种保健因素,即可以消除不满,但不能产生满意。

(3) 应注意激励深度问题。上级的赏识、荣誉感和成就感的满足,使当事人得到深刻的激励,因为它来自工作本身,被称作内在激励。而工资、奖金、福利、工作条件、人际关系的改善,属于工作的外部条件的改进,即使有一些激励作用,也缺乏深度,持续时间也短暂。这被称作外在激励。

(4) 随着温饱问题的解决,内在激励的重要性越来越明显。无怪乎发达国家的企业经理们挖空心思地寻找内激的良方:如何增加工作本身的吸引力?如何使员工在工作中感受到无穷的乐趣?如何使工作更具挑战性,工作胜任后有更大的成就感?其中最重要的应用是"工作丰富化"。

随着工业技术的发展,工厂规模的扩大,工人分工越来越细,为了提高劳动生产率普遍采用流水生产,工人只能在某一固定岗位上从事简单、重复、单调的劳动,工作非常乏味并且易于引起疲劳,从而引起工人的不满,生产积极性不高,出勤率下降,离职率增高。为了解决这种问题,有人根据双因素理论,提出了工作丰富化这样一种新的劳动组织方式。它的中心思想是扩大工作内容,将工人由从事单一的工作变为从事几种工作,由完成部分工作变为完成整体工作,增加工作中的自主性和独立性,减少外部的监督,并自行评价工作状况;分担责任和管理,让工人分担一部分计划工作、组织工作和设计工作等等。从理论上说,这种让工人从工作本身获取最大满足的办法是好的,但是实现上效果有限。通常的反映是工作丰富化使工人的工作兴趣增加,旷工减少,但在生产率和成本这个关键问题上,效果极不肯定,有的下降,有的上升。所以目前国外对工作丰富化的反应极不一样。

为了说明这个情况举两个例子。一个是瑞典的沃尔沃汽车公司的卡尔马工厂,原来采用流水线,每 3 分钟装配一辆汽车,由于工作单调乏味,加上瑞典法律规定,工人不来工作,工厂必须照付工资,所以工人离职率高,出勤率低。为了提高汽车装配工的兴趣,工厂将流水线装配改为小组装配,每组由 15~29 人组成,负责小汽车部件或小汽车某生产过程的全部责任。车间可同时容纳 6 辆小汽车车体,每个工作小组在自己工作地域内 18 分钟装配完即可。小组内部的工作分配和轮换均自行负责。除此之外,还进一步改善了工作条件,整个车间光线明亮,空气清新,噪音很低,并设有全铺地毯的喝咖啡角。结果,工人与工头、工程师关系得到改善,离职率减少,工人比较满意。另一个例子是美国通用食品公司托披卡厂建立的基层小组,这种小组权力很大,可以自行接受成员,自行分配工作和自定休息时间,甚至自己决定成员的工资调整。1973 年开始试验时效果很好,工作情绪高涨,雇用人员比同类工厂少 35%。试验中产量增加,浪费减少,停工、旷工和补缺也减少。但到 1977 年情绪开始逆转,走向没落,连通用食品公司也不宣传了。有的工厂在试验工作丰富化时发现决策缓慢,产量、质量都受到损失,甚至被迫停业。据分析,这种办法只对具有强烈成就感的人才有积极的效果。

在我国沿海地区,特别是一些高技术企业、效益较好的企业,一是员工收入水平较高,二是员工知识水平较高,如何加强内在激励,已逐步提到议事日程上来。工作重新设计是一条路,鼓励员工参与决策是一条路,强化精神激励是一条路,加强人员培训也是一条路。"路漫漫兮修远矣,吾将上下而求索。"这是企业经营管理者面临的新课题。

第四节 弗隆的期望理论

1964 年,美国心理学家弗隆(Victor H. Vroom)在他的著作《工作与激励》一书中,首先提出了期望理论,这种理论一出现,就受到国外管理学家和实际管理工作者的普遍重视。目前,人们已经把期望理论看作最主要的激励理论之一。

一、期望理论的内容

期望理论的基础是,人之所以能够从事某项工作并达成组织目标,是因为这些工作和组织目标会帮助他们达成自己的目标、满足自己某方面的需要。

弗隆认为,某一活动对某人的激发力量取决于他所能得到结果的全部预期价值乘以他认为达成该结果的期望概率。用公式可表示为:

$$M = V \cdot E$$

其中:M——激发力量。这是指调动一个人的积极性,激发出人的内部潜力的强度。

V——目标效价。指达成目标后对于满足个人需要其价值的大小。

E——期望值。这是指根据以往的经验进行的主观判断,达成目标并能导致某种结果的概率。

这个公式实际上提出了在进行激励时要处理好 3 方面的关系,这些也是调动人们工作积极性的 3 个条件。

第一,努力与绩效的关系。人总是希望通过一定的努力能够达到预期的目标,如果个人主观认为通过自己的努力达到预期目标的概率较高,就会有信心,就可能激发出很强的工作力量。但是如果他认为目标太高,通过努力也不会有很好的绩效时,就失去了内在的动力,导致工作消极。这种关系可在公式的期望值这个变量中反映出来。

第二,绩效与奖励的关系。人总是希望取得成绩后能够得到奖励,这种奖励是广义的,既包括提高工资、多发奖金等物质方面的奖励,也包括表扬、自我成就感、得到同事们的信赖、提高个人威望等精神方面的奖励,还包括像提拔到较重要的工作岗位上去等物质与精神兼而有之的奖励。如果他认为取得绩效后能够获得合理的奖励,就有可能产生工作热情,否则就可能没有积极性。

第三,奖励与满足个人需要的关系。人总是希望自己所获得的奖励能满足自己某方面的需要。然而由于人们在年龄、性别、资历、社会地位和经济条件等方面都存在着差异,他们对各种需要要求得到满足的程度就不同。因而对于不同的人,采用同一种办法给予奖励能满足的需要程度不同,能激发出来的工作动力也就不同。

后两方面关系可以在弗隆公式中的效价这个变量上体现出来。弗隆把这 3 方面关系用框图表示出来了(见图 7-10)。

二、期望理论对我们的启示

马斯洛的需要层次论将人们的需要分成了高层次和低层次,双因素理论将各种因素截然地分为保健因素和激励因素,它们都很有用。而期望值理论则存在着辩证的思想,具有较

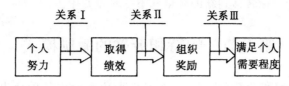

图 7-10 期望值理论 3 方面的关系

大的综合性和适用性。具体分析可以归纳为 4 条：

(1) 对于其中效价应当理解为综合性的。它可以是精神的，也可以是物质的；既可以是正的，也可以是负的，也可以为零；它不仅包含了某一结果的绝对值，而且包含了相对值；它不是指某一单项效价，而是指各种效价的总和。

(2) 同一项活动和同一个激励目标对不同的人效价是不一样的，即使对同一个人，在不同的时候效价也是不一样的。

(3) 期望概率不是指客观的平均概率而是指当事人主观判断的概率，它与个人的能力、经验以及愿意做出的努力程度有直接关系。

(4) 效价和大家平均的个人期望概率相互影响。平均概率小，效价相对增大；平均概率大，效价相对减小。

期望理论给我们实施激励提供了有益的启示：

(1) 管理者不要泛泛地抓一般的激励措施，而应当抓多数组织成员认为效价最大的激励措施。

(2) 设置某一激励目标时应尽可能加大其效价的综合值，如果每月的奖金多少不仅意味着当月的收入状况，而且与年终分配、工资调级和获得先进工作者称号挂钩，则将大大增大效价的综合值。

(3) 适当加大不同人实际所得效价的差值，加大组织期望行为与非期望行为之间的效价差值。例如奖金平均分发与分成等级，并拉开距离，其激励效果很不一样，只奖不罚与奖罚分明其激励效果也大不一样。

(4) 适当控制期望概率和实际概率。期望概率既不是越大越好，也不是越小越好，关键要适当。当一个人的期望概率远高于实际情况时可能产生挫折，而期望概率太小又会减小某一目标的激发力量。因此，当一个人期望概率太大时，我们应劝其冷静，适当减小。当一个人期望概率太小时，我们则应给予鼓励，让其增加信心，适当加大。但期望概率并不完全由个人决定，它与组织设置激励目标的实际概率有关，实际概率应使大多数人受益，最好实际概率大于平均的个人期望概率，让人喜出望外，而不要让人大失所望。但实际概率应与效价相适应，效价大，实际概率可小些；效价小，实际概率可大些。

(5) 期望心理的疏导。在激励过程中，经常会发生员工期望心理过强的情况，及时地疏导其期望心理，以防止出现强烈的挫折感，就成为领导者的难题。疏导的方法，最常用的是

"目标转移",亦即将其目标转移到新的领域和下一轮竞赛中去。

第五节 帕特和劳勒的激励模式

帕特(L. W. Porter)和劳勒(E. E. Lawler)以期望理论为基础导出了更完备的激励模式,较好地说明了整个激励过程(参看图7-11)。

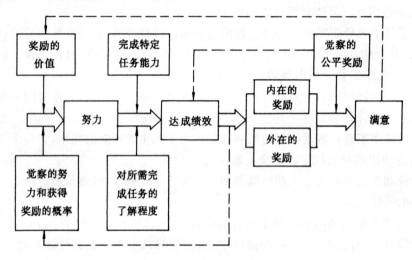

图 7-11 帕特和劳勒的激励模式

分析这个模式可以得出这样几点:

(1) 努力来自于报酬、奖励的价值,个人认为需要付出的努力和受到奖励的概率。而觉察出来的努力和奖励的概率也受到过去经验和实际绩效的影响。如果人们确切知道,他有把握完成任务或者过去曾经完成的话,他将乐意做出努力并对奖励的概率更加清楚。

(2) 工作的实际绩效取决于能力的大小、努力程度以及对所需完成任务理解的深度,如对完成目标所需从事的活动,以及影响任务完成的其他因素的理解和掌握。

(3) 奖励要以绩效为前提,不是先有奖励后有绩效,而是必须先完成组织任务才能导致精神的、物质的奖励。当职工看到他们的奖励与成绩很少有关系时,这样的奖赏将不能成为提高绩效的刺激物。

(4) 激励措施是否会产生满意,取决于受激励者认为获得的报偿是否公平。

(5) 满意将导致进一步的努力。

帕特和劳勒的激励模式是激励系统一个比较恰当的描述,他告诉我们激励并不是简单的因果关系。不要以为设置了激励目标就一定能获得所需的行动和努力,并使员工满意。要形成奖励目标→努力→绩效→奖励→满意以及从满意反馈回努力这样的良性循环,取决于奖励内容、奖励制度、组织分工、目标导向行动的设置、管理水平、公平的考核和领导作风等综合性的因素。

第六节 亚当斯的公平理论

公平理论又称社会比较理论,它由美国的亚当斯(J. S. Adams)于60年代首先提出来。该理论侧重于报酬对人们工作积极性的影响。

一、公平理论的内容

公平理论的基本观点是,当一个人做出了成绩并取得了报酬以后,他不仅关心自己所得报酬的绝对量,而且关心自己所得报酬的相对量。因此,他要进行种种比较来确定自己所获报酬是否合理,比较的结果将直接影响今后工作的积极性。

一种比较称为横向比较,即他要将自己获得的"报偿"(包括金钱、工作安排以及获得的赏识等)与自己的"投入"(包括教育、努力及耗用在职务上的时间等)的比值与组织内其他人作社会比较,只有相等时,他才认为公平,如下式所示。

$$\frac{O_p}{I_p} = \frac{O_c}{I_c}$$

其中:O_p——自己对所获报酬的感觉。

O_c——自己对他人所获报酬的感觉。

I_p——自己对个人所作投入的感觉。

I_c——自己对他人所作投入的感觉。

当上式为不等式时可能出现以下两种情况:

$$\frac{O_p}{I_p} < \frac{O_c}{I_c}$$

在这种情况下,他可能要求增加自己的收入或减小自己今后的努力程度,以便使左方增大,趋于相等;第二种办法是他可能要求组织减少比较对象的收入或者让其今后增大努力程度以便使右方减小,趋于相等。此外,他还可能另外找人作为比较对象,以便达到心理上的平衡。

$$\frac{O_p}{I_p} > \frac{O_c}{I_c}$$

在这种情况下,他可能要求减少 O_p 或在开始时自动多做些工作,但久而久之,他会重新估计自己的技术和工作情况,终于觉得他确实应当得到那么高的待遇,于是产量便又会回到过去的水平了。

除了横向比较之外，人们也经常做纵向比较，即把自己目前投入的努力与目前所获得报偿的比值，同自己过去投入的努力与过去所获报偿的比值进行比较。只有相等时他才认为公平，如下式所示。

$$\frac{O_{pp}}{I_{pp}} = \frac{O_{pl}}{I_{pl}}$$

其中：O_{pp}——自己对现在所获报酬的感觉。

O_{pl}——自己对过去所获报酬的感觉。

I_{pp}——自己对个人现在投入的感觉。

I_{pl}——自己对个人过去投入的感觉。

当上式为不等式时，也可能出现以下两种情况：

$$\frac{O_{pp}}{I_{pp}} < \frac{O_{pl}}{I_{pl}}$$

当出现这种情况时，人也会有不公平的感觉，这可能导致工作积极性下降。

$$\frac{O_{pp}}{I_{pp}} > \frac{O_{pl}}{I_{pl}}$$

当出现这种情况时，人不会因此产生不公平的感觉，但也不会觉得自己多拿了报偿，从而主动多做些工作。

二、对公平理论的分析

公平理论提出的基本观点是客观存在的，但公平本身却是一个相当复杂的问题，这主要是由于下面几个原因：

第一，它与个人的主观判断有关。上面公式中无论是自己的或他人的投入和报偿都是个人感觉，而一般人总是对自己的投入估计过高，对别人的投入估计过低。

第二，它与个人所持的公平标准有关。上面的公平标准是采取贡献率，也有采取需要率、平均率的。例如有人认为助学金应改为奖学金才合理，有人认为应平均分配才公平，也有人认为按经济困难程度分配才适当。

第三，它与绩效的评定有关。我们主张按绩效付报酬，并且各人之间应相对均衡。但如何评定绩效？是以工作成果的数量和质量，还是按工作中的努力程度和付出的劳动量？是按工作的复杂、困难程度还是按工作能力、技能、资历和学历？不同的评定办法会得到不同的结果。最好是按工作成果的数量和质量，用明确、客观、易于核实的标准来度量，但这在实际工作中往往难于做到，有时不得不采用其他的方法。

第四，它与评定人有关。绩效由谁来评定，是领导者评定还是群众评定或自我评定，不同的评定人会得出不同的结果。由于同一组织内往往不是由同一个人评定，因此会出现松紧不一，回避矛盾，姑息牵就，抱有成见等现象。

三、公平理论对我们的启示

（1）影响激励效果的不仅有报酬的绝对值，还有报酬的相对值。

（2）激励时应力求公正，使等式在客观上成立，尽管有主观判断的误差，也不致造成严重的不公平感。

（3）在激励过程中应注意对被激励者公平心理的疏导，引导其树立正确的公平观：第一，使大家认识到绝对的公平是没有的；第二，不要盲目攀比。所谓盲目性起源于纯主观的比较。多听听别人的看法，也许会客观一些；第三，不要按酬付劳，按酬付劳是在公平问题上造成恶性循环的主要杀手。

第七节　斯金纳的强化理论

强化理论是由美国心理学家斯金纳（B. F. Skinner）提出的。这个理论是从动物的实验中得出来的。开始，斯金纳也只将强化理论用于训练动物，如训练军犬和马戏团的动物。以后，斯金纳又将强化理论进一步发展，并用于人的学习上，发明了程序教学法和教学机。他强调在学习中应遵循小步子和及时反馈的原则，将大问题分成许多小问题，循序渐进；他还将编好的教学程序放在机器里对人进行教学，收到了很好的效果。现在，强化理论被广泛地应用在激励和人的行为改造上。斯金纳的强化理论和弗隆的期望理论都强调行为同其后果之间关系的重要性，但弗隆的期望理论较多地涉及主观判断等内部心理过程，而强化理论只讨论刺激和行为的关系。

一、强化理论的内容

斯金纳认为，无论是人还是动物，为了达到某种目的，都会采取一定的行为，这种行为将作用于环境，当行为的结果对他或它有利时，这种行为就会重复出现，当行为的结果不利时，这种行为就会减弱或消失。这就是环境对行为强化的结果。

强化有几种类型，根据强化的性质和目的可分为正强化和负强化。在管理上，正强化就是奖励那些组织上需要的行为，从而加强这种行为；负强化就是惩罚那些与组织不相容的行为，从而削弱这种行为。不要把正强化仅仅理解为给奖金，对成绩的认可、表扬、改善工作条件和人际关系、提升、安排担任挑战性工作、给予学习和成长的机会等等都能起到正强化的作用。负强化的办法也有很多，如批评、处分、降级等，甚至有时不给予奖励或少给奖励也是一种负强化。根据强化的方式还可以把强化分为连续强化和间隙强化。连续强化是对每一个组织需要的行为都给予强化；间隙强化则是经过一段间隔才强化一次。间隙强化还可按强化时间间隔的稳定性分为固定时间间隔强化和变动时间间隔强化,前者如职工每月定期发放工资或学生定期考试,后者如职工不定期升级和学生不定期的抽查考试。间隙强化按反应比例又可分为固定比例强化和变动比例强化。前者如计件工资,后者如按销售货物的难易对销售人员进行奖励。

不同的强化形式所起的效果是不一样的。有的只要给予强化刺激,反应很快,立竿见影,但刺激消失,行动马上消失,例如连续强化和固定比例强化。有的虽然不如前者反应快,但刺激消失行为却不马上消失,如变动时间间隔和变动比例强化。虽然每种强化方式所引起的效果不是绝对的,但却说明我们在进行强化时,不仅要注意强化的刺激内容,也要注意强化的方式。

二、强化理论对我们的启示

强化理论较多地强调外部因素或环境刺激对行为的影响,忽略人的内在因素和主观能动性对环境的反作用,具有机械论的色彩。但是强化理论的一些具体做法对我们是有用的。强化理论的应用原则可以归纳为下面几条:

(1)要依照强化对象的不同需要采用不同的强化措施。人们的年龄、性别、职业和文化不同,需要就不同,强化方式也应不一样。对一部分人有效的,对另一部分人不一定有效。

(2)小步子前进,分阶段设立目标。在鼓励人前进时,不仅要设立一个鼓舞人心而又切实可行的总目标,而且要将总目标分成许多小目标,小步子。完成每个小目标都及时给予强化,不仅易于目标的实现,而且通过不断的激励可以增强信心。有一本书叫《一分钟经理》,书中举了一个很好的例子来说明大目标、小步子的必要性。人们在动物园或电视里可能看到过这样的节目,海豚在池子里游泳,训练人员高高举起一个横杆置于水面以上,海豚能够一跃而起跨过两米多高的横杆,这不能不使人感到惊叹。海豚能够有如此出色的表演,就是因为训练人员刚开始训练海豚时,只是把横杆放在水下,一旦海豚从横杆上游过,就给予奖励,靠这种办法不断对海豚进行强化,并逐渐提高横杆的高度,最后海豚能够跃出水面高达几米。人也有类似情况,如果目标一次定得太高,会使人感到不易达到或者说能够达到的期望很小,就很难充分调动他为达到目标而做出努力的积极性。

(3)及时反馈。所谓及时反馈就是通过某种形式和途径,及时将工作结果告诉行动者。无论结果好与坏,对行为都具有强化的作用,好的结果能鼓舞信心,继续努力,坏的结果能促使其分析原因,及时纠正。例如,让工人知道每天干了多少活,特别是在劳动竞赛中公布相互之间的进度和成绩,能起到很好的激励作用。因此抓好信息反馈是激励和改变行为的重要环节。

(4)强化理论告诉我们,奖励(正强化)和惩罚(负强化)都有激励作用,但应以正激励为主,负激励为辅,才会收到更好的效果。

第八节 激励的一般原则

一、人员激励的原则

激励是一门科学,其理论基础是马斯洛的需要层次论。正确的激励应遵循以下原则:

1. 目标结合原则

在激励机制中,设置目标是一个关键环节。目标设置必须体现组织目标的要求,否则激励将偏离实现组织目标的方向。目标设置还必须能满足职工个人的需要,否则无法提高职工的目标效价,达不到满意的激励强度。只有将组织目标与个人目标结合好,使组织目标包含较多的个人目标,使个人目标的实现离不开为实现组织目标所做的努力,这样才会收到良好的激励效果。如图7-12所示。

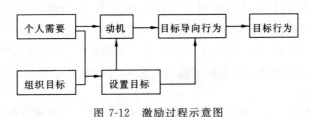

图7-12 激励过程示意图

2. 物质激励与精神激励相结合的原则

职工存在着物质需要和精神需要,相应地激励方式也应该是物质激励与精神激励相结合。鉴于物质需要是人类最基础的需要,但层次也最低,物质激励的作用是表面的,激励深度有限。因此,随着生产力水平和人员素质的提高,应该把重心转移到以满足较高层次需要即社交、自尊、自我实现需要的精神激励上去。换句话说,物质激励是基础,精神激励是根本,在两者结合的基础上,逐步过渡到以精神激励为主。在这个问题上应该避免走极端,迷信物质激励则导致拜金主义,迷信精神激励又导致惟意志论或精神万能论,事实证明二者都是片面的、有害的。

3. 外激与内激相结合的原则

根据美国学者赫茨伯格的"双因素理论",在激励中可区分两种因素——保健因素和激励因素。凡是满足职工生存、安全和社交需要的因素都属于保健因素,其作用只是消除不满,但不会产生满意。这类因素如工资、奖金、福利、人际关系,均属于创造工作环境方面,也叫做外在激励,简称外激;满足职工自尊和自我实现需要,最具有激发力量,可以产生满意,从而使职工更积极地工作,这些因素属于激励因素。而且往往不是外在激励因素,而是内在激励因素,即使员工从工作本身(而非工作环境)取得很大的满足感。或工作中充满了兴趣、乐趣和挑战性、新鲜感;或工作本身意义重大、崇高,激发出光荣感、自豪感;或在工作中取得成就、发挥了个人潜力、实现了个人价值时所出现的成就感、自我实现感。这一切所产生的工作动力远比外激要深刻和持久。因此,在激励中,领导者应善于将外激与内激相结合,而以内激为主,力求收到事半功倍的效果。

4. 正激与负激相结合的原则

根据美国心理学家斯金纳的强化理论,可把强化(即激励)划分为正强化和负强化。所谓正激(正强化)就是对职工的符合组织目标的期望行为进行奖励,以使得这种行为更多的出现,即职工积极性更高;所谓负激(负强化)就是对职工的违背组织目的的非期望行为进行惩罚,以使得这种行为不再发生,即犯错误职工弃恶从善,积极性向正确方向转移。显然正激与负激都是必要而有效的,不仅作用于当事人,而且会间接地影响周围其他人。通过树立正面的榜样和反面的典型,扶正祛邪,形成一种好的风气,产生无形的压力,使整个群体和组织的行为更积极、更富有生气。但鉴于负激具有一定的消极作用,容易产生挫折心理和挫折行为,应该慎用。因此,领导者在激励时应该把正激与负激巧妙地结合起来,而坚持以正激为主,负激为辅。

为了贯彻这一原则,领导者应该把严格管理(依法治厂)与思想工作(文化管理)相结合,使职工外有压力,内有动力,焕发出巨大的劳动积极性。

5. 按需激励原则

激励的起点是满足职工的需要,但职工的需要存在着个体差异性和动态性,因人而异,因时而异,并且只有满足最迫切需要(主导需要)的措施,其效价才高,其激励强度才大。因此,领导者在进行激励时,切不可犯经验主义,搞30年一贯制。须知,在激励上不存在一劳永逸的解决办法,更没有放之四海而皆准的法宝。领导者必须深入地进行调查研究,不断了解职工需要层次和需要结构的变化趋势,有针对性地采取激励措施,才能收到实效。一些单位出现奖金越发越多,而职工出勤率越来越低的现象,正是领导者违背按需激励原则而尝到的苦果。

6. 民主公正原则

公正是激励的一个基本原则。如果不公正,奖不当奖,罚不当罚,不仅收不到预期的效果,反而会造成许多消极后果。公正就是赏罚严明,并且赏罚适度。赏罚严明就是铁面无私,不论亲疏,不分远近,一视同仁。正如韩非子所说:"诚有功,则虽疏贱必赏;诚有过,则虽近罚爱必诛。"赏罚适度就是从实际出发,赏与功相匹配,罚与罪相对应,既不能小功重奖,也不能大过轻罚,正如徐翰在《中论·赏罚》中所说:"赏轻则民不劝,罚轻则民亡惧,赏重则民侥幸,罚重则民不聊生。"

民主是公正的保证,也是社会主义激励的本质特征。我国是社会主义国家,人民当家做主,人与人之间完全平等。职工是企业的主人,他们通过职代会行使自己的民主权利。职代会对奖惩制度具有决定权,对厂长、书记等企业负责人的奖惩具有建议权。至于一般职工的奖励和惩罚方案,一般也经由工会组织的充分参与,包括职工的民主评议环节。这是防止奖惩上的不正之风,确保公正的有力措施。

二、精神激励的方法

精神激励是十分重要的激励手段,它通过满足职工的社交、自尊、自我发展和自我实现的需要,在较高的层次上调动职工的工作积极性,其激励深度大,维持时间长。

国内外的先进企业在这方面积累了丰富的经验,大体上有如下行之有效的方法:

1. 目标激励

企业目标是一面号召和指引千军万马的旗帜,是企业凝聚力的核心。它体现了职工工作的意义,预示着企业光辉的未来,能够在理想和信念的层次上激励全体职工。韩国现代集团创始人郑周永说:"没有目标信念的人是经不起风浪的。由许多人组成的一个企业更是如此,以谋生为目的而结成的团体或企业是没有前途的。"职工的理想和信念应该通过企业目标来激发并使二者融为一体。企业应该将自己的长远目标、近期目标大张旗鼓地进行宣传,做到家喻户晓,让全体职工看到自己工作的巨大社会意义和光明的前途,从而激发大家强烈的事业心和使命感。

在进行目标激励时,还应注意把组织目标与个人目标结合起来,宣传企业目标与个人目标的一致性,企业目标中包含着职工的个人目标,职工只有在完成企业目标的过程中才能实现其个人目标。使大家具体地了解:企业的事业会有多大发展,企业的效益会有多大提高,相应地,职工的工资奖金、福利待遇会有多大改善,个人活动的舞台会有多少扩大,使大家真正感受到"厂兴我富,厂兴我荣"的道理,从而激发出强烈的归属意识和巨大的劳动热情。

美国IBM公司、日本松下公司、丰田公司、中国的二汽等企业,在目标激励方面都是卓有成效的。

2. 内在激励

日本著名企业家稻山嘉宽在回答"工作的报酬是什么"时指出:"工作的报酬就是工作本身!"深刻地指出内在激励的无比重要性。特别在解决了温饱问题之后,职工更关注工作本身是否有吸引力——在工作中是否有无穷的乐趣,在工作中是否会感受到生活的意义;工作是否具有创造性、挑战性,工作内容是否丰富多彩、引人入胜;在工作中能否取得成就,获得自尊,实现自我价值等等。

为了搞好内在激励,发达国家花费许多时间和精力进行"工作设计",使工作内容丰富化和扩大化,用来提高工人的劳动积极性。

我国许多企业也想了许多办法,如厂内双向选择,选择自己满意的工作;根据职工兴趣爱好,为其调整工作岗位;以及在厂内设立"操作师"、"助理操作师"工人技术职称等等,均收到了较好激励效果。

3. 形象激励

一个人通过视觉感受到的信息,占全部信息量的80%,因此充分利用视觉形象的作用,激发职工的荣誉感、光荣感、成就感、自豪感,也是一种行之有效的激励方法。

最常用的方法是照片上光荣榜,借以表彰本企业的标兵、模范。每天上班大家都从光荣榜前经过,不仅先进者本人深受鼓舞,而且更多的职工受到激励,心想:争取我的照片也上光荣榜。

现在,许多大型企业都安装了闭路电视系统,并开设了"厂内新闻"等电视节目,使形象激励又多了一个更有效、内容更丰富、更灵活多样的手段。厂内发生的新人、新事、五好青工、优秀党员、模范家属、劳动模范、技术能手、爱厂标兵等等,都在"厂内新闻"中成为新闻人物,立即通过视觉形象传遍千家万户,不仅本人感到光荣,而且全家引以自豪,这种激励效果是强有力的。

还有些企业通过举办"厂史展览"、"摄影大赛"等形式,收到了形象激励的显著效果,这些经验均可借鉴。

4. 荣誉激励

荣誉是众人或组织对个体或群体的崇高评价,是满足人们自尊需要,激发人们奋力进取的重要手段。特别在中国,自古以来就重视名节,珍视荣誉,这个环节尤为重要。

给予"先进生产者"、"生产能手"、"五好标兵"、"青年突击队"、"优秀共产党员"、"红旗车间"、"三八红旗手"等荣誉称号,激励了成千上万的先进个人、先进集体,也激励了更多的有进取心的人们。

在实际工作中,可以灵活地运用荣誉激励手段。例如:某轴承厂职工多住在郊区农村,家里有农田,每到周末职工回家都要忙农活。为了赶一批出国生产任务,工厂决定装配车间加班突击,连续几个星期天不休息。一开始,职工家属意见很大,说:"耽误了农时谁负责?"厂领导在下一星期天,将职工家属请到工厂,请她们参观职工加班现场,并再三解释出口任务遵守交货期的重要性,耽误交货期带来的损失,按期交货带来的收益。然后召开了加班工人及其家属的全体会,工厂领导亲自把大红花挂在每位家属胸前,每朵红花下面红纸条上写有"好后勤"三个大字,厂长代表全厂职工衷心感谢好后勤们的支持。在欢腾的锣鼓声中家属们走出工厂门,从此再没有人提意见。每当碰到困难,想发牢骚时,就咬咬牙坚持住了。这个成功的事例值得我们效法。

5. 兴趣激励

兴趣对人们的工作态度、钻研程度、创造精神的影响很大,往往与求知、求美和自我实现密切相联。在管理中重视兴趣因素会取得很好的激励效果。

国内外都有一些企业允许甚至鼓励职工在企业内部"双向选择,合理流动",包括职工找到自己最感兴趣的工作。兴趣可以导致专注,甚至于入迷,而这正是获得突出成就的重要动力。宝山钢铁厂对一位精简下来的职工进行考察,发现他没什么大毛病,只是喜欢文娱活动,吹拉弹唱样样通,由于在文艺活动上花费精力过多,影响了工人岗位的本职工作,人事部门大胆地将他调到厂文艺宣传队任副队长,结果干得非常出色。

吸收一些喜欢钻研有关操作技术、热心于技术革新活动的职工,到"技改小组"、"TQC小组"中来,不仅使他们的兴趣爱好有用武之地,而且还可激发出参与感、归属感,增加其主人翁责任感。

业余文化活动是职工兴趣得以施展的另一个舞台。许多企业由工会出面,组织了摄影、戏剧、舞蹈、棋类、书画、集邮、歌咏等兴趣小组或兴趣协会,使职工的业余爱好得到满足,增进了职工之间的感情交流,感受到企业的温暖和生活的丰富多彩,大大增加了职工的归属感,满足了社交需要,有效地提高了企业的凝聚力。

兴趣活动往往是帮助后进职工,启发其觉悟,变后进为先进的转化器。某国有大企业,有一个外号叫"打架大王"的后进职工,整天游游逛逛,不好好工作。但他有集邮爱好,并到了入迷的程度,顺便也搞一点倒卖邮票的活动,捞点外快。工会成立了工厂集邮协会,出人意料地请他担任副会长。他觉得:"既然工会看得起我,我就要干出点样子来。"他充分地发挥了个人特长,举办集邮讲座、邮票展览,把全厂集邮爱好者的业余生活搞得有滋有味,大家对他的看法和态度也有改善。他个人深藏在内心的归属需要、自尊需要、自我实现需要也开始苏醒,在8小时本职岗位上,一改过去的散漫不负责的态度,最后成为生产能手。这个事例值得我们深思。

6. 参与激励

在我们社会主义国家,职工是国家的主人,理所当然的是企业的主人。但法律上有规定是一回事,企业中职工的主人翁地位是否得到尊重是另一回事。现在常常听到企业负责人埋怨工人缺乏主人翁精神,也常常听到职工发牢骚,说:"我们工人只是听喝(斥)的。"也有的职工讽刺说:"我们厂的职代会就像是兵马俑——看上去威武雄壮,实际上一点也不起作用。"

怎样激发职工的主人翁精神？办法只有一个，就是厂长如实地把职工摆在主人的位置上，尊重他们，信任他们，把企业的底牌交给他们，让他们在不同层次和不同深度上参与决策，吸收他们中的正确意见，全心全意地依靠他们办好企业。这在管理学中叫"参与激励"。通过参与，形成职工对企业的归属感、认同感，进一步满足自尊和自我实现的需要。

TQC小组，职工参与班组民主管理，职工通过"职代会"、"企业管理委员会"中的代表参与企业重大决策，是目前我国职工参与企业决策和企业管理的主要渠道。其他常见的参与激励形式还有家庭访问、"诸葛亮会"、"花钱买批评"等等。在国内外企业普遍采用的"奖励职工合理化建议"制度，是行之有效的职工参与形式。

7. 感情激励

人与动物的基本区别是人有思想有感情。感情因素对人的工作积极性有重大影响。感情激励就是加强与职工的感情沟通，尊重职工、关心职工，与职工之间建立平等和亲切的感情，让职工体会到领导的关心、企业的温暖，从而激发出主人翁责任感和爱厂如家的精神。

感情激励不同于西方企业常用的"感情投资"，二者有本质不同：前者是出于对职工的真诚关心，后者是资方对职工所施展的手腕，是虚伪的感情游戏，目的在于"获利"。二者的效果不同，前者可使管理者与职工之间建立真诚的友谊，进而实现上下同心；后者充其量是维持表面的和谐，一旦职工发现其虚伪性，正如电视连接剧《外来妹》中所表现的那样，便产生强烈的逆反心理，产生难以挽回的恶劣后果。

常见的感情激励形式有"三必访"、"五必访"制度，"让工人坐头排"制度，生日祝贺礼仪（领导亲自祝贺，送生日蛋糕、送生日卡，举办生日晚会、生日舞会等），每天上班时经理人员迎接职工上班的习俗，为职工排忧解难，办实事，送温暖活动等。

感情激励的技巧在于"真诚"二字。白云山制药厂的厂长贝兆汉说得好："你若要求工人以厂为家，就应该把工厂办得像家一样温暖。"

8. 榜样激励

模仿和学习也是一种普遍存在的需要，其实质是完善自己的需要，这种需要对青年尤为强烈，最典型的表现是"明星效应"。榜样激励是通过满足职工的模仿和学习的需要，引导职工的行为到组织目标所期望的方向。

榜样激励的方法是树立企业内的英雄模范人物的形象，号召和引导模仿学习。像王铁人、张秉贵、焦裕禄等英雄模范人物，曾在全中国起了很好的榜样作用。树立和宣传劳动模范时，切忌拔高、理想化，搞成"高、大、全"；也不要躲躲闪闪，不敢充分肯定，使英模身上的光彩人为地淡化。这两种倾向都违背了实事求是的原则，因而都缺乏号召力、感染力。

榜样激励的一个重要方面是领导者本人的身先士卒，率先垂范，正如一些企业负责人所说："喊破嗓子，不如做出样子。"领导的一个模范行动，胜过十次一般号召。山东水泥厂曾经是一个老大难企业,连续换了8位厂长也没能扭转局面。新厂长上任伊始,充分发挥各级干部的榜样作用,"一级干给一级看,一级带着一级干"。盛夏时节打窑皮,冒着70℃~80℃的高温,干部党员带头干,而干部的奖金却只拿工人的三分之一。领导者的模范行动,像无声的命令,激发出工人的主人翁精神和向干部学习的热情,终于打破了工作的僵局,摘掉了"老大难"的帽子。像这样的事例,在企业中可以说是成千上万。

以上只是精神激励的常见做法。在实际工作中,应该针对不同情况,从实际出发,综合地运用一种或多种激励手段,以求收到事半功倍的效果。这种权变的、综合运用不同手段的思想是精神激励的基本技巧。

本章复习题

1. 产生行为的原因是什么?
2. 解释人的行为来源于动机,而动机又来源于需要。
3. 人的行为是如何循环的?
4. 哪些因素影响人的动机强度?
5. 何谓优势动机?
6. 何谓主导需要?
7. 什么是激励?激励的实质是什么?
8. 简述激励的过程。
9. 马斯洛需要层次论的主要内容是什么?
10. 马斯洛需要层次论对管理有哪些贡献,我们应该如何扬弃?
11. 马斯洛需要层次论有哪些不足?
12. 对于人们的各种需要应采取什么样的措施?
13. 双因素理论的主要内容是什么?
14. 马斯洛需要层次论与赫兹伯格双因素理论有什么异同?
15. 双因素理论有哪些优缺点,我们如何借鉴?
16. 工作丰富化的实质是什么?
17. 期望理论的基本内容为何?
18. 期望理论提出在进行激励时要处理好哪些关系?
19. 如何对待和应用弗隆的期望值理论?
20. 解释帕特和劳勒的激励模式。
21. 公平理论有些什么实际意义?
22. 横向比较与纵向比较的含义如何?
23. 强化理论的主要内容是什么?
24. 有哪些强化的种类?
25. 如何应用强化理论?

26. 人员激励应遵循哪些原则?
27. 精神激励有哪些常用的方法?
28. 为什么说物质激励是基础,精神激励是根本?

本章讨论题

1. 论马斯洛层次需要理论对我们工作的实际意义。
2. 在目前的企业中除奖金外是否还可以采用一些其他的奖励措施。
3. 在我国现有状况下奖金是激励因素,还是保健因素?
4. 在我国目前情况下工作丰富化有什么意义?
5. 期望理论是否符合我国实际?举例说明。
6. 评公平理论。
7. 论强化手段的利弊。
8. 试举例说明按需激励原则。
9. 为什么强调正激与负激相结合,但应以正激为主?试举例说明。

第八章 领导职能

领导是管理的重要职能,领导水平的高低常常决定了组织的生死存亡。

这一章我们要重点介绍国内外的一些领导理论,根据这些理论我们还要深入讨论决策、参与、用人和授权等问题。在此之前,我们先来考察一下领导的内涵。

第一节 领导的内涵

一、领导的含义

关于领导的含义有几种看法:有人认为,领导是一门促使下级以高度的热心和信心来完成他们任务的艺术;也有人认为,领导是一项程序,它使人们在选择目标和达成目标的过程中受指挥者的导向和影响;还有一些人认为,领导是一种说服他人热心追求目标的能力等等。综合上述看法,我们认为,领导的本质是一种影响力,即对一个组织为确立目标和实现目标所进行的活动施加影响的过程。

需要注意的是,千万不要把领导同领导者混同起来,领导者是实施领导的人,或者说领导者是利用影响力带领人们或群体达成组织目标的人。

二、领导者影响力的来源

领导者影响个人或群体的基础是权力,即指挥下级的权和促使下级服从的力。

领导者的影响力主要来自两个方面:一是来自于职位权力,这种权力是由于领导者在组织中所处的位置由上级和组织赋予的,这样的权力随职务的变动而变动。在职就有权,不在职就无权。人们往往出于压力和习惯不得不服从这种职位权力。二是来自于个人权力。这种权力不是由于领导者在组织中的位置,而是由于自身的某些特殊条件才具有的。例如,领导者具有高尚的品德,丰富的经验,卓越的工作能力,良好的人际关系;领导者善于体贴关心他人,令人感到可亲,可信,可敬,不仅能完成组织目标,而且善于创造一个激励的工作环境,以满足群众的需要等等。这种权力不随着职位的消失而消失,而且这种权力对人的影响是发自内心的,长远的。

如果细加分析,可将权力的基础分为5类。

(1) 惩罚权。它来自下级恐惧感,即下级感到领导者有能力惩罚他,使他痛苦,使他不能满足某些需求。

（2）奖赏权。它来自下级追求满足的欲望，即下级感到领导者有能力奖赏他，使他觉得愉快或满足某些需求。

（3）合法权。它来自下级传统的习惯观念，即下级认为领导者有合法的权力影响他，他必须接受领导者的影响。

（4）模范权。它来自下级对上级的信任，即下级相信领导者具有他所需要的智慧和品质，具有共同的愿望和利益，从而对他钦佩和赞誉，愿意模仿和跟从他。

（5）专长权。它来自下级的尊敬，即下级感到领导者具有某种专门的知识、技能和专长，能帮助他指明方向，排除障碍，达到组织目标和个人目标。

惩罚权、奖赏权、合法权属于职位权力，模范权和专长权属于个人权力。这几种不同的权力对下级所产生的影响效果和个人满意程度是不同的。

惩罚权虽然可以使下级基于恐惧而顺从，但这种顺从是表面的，暂时的，而内心则不一定受到影响。为了维持这种顺从，领导者必须时常监督下级是否照他的指示去做。如果发现下级不遵循行为规范，为了维持恐惧一定要加以惩罚。而监督与惩罚的成本都很高昂。例如希特勒利用奴工在炸弹工厂里进行工作，怠工和装错引信事件层出不穷。为了使奴工工作，要卫兵站在奴工后面监视，不久整个工厂奴工与卫兵的比例几乎是1∶1，而效果仍然比较差，奴工没有积极性，经常引起反感、阻力和抗拒。

奖赏权是采取奖励的办法来引导人们做出所需要的行为。其效果当然要比惩罚好，可以增加领导者对下级的吸引力，也能引起满意并提高工作效率，但这种办法的激励作用要视奖励值的大小和公平性如何而定。奖赏权不利的一面是容易引起本位主义，使下级缺乏整体和长远观念，过分使用这种权力还容易形成人们对金钱的依赖心理。

合法权是指下级基于习惯、社会意识和某种责任感所引起的服从，但这种服从不能导致较高的工作水平和个人满意的感觉。下级接受这种权力还因为只有这样才会得到领导者的赞扬，大家的接纳和认可，满足安全和亲和的要求。

模范权和专长权一般都能引起公开和私下的顺从，内心的信服，由此而来的影响力也比较持久。

三、领导者怎样树立威信

所有领导者都希望自己在下级当中享有崇高的威信，说话有人听，最好是一呼百应，令行禁止。那么领导者怎样才能树立威信呢？

1. 领导者应该正确认识自己身上的任务和责任

一般地说，领导者的任务有两项：一是完成组织目标，即完成上级和组织上交给的任务；

二是尽可能满足组织成员的需要,这种需要既有物质的,也有精神的。

为什么必须有两项任务?如果只有头一项任务,没有第二项任务,就难以调动群众的积极性,难以保持旺盛的士气,领导者本人也难以施加影响,因为群众总是倾向于追随那些能满足他们欲望和需要的人,没有追随就没有影响力。当然只有第二条没有第一条就成了福利主义,讨好主义。

领导者的两项任务,决定了领导者的双重立场:一方面要代表上级和组织,代表人民的长远和整体利益;另一方面他又应当代表组织成员的利益。一个高明的有威信的领导者的重要标志,首先是善于将这两者巧妙地协调起来,只有存在矛盾而又无法协调时,才按局部服从整体、个人服从集体的原则处理,并对群众进行教育。

一个领导者为了完成组织目标必须对他的下级有影响和支配能力。但是为了代表员工的利益,满足员工的需要又必须允许他对上级也有一定影响力,使他能够影响和改变上级的政策、措施和规定。某些领导者只允许自己对下级有影响力,而不允许下级对他有影响力,势必使下级难以完成领导者的两项任务,处于为难的境地。

2. 领导者应该树立正确的权威观

(1) 破除对职位权力的迷信。不要以为自己有了职位,有了权力,就一定会有威信。靠行政权力导致的服从往往是表面的,甚至是虚假的,一旦失去权力,往往是"树倒猢狲散",甚至于"墙倒众人推"。领导者若避免这样不光彩的下场,惟一的出路是在个人权力上下功夫,使自己的专长更突出些,使个人的品德更高尚些,从而吸引下级真心地信任和跟随自己。

(2) 正确地认识权力的来源。领导者手中的权力是谁给的?"当然是上级给的,所以我要向上级负责。"这种回答很常见,但存在着片面性。中国唐代名臣魏征说过:"君如舟,民如水,水能载舟,亦能覆舟。"这就是著名的"载舟覆舟论"。它告诫所有领导者:你有没有权威,甚至你的生死存亡,完全取决于你的下级,即广大群众。美国著名的管理学家巴纳德则提出了"权威接受论",他认为:领导者的权威不是来自上级的授予,而是来自下级的认可。这两种理论可以说有异曲同工之妙。领导者应该清楚地认识到:上级只能授给你权力,但无法授给你威信。而且上级授予你的权力,只有当你的下级愿意接受它时,它才是有效的。从这个意义上讲,你手中的权力,归根结底是由下级给予的。因此,你在向上级负责的同时,必须全力争取下级的理解、认同和拥护。

(3) 正确地使用权力。其一是勤政,即要有高度的责任感和良好的敬业精神,要全身心地投入工作,干实事,见实效;其二是廉政。决不能以权谋私,而应该出以公心,办事公道,清正廉明;第三应该看到影响力是双向的:你既要对下级施加影响,又要首先虚心地听取下级意见和建议,主动接受下级的影响。

根据上面的分析,一个领导者要使自己有威信,一要素质好,即具有足够的知识、能力和经验,善于集中群众的智慧;二要有权,即说话算数,有明确的组织赋予的权力;三要人和,即能和别人和睦相处,具有良好的人际关系,善于洞察群众的心理,创造激励的工作环境,满足群众的需要;四要让人信服,即为人正派,办事公道,具有献身精神,不利用职权谋取个人私利。不要认为领导就是利用职位权力发号施令,对下级实行监督,而应当引导、指挥和率先。领导者要首先使用个人权力,必要时才使用职位权力。

第二节 人性假设理论

要想对下级实施正确的领导,必须具备一个前提——正确地认识和对待下级。所有领导者必须回答一个共同的问题:人性的本质是什么?这就是所谓"人性的假设"。

关于人性假设的理论是很多的,但归纳起来有4种,即经济人假设、社会人假设、自我实现人假设和复杂人假设。

一、经济人假设

经济人假设,又称 X 理论,是麦格里格(McGregor,D)总结了以往管理人员对人的看法后提出来的。它的主要内容为:

(1) 大多数人都是懒惰的,他们尽可能地逃避工作。
(2) 大多数人都没有什么雄心壮志,也不喜欢负什么责任,而宁可让别人领导。
(3) 大多数人的个人目标与组织目标都是相矛盾的,为了达到组织目标必须靠外力严加管制。
(4) 大多数人都是缺乏理智的,不能克制自己,很容易受别人影响。
(5) 大多数人都是为了满足基本的生理需要和安全需要,所以他们将选择那些在经济上获利最大的事去做。
(6) 人群大致分为两类,多数人符合上述假设,少数人能克制自己,这部分人应当负起管理的责任。

根据经济人的假设,管理人员的职责和相应的管理方式应当是:

(1) 管理人员关心的是如何提高劳动生产率,完成任务,他的主要职能是计划、组织、经营、指引、监督。
(2) 管理人员主要是应用职权,发号施令,使对方服从,让人适应工作和组织的要求,而不考虑在情感上和道义上如何给人以尊重。
(3) 强调严密的组织和制定具体的规范和工作制度,如工时定额、技术规程等。
(4) 应以金钱报酬来收买员工的效力和服从。

由此可见,此种管理方式是胡萝卜加大棒的办法。一方面靠金钱的收买与刺激,一方面靠严密的控制、监督和惩罚迫使其为组织目标努力。泰勒制就是这类管理的典型代表。这种经济人观点目前在西方资本主义国家已经过时了。

二、社会人假设

将人看做社会人是根据霍桑试验提出来的。所谓社会人是指人在进行工作时将物质利益看成次要的因素,人们最重视的是和周围人的友好相处,满足社会和归属的需要。

社会人的假设,被英国塔维斯托克研究所的煤矿试验所证实。煤矿原来用短墙法工作,工作面很窄,2~8人一组,小组包干承包,负责挖掘、装载、运送,成员自愿组合,自行分工,生死与共,感情深厚。后来随着技术的发展,采用传送带和其他机械设备挖煤,工作面长至6.66米,40~50人一组,三班作业,分工很细,工人很少见面,工作不能自主,沟通减少,隔阂加深,工人失去和别人的联带感,觉得工作毫无意义,从而使生产率大为下降。通过研究,不得不对班组重新调整,自由组合,允许交往,采取组织分配工资的办法,才使生产率得到恢复。

社会人假设的基本内容是:

(1) 交往的需要是人们行为的主要动机,也是人与人的关系形成整体感的主要因素。

(2) 工业革命所带来的专业分工和机械化的结果,使劳动本身失去了许多内在的含义,传送带、流水线以及简单机械的动作使人失去了工作的动力,因此只能从工作的社会意义上寻求安慰。

(3) 工人与工人之间的关系所形成的影响力,比管理部门所采取的管理措施和奖励具有更大的影响。

(4) 管理人员应当满足职工归属、交往和友谊的需要,工人的效率随着管理人员满足他们社会需要的程度的增加而提高。

由此假设所产生的管理措施为:

(1) 作为管理人员不能只把目光局限在完成任务上,而应当注意对人关心、体贴、爱护和尊重,建立相互了解、团结融洽的人际关系和友好的感情。

(2) 管理人员在进行奖励时,应当注意集体奖励,而不能单纯采取个人奖励。

(3) 管理人员由计划、组织、经营、指引、监督的作用变成为上级和下级之间中间人的作用,应当经常了解工人感情和听取意见并向上级发出呼吁。

根据这个理论,美国企业中实行了一项专门的计划,即提倡劳资结合作用,利润分享,其中除了建立劳资联合委员会,发动群众提建议外,主要是将超额利润按原工资比例分配给大家,以谋取良好的人际关系。这项计划收到了较好的效果。

三、自我实现人假设

自我实现人假设,又称 Y 理论,也是由麦格里格提出来的。它是以马斯洛的层次需要论和阿吉累斯(Chris Argyris)的成熟不成熟理论为基础的。

阿吉累斯认为社会的现实和管理制度压制着人们人格上的成熟。他认为健康的人从婴儿到成人，在人格上，心理上总是倾向于从不成熟向成熟发展。这是一个自然的过程，在这个过程中，人格发生七种变化(如图 8-1)。但是由于现实和企业管理制度的约束，以及外界的影响(如工作简单，强调集权和服从，工人无力支配环境等)，使工人的成熟受到阻碍。

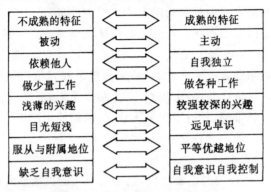

图 8-1　人从不成熟到成熟的转变

麦格里格在仔细研究了这种成熟不成熟理论和层次需求理论后，提出了 Y 理论，该理论的主要内容是：

(1) 工作中的体力和脑力的消耗就像游戏或休息一样自然，厌恶工作并不是普遍人的本性，工作可能是一种满足，因而自愿去执行；也可以是一种处罚，因而只要可能就想逃避。到底怎样，要看环境而定。

(2) 外来的控制和处罚，并不是使人们努力达到组织目标的惟一手段。它甚至对人是一种威胁和阻碍，并放慢了人成熟的脚步。人们愿意实行自我管理和自我控制来完成应当完成的目标。

(3) 人的自我实现的要求和组织要求的行为之间是没有矛盾的。如果给人提供适当的机会，就能将个人目标和组织目标统一起来。

(4) 普通人在适当条件下，不仅学会了接受职责，而且还学会了谋求职责。逃避责任、缺乏抱负以及强调安全感，通常是经验的结果，而不是人的本性。

(5) 大多数人，而不是少数人，在解决组织的困难问题时，都能发挥较高的想象力、聪明才智和创造性。

(6) 在现代工业社会条件下，普通人的智能潜力只得到了部分发挥。

根据以上假设，相应的管理措施为：

(1) 改变管理职能的重点。管理经济人的重点放在工作上，即放在计划、组织和监督上；管理社会人主要是建立亲善的感情和良好的人际关系；而管理自我实现人应重在创造一个使人得以发挥才能的工作环境，此时的管理者已不是指挥者、调节者和监督者，而是起辅助者的作用,从旁给以支援和帮助。

(2) 改变激励方式。无论是经济人还是社会人的假设,其激励都是来自金钱和人际关系等外部因素。对自我实现人主要是给予来自工作本身的内在激励,让他担当具有挑战性的工作,担负更多的责任,促使其工作做出成绩,满足其自我实现的需要。

(3) 在管理制度上给予工人更多的自主权,实行自我控制,让工人参与管理和决策,并共同分享权力。

四、复杂人假设

复杂人假设是在70年代提出来的。它的提出是由于几十年的研究证明,前面所说的经济人、社会人和自我实现人,虽然都有其合理的一面,但并不适用于一切人。因为人是复杂的,不仅因人而异,而且同一个人在不同的年龄和情境中会有不同的表现。人会随着年龄、知识、地位、生活以及人与人关系的变化,而出现不同的需要。因此研究者认为人是复杂的,并提出了复杂人假设。其内容主要是下面几点:

(1) 人的需要分为许多种,这些需要不仅是复杂的,而且会根据不同的发展阶段、不同的生活条件和环境而改变。

(2) 人在同一个时间内会有多种的需要和动机,这些需要和动机相互作用、相互结合,形成了一种错综复杂的动机模式。

(3) 人由于在组织中生活,可以产生新的需要和动机。在人的生活的某一特定阶段和时期,其动机是内部的需要和外部环境相互作用而形成的。

(4) 一个人在不同的组织或同一组织的不同部门、岗位工作时会形成不同的动机。一个人在正式组织中郁郁寡欢,而在非正式组织中有可能非常活跃。

(5) 一个人是否感到满足或是否表现出献身精神,决定于自己本身的动机构造及他跟组织之间的相互关系。工作能力,工作性质与同事相处的状况皆可以影响他的积极性。

(6) 由于人的需要是各不相同的,能力也是有差别的,因此对不同的管理方式每个人的反应是不一样的,没有一套适合任何时代,任何人的普遍的管理方法。

这个假设没有要求采取和上列假设完全不同的管理方法,而只是要求了解每个人的个别差异。对不同的人,在不同的情况下采取不同的措施,即一切随时间、条件、地点和对象变化而变化,不能一刀切。一些研究结果表明,同一个管理方式,对不同类型的单位以及不同的地区效果不同,所以调动积极性的办法也应不同。

五、观念人假设

马克思、恩格斯把唯物论和辩证法应用于研究人本身,发现人具有自然属性、社会属性和思维属性。

恩格斯说:"我们连同我们的肉、血和头脑都是属于自然界,存在于自然界的;我们对自然界的统治,是在于我们比其他一切动物强,能够认识和正确运用自然规律。"(恩格斯《自然辩证法》第159页)这里讲了两个基本事实:第一,人属于自然界,这是人的自然化;第二,人统治自然界,这是自然界的人化。同时,它揭示了一个真理:人的本质是客观的,因而是可以认识的。首先,人具有一定的动物性,正如恩格斯所说:"人来源于动物的事实已经决定了人永远不能摆脱兽性,所以问题永远只能在于摆脱得多些或少一些。"生物学家巴甫洛夫发现了3种无条件反射——食物反射、防御反射和性反射,以及在此基础上形成的某些条件反射,乃人与动物所共有。人的动物性或自然属性,主要表现在人的生存需要——衣、食、住、行、性。

马克思说:"人的本质并不是单个人所固有的抽象物。在其现实性上,它是一切社会关系的总和。"(《马克思恩格斯选集》第一卷第18页)

人的社会性有4个方面的含义:

(1) 人不能离群索居,必须在社会中生存。

(2) 人除了生存需要外,还存在着许多社会需要——安全需要,社会交往需要,自尊需要,自我实现需要。这些需要来自于社会,也只能通过社会得到满足,并存在着客观的社会尺度。

(3) 人的需要存在着客观的社会尺度。马克思、恩格斯指出:"我们的需要和享受是由社会产生的,因此,我们对于需要和享受是以社会的尺度去衡量的。"(《马克思恩格斯全集》第6卷第492页)具体而言,人的需要带有时代性和阶级性。这是前面四种人性假设所没能涉及到的。

(4) 人的全面发展取决于社会的高度发展。人与动物的本质区别是能够思维,有思想。根据恩格斯的观点,认识过程可分为3个阶段——第一个阶段是感性阶段,即对个别事物的感觉知觉表象;第二个阶段是知性阶段,即对事物之间关系进行分析综合归纳演绎;第三个阶段是理性阶段,即通过辩证思维形成概念并研究概念的本性。第一、二阶段是人和动物所共有的,第三阶段才是人所独有的,辩证思维才是人本质的反映。正如恩格斯所说,"辩证的思维——正因为它是以概念本性的研究为前提——只对于人才是可能的,并且只对于较高发展阶段上的人(佛教徒和希腊人)才是可能的。"(恩格斯《自然辩证法》第200~201页)

于是形成了"观念人假设"——人的行为受其观念的巨大影响。理想、信念、价值观、道德观对人力资源开发管理是十分重要的因素。

综上所述,马克思主义认为,人的本质是人的自然属性、社会属性和思维属性的辩证统一,而且统一在人的实践活动之中。

第三节 领导者素质

一、西方的领导特性理论

西方研究领导者素质的成果被叫做"领导特性理论",它集中回答这样的问题:领导者应该具备哪些素质?怎样正确地挑选领导者?这种理论首先是由心理学家开始研究的,他们的出发点为:根据领导效果的好坏,找出好的领导人与差的领导人在个人品质或特性方面有哪些差异,由此确定优秀的领导人应具备哪些特性。研究者认为,只要找出成功领导人应具备的特点,再考察某个组织中的领导者是否具备这些特点,就能断定他是不是一个优秀的领导人。这种归纳分析法成了研究领导特性理论的基本方法。

特性理论按其对领导特性来源所作的不同解释,可分为传统特性理论和现代特性理论。传统特性理论认为领导者所具有的特性是天生的,是由遗传决定的,现在已很少有人赞同这样的观点。现代特性理论认为领导者的特性和品质是在实践中形成的,是可以通过教育训练培养的。

到底领导者应当具有哪些特性呢?不同的研究者说法不一。

一些人认为天才的领导者应当健谈,外表英俊潇洒,智力过人,自信,心理健康,喜欢支配别人,外向而敏感等7项特性。斯托格迪尔(Ralph. M. Stodgill)发现了与领导才能有关的5种身体特征(如精力、外貌与身高等),4种智能特征,16种个性特征(如适应性、进取性、热心与自信等),6种与工作有关的特征(如追求成就的干劲、毅力和首创性等)以及9种社会特征(如愿意与人合作、人际关系的艺术以及管理能力等)。还有些人则从满足实际工作需要和胜任领导工作的要求方面研究领导者应具有的能力、才智、个性。美国普林斯顿大学包莫尔(W. J. Baumol)提出了作为一个企业家应具备的10个条件,颇具代表性:

(1) 合作精神。即愿与他人一起工作,能赢得人们的合作,对人不是压服,而是感动和说服。

(2) 决策能力。即依赖事实而非想象进行决策,具有高瞻远瞩的能力。

(3) 组织能力。即能发掘部属的才能,善于组织人力、物力和财力。

(4) 精于授权。即能大权独揽,小权分散。

(5) 善于应变。即机动灵活,善于进取,而不抱残守缺,墨守成规。

(6) 敢于求新。即对新事物、新环境和新观念有敏锐的感受能力。

(7) 勇于负责。即对上级、下级和产品用户及整个社会抱有高度的责任心。

(8) 敢担风险。即敢于承担企业发展不景气的风险,有创造新局面的雄心和信心。

(9) 尊重他人。即重视和采纳别人意见,不盛气凌人。

(10) 品德高尚。即品德上为社会人士和企业员工所敬仰。

还有一些类似的研究,但是特性理论并未取得多大的成功,有人认为它不是一种研究领导的好方法。其原因是:

第一,各研究者所列领导特性包罗万象,说法不一,且互有矛盾。某一项研究结果认为,某一性格特征与改进效率有积极联系,而在另一项成果中认为其联系是消极的或根本无联系。

第二,这些研究大都是描述性的,并没有说明领导者应在多大程度上具有某种品质。

第三,并非一切领导者都具备所有这些品质,而许多非领导者则可能具备大部分或全部这样的品质。

但是这些理论并非一无用处,一些研究表明,某些个人品质与领导者有效性之间确实存在着相互联系。例如,一些研究发现领导者确实具有高度的才智、广泛的社会兴趣、取得成功的强烈欲望,以及对待职工的极端关心和尊重。另一些研究则发现个人的才智、管理能力、首创性、自信以及个性等,与领导的有效性有重要的关系。另外这个理论系统地分析了领导者所应具有的能力、品德和为人处事的方式,向领导提出了要求和希望。这对我们培养、选择和考核领导者是有帮助的。

二、在中国领导者应具备的素质

我国从80年代初开始,也对领导的特性理论进行了一系列的研究,许多专家、学者和人事部门的领导同志都撰写文章提出领导者应具备的素质。概括起来看,我国优秀的领导者应具备的素质包括4大方面,即良好的政治素质、思想素质、知识素质和心理素质。

1. 政治素质

能坚持四项基本原则,坚持改革开放,自觉按党的路线、方针、政策办事,自觉地维护人民利益、国家利益。

在这个政治的大是大非上,领导者应该旗帜鲜明,身体力行,而不只是嘴上说说而已。事实证明,这方面的政治风浪从来也没停息过。这要求领导者具有政治上的坚定性,而不能沾染上政客的投机性。所谓坚定性,是永远站在正确者一边,永远维护人民和国家的根本利益;所谓投机性,则是看风使舵,总是站在胜利者一边,他所关心的只是自己的乌纱帽。

这是政治素质的试金石,二者水火不容,又泾渭分明。

2. 思想素质

我们要建立的是社会主义市场经济,因此领导者应该牢固树立4种基本观念、8种现代意识。

这4种基本观念是:

(1) 阶级观点——我们仍然生活在阶级社会。在改革大潮中,中国的阶级状况发生了深刻变化,身为共产党员的领导者,不能放弃阶级分析的武器,而应清醒地贯彻"全心全意地依靠工人阶级"的方针。在对外开放的环境里,西方哪些东西值得借鉴,哪些东西应该摈弃,没有阶级观点则将难以判断。

(2) 群众观点。如前一章所述,领导者应该摆正自己的位置,把广大群众的主体作用充分发挥出来。

(3) 劳动观点。劳动创造世界,这个历史唯物主义观点没有过时。领导者应该在自己管辖的范围内,把"劳动最光荣","靠诚实劳动致富"的气氛搞得浓浓的,何愁工作搞不好?

(4) 辩证唯物主义观点。领导者在思想方法上应戒走极端,戒跟风跑,而应该进行辩证的思考,在事物的相互联系中把握实质,确保决策的科学性。

在坚持这4种基本观点的同时,应大力更新观点,树立与市场经济相联系的8种现代意识:

(1) 商品经济意识。在长期计划经济体制下形成的产品经济意识,是产量、产值导向的管理观念,"增产"成为企业追求的主要目标,而用户对该产品是否满意以及销售额和利润多少则被放在次要位置,这是与市场经济的要求背道而驰的。目前,在石油、煤炭等资源性行业中,市场机制远未建立起来,产品经济意识仍然严重地妨碍着一些企业的腾飞。对于大部分行业而言,虽然市场机制已初步形成,但重生产、轻销售,重产值、轻效益的思想仍然顽固地存在着。在一些历史较久的全民所有制企业中,这一点更为突出:一种老大自居的"官商"作风,使他们丢掉了一块又一块市场;而新产品开发意识不强,更使他们丧失了原有的某些优势。在这些企业的衰落中,我们看到的教训正是——从产品经济意识向商品经济意识转变的快慢决定了企业的命运。

(2) 市场竞争意识。许多企业的领导人或经济部门的领导人,身子已经进了市场经济,而脑袋仍留在计划经济时代。他们仍然习惯于纵向比较,而不进行横向比较,他们经常满足于一得之功及一孔之见,满足于"进步不大,年年有",满足于全厂职工"收入不多,有饭吃"。这种封闭经营观念与市场竞争的新体制格格不入,不冲破它,企业无法投入市场的海洋。他们眼中有产值,有利润,但就是没有市场占有率,没有资金利润率。往往为利润增长5%而沾沾自喜,却不看投入产出比极低,不看市场占有率在下降,正在被对手挤出市场而浑然不知。这种状况一天不扭转,他所主管的经济就一天无法振兴。

(3) 效率效益意识。有些领导者效率、效益不离口,但却对身边的低效率、高浪费的事熟视无睹。8个人干5个人的活他不管,办公室喝茶、聊天,他习以为常,跑冒滴漏他不去抓,公款吃喝他带头干……这种领导者的效率、效益意识其实并未真正建立起来。

(4) 开拓创新意识。经济腾飞靠两支翅膀——一是技术,二是管理。随着市场竞争的白热化,科学技术的更新大大加快,管理上的创新屡见不鲜。"创新则生,守旧则亡",已经成为许多领导者的共识。创新来源于开拓精神,敢于走前人没走过的路,敢冒失败的风险,才能开拓出新局面,在创新中走向辉煌。

(5) 风险意识。市场竞争是残酷的,机遇与风险共存,不敢冒风险,也就抓不住机遇。

在市场竞争的惊涛骇浪面前,敢不敢冒风险,敢不敢闯出一条新路,往往决定了企业和企业家的命运。新加坡企业家黄业仁说得好:"企业家一次的成功,平均需经历9次的失败,做错事是做对事所不可缺少的一部分。"因此西方一些企业,鼓励各级干部犯一些"合理错误",对于在一定期限内从未犯过"合理错误"的干部,对那些怕负责任、怕犯错误的领导者,不仅不表扬,而且当作平庸者撤换之。

(6) 服务意识。在市场中竞争的是什么?是产品和服务。由于科学技术的扩散速度越来越快,制造技术和设备的差距越来越小,企业间在产品质量和价格上的差异越来越小,于是竞争日益转移到服务领域。早在70年代中期,法国管理学家就指出:服务致胜的时代已经到来。如何赢得在服务质量上的竞争?靠的是全体员工树立牢固的顾客至上和优质服务意识,这首先要求领导者树立牢固的服务意识。

(7) 诚信意识。现代化的企业越来越实行开放式经营,甚至于实行跨国界的全球经营,其间,企业与外界建立了众多的关系,包括许多合同关系。能不能严格履约,守不守信用,自然成为企业的重要道德标准。守信是调节企业公共关系的道德规范。

守信的价值观基础是视企业信誉为生命,其实践的要点是以诚待人。所以诚信意识是领导者必须具备的。

(8) 法制意识。

市场经济的秩序靠法制来维持,守法经营是领导者必须守住的一条防线,一旦这个阵地失守,什么假酒、假药、假商标,以致走私、偷税、诈骗等违法行为就会缠住你不放,最后只有走向深渊。领导者的法制意识比群众的更重要,在"人比法大"的官本位气氛中,领导者树立法制意识更加困难,也更显得必要。

3. 知识素质

(1) 基础知识。所谓基础知识指高中毕业生的知识水准,这是领导者最起码的知识基础,包括语文、外语、数学、物理、化学、生理、历史、地理等。

(2) 人文社会知识。任何组织都是社会的细胞,在社会的大环境中生存和发展,与社会发生千丝万缕的联系。各级领导者都应丰富自己的人文社会知识。特别是关于哲学、政治、文化、道德、法律和历史方面的知识,以确保作出正确的决策,并有效地加以实施。特别重要的是,一些大型组织的领导人,必须能够从政治上看问题,从哲学上进行思考,对他们人文社会知识的修养理所当然的应该有更高的要求。

(3) 科学技术知识。科学技术是第一生产力,科学技术日新月异,谁掌握了明日的技术,谁就在竞争中稳操胜券。领导者应力求在自己从事的领域中成为专家,又要有比专家更广博的知识面。

(4) 管理知识。管理是科学,也是艺术。现代管理理论是一切领导者的必学科目,也是成功领导者的护身法宝。在实践中创造性地应用管理知识,就会形成独具特色的领导艺术。

4. 心理素质

心理素质是形成独特领导风格的决定性因素,也是选择领导者的重要标准。心理素质包括追求、意志、感情、风度和能力5个方面。

(1) 追求——指人的志向,其行为和动机的指向,即理想、信念和价值观。

优秀的领导者应该有崇高的理想、坚定的信念和积极向上的价值观,应该有强烈的事业心和社会责任感。他所追求的主要不是金钱、地位、名声,而是执著地追求事业。

(2) 意志——指克服困难的勇气和坚持精神。

领导者在工作中总会遇到各种困难,在困难面前表现出什么样的意志品质——是迎难而上,还是畏难思退,极大地影响工作的结果。因此,要求具有克服困难的坚强意志,是工作对领导者的另一个基本要求。

意志品质包括意志的自觉性(意志朝向目标)、意志的果断性(当机立断)、意志的坚持性(百折不挠)、意志的自制性(控制感情)和意志的科学性(实事求是)。

(3) 感情——任何职位都希望其承担者具有积极的情感(热爱工作、热情待人、热烈追求),克服消极的情感(冷漠、孤傲、嫉妒、虚伪等)。

情感与性格有关,领导者的性格和情感互相影响、互相感染,在一定程度上决定了工作气氛、人际关系和群体风气。

(4) 风度——领导者应该具有宽容大度、高瞻远瞩、临危不乱、光明磊落、机智幽默的风度,从而增加个人的人格魅力。

宽容大度指容人性。"厚德载物"的宽广胸怀,可以吸引天下人才为其服务。善于与有个性的人一同共事,敢于重用曾经反对过自己的人,是宽容大度的具体表现。

高瞻远瞩指预见性。站得高,看得远,是领导者高于常人的地方。如果只关心鼻子下边的一点小利,而视觉狭窄,不明大事,又怎样能够承担起领导者的责任。高瞻远瞩还需要有科学的思维方法作保证。

临危不乱指镇静。面对任何紧迫、危险的形势,都脸不改色、心不跳,镇定如山。这样的领导者才会挽狂澜于既倒,成为组织的中流砥柱。人们称赞原国家女排教练袁伟民有大将风度,主要指他临场镇静的优点。

光明磊落指透明。领导者出以公心,办事公道,无事不可对人言,才能取信于民,获得部下的信任和爱戴。松下幸之助把松下的经营叫做"玻璃窗中的经营",一切都向员工公开,赢得了员工的忠诚。

机智幽默指机敏和亲切。幽默是人际关系的润滑剂,机智是应变的智慧。领导者具有机智幽默的风度,不仅可以在非常事件中四两拨千斤,化险为夷。而且可以化干戈为玉帛,获得一片喝彩声。这是领导者个人魅力的重要方面。

（5）能力——处于组织上层、中层、下层的不同职位，对人员素质能力的要求差别很大，如图8-2所示。领导层要求很强的决策能力和丰富的管理知识；管理层要求很强的管理能力和一定的决策能力；监督层要求较强的管理能力和丰富的操作知识；而操作层则要求很强的操作知识和能力。

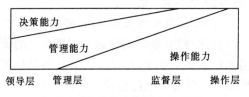

图 8-2 各层次人员能力结构图

领导者的决策能力和管理能力与以下几种具体能力有关：

① 直觉的能力。即对外界事物的观察能力、认知能力，也就是人们常说的"悟性"。

② 抽象思维的能力。即透过现象抓住本质的能力，理清支流把握主流的能力，总结实践形成概念的能力，在相互联系中摸索规律的能力。

③ 组织和协调的能力。即善于将有限的人力资源组织起来协调工作的能力，处理工作中的矛盾和冲突的能力，知人和用人的能力，改善人际关系的能力等。

④ 自我发展能力。是指不断学习新知识、掌握新技能的自我完善的能力。包括自学能力、自我反省能力、吸收新事物的能力。

⑤ 创新能力。是指开拓新知识、新技术、新产品、新方法的创造能力。包括批判力、创造力、联想力、想象力。

第四节 领导方式

对照领导者素质的要求，任何一个具体的领导者都会有诸多不足。人无完人，但客观上要求领导工作尽量完美，这个矛盾能否解决呢？能。那就是选择恰当的领导方式，以弥补个人素质的缺陷。许多管理学家从事领导方式的研究，并形成了若干有价值的理论。

一、三种极端理论

关于领导作风的研究最早是由心理学家勒温(P. Lewin)进行的，他通过试验研究不同的工作作风对下属群体行为的影响，他认为存在着3种极端的领导工作作风，即专制作风、民主作风和放任自流作风。

所谓具有专制作风的领导人是指以力服人,即靠权力和强制命令让人服从。具体的特点是:

(1) 独断专行,从不考虑别人意见,所有的决策都由领导者自己决定。

(2) 从不把任何消息告诉下级,下级没有任何参与决策的机会,而只能察言观色,奉命行事。

(3) 主要依靠行政命令,纪律约束,训斥和惩罚,而只有偶尔的奖励,有人统计具有专制作风的领导人和别人谈话时,有60%左右采取命令和指示的口吻。

(4) 领导者预先安排一切工作的程序和方法,下级只能服从。

(5) 领导者很少参加群体的社会活动,与下级保持相当的心理距离。

所谓具有民主作风的领导人,是指那些以理服人,以身作则的领导人。他们使每个人做出自觉的有计划的努力,各施其长,各尽所能,分工合作。其特点为:

(1) 所有的政策是在领导者的鼓励和协作下由群体讨论而决定,而不是由领导单独决定的。政策是领导者和其下级共同智慧的结晶。

(2) 分配工作时尽量照顾到个人的能力、兴趣和爱好。

(3) 对下属的工作,不安排得那么具体,个人有相当大的工作自由、较多的选择性与灵活性。

(4) 主要应用个人权力和威信,而不是靠职位权力和命令使人服从。谈话时多使用商量、建议和请求的口气,下命令仅占5%左右。

(5) 领导者积极参加团体活动,与下级无任何心理上的距离。

而所谓放任自流的领导作风,是指工作事先无布置,事后无检查,权力完全给予个人,一切悉听自便,毫无规章制度。

勒温在试验中发现:在专制型领导的团体中,各团员攻击性言论很多,而在民主型团体中则彼此比较友好;在专制型领导的团体中,团员对领导者服从,但表现自我或引人注目的行为多;在民主型领导的团体中,则彼此以工作为中心的接触多;专制型团体中的成员多以"我"为中心,而民主型领导的团体中"我"字使用频率较低且具有我们的感觉;当试验导入"挫折"时,专制型团体彼此推卸责任或人身攻击,民主型团体则团结一致,试图解决问题;在领导者不在场时,专制型团体工作动机大为降低,也无人出来组织作业,民主型团体则像领导在场一样继续工作;专制型团体对团体活动没有满足感,民主型团体的成员则对团体活动有较高的满足感。

勒温根据试验认为放任自流的领导工作作风工作效率最低,只达到社交目标,而完不成工作目标。专制作风的领导虽然通过严格管理达到了工作目标,但群体成员没有责任感,情绪消极,士气低落,争吵较多。民主型领导作风工作效率最高,不但完成工作目标,而且群体

成员关系融洽,工作主动积极,有创造性,如图 8-3 所示:

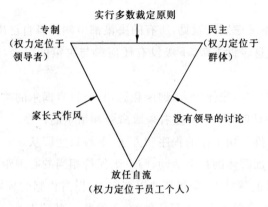

图 8-3 勒温领导作风理论剖视图

二、连续统一体理论

坦南鲍姆(R. Tannenbaum)与施密特(W. H. Schmidt)指出,民主与独裁仅是两个极端的情况,这两者中间还存在着许多种领导行为,从而他们提出了领导连接统一体理论(见图 8-4)。图的左端是独裁的领导行为,右端是民主的领导行为,所以形成这两个极端,首先是基于领导者对权力的来源和人性的看法不同,独裁的领导者认为权力来自于职位,人生来懒惰而没有潜力,因而一切决策均由领导者亲自作出;而民主型的领导者则认为,权力来自

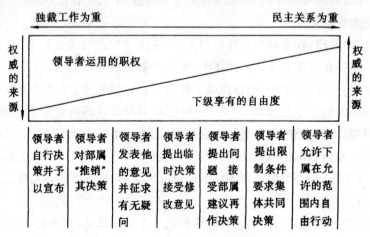

图 8-4 领导行为连续统一体

于群体的授予和承认,人受到激励能自觉、自治、发挥创造力,因此决策可以公开讨论,集体决策。其次独裁型领导比较重视工作,并运用权力,支配影响下级,下属的自由度较小。而民主领导重视群体关系,给予下属以较大的自由度。领导行为连续统一体从左至右,领导者运用职权逐渐减少,下属的自由度逐渐加大,从以工作为重逐渐变为以关系为重。图的下方依据领导者把权力授予下属的程度不同,决策的方式不同,形成了一系列领导方式。因此可供选择的领导方式不是仅民主与独裁两种而是多种。

坦南鲍姆与施密特认为说不上哪种领导方式是正确的,哪种方式是错误的,领导者应当根据具体情况,考虑各种因素选择图中某种领导行为。在这个意义上,领导行为连续统一体也是一种情境理论。

领导行为连续统一体理论从权力的来源和应用、部属参与决策的程度,为我们划分出多种的领导行为,这对我们研究领导方式是有益的。但是在图中把独裁和以工作为重,将民主和以关系为重联系在一起并且等同起来,将工作为重与关系为重,将领导的职权与下属的自由度互相对立起来,而且仅从领导的决策过程、群众的参与程度来划分领导方式,这些都是不全面的。

三、管理系统理论

行为科学家李柯特(R. Likert)将领导行为连续统一体作了进一步的推演,他们以数百个组织机构为对象,进行领导方式的研究,发现了4类基本的领导形态。

系统1称为剥削式的集权领导。这种领导形态中管理层对下级缺乏信心,下级不能过问决策的程序。凡属决策,大都是由管理上层作出,然后以命令宣布,必要时以威胁和强制方法执行。上级和下级之间的接触都是在一种互不信任的气氛下进行。机构中如有非正式组织,对正式组织的目标通常持反对态度。

系统2称为仁慈式的集权领导。在这种领导形态中管理阶层对下层职工有一种谦和的态度,决策权力仍控制在最高一级,下层能在一定的限度内参与,但仍受高层的制约。对职工的激励有奖励也有实际的惩处。在上下级关系上,上级虽然态度谦和,但下属仍小心翼翼。至于机构中的非正式组织,可能会反对正式组织的目标,但却不一定会反对。

系统3称为协商式的民主领导。在这种领导形态中上级对下级有相当程度的信任,但不完全信任。虽然主要的决策权掌握在高阶层手里,可是下级也能作具体问题的决策。双向沟通显然可见,且在相当信任的情况下进行。机构中的非正式组织,有时对正式组织的目标表示支持,有时也偶然作轻微的阻抗。

系统4称为参与式的民主管理。在这种领导形态中管理阶层对部属有完全的信任。决策采取高度的分权化。既有自上而下的沟通,也有自下而上的沟通,还有平行沟通。上下级之间的交往体现出充分的友谊和信任,正式组织和非正式组织往往融为一体。

我们可以看出系统 1 与前面所谈到的 X 理论假定很相似,系统 4 与 Y 理论很相似,系统 1 的主管有高度的以工作为中心的意识,且是系集权式的人物。系统 4 的主管则为高度的以员工为中心的民主式的人物。

如何判断一个组织系统的领导形态呢?李柯特设计了一套测定表,包括领导、激励和沟通、交往与相互作用、政策、目标的设定、控制和工作指标等 8 个方面共 51 个问题,编制成一种问卷,按问题向企业调查,然后根据答案评定分数,绘成曲线,以判断企业的领导形态属哪种类型,参见表 8-1:

表 8-1 李柯特的管理系统测定表(部分)

组织变数		系统 1 剥削式的集权领导	系统 2 仁慈式的集权领导	系统 3 协商式的民主领导	系统 4 参与式的民主领导
上下关系	信任程度	对下属无信心	有主仆之间的信赖关系	上下之间有相当的但不完全的信任	有完全的信任
	交往	极少的交往或交往在恐惧和不信任下进行	交往是在上属屈就,下属惶恐的情况下进行	适度的交往并在相当的信任下进行	深入友善的交往,有高度的信赖
	沟通程度	上下之间不沟通	有一定的沟通	比较沟通	上下左右意见完全沟通
工作激励	奖惩程度	恐吓威胁和偶尔的报酬	报酬和有形无形的惩罚	报酬和极偶然的惩罚	优厚的报酬启发自觉
	参与程度	下层极少参与做决策	决策上层制定某些方面先由下面拟定	重大决策上层制定,下层对具体问题有作决定的权力	下层参与做决策,控制过程散布在组织之中,低层完全参与控制

根据李柯特的研究,具有高度成就的部门经理人,大部分均属于连续带的右端即系统 4,而成就低的经理人均在左端即系统 1。李柯特指出"但凡绩效最佳的主管,主要关心之点是部属中的人性问题,并设法组成一种有效的工作群体,着眼于建立高绩效的目标。"他还发现,生产率高的部门主管让部属清楚地知道目标是什么,要求是什么,然后让他们享有充分的工作自由。

许多其它的研究均支持李柯特的这个结论,例如一项关于事务部门主管人员的研究和一项关于铁路机构的路线维护工作人员的成果调查,均说在严格监督、苛求和责罚下较在教育、协助和施行一般监督下所取得的成果为低,如图 8-5 中的(a)和(b)。

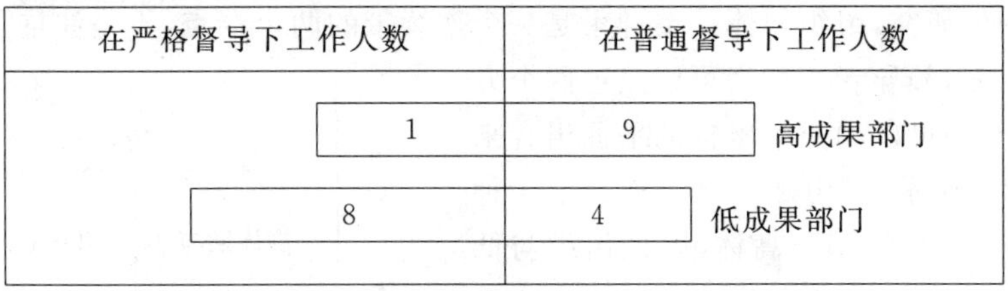

在严格督导下工作人数	在普通督导下工作人数	
1	9	高成果部门
8	4	低成果部门

(a) 事务部主管依成果而分的人数情况

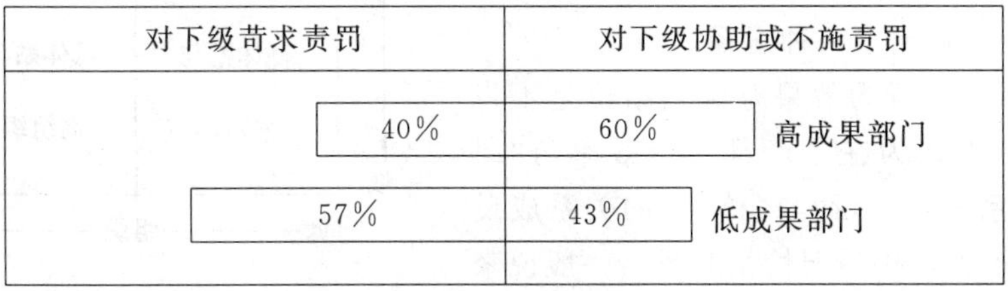

对下级苛求责罚	对下级协助或不施责罚	
40%	60%	高成果部门
57%	43%	低成果部门

(b) 铁路维护道班的领班对其本身职位的反应情况

图 8-5　员工成果与督导的关系

四、领导行为四分图

　　1945年美国俄亥俄州立大学商业研究所发起了对领导行为进行研究的热潮。一开始，研究人员列出了一千多种刻画领导行为的因素，通过逐步概括和归类，最后将领导行为的内容归纳为两个方面，即着手组织与体贴精神两类。所谓着手组织是指领导者规定他与工作群体的关系，建立明确的组织模式、意见交流渠道和工作程序的行为。它包括设计组织机构、明确职责、权力、相互关系和沟通办法、确定工作目标与要求、制定工作程序、工作方法与制度。所谓体贴精神是建立领导者与被领导者之间的友谊、尊重、信任关系方面的行为。它包括尊重下属的意见，给下属以较多的工作主动权，体贴他们的思想感情，注意满足下属的需要，平易近人，平等待人，关心群众，作风民主。

　　他们依照这两方面的内容设计了领导行为调查问卷，关于"组织"和"体贴"各列举了15个问题，发给企业的员工，由下级来描述领导人的行为如何。调查者对问卷上的每个项必须在总是、经常、偶尔、很少和从未这5项中选出一个答案。因此，列出的答案是他人对领导行为的感受。表8-2列出了调查的部分问题。

表 8-2　领导行为调查问题

体　　贴	组　　织
1. 领导者找时间倾听组织成员的意见吗？	1. 领导者是指定工作给组织成员吗？
2. 领导者愿意改变自己的意见吗？	2. 领导者要求组织成员遵守标准的法则与规律吗？
3. 领导者是友善的、可亲的吗？等等	3. 领导者让成员明白上级对他们的期望吗？等等

根据他们的研究,组织与体贴精神不是一个连续带的两个端点,不是注重了一个方面必须忽视另一方面,领导者的行为可以是这两个方面的任意组合,即可以用两个坐标的平面组合来表示。如图 8-6 所示,可用 4 个象限来表示 4 种类型的领导行为:高组织与高体贴,低组织与低体贴,高组织与低体贴,高体贴与低组织。这是用两个坐标表示领导行为的初次尝试,为今后进行领导行为研究指出了一种途径。

到底哪种领导行为效果好呢?结论是不肯定的。例如有人认为在生产部门中效率与"组织"之间的关系成正比,而与"体贴"的关系成反比,而在非生产部门中情况恰恰相反。一般说来高组织与低体贴带来更多的旷工、事故、怨言和转厂。许多其它的研究证实了上述的一般结论,但也有人提供相反的证据。所以会形成这种情况,是因为他们只是从这两个侧面分析,而没有考虑到领导所面临的环境。

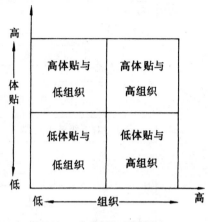

图 8-6 领导行为四分图

五、管理方格理论

在俄亥俄州立大学提出的领导行为四分图的基础上,布莱克(Robert R. Blake)和莫顿(Jane S. Moaton)提出了管理方格图。他们将四分图中的体贴改为对人的关心度,将组织改为对生产的关心度,将这两类领导行为的坐标各划分为 9 等份,形成 81 个方格。评价管理人员时,就按他们这两方面的行为寻找交叉点。这交叉点便是其领导行为的类型。当领导者纵轴的积分越高时,表示他越重视人的因素,纵轴 9 分的领导者对人最为关心。当领导者在横轴的积分越高时,表示他越重视生产,横轴 9 分的领导者对生产最为重视。参看图 8-7。

布莱克和莫顿在管理方格中列出了 5 种典型的领导方式。

(1) 1.1 方式为贫乏的管理,即用最少的努力来完成任务和维持人际关系,对职工对生产都不关心。

(2) 1.9 方式为俱乐部式的管理,即充分注意搞好人际关系,导致和谐的组织气氛,但生产任务得不到关心。

(3) 9.1 方式为权威式的管理,他有效地组织与安排生产,而将个人因素的干扰减少到最低程度,以求得到效率。只关心生产,不关心人。

(4) 9.9 方式为团队式管理,即对生产和人都极为关心,生产任务完成得很好,职工关系和谐,士气旺盛,职工利益与企业目标互相结合,大家齐心协力地完成任务。

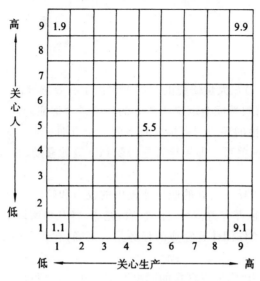

图 8-7 管理方格图

(5) 5.5方式为中间式管理,即对人与生产都有适度的关心,保持工作与满足人们需要的平衡,既有正常的效率完成工作任务,又保持一定的士气。

这种管理方格理论,对于培养有效的管理者是有用的工具,它提供了一个衡量管理者所处领导形态的模式,使管理者较清楚地认识到自己的领导方式,并指出改进的方向。在资本主义国家许多企业或事业组织,应用这个理论来训练管理人员。为此布莱克和莫顿设计了一个六阶段方案。方案步骤如下:

(1) 研讨训练。由受过训练并懂得这一理论的直线经理主持介绍这一理论,参加研讨的不同部门的领导人结合自己的实践,分析自己属于何种领导形态。

(2) 团队发展。将来自同一部门的领导者集中起来,讨论决定本部门成为9.9型领导应有的规定标准。

(3) 群际发展。确定工作单位内部各群体相互间9.9型应有的相互关系。研究现在存在的问题以及解决问题的方法。

(4) 确定组织目标。讨论整体性的组织目标应作怎样的修订,实现此目标应当解决好哪些问题,采取哪些措施。

(5) 实现目标。即按第四项的讨论采取行动。

(6) 稳定。即总结进步情况,巩固成果,以防故态重萌。

到底哪一种领导形态最佳呢?布莱克和莫顿组织了许多研讨会。参加者绝大部分人认为9.9型最佳,但也有不少人认为9.1型最佳,还有人认为5.5型最佳。后来布莱克和莫顿指出哪种领导形态最佳要看实际工作效果,最有效的领导形态不是一成不变的,要依情况而定。

六、费德勒模型

费德勒(F. E. Fiedler)在大量研究的基础上提出了有效领导的权变模型,他认为任何领导形态均可能有效,其有效性完全取决于所处的环境是否适应。

影响领导形态有效性的环境因素主要有下列3个方面:

(1) 领导者和下级的关系。即领导者是否受到下级的喜爱、尊敬和信任,是否能吸引并使下级愿意追随他。

(2) 职位权力。即领导者所处的职位能提供的权力和权威是否明确、充分,在上级和整个组织中所得到的支持是否有力,对雇佣、解雇、纪律、晋升和增加工资的影响程度大小。

(3) 任务结构。指工作团体要完成的任务是否明确,有无含糊不清之处,其规划和程序化程度如何。

费德勒以一种被称为"你最不喜欢的同事"(LPC)的问卷调查来反映和测定领导者的领导风格。一个领导者如对其最不喜欢的同事仍能给以好的评价,即被认为对人宽容、体谅、提倡人与人之间友好关系,是关心人的领导。如果对其最不喜欢的同事给以低评价,则被认为是惯于命令和控制,不是关心人而更多的是关心任务的领导。

费德勒将3个环境变数任意组合成8种情况,对1 200个团体进行了观察,收集了将领导风格同对领导有利或不利条件的8种情况关联起来的数据,得出在各种不同的情况下,为了解领导有效所应当采取的领导方式,其结果如图8-8所示。

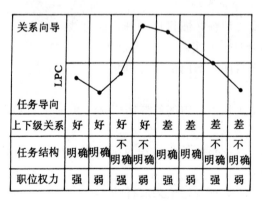

图 8-8 费德勒模型

费德勒的研究结果说明,在对领导者最有利和最不利的情况下(例如1,2,3,8),采用任务导向其效果较好。在对领导者中等有利情况下(例如4,5),采用关系导向效果较好。许多情况证明费德勒的模型是不错的。

但是不要以为费德勒模型已经解决了一切有关领导效能的问题,相反,费德勒模型从经验上、方法论和理论上都受到批评,批评他取样太小,造成统计误差,有人认为费德勒只是概括出结论,而没有提出一个理论。尽管如此,费德勒模型还是有意义的。

(1) 这个模型特别强调效果,强调为了领导有效需要采取什么样的领导行为,而不是从领导人的素质出发强调应当具有什么样的领导行为,这无疑为研究领导行为提供了新方向。

(2) 这个模型的重要之点是将领导行为和情境的影响、将领导者和被领导者之间关系的影响联系起来。它表明并不存在着一种绝对的最好的领导形态,企业领导人必须具有适应力,自行适应变化的情况。

(3) 这个模型还告诉管理阶层必须依照情况来选用领导人。如果是最好或最坏的情况,应选用任务导向的领导,反之则选用关系导向者。

(4) 费德勒还主张有必要改造环境以符合领导者的风格。费德勒提出了一些改善领导关系、任务结构和职位权力的建议。领导与下属之间的关系可以通过改组下属组成加以改善,使下属的经历、文化水平和技术专长更为合适;任务结构可通过详细布置工作内容而使其更加定型化,也可以对工作只作一般性指示而使其非程序化,领导的职位权力可以通过变更职位、充分授权,或明确宣布职权而增加其权威性。

七、领导的生命周期理论

美国学者卡曼(A. K. Korman)在研究了俄亥俄州立大学"着手组织"与"体贴精神"的观念以后,提出了领导的生命周期理论。这个理论指出了有效的领导者所采取的领导形态和被领导者的成熟度有关,当被领导者的成熟度高于平均以上时应采用低关系、低工作;当被领导者成熟度一般时,应采用高关系、高工作或高关系、低工作;当被领导者成熟度低于平均水平以下时应采用低关系、高工作。其关系如图8-9所示。

何谓成熟或不成熟?这里所指的成熟不是指年龄和生理上的成熟,而是指心理和人格上的成熟。它被定义为有成就感的动机,负责任的愿望与能力,以及具有工作与人群关系方面的经验和受过相当的教育。年龄是影响成熟度的一个因素,但没有直接关系。

领导的生命周期理论,是由家长对子女在不同

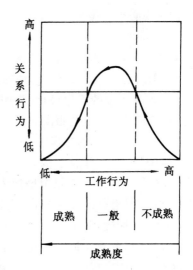

图8-9 领导的生命周期理论

的成长期采取不同的管理方式类比而来的。

（1）当人处在学龄前时，一切都需由父母照顾与安排，例如衣食住行等，此时父母的行为基本上是一种任务导向的行为，是高工作、低关系。这里要区分疼爱与尊重、信任、自立、自治是两回事，疼爱不是高关系。

（2）当孩子长大进入小学和初中时，父母除安排照顾外必须给孩子以信任和尊重，增加关系行为的份量，即采取高工作、高关系。

（3）当孩子进入高中和大学时，他们逐步要求自立，开始对自己的行为负责了，此时父母已不必对他们过多地安排照顾干预，应开始采取低工作、高关系。

（4）当孩子成人走向社会，结婚组成新的家庭后，父母即开始采取低工作、低关系的行为。

领导生命周期理论告诉我们，对不同的对象应采取不同的领导方式，例如对刚进厂的徒工应采用低关系高工作的方式，对受过教育和业务训练而且感情成熟的人，以及对从事科研工作的专家和老工人，应采取低工作低关系。

八、途径——目标理论

加拿大多伦多大学教授豪斯（R. J. House）把激发动机的期望理论和领导行为的四分图结合在一起，提出了途径——目标理论。这种理论认为：领导者的效率是以能激励下级达成组织目标并在其工作中使下级得到满足的能力来衡量的。当组织根据成员的需要，设置某些报酬以激励组织成员时，组织成员就对获得这些报酬寄予期望，并做出努力。但是，这种期望的实现必须有赖于工作做出成绩，因此只有当他们确切知道怎样达成组织目标时才能起到激励作用。

豪斯认为，一个领导者的职责有如下几方面：

（1）职工达成工作目标后，增加报酬的种类和数量，增加吸引力。

（2）明确下级的工作目标，指明职工达成工作目标的道路，协助职工克服道路中的障碍，使职工较易获得这些报酬。

（3）在完成工作的过程中，增加下级满足其需要的机会。

豪斯认为，高工作就是指引人们排除通往目标道路上的障碍，使他们达成组织目标并获得报酬；高关系就是在工作中增加人们需要的满足程度。豪斯指出，高工作和高关系的组合，不一定是最有效的领导方式，这是因为没有考虑到达成目标时客观上存在着什么障碍。当工作任务不明确，职工无所适从时，他们希望领导"高工作"，帮助他们对工作做出明确安排和分工，提出要求和指导完成的方法。这时"高工作"的领导最有效，最受欢迎。反之，如果下级对自己要完成的任务已经明确、具体，并清楚地知道完成的方式与步骤时，领导还不断地发布指令，职工就会感到多余和反感。这时职工只希望领导能"高关系"，使他们在工作中得到同情、赞扬和关心,获得需要的满足。由此可见,任务不明确的应"高工作",任务已明确应当"高关系",领导人的领导行为应依情境而变。

第五节 决 策

由于近代科学技术的发展以及市场竞争的剧烈,企业所面临的外界环境变化很快,一个企业的成败兴衰往往不决定于内部的具体作业管理和效率,而决定于领导者是否能迅速地准确地做出决策并具体实施决策。这一节我们将讨论有关决策的各个方面。

一、决策的基本概念

1. 决策的含义及种类

所谓决策就是为了达到一定的目的,从两个以上的代替方案中,选择一个有效方案(或手段)的合理过程。因此决策的含义应包括几方面内容:第一,为了达到一个既定的目的;第二,要有两个以上的方案,如果只有一个方案就无所谓决策;第三,不能将决策理解为选择与决定方案那一瞬间的行动,而应理解为合理的设计、分析、比较、选择与决定方案的整个过程。没有这个过程就很难有正确的决策。

就一个企业来说,决策可分为战略决策、管理决策、业务决策三种类型。所谓战略决策就是企业与经常变化着的外在环境之间谋求达成动态均衡的一种决策。例如改变与确定一个企业的经营目标体系,开拓市场,合并企业、新产品的开发和经营的多样化等等。所谓管理决策是为了实行企业的战略决策,对所需要的人力资源、资金资源以及经营组织机构加以改变的一种决策,例如机构调整、资金的使用与筹措等。所谓业务决策,就是在一定的企业体系基础上,为了提高日常业务效率的一种决策。例如有关生产、存货与销售等一般日常活动所实行的决策。

在企业外部环境变化较少的时候,业务决策所占的位置十分重要。但现代的企业外部环境变化非常迅速,战略决策日益显得重要。然而不同层次的管理者所承担的决策任务是不一样的,参看图8-10。

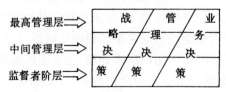

图 8-10 管理阶层与决策结构的关系

由图可以看出：监督者阶层大部分从事业务的决策；最高主管层大部分从事战略决策与管理决策；而中间管理层则以同等的比例从事上列3种决策。

从现代企业所处的环境和层次的分工方面来说，企业的主要领导者应当抓好战略决策。

2. 决策的一般程序

西蒙曾将决策程序分为下列3步：一是自环境中发掘有待决策的情况；二是思考可行的行动方案并加以推演和分析；三是在各项行动方案中作出选择。第一步是智慧活动，第二步是设计活动，第三步是选择活动。如果分析得细致一些可分为：a.问题的认清；b.情况的诊断；c.与问题有关资料的搜集与分析；d.提出各种可能解决问题的方案；e.分析各项方案；f.选择其中最有可能解决问题的一项方案；g.实施之。

二、决策的科学化

为了保证作出正确决策，应该使决策科学化。它包括如下几个方面的内容：

1. 注意区分程序化决策和非程序化决策

所谓程序化决策是指针对企业中反复出现的结构清晰、可以通过一定的程序予以解决的活动而做的决策。每当这种活动和问题重复出现时，可以照此办理，不必再做新的决策。也就是这种决策可以程序化、定型化，例如定货程序，材料出入手续。所谓非程序化决策是针对非重复出现的、没有结构化的、新的、无固定程序可循，而且又属于特别重要的问题而做的决策。这类决策不能程序化，必须每次都作新的决策。例如新产品的开发，工厂的扩建，经营多角化等。

解决程序化决策和非程序化决策所使用的技术是不一样的。前者可以通过建立规章制度和一定的职责分工，以及建立数学分析模型、利用计算机而予以解决。而后者主要依靠决策者的经验与创造精神，通过培养与挑选合格的领导者，以及把电子计算机用于模拟人类对问题的思考过程。

要做出正确的决策必须弄清问题的类型与矛盾所在。问题的类型和主要矛盾搞错了，必然做出错误的决策。如果将程序化问题当成非程序化问题处理必然是兵来将挡，水来土掩，事倍功半。由于没有找到问题的症结，没有建立规则的程序，下次出现这类问题仍然要领导者解决，必然浪费领导者的精力。如果把非程序化问题当成程序化问题来解决，必然是无视已经变化的情况和新的矛盾，沿用旧法来处理，也是不可能正确的。

领导者应当将程序化问题通过制定一定的政策、分工和建立规章制度与程序后交由下级处理，而将主要精力用来处理重大的原则性的影响到企业未来的非程序化决策。

2. 注意决策的目的、条件和标准

任何企业今天的活动都是执行着昨天的决策。当我们要在今天作出新的决策时,首先应当反复论证做出新的决策的必要性。当继续保持常规将使情况趋于变化时,则必须作出决策;如果遇有新的机会来临,机不可失,时不再来,这时也必须有所决策,有时不作出任何新的决策,可能正是最好的决策。其次,如果作出新的决策,必须要知道新的决策是针对什么的,在什么样的边界条件下作出的,它解决什么问题,又可能产生什么问题,它在什么条件下成立,在什么条件下必须抛弃,在什么时候必须以新的决策来取代不合时宜的决策。最后,决策的目标水准不能追求绝对的合理性,那是难以达到的,常常只能满足于"足够好的""还过得去"的决策。目标水准的设立可以经过多次反馈来确立,必要时应从实际情况出发修改目标水准(参见图 8-11)。

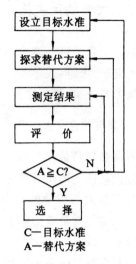

图 8-11 行为科学的决策模型

3. 注意依靠充分的情报资料和科学的决策方法

决策过程中个人的经验、直觉和判断是重要的,但是近代决策问题所涉及的知识领域十分广泛,光靠个人经验已不能保证做出正确的决策。因此应当依靠充分的情报资料和科学的决策方法。充分的情报资料是指那些与决策问题有较大关系的全部资料,而科学的决策方法是指目前已有的现代化的决策方法,如决策论中的方法,计算机辅助决策方法等。

4. 要建立和健全科学决策的支持系统

它一般包括 5 个方面:

(1) 信息系统。利用计算机搜集、存储、分析、处理和共享各种信息,以作为决策的依据。

(2) 咨询系统。要设立专家智囊机构,内部的专家、能人可组成一个咨询团体,外部的专家、学者和咨询公司是决策的可借用力量。

(3) 决策系统。在领导者中间应该组成一个决策群(如:公司中的董事会,工厂中的厂长联席会),靠群体智慧进行决策。

(4) 执行系统。要建立明确的、强有力的执行系统,每个决策的执行都有专人负责,有计划、有步骤、有检查、有考核,确保决策得到正确执行。

(5) 反馈系统。及时搜集执行后的真实信息,正确地反馈到决策层,看是否达到了予想结果,如果与预期结果差距甚大,再研究产生偏差的原因:是执行的问题,还是决策本身问题? 从而决定是否要修改决策,甚至重新进行决策。

三、决策的民主化

目前世界经济一体化趋势明显,经济上的竞争越来越激烈,决策的速度加快,决策内容越来越复杂。任何领导者都难于独立承担决策的重担,越来越转向决策的民主化——即吸收下级参与决策,集思广益,群策群力,使决策的质量和实施速度得到改善。

1. 参与的含义及作用

所谓参与乃是让人将其精神与感情灌注于工作环境中,使其为达成群体目标而贡献才智并分担责任。由此可见参与包含了3个重要概念:第一,参与是职工精神与情感的灌注,是参与者精力与智慧的投入,而不是指体力和技术的投入,是心理的投入而非仅生理的投入;第二,参与就是激励职工对工作环境做贡献,允许与鼓励职工表现其创造能力;第三,参与是鼓励下级勇于接受责任。

让职工参与决策可以起3个作用:

(1) 参与能发扬集体智慧,使决策更正确。

(2) 参与是调动积极性的重要手段。参与使职工获得更多的信息和信任,满足了人们尊重的需要,使人人产生归属感、主人翁感。

(3) 参与便于决策的执行。参与打破了下属与上级的隔阂,增加了职工改变与支配环境的能力,使个人视组织的工作为自己的工作,视组织的成就为自己的成就,使职工愿意接受决策,勇于承担责任,从而有利于工作的推行。

2. 实行参与的先决条件

理论上讲,实行参与似乎有百利而无一害,但在实际的管理中,是否运用参与必须考虑对象、时机和环境,要因人、因时、因地、因事而异。否则不仅与事无补,而且会适得其反,使参与者在心理上产生挫折,实行参与要有下列先决条件:

(1) 时间上允许。在采取行动或措施之前,必须有足够的时间让职工参与决策的讨论和制定,在紧急情况下则不可能实施参与。

(2) 经济上合理。时间的花费和经费的花费应该经济,若超出其价值以致影响正常工作,则不予采用。

(3) 参与者与决策有关。职工参与讨论的事项需与他们有直接关系,如需要其执行的工作或所关心的问题。讨论时应使职工了解与个人的利害关系,个人应有的责任,以便通过参与影响他们将来的行动。

(4）参与者应有必要的兴趣、能力和知识。无论是领导与下级均应具有参加讨论的兴趣、能力与知识，下级若无兴趣则无参与可言，下级如无此种能力与知识，而徒有参与的形式就会造成心理挫折。所以，一些专门性的事务应交付专业人员去讨论，并拟定决策，而不必赋予其他人员以参与权。

（5）参与者应能摆脱偏见与私利的影响，并且有协商一致的愿望。参与者不能以为既然参与，事情就一定按自己的意见办，而应当能和他人相互沟通，了解彼此的立场、观点，克服语言、地位、人格、文化上的障碍，互谅互让，取长补短，这样才能通过讨论获得一致意见。

（6）参与讨论的问题应在职工的职权范围之内，应与组织目标相一致，否则参与非但得不到预期效果，反而会产生负作用，影响工作效率。

3．鼓励职工参与决策的方法

鼓励职工参与决策的方法很多，但主要有五种方法，即民主讨论、听取意见、合理化建议、越级参与和职工代表大会。

（1）民主讨论

采用民主讨论决定问题的方法，就是让所有的下属成员都参加并将全部的决策权交给团体，而主管完全遵照团体的决定。但使用这种方法时应当注意几个问题：

第一，在这种形式中主管的身份发生了变化，他已不是决策的制定者，仅是决策讨论的领导者，他可以通过提供资料来影响集体，但不能代替集体决策。

第二，这种形式讨论的内容最好是有关共同利益的事。

第三，主持者要善于引导，使讨论针对要解决的问题，而不作不切要点的辩论，避免追求个人目标而非组织目标。

第四，这种方式主要应用在高层次。

（2）听取意见

听取意见又称咨询管理。这种方式是领导对与职工有关的问题，在未做决策之前先征求职工的意见。这种方式的优点是领导可以自由地与下级沟通意见。不受会议程序的限制，无拘无束、亲切、灵活，增进彼此感情，且可避免职工之间不同意见的冲突与矛盾。而且领导者仍保留了最后的决策权，这种方法并不削弱领导者的正式权责与地位。但采用这种方式的领导者，必须具有尊重职工意见的诚意与胸怀，承认团体意见高于个人智慧。如果老是只听不取，职工就不愿再说了。

（3）合理化建议

合理化建议的目的是鼓励职工提供建议以改善工作。当职工提供的建议被采纳时，组织按规定给予各种物质和精神上的奖赏。日本对它估计很高，采用很广泛。丰田汽车公司的领导宣称，其成功的秘诀有二：一是统一意志，上下沟通，对公司发展大计心中有数，行动协调。二是发挥了职工的创造力。厂方建立了合理化建议制度，设有130个意见箱，平均每人每年10条建议,厂方设有专人处理意见,并根据建议的实用价值给予奖励,即使意见未被采纳,也付以奖金以示鼓励。

但也有人认为这种方法要小心应用,才能收到成效。原因是:

第一,建议均见著文字,缺乏面对面的语言沟通,因而无法激起所有员工提供建议的兴趣。

第二,职工所提的建议,往往只顾自己的利益,而忽略了组织利益,从而使其成效大为降低。

第三,职工对有关生产程序和工作方法的改变,多抱有沉默态度,不愿积极地提供善意的建议。因为对工作有好处的事,不一定对自己就有好处。有人统计职工提出的建议与个人有关的占78%,对组织目标有利的仅占22%。

第四,一般单位的领导者对提供意见的职工常表示不满,认为职工意见过多,无异于对他工作能力和效率的批评。

(4) 越级参与

这是一种低层主管联合参与实现管理的方法,其具体办法是:低层主管开会研究公司的问题并提出可行的建议。公司除了提供资料外,对其不加限制。但所有建议必须获得与会人员一致的同意。建议的责任应彼此共同分担,建议必须得到上级批准始能执行。越级参与方法,其功能除提供建议外,尚可培养高级管理人才。

(5) 职工代表大会

职工代表大会是我国企业实行民主管理的基本形式,是职工参与企业决策和管理并对干部实行监督的权力机构。它对企业的生产经营、计划、财务预决算有审议权;对企业内部分配、职工的奖惩办法、重要的规章制度以及与职工切身利益有关的问题有决定权;对于干部有监督、建议任命、奖励、处分或者选举与罢免权;对上级机关的指示决定如有不同意见,有建议权。

其它国家有工人委员会或生产委员会。西德在1951年还公布了共同决定法,规定在采矿业和钢铁企业的监察会及董事会中,吸收职工代表参加,有权和资方共同就企业重大问题作出决策。

四、决策技巧

领导者进行决策的技巧,主要是思考的技巧。领导者最容易忽视的也正在于此。

其实,不论我们思考的过程多么复杂,它都包含了两个阶段。首先,我们"向后思考",企图了解事情的"来龙",接着,我们"向前思考",以抓住事情的"去脉"。

1. 向后思考

向后思考系指我们运用直觉与联想,进行诊断与判断。比如,我们会将不同的事情归类,替不相干的事情找出关连,归纳出可能的因果关系,并且研究出一套"理论",来帮助我们解释现状,作为向后思考的根据。

向后思考依赖直觉,向前思考则依赖一种"数学公式":决策者把各种变后量汇集起来,分别给予各变数一个权重,然后再进行预测。进一步而言,决策者乃是运用特定的方式(或规则),先尽量收集正确的资料,加以归纳,再作出一个整合的预测结果。

在现实生活里,经理人都会同时运用这两种思考方式,只是不晓得两者的差别罢了。不过我们要指出,分辨这两者的区别极为重要,一方面可以避免决策者陷入"难以决策"的困境,另一方面也可以提高决策的质量。

(1) 向后思考的3个步骤

① 找出可能的原因。我们所以会向后思考,通常是一些不寻常的事件或现象所引起的。流量"正常"的交通,并不会引起我们的兴趣。出生率突然降低,威胁到部落的存亡,才会激发我们向后思考,设法找出各种可能的原因。

② 找出原因与结果之间的关系。第二步是找出原因与结果之间的关系。通常,我们会找出原因与结果之间的关联点,再设法说明它们之间的内在联系。除此而外还有其他3种线索:

- 时间线索:譬如性行为(原因)总是在怀孕(结果)之前。
- 空间线索:两个人住在同一个山洞,才会发生性行为,女方才会怀孕。
- 一致性线索:同居时间愈长,孩子生得愈多,表示原因(性行为)与结果(怀孕)之间,有一种一致性的关系。

③ 证明先前假设的因果关系是正确的

有了这些线索,不见得能证明原因(变数)与结果之间有绝对的关系,不过,它们可以为决策者提供一些很好的方向,使他们在寻找其他可能的原因时,范围得以缩小。

(2) 向后思考的改善之道

如果我们能采用下列5项建议,改善向后思考的过程,对今后作决策一定大有帮助。

① 多用比喻。看到某一事件或现象,一般立刻会有直觉上的反应,那就是:找出一个比喻来解释该事件或现象。找一个比喻,就是找出因果之间的关系;解释该比喻,就是证明上述因果关系。例如,看到两个人打架,有人可能会产生"狗咬狗,两嘴毛"的联想。狗咬狗就是他所用的比喻,预测的结果是两嘴毛,也就是两败俱伤。不过,只用一个比喻绝对无法完全解决问题。

例如,我们要了解大脑的运作方式,通常会拿电脑、肌肉或海绵作比喻。这三种东西都代表了大脑运作的部分功能:电脑代表信息的输入、储存、回馈及分析;肌肉表示:若经常锻炼就会强壮,若长久不用就会萎缩;海绵则表示:大脑乃是被动地吸收信息。运用比喻非常重要,可以引导我们朝特定的方向思考。

② 多找线索。单用同居这一个线索,就想证明小孩是某甲和某乙生的,这种立足点不

够稳。我们最好找出他们是什么时候开始同居的（时间线索）；小孩长得像不像父母（相同点线索）。

③ 推翻线索。倘若小原因产生小结果，大原因产生大结果，就是符合了"一致性线索"。18世纪中叶，法国化学家巴斯德提出了细菌致病的理论，在当时被大家认为是不可思议的事。他们指出，细菌致病违反了一致性的线索：这种看不见的微小生物（小原因），怎么可能引发疾病、死亡及黑死病（大结果）呢？

有时，推翻大家公认的线索，是寻求创新解答的良好途径。

④ 化繁为简。一件事情所以会发生，可能有所谓的远因、近因、主要原因、次要原因、其他原因，甚至导火线。一般人很喜欢把各种原因找出来，予以分类和分析。殊不知，当我们把那么多的原因找出来之后，很可能会为之淹没；或在寻找原因的过程当中，又发现了其他的事件，注意力因而被转移，甚至连最初的目的都忘了。比如我们发现，最近员工士气不振，于是找了一大堆的理由来解释，愈解释愈糊涂。也许真正的原因只有一个：政府调整公务员的待遇，公司却未如往年一样，立刻加以反映。

⑤ 化简为繁。化繁为简可以帮助决策者立刻抓住问题的重心，不过它也有缺点：决策者以后若碰到类似的现象（说不定只是表面类似，如员工士气不振），就会不经过大脑，习惯性地采用同样的对策（如加薪）。从前的医生，不管碰到任何疑难病症，首先采取的步骤一律是放血。许多老教授使用同一套老掉牙的讲义，数十年如一日，以不变应万变。

广告没有效果，不见得就是广告内容不好，也许是观众看了广告打电话来，接听人员的服务态度不良；或媒体选择不当；或地点、时间不对；或销售人员未配合。化简为繁的目的，乃提供我们更多的思考方向。

2. 向前思考

简单地说，向前思考指的就是人类的预测能力。不管我们同意不同意，一般人"向前思考"的正确性都很低。不论是婚姻咨询、银行借贷、经济预测、心理咨询等领域，均有明显的证据指出，大多数人的预测能力，都比不上最简单的决策模型。

尽管如此，人类对自己的判断能力还是有相当的信心，而不愿采用决策模型。人们认为，决策模型的缺点很多，绝对比不上自己的判断。事实是否如此呢？让我们来看看一般人对决策模型的3项误解：模型也会犯错；模型是静态的；模型成本太高。

（1）模型也会犯错

模型当然也会犯错。不过，我们所探讨的重点乃是：与人类的判断力相比，模型犯错的比例如何？如果模型犯错的比例较小，我们就不能一味指责模型也会犯错，而应该勇于采纳它。

曾经有一位心理学家，做过一次有名的"机率学习实验"，证明了如果我们接受"模型也会犯错"的事实，进而采用该模型，反而会比我们自己的判断犯更小的错误。

该实验是这样的:房间里面有两盏灯,一红一绿,一次只亮一盏,随即熄灭。由志愿者猜下一次会亮什么颜色的灯,猜对一次,志愿者可以得到一美元的奖励。红绿灯出现的顺序是随意安排的,频率是红灯 60%,绿灯 40%。志愿者并不知道这个百分比,但可由经验中学习。

不需多久,聪明的志愿者就学到了其中的诀窍。他们预测,红灯出现的频率是 60%,绿灯出现的频率是 40%。于是,他们就想出了一套策略:每 10 次当中,猜 6 次红灯,猜 4 次绿灯,"说不定"全数都会猜中。可是按照统计学的算法,全数猜中的比率只有 52%(红灯的 $60\% \times \frac{6}{10} = 36\%$,绿灯的 $40\% \times \frac{4}{10} = 16\%$,两者相加得 52%)。换句话说,他们只相信自己"每一次"的判断都会正确,不肯采用最简单的统计模型。

最简单的决策模型是什么呢? 每次都猜红灯,可得 60% 的猜中率。60% 比 52% 多了 8%,表示最简单的决策模型,也比人类自以为是的预测能力强。

(2) 模型是静态的

所谓模型是静态的,是指模型不懂得学习,不知道从失败中记取教训,也不知道从成功中学得经验。且不管模型是否真的是静态的,我们要问的是:我们人类的学习能力难道就很强吗?

举一例来说明人类的学习能力。假设政府有关部门由于预测下年度将会出现经济衰退,因而采取了强有力的预防措施。然而,一年过去了,经济衰退并未发生。这可能是因为当初的预测不正确,以致预防措施成了"多此一举";或是因为预测非常正确,而预防措施也发挥功效,以致经济衰退没有发生。

假设一年过去,经济衰退真的发生了,这也有两种可能:当初的预测是正确的,但预防措施不当,以致未能挽回颓势,或当初的预测不正确(并不会出现经济衰退),但预防措施"适得其反",本来风平浪静的经济,反而因为这些"预防措施"而衰退了。

这样看来,由于人类的预测能力太差,而且根据预测结果所采取行动的效果也大有疑问,连带使得人类的学习能力也大打折扣。既然人类自己不行,怎能"嫌"模型是静态的呢? 其实,根据最新的发展,决策模型已能随时输入最新的信息,切合实际的需要。

(3) 模型成本太高

一般人怀疑模型成本太高,不过是人云亦云罢了。事实上,只要我们设计出来的模型有足够的预测能力,由于预测正确程度增加所产生的利益,往往会超过我们的想象。

我们以美国电话电报公司为例来说明模型的成本效益。70 年代末,该公司决定研究顾客特性与呆账之间的关系。所谓呆账,是指新客户在申请电话时,预先缴一笔保证金,将来若积欠了电话费,以保证金充抵,不足的部分,公司显然无法收回,就成了呆账。可是缴保证金的制度,只是"防君子不防小人"。对大多数君子而言,保证金不仅是一笔额外的负担,也表示公司不信任他们。为此,公司找到了一个办法,在一定期间内按时缴费,凡是符合这些特性的顾客,公司全数退还其保证金。经过试行之后,公司发现这个简单的决策模型非常准确,于是决定扩大其范围,增加若干变数(顾客特性),建立了一套较复杂的决策模型。透过该模型,公司大幅扩张了顾客的信用,每年所降低的呆账,竟高达13 700万美元。虽然该公司并未精确计算过模型的成本,但显然未超过1亿美元的1‰,甚至1‰。

许多决策模型其实只包括了很少的几个变数,如决策者过去的判断,或过去决策的平均数值,或甚至只是加重相关变数的权重而已。因此,决策模型成本太高的说法并不成立。

在实际作决策时,经理人可能仍会犯一些错误。

第一,在碰到随机的情况时,我们常会产生"控制的幻觉"。比如,我们情愿自己挑选彩券,也不愿假手彩券经纪商。投资股票也是一样。我们有了一点点钱,想投资股票,总认为自己的判断是正确的,不愿意交给经验丰富的投资经纪商。我们很容易产生幻觉,认为下一期六合彩的中奖号码,一定是自己所挑选的这几个"幸运号码",所以一切都在"控制"之中。其实我们可以这样想,彩券经纪商与投资经纪商,不过是我们所要采用的决策模型罢了。我们所要做的,只是找出信誉优良的经纪商,也就是更好的决策模型,如此而已!试想,彩券与股票市场变化多端,岂是凭你我一己之力所能控制的?你也许有时运气好,大捞了一票,但难保以后不会大赔。因此,只要你选对了"决策模型",长期下来,"小赚"总是跑不掉的。

第二,在碰到复杂情况时,我们往往太过依赖规划与预测,而低估了未来环境中的随机变数。最好的办法,就是经常保持怀疑的态度。倘若我们以为花了一年的时间,做好规划与预测,万事都没有问题了,那就大错特错了!请记住,算命业者之间流行着一句话:"只要我们开张一天,就会有笨蛋上门。"难道算命先生说你以后会大富大贵(替你做好预测),你就可以坐在家里等候大富大贵降临,其他什么事都不做了吗?

第三,决策模型有好有坏,一味相信模型,而不用自己的大脑去判断,是非常危险的。曾有人设计了一套电脑程式,可以阅读报纸的标题,并用更简单的词句,将标题的意思重新表达一遍。有一回,该程式碰到了一个这样的标题:教宗遇刺,举世震惊(Wrold Shaken. Pope shot.),重写出来的结果,竟成了:意大利发生地震,一人死亡(Earthquake in Italy. One dead.)。

3. 运用直觉的决策技巧

(1) 何谓直觉?

究竟何谓直觉?心理学家法兰西斯·法翰定义为"一种知的方式……即在任何情况下都能明辨事情的可能性。"韦氏辞典则定义为"一种知觉的力量……一种快速或胸有成竹的领悟";奥瑞岗公共管理协会的资深会员劳伦斯·史佩瑞契则称,直觉实际上是逻辑思考的一种,它进行过程的每一个步骤都隐藏在潜意识中。最近,在研究者中获得普遍支持的卡尔·琼格,是一位著名的心理学家,他发现善于利用直觉的经理人,通常也拥有一般人缺乏的处理特殊决策的能力。

这些经理人可以感觉到或看到即将来临的事物,以及如何安排组织趋吉避凶。他们悟性很高,特别擅长创意,以及为老问题想出新的解决方法。在危机来临或是快速变迁的环境下,他们也能表现良好。

实务派的经理人以及管理学院的学者都逐渐承认,成功的主管们在面对"大趋势"、"未来的冲击"这些环境时,直觉将成为致胜的关键技巧。

(2) 应用直觉的秘密

由于直觉终于被承认为经理人重要的决策技巧,80年代将在管理史上留下璀璨的一页。直到最近,美国大多数公司还是依赖目标管理、计划审核术等分析技巧,从事规划。然而,高级主管已从痛苦的经验中学到教训,只凭这些分析技巧是不够的。

原因何在?在今天以及可预见的将来,高级主管必须在快速变化和充斥着危机的环境下制定重要的决策。在多数情况下,新趋势会使得根据旧资料的线性分析毫无用武之地。经理人往往无法收集到完整的资料,或者来不及收集资料,就必须作出决策了。

在下述管理气候下,运用直觉来制定决策特别有用:

① 高度不确定性;

② 无前例可循;

③ 变数无法做科学的预测;

④ "事实"有限;

⑤ 事实无法显示出该朝什么方向进行;

⑥ 时间紧迫,必须立即做出正确的决策;

⑦ 必须从几个看来都很合理的方案中作出选择。

(3) 应用直觉时的障碍因素

如果这些具备强烈直觉的经理人,接收像路标般清楚的信号——告诉他们何时选择可行方案,或是应该在做最后决定前再多花一点时间,那么这些经理人的决策怎能正确?

大量的研究证明:高级管理者在他们的决策中确实曾经出错,但出错并不是因为他们遵从直觉,相反地,往往是由于不遵从直觉的结果。也就是说,当这些经理人判断错误时,他们至少是违反了一条或几条直觉的基本原则。心理学家多年来的研究指明,利用直觉引导重要决策时,有一些原则是相当有效的。

经理人常犯的错误,包括不够诚实(自我欺骗),以及画蛇添足(不让事情顺其自然,而强要按照主观的意愿安排)。自我欺骗和画蛇添足影响他们自己,同时也影响他们即将制定的决策。换另外一种说法,也就是心理学家所谓的投射作用。举例来说,在某些情况下,经理人个人会和他们所要下达管理决策的人们纠结在一起。因此他不能从客观的角度来看这些人,而会受到这些人的影响。

(4) 行动步骤

毫无疑问,在管理上有效地利用直觉,将是提升管理效率的重要资源。例如,"大趋势"

一书的作者奈思比特,在他的新书"企业的重建"中就提到,直觉在公司会议室中重新获得敬意,已被认为是一种重要的决策技巧。现在,对经理人而言,关键只在于接受这个事实,并且加以练习,使他们的直觉技巧能够辅助重要的决策。

研究直觉的心理学家普遍认为,应用于强化个人直觉能力的一个重要方法是找到一群支持者。这样的一群人通常是同事或朋友,经理人可以和他们分享应用直觉的经验。

但是,大多数经理人都不愿意从事这种练习。近来年,管理训练十分强调左脑技巧,几乎把其他可能有用的技巧和方法都排除在外。因为公司和社会文化都在强化这种倾向,无怪乎半数以上的受测者指出,他们把应用直觉作决策"视为秘密"。

经理人应该用一种比较正面的态度来看待他们自己的直觉能力,同时把这项能力用于创新的方向。他们可能也希望把直觉式决策过程加以量化,并且留下记录。

第六节 用 人

毛泽东说过:领导者有两件大事,一是出主意(即决策),二是用干部(即用人)。这是很精辟的论断。

国外有两种用人原则,一种是能力主义,一种是资历主义。能力主义是指谁有能力、谁有绩效晋升谁;资历主义是指谁资历深晋升谁。这两种原则各有利弊。推行能力主义可促进个人竞争和创新,便于发掘人才,但同时带来集体意识的削弱和人与人关系的紧张;资历主义可使队伍比较稳定,关系和谐,但压抑人才,偏于保守。西方是倾向于能力主义的。日本过去是倾向于资历主义,现在则倾向于两者的结合:在职务上推行能力主义,在工资和身份上采用资历主义。

我国用人的原则,过去一直提德才兼备,这个原则是正确的。但在执行中存在着资历主义的影响,而且将"德"片面理解为出身、社会关系和历史清白,对知识、能力、绩效重视不够,对新生力量重视不够。

我们在用人时应遵循以下原则:

一、重视能力

重视能力原则是指在选拔人才的时候,应该以工作能力作为重要的评定标准。这可以说是用人的基本原则。重视能力不是不要"德"的标准。能力主义是相对资历主义而言的,即使在资本主义国家除了工作能力外,也要讲个人声誉、品德,要求为人正派、待人谦和、善与别人共事,并能取得别人信任。

不同的职务对能力的要求是不同的,对能力结构和能力水平都应有具体要求,对一个具体职务而言,并不是能力越全越大越好,否则将会造成大材小用。应该使人的能力与所担任的职务相适应。

人的能力高低必须经过实践的检验,因此必须重视绩效,重视公平考核。

重视能力还必须打破干部终身任职制度,实行干部定期任职制度。在工作岗位上做不出成绩的人应予另行分配工作,以便把位置让给有能力的人。这样做有利于干部队伍不断更新,为更多有才干的人提供成长与发展的机会。

二、按事选人

用人应当首先根据组织要求确定有几个职位,然后根据工作需要挑选合适人选,而不要因人设事、因人设职。否则,必然造成领导干部和管理人员过多,人浮于事、权力分散、效能降低并助长官僚主义。当然,完全按事选人不容易选到理想人员。因此,在实践中是将按事选人和因人分事结合起来,按人的特点分派适当工作。

三、用人所长

用人首先要解决对人的认识问题。看人要实事求是,一分为二,要历史地全面地发展地看一个人,既要看优点也要看缺点。看缺点的目的不仅是为了对他做一个客观的评价,最终目的还是为了发挥他的优点,在工作分配时利于他扬长避短。身为领导者不要怕用有缺点但有专长的干部,不要怕用不听话但出活的干部,不要怕用比自己强或批评过自己的干部。因为优点比缺点更重要、出活比听话更重要、批评比赞扬更有益。一个高明的领导者不一定是最有智慧的人,而应是善于吸取和利用他人智慧的人。要能够容人,让各式各样的人都能发挥作用。

美国南北战争时,林肯总统任命格兰特将军为总司令。当时有人告诉他,格兰特嗜酒贪杯,难当大任。林肯却说"如果我知道他喜欢什么酒,我倒应该送他几桶,让大家共享"。林肯总统并不是不知道酗酒可能误事,但他更知道在北军诸将领中只有格兰特能运筹帷幄,决胜千里。后来证明对格兰特将军的任命是南北战争的转折点,也说明林肯的用人政策是求人之长,而不求其为"完人",是完全成功的。但这一诀窍是好不容易才学会的。在这以前,他曾先后选用了三四个将领,选用标准是所用之人无重大缺点,但结果北军虽拥有优势但却一无进展。反之,南方军队所使用的干部无不满身都是大小缺点,但每一位都各有所长。而林肯无缺点的将领却被这些有缺点但有一技之长的将领打败了。

四、用人不疑

安排一个人的工作就是要筹划一个工作岗位,一个工作环境,一种工作配合关系,让他能发挥长处,使他能和别人相互配合又相互制约,避免短处。因此用人时不能只孤立地考虑某个人,而应当结合环境和任务进行角色互补、搭配使用。

用人决策要慎重,没有看准的人不要用。即如果疑人,就要经过反复比较权衡以后才下决定是否起用。但用人之后,也不要因为某些议论和暂时的挫折就动摇对他的任命,即用人不疑。只要当事人发现用他,而又不信任他,甚至处处防范,他是不会积极干的。作为干部本人应当能上能下,但不要忽上忽下。

五、合理授权

干部一经任命,就应授予其适当的权力。有人曾根据授权多少、信任程度和能够自主行动的幅度将授权分成8种形式。

(1) 收集资料领导决定。这是由领导者提出问题,让下级去了解和收集有关情况和资料,再由领导决定做什么。通常领导者和秘书或办事人员的关系即如此。

(2) 提出意见以供参考。这是由领导者提出问题,让下级调查研究,提出所有解决问题的可能方案,再由领导者选择与决定。通常领导对专家和智囊团的要求即如此。

(3) 拟出计划同意执行。这是让下级负责提出一套完整的行动计划,送给领导批准后,按计划实行。通常军队首长对参谋长,厂长对生产科长的关系即如此。

(4) 告诉项目同意去干。这是下级让领导者知道自己打算干些什么,得到同意后自己拟定计划,自己行动。

(5) 事先通气自行行动。这是下级让领导者知道自己打算干些什么,打一个招呼,只要上级不反对,便可放手去做。例如正副厂长之间的关系就是这样。

(6) 边斩边奏详情后说。当下级采取行动后,要让领导者知道自己正在干些什么,最后告诉他事情的结果。

(7) 充分授权作为后盾。下级可以完全自立地采取行动,仅当行动遇到困难或不成功时,才请领导者采取支援性行动作为后盾。

(8) 自主行动不需联系。下级可以自主采取行动,没有必要和领导者联系。

一个干部仅应要求适当的权力,即完成任务必要的权力,而不应当要求完全的绝对的权力。授权受3种因素的影响:

第一,领导者本人的知识、经验、能力、精力和工作习惯。

第二,组织的大小以及任务的重要程度。

第三,下级的水平以及预期获得成果的大小。

然而,授权是有障碍的。其一是不愿放权,怕下级搞出漏子。其二是忌才,怕对方超过自己。其三是下级怕负责任,不愿接权。最后是体制的影响,本人没有的权力,不能授予对方。克服以上障碍的关键是领导者对下级要肯放手使用,注意对下级的培养。

六、及时补台

支持下级工作,关键是协助下级排除困难,在工作中做出成绩,达到组织目标。为此应考虑下面几条措施:
(1) 除了授权以外要给予必要的指导以及精神和物质的支持。
(2) 允许挫折和失败。下级在工作中产生挫折和失败,批评帮助是应该的,但不要训斥,使他失去信心。五仗三胜即可让他继续干下去。
(3) 维护威信,及时补台。当群众对自己下级有意见时,既要将正确的意见接过来,又要实事求是,勇于补台,主动承担领导的责任。对不正确的意见要予以解释,但不是包庇下级缺点。切不可当着群众的面批评下级,这样会使其威信扫地,难以工作。
(4) 上级对自己或自己的下级工作有所议论批评时,应当发扬风格,有点容让性,承担应有的责任,决不要揽功推过。对上级的批评要头脑冷静,作实事求是的分析,决不要搞压力传递,更不应找替罪羊,丢卒保车。这样将失去下级的信任和合作的基础。

七、密切关系

关心下级,要注意下面几种情况:
(1) 体察下级困难免其开口。下级在工作、经济、家庭和个人健康等方面可能存在各式各样的困难,而自己羞于开口,领导者则应当关心体贴,主动帮助免其开口。
(2) 对干部和技术人员的关心激励、更多的要着眼于工作的安排,成绩的认可,给予学习的机会和及时的提拔,不能光使用不培养,要对下级未来的发展负责,更不要怕下级超过自己。要有让贤的精神,勇于推荐下级的才能。
(3) 在工作中要形成上下级干部之间的信任和友谊,诚恳相待,推心置腹,配合默契,互相谅解和支持。但私人之间不要来往过密,特别不应形成上下级干部之间的纵向的非正式团体,以免使人感到有亲有厚,引起其他人的不满。

第七节 领 导 效 率

一、领导者面临的问题

任何组织的领导者都将遇到 3 方面问题:

1. 领导者的时间往往不由自己支配

领导者的时间是宝贵的,但领导者往往不能根据自己的需要来安排工作时间,因为每个人都可以随时来找你,上班的时候,许多日常工作要你处理,许多意想不到的事情需要你去解决。即使你能像门诊医生一样告诉挂号员暂时不要挂号了,以便你集中精力考虑一些重要问题,但也许就在这时,电话铃响了,打电话者可能是你的上级,也可能是你单位的重要客户或原料供应者,你没法不接电话。在你下班的时候,也有很多事情正在等着你,一些人到你家里要求帮助,另一些人到你家里陈述某些事情,还有一些人到你家里要求你对某些矛盾进行仲裁等等。你的时间就这样过去了,日复一日,年复一年……,你的时间变成了他人的时间,你没有足够的时间来考虑组织当中的重大问题。

2. 领导者若不坚持改变自己的工作方式就将被迫忙于日常事务

遇到什么问题就解决什么问题,是当前许多领导者所习惯的工作方式,然而这正是领导者忙于日常事务的症结所在。这和医生不一样,医生采用这种工作方法是正确的,病人来了,医生就问"你哪儿不舒服?"病人就要自己口述病情,然后医生首先根据病人的口述治疗。尽管通过检查可能发现病人有另外的更为严重的疾病,医生也还是首先使病人的要求得到满足,因为病人的口述是第一位的。

而对于领导者就不行了,你所面临的是更复杂的问题。现象本身并不说明现象的轻重次序,现象出现次序本身并不能提供线索。如果领导者碰到什么问题就着手解决什么问题,那他很快就会穷于应付。比如今天市里开会,明天有人请你作报告,后天要陪人参观等等。你即使很有才能,足以应付得了,那也是在浪费你的才能。领导者应该有一套判断标准,使你能够针对真正重要的事情去工作。

3. 只有他人利用领导者的贡献时,领导者的工作才能有效

这里的意思是说你可能对下级命令,也可能向同级提出忠告,还可能向上级做汇报或提出建议,这就是领导者的贡献。如果下级不服从你的命令,同级不接受你的忠告,上级不采纳你的建议,你的工作就将毫无效果,更谈不上效率。而要真正让别人利用你的贡献或你的产出又是相当困难的,这是由于人们有不同的技能,不同的志趣,不同的需要以及不同的阅历而造成的。

下面就讨论一下如何解决上述 3 个问题。

二、高效地利用时间

高效地利用时间是一个优秀领导者最重要的特点之一,因为时间是最紧缺的资源,我们

常常由于缺乏这种资源而耽误许多工作。仔细分析一下就会发现,时间这种资源有许多特点:

第一,时间的供给没有弹性。不管你本人需要多少时间,供给总是那么多,不可能增加。一天 24 小时,一年 365 天,除了吃饭睡觉,所剩十分有限。时间又没法用价格调节,而且极易损耗,根本无法贮存。

第二,做任何事情都少不了时间这种资源,没有时间就不可能完成,哪怕最微小的工作。

第三,时间没有替代品。这点和其他资源不一样,石油短缺,可以用煤、原子能等来替代;加工某一零件,没有铜可用铝或其他材料替代……。几乎所有资源都有替代品,惟时间例外。

如果人们不能增加资源的供应,同时又想做更多的事情,只能合理地利用有限的资源,争取更大的产出。所以有效的领导者其最显著的特点就是能够珍惜时间,合理地安排自己有限的时间,不为一些小事或无关紧要的事来浪费自己的时间,而是把有限的时间用在最主要的工作上面。怎样才能有效地利用时间呢?简单地说就是要记录时间,分析时间,防止时间浪费,重新安排自己的时间。

1. 记录时间

要知道自己的时间都是怎样消耗掉的,可以采用时间记录的办法。先画一张时间表,比如每 10 分钟一个间隔(参见表 8-3)。然后请秘书或其他同志或你自己进行记录。什么时间

表 8-3 时间消耗记录表

时　　间	时　间　消　耗　项　目
8:00	↑ 接客户电话
8:10	↓
8:20	生产科长汇报生产中出现的情况 ↑
8:30	
8:40	
8:50	老同学来访 ↕
9:00	去局里开经验交流会 ↑
9:10	
9:20	
9:30	
9:40	职工家属告状 ↑
9:50	
12:00	

干了什么事情,都要一一标注清楚,连续几天或几周的统计就会相当准确地反映出你的时间究竟是如何消耗掉的。也许有人认为不用这种记录方法而凭记忆就足以清楚自己如何利用的时间,但实验证明,记忆相当不可靠。某位厂长曾经有把握地说自己把三分之一时间用于考虑企业的战略问题,三分之一时间用于接待重要客户,其余时间用于协调企业内部各部门之间关系。几天的记录结果和他所说的相差甚远,实际上他有60%的时间用于调度,其他时间也多用在处理一些无关紧要的事上。当秘书把记录给他看时,他不信,经过几次记录他才真正信服,所以作为领导者若想有效地利用时间,必须从记录时间开始。

尽管本世纪初泰勒就进行了时间研究,而且现在几乎所有的管理者都知道这个道理,但那仅仅是用在工人的操作方面,如怎样提高工人的生产效率,降低操作成本等。实际上最需要进行时间管理的应该是领导工作,遗憾的是在这方面却几乎没人采用。许多人还没有认识到,领导者能否合理地利用时间,对整个组织成败关系极大。

2. 时间分析

(1) 在时间记录表中首先找出那些根本不必做的事项,即那种纯粹是浪费时间的项目。可以采用逐项提问的方式进行这项工作,比如:"这件事我如果不做会有什么后果?"如果认为毫无影响,那么下次就停止做这样的事。

(2) 在时间记录表中找出那些可以请他人办理、结果相同或更好的事项,这样的事你可以授权他人办理。

(3) 在时间记录表中找出浪费别人时间的事项。比如许多领导同志总是喜欢开会,大事小事都开会,把大家召集起来一讲就是几小时,这无疑是在浪费大家的时间。有些事情不一定需要开会,特别是不需要开长会。浪费别人时间的事项在时间记录表中不太明显,若想真正了解必须诚恳地去问下级,请对方说真话。

3. 消除其他时间浪费的因素

时间浪费除了上述原因之外,还可能是由于管理不善或组织不良造成的。为此领导者应做下面几方面工作:

(1) 找出由于缺乏合理的计划、制度或缺乏预见性所产生的时间浪费因素。如果是组织中一而再、再而三出现的问题,今后就应坚持杜绝此类问题继续出现。比如,一些企业往往生产不均衡,月初松、月末紧、年初松、年末紧,因为月末或年末要完成计划,这时厂长也着急了,天天下去直接调度,这是由于缺乏合理的工作计划所致。另外有些企业各种资金使用、报销以及出差申请等大事小事都要厂长签字,如果制定一套严格详细的制度,不须厂长签字,只要制度由厂长认可就解决了问题。

(2) 人员过多也容易造成领导者的时间浪费。按理,人员多了,领导者可以把工作多分下去一些,有更多的时间考虑企业的大政方针问题,但结果往往相反。这个道理和算术不一样,在算术当中,某一项工作一个人干需要两天,两个人干就需要一天;但在一个组织当中,一个人干需要两天,两个人干可能需要四天甚至更多。人员太多不但工作效率可能降低,而且矛盾丛生,派生出许多工作,从而加大了领导者协调的工作量。怎样判断人员是否太多呢?除了从工作任务量来考虑之外,如果一位领导者用较多的时间来处理人员纠纷问题,说明人员太多了,要及时对人员进行调整。

(3) 组织不健全也是造成时间浪费的因素之一。它的特征就是会议太多,这里指的会议是必须开的。会议多是组织缺陷的补救措施。理想的组织应该没有会议。在理想组织中,任何组织成员都了解他所必须了解的事,也都能及时地获取他所需要的各种资源。我们现在之所以开会,除了政治性会议外,是因为有各种各样的工作需要彼此合作才能完成,或者因为某一情况需要的知识和经验不可能集中于一个人的大脑里,需要集思广益。然而领导者如果在会议上花的时间太多,就说明组织不健全,其表现为授权不合理或协作关系不明确,相互沟通渠道发生障碍等等。这时就要健全组织。

4. 合理地安排自己的时间

领导者在分析了自己的时间利用情况并消除了时间浪费的因素后,就知道了自己究竟有多少时间可以自由利用了,他可以把这些时间用于真正重要的问题上。但是,你首先要把零碎的时间集中起来,这样才会有用。比如每天安排一两个小时处理组织内重大决策问题,或者每周有一天处理重大问题。

一旦发现有些问题还在侵犯自己的自由时间,就要再一次分析时间记录,把比较次要的工作重新过滤一次。

三、分清各项工作的轻重缓急

如果领导者不能自觉地改变自己生活和工作的现实,就将被迫忙于日常事务。因此,应用一套判断的标准,用来决定哪些事应该优先考虑,哪些事应该稍后处理,哪些问题根本不用领导者考虑。

1. 要尽量摆脱过去,而着眼于将来

有效的领导者的行为准则之一就是尽量摆脱过去,不把精力多花在过去的事情上。因为昨天已经过去,昨天并不会再给组织带来产出。当然,一位有效的领导者也要经常检查自己的工作计划并和同事们商量工作计划,但要提出这样的问题:"如果我们还没有进行这项工作,是不是应着手做这项工作?"如果不是非办不可,就干脆不办或削减,而把各种资源投到未来的事情上去。

当然,作为一位领导者,往往不可能完全摆脱过去,因为现在总是过去所做决策和所采

取行动的结果,过去的决策或行为无论其多么明智,也会给现在带来一些困难。每一位领导者都必须花费一部分时间、精力和才智,来弥补过去行动和决策所造成的结果。事实上,作为一个领导人在这方面所耗费的时间,往往比其他任何工作都多,但是我们至少可以尽量压缩过去遗留下来的,并不能再有新的产出的工作。拿宝钢为例,过去由于缺乏经验,决策有些失误,原料运输、造价等都考虑不大周全。既然已经如此,作为领导者应该怎么办?我们是要弥补过去遗留的问题,但不应把主要精力放在这方面,而是应该吸取教训,把精力和时间用在未来的工作上。这是摆脱过去着眼未来的第一层含义。

摆脱过去着眼于未来的第二层含义是我们更应该注意的。人遭到重大失败,可以检讨自己、吸取教训、总结经验,在今后的工作中尽量避免这种失败。但是过去的成功,却将留下许多影响,远远超出成功的有效期之外。比如某企业领导者在过去工作中有了点成绩,接踵而来的是记者采访,宣传报道,各种各样的报告会、讲演会、经验交流会等等,甚至各类组织都让你挂个头衔。这时你就要把很大的精力花在各种应酬上,这样下去必然会使你未来的工作大受影响,最后导致无效。我们暂且把这种现象称为"领导的虚荣投资",这不仅会使领导者本人而且会使组织中其他人停留在过去,所以是要不得的。许多科学家、企业家在他们成名之前工作卓有成效,一旦成名之后,荣誉、地位源源不断而来,在事业上他们很少再有突破,其道理就在于此。从这个意义上讲我们也要尽量摆脱过去,而应着眼于未来。

2. 领导者应按例外原则办事,充分授权

例外原则就是领导者只负责处理条例、规章、制度所没有规定的例外事情,凡是有规定的,就应按章办事。大家都按章办事,根据自己的职权处理各种例行事情,领导者自然可以集中精力处理一些例外的、重要的事情。事必躬亲是领导者忙于日常事务的一大弊病。这涉及到健全各种规章制度并且适当授权的问题。规章制度健全,每个人的职责才能清楚;适当地把权力下放,才能使自己从繁杂的日常事务中解脱出来。

3. 不应以压力作为工作次序的标准

以压力决定优先次序,领导者必定不愿进行开拓,不愿考虑长远。因为开拓性工作大多不是为了解决过去遗留下来的困难,而是为了更好的未来,压力本身却往往来源于眼前困难。以压力决定事情先后将会导致重视紧急事项,而不重视开拓性工作。

以上3条应该成为领导者确定工作次序的原则,即重将来,不重过去;重例外事情,不重例行事情;重开拓性工作而不重眼前困难。

正确安排工作次序,避免忙于日常事务,主要在于勇气,而非在于分析。许多领导者分析之后都承认,自己花了太多的精力去处理一些对组织发展没有任何作用或作用很小的日常琐事,但是他们没有勇气去改变这一切,他们这种分析无疑也是在浪费精力和时间。

四、提高会议效率

领导者总是免不了主持各式各样的会议,像讨论会、报告会、协调会等等,可以说会议是领导者进行日常管理的一种工具。然而,会议不但会占去领导者的时间,也会占去他人的时间。因此,有效的领导者首先应该考虑应不应该开会,如果必须开,应该提高会议的效率。

日本著名企业家土光敏夫在东芝公司提出一个特殊的要求——站着开会。他提议会议室撤去椅子,站着开会,最长的会也不要超过一小时。为了开短会,他要求:任何会议之前发安民告示,告之会议讨论的内容,与会者会前应作哪些准备;会议上不作报告,报告事先发给与会者;会上每个人都要发言;会上要有议有决。结果大大提高了会议效率。

我们应该借鉴土光敏夫等著名企业家的经验,开短会、讲实效。在会前让大家作好充分准备;在会上提倡人人畅所欲言,但应紧紧围绕主题,走题时要及时拉回主题;提倡开门见山,说短话;要善于倾听,善于启发不同意见;不要排斥不同意见,更不要独霸讲坛;提倡计算会议成本,讲究会议效益。

本章复习题

1. 领导的概念有哪些含义?
2. 领导者影响力的来源为何?
3. 权力的种类及作用是什么?
4. 领导者的主要任务有哪些?
5. 目前有多少种关于人性的假设,它们的含义是什么,根据不同的假设应采用哪些管理方法?
6. 如何看待各种人性的假设?
7. 领导的特性理论之基础是什么?
8. 一个优秀的领导者应具备哪些素质?
9. 领导者应具备哪些心理素质?
10. 独裁—民主—放任式领导作风理论的主要内容是什么?
11. 领导的连续统一体的含义及意见是什么?
12. 何谓管理系统理论?
13. 领导行为四分图的含义及贡献是什么?
14. 管理方格理论的含义及作用是什么?
15. 领导的权变理论之基础是什么?
16. 费德勒模型的主要内容及贡献是什么?
17. 领导的生命周期理论之含义是什么?
18. 途径—目标理论主要内容为何?
19. 什么是决策?决策有哪些类型?它的一般程序如何?

20. 决策科学化有哪些内涵?
21. 何谓参与？实行参与要有哪些前提条件?
22. 决策支持系统包括哪些内容?
23. 如何鼓励职工积极参与决策?
24. 为何要重视知识、能力和绩效?
25. 按事选人而不因人设事有哪些优点?
26. 如何选人才算知人善任?
27. 如何授权才能收到较好的效果?
28. 领导者应如何有效地利用时间?
29. 领导者应如何合理地安排工作次序?
30. 领导者应如何提高会议效率?

本章讨论题

1. 分析领导者权力的基础。
2. 应该如何看待各种人性假设理论，我们国家应对人性采取什么态度?
3. 你认为领导的特性理论有什么实际意义?
4. 你认为在实际工作当中采用哪种领导作风更为有效?
5. 试用你自己确定的标准绘制领导方格图并具体评价某位领导者。
6. 领导的生命周期理论对我国管理实践有何指导意义?
7. 在实际工作中我国的民主参与存在哪些问题?
8. 在我国影响合理用人的因素有哪些？怎样影响?
9. 实际考查某单位领导者的时间利用情况?
10. 分析你的上级的决策技巧，并谈谈你对向前思考、向后思考、运用直觉的看法。

第九章 协调职能

协调是管理的一项重要职能,也是最花费时间的工作,协调包括对内和对外两方面。对内协调的核心是沟通,难点是如何对待非正式群体,如何正确解决冲突,其结果是形成内部人际关系;对外协调的核心是公关,难点是如何处理与政府、传播媒体、客户及社会公众的关系,其结果是树立企业形象。

第一节 团 体

团体是由两人或两人以上组成的,并通过人们彼此之间相互影响、相互作用而形成的。它是具有共同目标的一种介于组织与个人之间的人群集合体。

团体和组织是有差别的,但差别不在于规模的大小。组织强调的是一定的职权分工和合作,而团体强调心理上的联系和作用。从团体的作用上看,它强调各成员相互依赖,在心理上彼此意识到对方的存在;各成员间在行为上相互作用,彼此影响,有明显的认同感。因此,团体不一定是组织,组织也不一定是团体,但一般来讲,组织是由团体组成的。

一、团体的类型及作用

1. 团体的类型

团体可以按照许多方式进行分类,最典型的分类方式有 5 种。

(1) 按构成团体的方式和原则,可分为正式团体和非正式团体。正式团体是组织根据工作任务和完成组织目标的需要而建立的,它的组织形式、任务和成员的权力及义务都是由组织自上而下规定的。非正式团体是人与人在交往的过程中,根据自己的兴趣、爱好和情感自发产生的,它的权力基础是由下而上形成的,成员之间的相互关系带有明显的感情色彩,并以此作为行为的依据。

(2) 按团体的规模大小可分为小团体和大团体。凡是人和人有面对面的直接接触的为小团体。凡是人和人没有面对面的直接接触,而是通过间接的方式(如团体共同目标或组织机构)将人联系在一起的为大团体。大小团体的区分是相对的,不是绝对的,有时相互间并没有明显的界限。小团体由于面对面的接触彼此容易产生情感和心理上的影响,大团体由于只有间接关系,所以社会因素的影响较心理上的影响为大。

（3）按团体所起的作用和影响分为一般团体和参照团体。参照团体就是标准团体或榜样团体，这样团体的标准和方向会成为人们要达到的目标和行为的指南，人们会将这个团体的规范作为效法的榜样，并将自己的行为同其进行比较，如不符合将改变自己的行为。

（4）依照团体的发展水平和团体成员关系的紧密程度，分为松散团体、合作团体和集体3种。松散团体只是由于偶然的机会使成员在空间上、时间上集合在一起，但并无明确的共同的活动内容和目的，如同一车厢的旅客，同住一医院的病人。合作团体是这样的团体，"其中个人间的关系是以对每个人都有意义的活动为纽带。"这就是说，参加者有共同的活动，但这种活动仅有个人意义，其成功与失败仅对个人有关系。农民合作搞长途贩运，就是合作团体的例子。集体是团体发展的最高阶段，这种将个人集合在一起的活动不仅对个人有意义，而且对社会有广泛意义，只有团体成员顾全大局，兼顾集体和个人利益时，才是真正的集体。

2. 团体的作用

团体可以起两个方面的作用。

（1）保证组织任务的完成。第一，团体是执行组织任务的有力工具，它承担了组织分配的职责和任务。在团体内部任务和责任落实到个人，使其更加具体并易于贯彻，而且在许多情况下，团体工作会比个体单独工作有较好的表现和较高的工作效率。第二，团体内便于研究探索问题，能够集思广益，有利于作出更好的决策与创新。第三，团体可以作为媒介，促进沟通。它介于组织与个人之间，便于上情下达，下情上达，加强上下之间的信息沟通。第四，团体可以协助组织，约束个人。团体对个人的行为起着无形的作用，它的控制和影响起到规章制度和纪律所起不到的作用。

（2）满足个人心理需要。第一，团体能够满足个人的安全、社交、情感、自尊、认可的需要，从而增加个人的满足感和组织的稳定性，降低人员的流动和离职率。第二，在团体中个人能得到别人的帮助、支持和具体指导，不仅能弥补组织的不足，而且能增强士气和自信心，协助个人达成组织目标。第三，团体可以对个人提供精神上和物质上的援助与关心体贴，协助个人解决困难。第四，它可以保障个人免受侵犯。

二、正确对待非正式团体

1. 非正式团体的优点

（1）协助工作。正式团体的工作计划、决策和工作程序，大多是事先制定、缺乏随机应变能力。而非正式团体则往往不受工作程序的约束，具有高度的弹性，对于临时发生的急迫问题，常能寻求非正式途径及时而有效地解决。能否发挥这个作用，取决于主管人员是否接受并尊重非正式团体,也取决于能否使正式团体与非正式团体利益协调一致。

(2) 分担领导。非正式团体可以分担正式组织和团体的主管人员的领导责任,减轻领导负担。在非正式团体与主管人员保持良好关系并采取合作态度时,能自动工作并积极提供意见,主管人员不必躬亲,可节约许多时间与精力。

(3) 增加稳定。非正式团体的作用是给人一种吸引力,从而能增加稳定性,减少人员流动。

(4) 发泄感情。非正式团体可作为职工受到挫折时发泄感情的通道,并能协助解决困难,给予安慰。

(5) 制约领导。非正式团体能矫正管理措施,使领导者必须对若干问题作合理的计划与修改,不敢滥用权力,即对领导有制约作用。

综上所述,非正式团体搞得比较好时,可以对正式组织和领导起支持、分担、稳定、调节和制约的作用。

2. 非正式团体的缺点

(1) 倾向保守。非正式团体是为了达到特定的个人目标与满足个人的愿望而自由组合起来的。它的特点是比较保守,倾向维持现状,因此当组织上采取变革措施或有人冒尖时,它起阻碍作用。

(2) 角色冲突。当个人利益与组织利益发生矛盾时,正式团体和非正式团体可能发生冲突,使个人处于左右为难的境地,增加了思想顾虑。

(3) 滋生谣言。非正式团体越多,小道消息和谣言越多,这是因为非正式团体是以感情作为基础,一切以能取悦对方为前提,往往歪曲事实,无事生非。谣言的产生是由于情绪波动或者未满足个人的需要所致,或者由于风气不正、正式信息流通渠道不畅所致。

(4) 不良压力。正式团体和非正式团体都有行为的标准和规范,都对个人有约束力,甚至对个人造成压力。但非正式团体的压力较正式团体压力往往来得沉重,如讽刺、挖苦、打击、造谣等,可能迫使个人脱离正式团体所要求的行为规范。

3. 正确对待非正式团体

正确地对待非正式团体,利用其积极作用,防止和克服其消极影响,是领导者的职责。

(1) 一分为二。非正式团体的出现,有它的必然性。人是有感情的,当正式团体和组织不能完全满足个人的需要时,必然会有非正式团体的出现。不能把非正式团体和我们日常所说的小集团、小圈子、小宗派等同起来,更不要和非法组织混为一谈。对非正式团体的作用要一分为二,它有消极作用,但也有积极作用,关键是如何引导以及怎样处理领导与非正式团体的关系。引导得法它将是正式团体的必要补充和支持。因此对非正式团体不宜采取消极限制的态度。

(2) 无害支持。非正式团体只要不是非法组织、流氓集团,不要采取取缔或限制的办法。疏导胜于防堵,防堵可能引起反抗或不满。只要不妨碍组织目标,不仅允许存在,而且一般不要伤害非正式团体的利益。总的原则是无害支持。如矿工中组织了"光棍协会",既改善了职工业余文化活动,又有利于解决矿工的婚姻问题。只要该组织不搞违法活动,矿领导就应予以支持。

(3) 目标结合。领导的主要精力应放在正式团体上,但要使正式团体的利益尽量和非正式团体的利益结合起来。正式团体越能满足个人的需要,非正式团体就越少。但正式组织难以满足职工多种多样的需要,在这方面非正式团体可以互补。领导者可以根据群众的需要,有意识的组织各种非正式团体,如球队、集邮协会、美术小组等。

(4) 为我所用。对非正式团体要加以疏导利用,使其行为符合组织规范。某个机床厂就采取攻关革新、张榜召贤、设奖投标、自愿结合、论功行赏的办法,利用非正式团体为组织服务。要团结非正式团体的领袖发挥其作用,采纳非正式团体的合理意见,允许参与,以便促使非正式团体改变态度。对个别不利于组织目标的非正式团体,在说服引导无效后应采取措施拆散。

三、团体对个人行为的影响

团体对个人的态度和行为是有很大影响的。我们通常讲,好的团体是个大熔炉,后进的可变先进;坏的团体是个大染缸,中间的可变为后进。团体对个人通常有下面几种影响。

1. 社会助长作用

个人在集体中的表现,往往不同于个体单独情况下的表现。一般说来,由于集体的约束影响,个人往往在团体中表现较好。例如从孩子在学校和家庭中的表现,职工在单位与家庭中的表现就可以看出这一点。实际上总体不只是部分的总和,由于各部分互动的结果,总体的作用能超越各部分的总和。从事简单重复的劳动时,几个人一起干,比一个人单独干效率高,因为集体劳动有助于消除单调、提高兴趣。需要用脑的问题,众人一起讨论可以相互启发,集思广益,往往比单个为好。再例如在日常生活中长跑锻炼,一人较难坚持到底,二、三人就容易坚持到底。这些都说明团体在兴趣、意志、情感、智慧以及道德行为规范方面对个人有着激励、助长、带动的作用。但并不是在任何情况下都有助长作用。例如对一些复杂性脑力劳动,如艺术创作,一些要求质量较高的精细性工作时,则团体干往往不如单干。所以我们说集体对个人的助长作用是有条件的,第一要看劳动的形式和内容。如体力和脑力、简单与复杂、数量与质量等;第二取决于团体的性质与状态。先进与落后、凝聚力和吸引力的大小等;此外,个人与团体的关系、团体对组织目标的赞同态度等都是条件。我们不能一概而论认为都起助长作用。

2. 社会标准化倾向

任何一个团体都有许多成文或不成文的,但却被大家所意识和认可的行为标准。这些标准很少是团体领导者规定的,往往是自然形成的。这些标准对大家的行为有着极大的约束和影响力,成为团体成员的行为规范。对此,我们称之为常规。常规是一种非道德行为标准,它表明团体对成员的要求和希望是什么。常规的具体内容取决于团体的性质和目的,但是一般而言,常规受着社会标准的影响。例如干活的速度不能太快也不能太慢,一天完成的工作量不能太多也不能太少,既不可太勤快,也不可太懒惰,否则就会受到责难与讥讽。个体行为不只受到所属团体的影响,而且一个团体和个人也受到社会上其他团体的行为、社会舆论、宣传和报道的影响。

由此可见要改变个人的行为,不仅要对本人做工作,更重要的是要改变社会行为和团体的行为。

3. 社会从众行为

团体常规的内容随着团体的性质和目的而有所不同。但是普遍地存在着一种现象,就是团体经常对个体施加压力,以使团体成员的态度和行为(知觉、判断、信仰和行为)表现出与团体中多数人相一致,这种现象称做社会从众行为,或叫团体压力的顺从现象,俗称为随大流。

社会心理学家阿虚(S. E. Asch)曾做过有关社会从众行为的试验,他将试验的大学生分成 8 人一组,要求他们指出图 9-1 中的 A,B,C 3 条线中的哪一条和 X 线等长。其中每组只有一位是真正的被试验者,安排在每组的最后。阿虚让每组的前 7 个人都有意作出错误的判断,结果真正被试验者竟有 32% 也跟着多数人做出错误的判断。

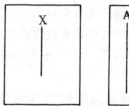

图 9-1 阿虚试验卡片

从众行为的主观原因是自我怀疑和不愿意被孤立。当个人的意见与众不同时,心理上就有一种紧张,往往产生自我怀疑,甚至有一种孤立的感觉,从而使个体产生不愿意标新立异,而愿意顺从多数人的倾向。从众行为的客观原因是外来的影响和压力。当团体中出现不同意见时,为了保持团体行动的一致,达成团体目标,使团体免遭分裂,团体确实会对持有异议的成员施加影响和压力。这种影响和压力是逐渐施加的,它的形式和强度也是逐渐改变的。开始是讨论协商,进而劝说、诱导,再而批评、攻击,以至孤立、排斥。

正由于上述两方面的原因,通常从现象来看,团体成员都有顺从团体的倾向,但也不都是这样。实际上有顺从,也有不顺从的。顺从有口服心服的真顺从,有口不服但心服的暗顺从,也有口服心不服的假顺从,或权宜顺从。哪些因素决定团体成员顺从还是不顺从呢?这取决于团体、个人及问题性质这3方面因素。

从团体方面来说,可以归纳为5点:

第一,团体的性质起重要作用。人越需要这个团体,则越愿意顺从,如党员对党组织的态度与对一个业余爱好协会的态度就可能不一样。

第二,如果这个团体一贯是团结的,团体成员间的感情深厚,则容易顺从;反之,不容易顺从。

第三,如果这个团体的气氛是民主的,允许不同意见发表,则个人的不同意见容易坚持;如果是专横的,排斥异己,打击报复,则个人不同意见不易坚持。

第四,如果团体中绝大多数人的意见一致,仅有一人不一致,则易于顺从;如果有其他人或一些人和他意见一致,则不容易顺从。

第五,如果团体的多数意见受到社会支持,个人意见不受社会支持,则容易从众;反之则不容易。

从个人方面来说,也可以归纳为5点:

第一,如果个人在团体中的地位比别人高,不容易从众;反之则易产生从众行为。

第二,如果个人的智慧与能力高,不容易从众;反之则易从众。

第三,如果个人的情绪是稳定的和自信的,不易从众;情绪不稳定,并缺乏自信,则易从众。

第四,重视人际关系的人,易产生从众行为;不重视人际关系的人,不易从众。

第五,态度与价值观对个人是否产生从众行为也有影响。如果个人整体观念强,则易从众;反之,则不易产生从众行为。

从问题性质与明确程度方面说,对非原则问题比对原则问题容易从众,对一般问题比对重大问题容易从众。此外,有明确答案的,不易从众;没有明确答案的易从众。

四、正确使用团体常规和压力

1. 团体常规和压力的作用

团体常规和压力的存在,既有积极的作用也有消极的作用。它们的积极作用是:第一,促进团体思想一致、行动一致、避免分裂,使团体作为整体能充分发挥作用,这有利于组织目标的达成。第二,发挥团体对个人行为的影响,有利于改变人的行为,使人的行为趋于社会期望和团体常规,其作用往往大于规章制度和领导者的个人期望。团体常规与压力的消极的影响是:第一,限制创新,抵制变革。团体中的先进者的行为打破团体常规时,会遇到阻力,容易受到别人的讥讽、打击和压制,从而使成员不敢冒尖。第二,掩盖矛盾,造成虚假一致,妨碍与群体不同的正确意见的正常讨论和接受,从而导致错误的决策。由此可以看出,团体常规和压力是必要的,但并非任何时候都是好的。

那么团体常规和压力在什么情况下起积极作用,什么情况下起消极作用呢?这完全要看是什么样的团体常规和团体压力,以及如何恰当地利用这些常规和压力。当一个团体是民主的先进的集体时,它的常规和压力往往能起积极的作用。当一个团体比较落后保守时,它的常规和压力往往产生消极作用。即使对先进的集体也应当正确认识和恰当使用团体常规和压力,发挥积极的作用,避免消极的影响。

2. 如何正确使用团体常规和压力

这个问题应当从团体和个人两方面解决。对团体来说有下面 4 点应该考虑。

(1) 区别问题。如果团体成员违反了社会道德、组织规范和团体常规时,可以适当施加压力,以利于其行为的改变。但是对于工作中不同意见的争论,则不应当使用团体压力。应当认识到由于观察者的地位、知识、能力、经验、态度,以及掌握信息的多少不同,对任何一个事物具有不同的认识是正常的;而任何事情任何时候都无异议并一致通过却是不正常的。不要以为前者一定是内部纷争、产生分裂的征兆,而后者一定是团结一致、坚强有力的标志。所以,不要一听不同意见就神经紧张,认为这是恶意攻击,拆台和捣乱,而急于对其施加团体压力。

(2) 允许异议。对一个事物的正确认识和决策,往往是来源于不同方案比较的结果。不同意见的存在,促使我们对事物认识得更加正确,办事更加慎重周全。因此,团体应当具有民主的气氛,欢迎和鼓励不同意见的发表。许多事实证明,那些在多数意见一致的情况下,仍能力排众议,坚持己见,不易屈从的人,除了个别属思想顽固者外,往往是勤于钻研,善于思考,富有创见,敢担风险的人,我们对这种人的意见,更应注意。

(3) 善于妥协。当团体内部产生分歧时,不要匆忙决定问题,一次不行二次再议。应当区分原则问题与非原则问题,问题的原则部分和非原则部分,尽可能找出双方意见的共同点,吸取对方意见的合理部分。特别是团体的领导者,既要有原则性又要有灵活性。要善于协调,找出大家可以共同接受的东西。如果找不到一个妥协性的方案,只要情况允许的话,可以让不同的意见和方案进行试验,事实胜于雄辩,等试验有结果后再行讨论,这样才能妥善解决问题。

(4) 保护少数。只有需要立即做出决定时,才采用少数服从多数的办法。但是不要对少数持异议者歧视和施加压力,只要他不破坏、不妨碍集体行动,应当允许保留意见。因为真理往往在少数人手里。

对个人来说也有两点应该注意的问题。

(1) 应当区分问题的性质。不仅应当区分原则与非原则,而且应当区分是结论明确还是结论不明确的问题。对非原则问题,应当善与人同,做出妥协。对属于原则性问题,但答案不明确,自己又有不同意见时,不要自以为是,强迫集体接爱,而应当允许不同方案实验。

当然最好是几种方案同时试验,即使先试验别人的方案,也应当表示欢迎,不必固执己见。只有当既是原则问题,又有明确答案时,才应当加以坚持。如果群体不接受,作为个人也应当顾全大局,切不可简单行事。

(2) 如果团体对自己施加压力,应当襟怀坦白,实事求是。首先应该认识到对不同意见施加压力是不对的,无助于问题的解决。其次是不要随波逐流,拿原则做交易,不随便屈从,但自己也不应是顽固者,应随时随地准备坚持真理,也应随时随地准备修正错误。

第二节 冲 突

为了使团体有效地完成组织目标和满足个人需要,必须建立团体成员和团体与团体之间的良好和谐关系,即彼此应互相支援,行动应协调一致。但是由于人与人之间存在着各种差异性(包括知识、经验、岗位职务、信息来源、看问题的角度和方法、所处环境等),对同一个问题会有不同的看法和处理,于是就产生了矛盾,这种矛盾的激化就是冲突。冲突可以分为个人之间的冲突,个人与团体的冲突,也可以是团体与团体之间的冲突。如何看待这些冲突,怎样处理各种冲突问题,这是本节研究的重点。

一、冲突产生的原因

产生冲突的原因一般可归纳为7种:

(1) 资源有限,不能满足要求。资源可以广泛的理解为人员、物资、金钱、名誉、地位和权力。

(2) 责权与分工不当造成的矛盾。

(3) 个人的素质、品德不符合社会和团体常规的要求,不能为他人和团体接受。

(4) 信息来源不一,掌握情况多少不同。如计划科长主张多生产A产品,可能是来自上级的要求;供销科长主张生产B产品,可能是来源于市场的调查。

(5) 价值观不一,追求的目标和侧重点不一。有人重视质量,有人重视声誉,有人重视利润,有人重视组织目标,有人重视个人需要。

(6) 由于知识经验的不同,对同一事物的看法不同。例如某钢铁厂,讨论是否要引进一台计算机问题,有的主张引进,以提高管理水平,有的认为用途不大,不如引进其他设备和技术。

(7) 岗位分工不同,考虑角度不同。例如科室和车间,一是从专业考虑,一是从生产考虑。

二、如何认识冲突

人们以往总认为冲突是不好的,甚至把冲突看作是一个组织或团体即将崩溃或管理失败的征兆,所以应当尽量避免冲突。但是这种对冲突的看法并不全面。一些专家认为,冲突对一个组织和团体来说是不可避免的,是一定要产生的,不必对此惊慌失措。冲突可以分为两大类,一类为建设性冲突,一类为破坏性冲突。一般说来凡双方目的一致而手段(或途径)不同的冲突,大多属于建设性冲突,这类冲突对完成组织目标是有利的,因此也容易处理。只有破坏性冲突,处理起来才比较困难。(参看表9-1)。破坏性冲突往往是由于双方目的不同而造成的。但这两者的划分不是绝对的,往往是综合交叉,也可以互相转化。如果处理恰当,破坏性的冲突可以转化为建设性冲突。处理不当,建设性的冲突可以转化为破坏性的冲突。我们要提倡建设性冲突,控制和减少破坏性冲突。但是需要提及的是,即使对于建设性冲突,也要适当控制,疏密有度。太少则死水一潭,没有活力、没有进步,此时应鼓励冲突。太多则将危及到组织的正常工作和生存,此时要适当降低冲突的水平。一般来说,我国多数企业冲突水平过高,解决问题的关键是领导者如何控制和处理。

表 9-1　建设性冲突与破坏性冲突的特点

建设性冲突	破坏性冲突
1. 双方对实现共同目标的关心。	1. 不愿意听取对方的观点意见。
2. 乐于了解对方的观点、意见。	2. 两方由意见的争论,转变为人身攻击为中心。
3. 大家以争论问题为中心。	3. 双方对赢得自己观点的胜利最为关心。
4. 互相交换情况日益增加。	4. 互相交换情况减少,以致完全停止。

三、解决冲突的办法

根据冲突产生的原因,冲突的激化程度以及冲突双方的态度,可以分别采用下面几种办法加以解决。

1. 调解法

这是指冲突双方通过协商或谈判,订立一个协议或公约来解决冲突的办法。处理冲突的领导者应该是一个调解者。他首先应当充分倾听双方意见,了解情况,摸清双方分歧所在,然后分析双方意见的合理之处和共同之处。接着找寻更大范围内的共同目标与利益,并且提出建议,设法使双方协商,求同存异,实行妥协。最后根据新的目标拟定出协议或公约,在领导的监督下共同执行。协商之初分歧可能很大,但随着协商的进行,一致性逐步扩大,以致最后消除分歧(见图9-2)。

采用这种办法解决冲突,其前提是所要解决的问题是客观存在的,而不是冲突双方不合理的要求。这种办法的好处是双方先不分谁是谁非,消极因素少。但费时较多,见效较慢。

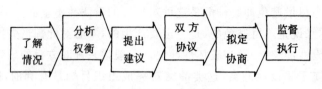

图 9-2 协商解决冲突的程序

总的说,它是一种比较好的解决办法。

2. 互助法

这是一种较好的解决冲突的办法。它是冲突双方在第三者(专家和领导)的协助指导下,通过充分讨论来解决冲突的办法。采用这种方法的关键是有一位精通业务的专家或领导参与,其次是创造一种能使双方心平气和坐下来讨论问题的气氛。具备这两条,再复杂的问题和冲突都能得到比较好的解决。其步骤是先在专家的参与下,双方充分提出自己的观点和依据,并加以分析比较,从而确定一个共同的认识基础。然后双方各自根据共同的认识,提出解决问题的方案,并由专家一起排列比较,最后从中选择或者归纳出最合理的方案予以实施。

这种方法的优点较多,主要是分歧能得到较彻底的消除,调动积极性的速度比较快,诞生新的方案比较合理。缺点是处理过程颇长,耗用时间精力颇多。实践证明,只要参加处理的专家和领导具有足够的工作能力,其效果是甚为理想的。

这种办法与前面方法的不同点是前面强调调解、折衷、妥协、双方互相让步。而这种方法是寻求共同的认识基础,并以此作为边界条件,协力寻求合理的方案。

3. 裁决法

所谓裁决法是指由握有权力的人或组织对冲突作出裁决的方法。这个方法的明显长处是简单、省力,再严重的冲突,再复杂的问题,只要权威一出现,凭他几句话就可以裁决,被裁决者只能无条件服从。这种办法只有当权威者是一个有能力、公正、熟悉情况并明了事理的人时,裁决才可能是正确和公正的。反之,必然严重挫伤被裁者的积极性。即使裁决正确,因为裁决时往往要判明是非,判非者自然不高兴,心里不服;判是者,虽然高兴,但认为理所当然,所以也不会带来多少积极的后果。

除了权威仲裁外,有时也利用抽签的办法来解决冲突,这种办法仅用于冲突的双方或几方都认为很公正时,以及对各方成功和失败的概率相同时才适用。

裁决法在情况紧迫时有其特殊的作用。但是任何时候权威都不仅是权力,更重要的是经验、能力和人品。

4. 改组法

组织调整的具体做法有如下几种：

(1) 吸收合并,以复制方式加以分离(参见图9-3)。比如,研究部门经常有些加工任务,如果总让生产车间进行加工就可能发生冲突,这时可以分配给研究部门一个小的加工单位,专门从事研究部门的加工任务,生产车间不再负责研究部门的加工任务。

(2) 采用矩阵式组织将冲突表面化,让冲突者一起参与讨论解决冲突的过程。

(3) 使互相冲突的岗位、人员相互轮换,以进行角色体验,加深彼此了解。

(4) 调整个人职责,使分工单一,简化角色要求和角色冲突。例如,为减少科研和教学的矛盾,教师在某一阶段专门从事其中一项工作。

(5) 利用缓冲物加以分离或利用连缀角色加以缓冲(参见图9-4)。该图可以说明,当铸工车间和机工车间由于对毛坯质量标准的看法不同,要求不一,对某批毛坯是否合格产生分歧。如果他们直接对话,可能争执不下。通常的解决办法是:他们不直接对话,由厂部建立的毛坯库、质量检查科或厂部调度人员作为中介,这样就减少了冲突。

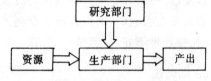
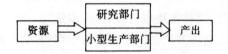
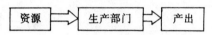

(a)研究部门与生产部门出现冲突

(b)吸收合并并以复制方式分离

图 9-3 组织调整过程

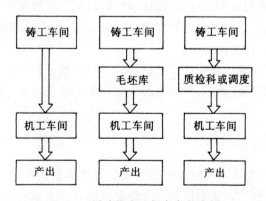

图 9-4 缓冲物和连缀角色的应用

5. 支配法

这是指冲突的一方利用自己手中的权力或武力迫使冲突的对方退却、放弃,这种解决冲突的方法称为支配。支配可以是个人支配、联合支配或多数人支配。所谓个人支配是指一个管理者可以利用职权将冲突的对手一人或数人革除职务或进行其他的人事调动。所谓联合支配是几个人形成一个权力中心，来支配别人或支配冲突的另一方。所谓多数人支配是指管理人员致力于形成多数人一致的看法，使意见不一致的对方所拥有的力量，小到可以忽视的程度，迫使对方退出冲突或保持沉默。但是，支配往往是针对具体人的，而冲突并不一定都是由某人引起的，所以人虽然受到了支配，但冲突并未真正得到解决。因此，此法虽简单，但往往效果不好，应当慎用，只宜不得已而用之。

6. 拖延法

这是指拖延一些时间，使矛盾双方激动情绪平静下来，问题的实质暴露更加清楚时再行处理，这种方法也被称为"冷却法"。

这种方法适用于对人的处理，特别是政治原因对人的处理。此法比较谨慎，不在"风口浪尖"上和双方"气头"上进行处理，而是冷却后再处理，可以更稳妥，副作用较少。

第三节 沟 通

所谓沟通是指人与人之间传达思想或交换情报的过程。简言之，是将信息由一人传达给另一人。

沟通按功能和目的可分为工具式沟通和满足需要的沟通。所谓工具式沟通主要是指为了传达情报，同时也将传达者自己的知识、经验、意见与要求告诉接受者，以便影响接受者的知觉思想及态度体系，进而改变其行为，以达到组织目标。所谓满足需要的沟通其目的是表达感情，消除内心的紧张，以求得对方的同情、支持、友谊和谅解，从而确立和改善与对方的人际关系，以满足个人精神上的需要。

随着管理学的发展沟通的重要性越来越得到公认。有人甚至认为，国家、社会、种族发生冲突主要原因是沟通问题，即"人类最大的失败在于不能获得他人的帮助及了解"。

一、沟通的作用

一般地说，沟通的作用在于使组织内每个成员都能够做到在适当时候，将适当的信息，用适当的方法，传给适当的人，从而形成一个健全的迅速的有效的信息传递系统，以利于组织目标的达成。具体地说，沟通有以下3种作用：

（1）沟通是正确决策的前提和基础。当今决定一个企业的成败，往往不在于一般日常生产管理，而在于重大经营方针的决策。在决策过程中无论是问题的提出，问题的认定，各种可供选择方案的比较，都需要组织内外、国内外市场、技术、价格、资源、人力和士气等有关的情报。事实证明,许多决策的失误,都是由于资料不全,沟通不畅造成的。因此,没有沟通就不可能有正确的决策。

(2) 沟通是统一思想行动一致的工具。当组织上作出某一项决策或制定某一项新的政策时,由于所处的位置不同、利益不同、掌握信息的多少不同、知识经验不同,因而组织成员对决策和政策的态度是不可能一样的。为了使人们能够理解并愿意执行这些决策,就必须实行充分而有效的沟通——交换意见、统一思想、明确任务并统一行动以达到组织目标。所以没有沟通就不可能有协调一致行动,也不可能达到组织目标。

(3) 沟通是在组织成员之间、特别是领导者和被领导者之间建立良好的人际关系的关键。一个团体内人际关系如何,主要是由沟通的水平、态度和方式来决定的。例如,我们说人际关系融洽,主要是指彼此很了解,有感情,配合默契,这要依赖沟通。一个领导者作风好,深入基层,虚心听取大家意见,关心大家疾苦,这就是沟通。所以沟通是一个领导者的重要任务,是形成良好人际关系的关键。

综上所述,良好的沟通,是一切组织存在的基础。

二、沟通的种类

1. 按沟通的组织系统分类

按沟通的组织系统,可以分成正式沟通与非正式沟通。所谓正式沟通是指按照正式的组织系统与层次来进行沟通。这类沟通代表组织,比较慎重。非正式沟通则不是以组织系统,而是以私人的接触来进行沟通。这类沟通代表个人,比较灵活随便。但这两者的界限不是绝对的,有时是很难区分的。例如两个干部商量工作,既可以理解为正式沟通也可以理解为非正式沟通。

2. 按沟通的流动方向分类

按沟通的流向可以把沟通分为下行沟通、上行沟通和平行沟通。所谓下行沟通是指自上而下的沟通,即上级将政策、目标、制度、方法等告诉下级。所谓上行沟通是指自下而上的沟通,即向上级反映情况、问题、要求和建议,请求支持等等。所谓平行沟通,也称横向沟通,它是指同一级相互之间的沟通。

3. 按沟通的方法分类

按沟通方法可以将沟通分为书面沟通、口头沟通两种。所谓书面沟通是利用文字进行沟通。例如合同、协议、规定、通知、布告等。它的特点是正式、准确、具有权威性、可以备查。所谓口头沟通是借助于口头语言进行的沟通。例如谈话、报告、讨论、讲课、电话。它的特点是亲切、反馈快、弹性大、双向、效果好,但事后难以准确查证。

4. 按沟通方向的可逆性分类

按这种原则可以把沟通分为单向沟通和双向沟通。所谓单向沟通是朝着一个方向的沟通。它的特点是速度快、秩序好、无反馈、无逆向沟通,但实收率低,接受者容易产生挫折,埋怨和抗拒。所谓双向沟通是指来回反馈式的沟通,如一个人把一个信息告诉另一个人,另一个人经过自己的思维又把自己的感觉告诉前一个人,如此往复,这就是双向沟通。双向沟通的特点是速度慢、气氛活跃、有反馈、实收率高,接受者能表达意见,人际关系较好,但传达者有心理压力。

严格讲,单向沟通并不是真正的沟通,而只是一方把话告诉另一方,效果如何则暂且不问;双向沟通才是真正的沟通,但是不能因此而否定单向沟通。一般说来,例行公事、有章可循、无甚争论的情况可采用单向沟通;事情复杂、底数不大,可采用双向沟通。重视速度,维护表面威信可采用单向沟通;重视人际关系则可采用双向沟通。

5. 按沟通渠道所形成的网络分类

这种分类方法可把沟通分为轮式、链式、Y链式、圆式和星式 5 种。具体含义见表 9-2,表中给出了 5 种不同的网络,它们分别代表了 5 种不同的组织权威系统。用 5 个组进行试验,每组 5 个人,分别坐在隔间的座位上,彼此看不到对方,本人也不知处于何种形式的沟通之中,只可以利用墙上的孔和别人交换信息,或用电话和他人联络,但与何人联络由试验者告之。开始试验时,发给每人一张画有 5 种不同符号的卡片,令每组成员猜出彼此卡片上所共有的相同符号。实验的结果见表 9-3 所示。从表中可以看出,在解决一些简单问题中,轮形结构当然优于圆形结构。后来又有人做了解决复杂问题的试验。如每个人手中都拿 5 种杂色的玛瑙石,来比较轮形和圆形网络的效能。由于杂色玛瑙石的颜色不好形容,即使同一个颜色的石头说法也不一。如有人说黄绿色,有人说像绿玉,这时轮状组织中枢人物收到太多的信息,且说法又不一样,很难判断。而圆形结构可彼此交流信息,结果无论从正确性和适应性来看,都是圆形网络为好。

表 9-2 实验中的沟通网络及在组织中的含义

实验中的沟通网络	组织中的沟通网络	网络的含义
轮型		代表一个主管直接管理部属的权威系统

续表

实验中的沟通网络	组织中的沟通网络	网络的含义
链型	(a) (b)	(a) 代表 5 个层次的直线系统 (b) 代表 3 个层次的直线系统
Y 链型	(a) (b)	(a) 代表直线职能系统 (b) 是变形的 Y 链，代表主管、秘书和部属这样的系统
圆型		代表 3 个层次的系统，最后一层可以交叉沟通
星型		代表不分上下的委员会组织

表 9-3　不同沟通渠道对行为的影响

沟通网络特点	轮　型	链　型	圆　型
速　度	快	次　快	慢
正确性	高	高	低
团体作业的组织化	迅速出现组织化且稳定	慢慢出现组织化且很稳定	不易产生组织化
领导的产生	非常显著	相当显著	不产生
士　气	非常低	低	高

由此可见，对于不同的任务、不同的要求，应使用不同的沟通渠道网络。如果有效是指

速度快与容易控制,则轮型网络较好。如果有效是指士气和解决复杂问题,则圆形网络较好。如果组织庞大,则链形网络较好。如果主管事务繁重,则采用Y型网络较好。此外,由表中还可以看出不同沟通网络形成不同的组织权威结构。如轮形代表集权、圆形代表分权、链形代表分层、Y形代表秘书受领导者的委托负责沟通。

三、沟通的障碍及克服

沟通是如此重要,以至于各单位为了沟通耗用大量的人力,但是不是都卓有成效呢?是不是通过沟通做到了资料齐全、上下通气、行动协调、人际关系融洽呢?不一定的。这是因为一个有效的沟通必须包含3个要素、4个步骤。3个要素是指信息的发送者(信息源)、接受者(吸收者)和信息(传达的内容)。甲与乙沟通,首先是甲方将自己的概念变成彼此都能理解的语言信息,传达给乙方,而乙方则将信息译成自己的概念。4个步骤是指注意、了解、接受、行动。每一个要素和每一个步骤都可能存在着各种障碍,它们直接影响沟通效能的发挥。常见的障碍有8种:

(1) 语言障碍,产生理解差异。中国地域辽阔,各地区语音差别大,如南方人讲话北方人听不懂。即使话听得懂,但语言本身并不是客观事物本身,而是描述客观事物的符号,语言是思想的外壳,但思想和语言往往并不是一回事,各人的语言修养和表达能力差异很大,加上有些沟通者事先缺乏必要的准备和思索,或用词不当或说话意图不清,听了半天不知所云。即使意思清楚,用词得当,由于语音复杂,一词多意,理解的可变度可以很大,个人在译收过程中还会加上主观的推理综合,因而受个人的世界观、方法论、经历、经验、需要的影响,从而产生不同的理解和推论。

(2) 环节过多,引起信息损耗。传达和汇报是我们经常使用的沟通方式,但每经过一次传达就多一层丢失和错误,一般每经过一个中间环节就要丢失30%左右的信息。表9-4为某一公司调查的结果。为什么产生丢失?首先因为人有个别差异,人的性别、年龄、文化程度不同,信仰、观点、态度不同,思维、记忆、想象也不同,从而造成一个人的感觉和知觉不一样以及接受水平上的差异。

表 9-4 信息失真情况实例

层 次	信息真实度(%)	层 次	信息真实度(%)
董事会	100	工厂主管	40
副总裁	63	总领班	30
高级主管	56	职 工	20

(3) 信誉不高,妨碍沟通。如果沟通者在接受者心中的形象不好、存有偏见,则后者对

其所讲述的内容往往不愿意听或专挑毛病,有时虽无成见,但认为所传达的内容与己无关,从而不予理会,拒绝接受。

(4) 条件不清,理解各异。大至一个国家,小至一个企业,往往同一个政策和制度各单位执行起来却五花八门。这和国家大、企业大、干部水平不整齐有关,但很重要的一点是任何一项政策、制度、办法都有一定的边界条件,都有一定的前提和假设。我们在传达信息时往往只注意传达信息本身,而忽略这些边界条件(要么没有予以研究,要么未曾传达)。例如发奖金一事,奖金的发放必须在加强教育和健全管理的基础上进行,工作必须有严格的考核,全国和各部门的非工资的现金收入必须予以控制,工资总额的增长不能超过利润和劳动生产率的增长等,这些都可能是边界条件,这些边界条件不讲清楚,就会理解不一,行动失调。

(5) 利害冲突,有意隐瞒。社会上和企业里都可以见到报喜不报忧的情况,为什么喜的信息传的快,而忧的信息传不出去呢?主要取决于利害关系。如怕领导印象不好,怕影响本单位声誉。由于利害关系或习惯势力的影响,许多人都抗拒与自己利益或经验不一致的变革,变革越大,抗拒性越强。抗拒改革的办法是很多的,一是不予理会,二是直接拒绝,三是加以曲解。

(6) 沟通要求不明,渠道不畅。有些领导者并不明确为了完成组织的任务和做出正确的决策自己需要哪些信息。在组织设计的同时应当向各个岗位明确"你们应当向我提供哪些信息,你们还应当向谁提供什么信息",从而构成整个组织的沟通渠道。如果没有明确的设计,企业的沟通渠道就必然呈现自发的无组织状态,以致别人提供的信息并不需要,而需要的信息又没有,效能很低。

(7) 地位差异,妨碍交流。一般人在接受信息时不仅判断信息本身,而且判断发讯人,信息发源的层次越高,便越倾向于接受。一个人地位高,似乎就是正确的、可信的;一个人地位低,其信息也将跟着打折扣。一般说来,地位高的人对地位低的人沟通是无所顾忌的,而下级对上级沟通时往往是有顾忌的。这样就使一个领导者不容易得到充分而真实的信息。特别是当领导者不愿听取不同意见时,必然堵塞言路,使下级保持沉默。

(8) 地理障碍,沟通困难。企业组织庞大,地理位置分散,相距较远或地形复杂都会引起沟通困难,虽然有电话和文件联系,但缺乏面对面沟通。这也是沟通的一大障碍。

为了有效地克服沟通障碍,需要注意下面几点:

(1) 沟通要有认真的准备和明确的目的性。沟通者自己首先要对沟通的内容有正确、清晰的理解。重要的沟通最好事先征求他人意见,每次沟通要解决什么问题,达到什么目的,不仅沟通者清楚,要尽量使被沟通者也清楚。此外,沟通不仅是下达命令、宣布政策和规定,而且是为了统一思想协调行动。所以沟通之前应对问题的背景,解决问题的方案及其依据和资料,决策的理由和对组织成员的要求等做到心中有数。

(2) 沟通的内容要确切。沟通内容要言之有物,有针对性,语意确切,尽量通俗化、具体化和数量化;要尽量避免笼统含混的语言,更不要讲空话、套话和废话。

(3) 沟通要有诚意,取得对方的信任并和被沟通者建立感情。有人对经理人员的沟通作过分析,一天用于沟通的时间约占70％左右,其中撰写9％,阅读占16％,言谈占30％,用于聆听占45％,但一般经理都不是一个好听众,效率只有25％。究其因,主要是缺乏诚意。缺乏诚意大多发生在自下而上的沟通中。所以,要提高沟通效率,必须诚心诚意地去倾听对方的意见,这样对方也才能把真实想法说出来。

沟通能否成功,不仅和沟通内容有关,而且和沟通者品德有关。最主要的是,要有民主作风,要欢迎职工发表意见,特别是不同意见。要能兼收并蓄,豁达大度,要经常深入基层和实际,不仅使自己了解下级,而且使下级了解自己,从感情上建立联系。

(4) 提倡平行沟通。所谓平行沟通是指车间与车间、科室与科室、科室与车间等在组织系统中同一个层次之间的相互沟通。有些领导者整天忙于当仲裁者的角色而乐于此事,想以此说明自己的重要性,这是不明智的。领导的重要职能是协调,但是这里的协调主要是目标的协调,计划的协调而不是日常活动的协调。日常的协调应尽量鼓励平级之间进行。

(5) 提倡直接沟通、双向沟通、口头沟通。美国曾有人找经理们调查,请他们选择良好的沟通方式,55％的经理认为直接听口头汇报最好,37％喜欢下去检查,18％喜欢定期会议,25％喜欢下面给写汇报。另外一项调查是问经理们在传达重要政策时认为哪种沟通最有效,共51人,选择召开会议作口头说明的有44人,亲自接见重要工作人员的有27人,在管理公报上宣布政策的有16人,在内部备忘录上说明政策的有14人,通过电话系统说明政策的仅有1人。这些都说明倾向于面对面的直接沟通、口头沟通和双向沟通者居多。

一个企业的领导者每天应到车间科室转转看看,主动问问有些什么情况和问题,多和当事者商量。日本不主张领导者单独办公,主张大屋集体办公,这些都是为了及时、充分、直接地掌握第一手资料和信息,不仅了解生产动态,而且也能了解职工的士气和愿望,还可以改善人际关系。某些工厂工人连车间主任和厂长都见不到,这不是成功厂长的形象。

(6) 设计固定沟通渠道,形成沟通常规。这种方法的形式很多,如采取定期会议、报表、情况报告、相互交换信息的内容等等。

克服沟通障碍不只是工作方法问题,更根本的是个管理理念问题。发达国家的现代企业流行的"开门政策"、"走动管理",是基于尊重个人、了解实情、组成团队等现代管理理念的,沟通只是这种理念的实现途径。因此,如何克服沟通障碍,以及如何建立高效、通畅的沟通渠道,都不应就事论事地解决,而应站在管理理念和价值观的高度,妥善地加以处理。

第四节 人际关系

人际关系是人们相互联系的纽带,人类的社会性活动决定了每个人都直接地或间接地需要他人的支持、配合与帮助。就个人来说,各种层次的需要(生理、安全、社交、尊敬和自我成就感等)无一不是通过与他人的交往,得到他人的认可后才得到满足的,个人的心情是否舒畅,生活是否幸福,工作是否顺利也无一不受他的人际关系的影响。此外,能否处理好人际关系、吸引并赢得他人的合作,已成为衡量个人能力的重要标准。就一个组织来说,组织中人际关系的好坏,关系到组织的凝聚力、成员的积极性以及组织是否具有成效。因此,通过卓有成效的协调工作,在组织内建立和谐的人际关系,应该成为组织领导者的重要任务。

一、人际关系的含义及种类

1. 人际关系的含义

所谓人际关系是指人与人之间相互交往、相互作用、相互满足需要的状态。

人们之间如何相互交往、相互作用并相互满足需要,对这个问题不同人有不同的看法。有人认为,只有当两个透过彼此交互作用所获得的报偿超过由此带来的损失时,两人之间的人际关系才得以维持,亲密的友谊关系意味着彼此以极少的损失换取很多的报偿。总而言之,友谊是暂时的,利益才是永存的,所谓人与人之间的关系就是互相利用。显然,这样理解人际关系是片面的、利己主义的。我们认为,人与人之间的关系是由人的社会性决定的,在不同的社会环境、处于不同的阶级地位和具有不同的价值观和世界观的人之间,处理人际关系的原则和形成人际关系的性质是不同的。

对人际关系的正确理解,可以用"人人为我,我为人人"来概括。"我为人人"是出发点,"人人为我"是结果。在这样的理解下,人与人之间友谊是永恒的,而利益则是暂时的。这样的共识一旦形成,良好、和谐的人际关系才会产生。

2. 人际关系的种类

由于交往的对象、时间、目的和效果的不同,人际关系的种类很多。

按交往范围的大小可分为:两人之间的关系,如父子、母女、夫妻、师生、同事、朋友关系;个人与团体之间的关系,如个人与家庭、学生与班级、工人与生产班组的关系;个人与组织间的关系,如个人与工厂、学校、社会、政府、政党之间的关系等。

按人际关系的网络方向可分为:横向人际关系,即同辈份、同地位、同级别的个人或团体间的人际关系,如同事、同学、兄弟、夫妻之间。班级之间、科室与车间之间的关系;纵向人际关系,即上下之间的关系,如领导与职工、上级与下级、师徒、父子、师生之间的关系。

按人际关系相互作用的内容可分为以感情为中心的个人人际关系,和以完成组织任务为中心的工作人际关系。

按人际关系的效果可分为良好的人际关系与不良的人际关系。

二、人际反应特质

所谓人际反应特质,是指一个人对待人际关系的基本倾向。每个人都有自己的人际反应特质。良好的人际反应特质,是指对待他人有良好态度和方法;反之,就是不好的人际反应特质。人际反应特质的分类方法有两种。一种是修兹的分类法,一种是荷尼的分类法。

修兹认为人在人际关系方面的需要有3类:

(1) 包容的需要,即乐于与人交往,想要建立并维持和谐的人际关系。与此相应的待人行为特征是交往、沟通、接纳、谦和、参与、出席。与此相反的待人行为是孤立、畏缩、离异、疏远、排斥、忽视等。

(2) 控制的需要,即在与别人相互作用中,追求权力、树立威信的欲望。与此动机相应的待人行为特征是运用权力、权威、领导、支配、控制他人,与此相反的待人行为是抗拒权威、忽视影响,或接受支配、追随他人。

(3) 情感的需要,即在爱情与感情上与他人建立并维持良好关系的欲望。与此相应的待人行为特征为喜爱、亲密、热情、友好、关心、照顾。与此相反的待人行为是厌恶、憎恨、冷淡等。

每个人都有这3种需要,只是三者所占比例大小和侧重点不同。反映这3种需要的行为,又可分为主动表现者和被动地期待和接受他人的行为者,前者为十,后者为一,通过排列组合,从而形成八种不同的人际反应特质。

荷尼认为个人与他人的关系可以分为:

(1) 合作型。这类人的行为特征是朝向他人,替他人着想,待人热情、谦和、宽容、与人共事时采取合作、支持和帮助的态度。

(2) 竞争型。这类人的行为特征是对自己的关心超过对他人的关心。对他人往往持对抗竞争和傲慢的态度,怀有不适当的优越感,突出自己,压制别人,并以对自己有无用处确定与他人的关系。

(3) 分离型。这类人的行为特征为疏远他人,不愿与人交往和沟通,追求独善其身,对他人和团体不热心,害怕别人影响和干扰自己。

个人具有何种人际反应特质,与个人的性格,从事的职业、社会地位,以及个人的经历、人生观、世界观有关。要与他人建立良好的人际关系,必须具有良好的人际反应特质。利己、竞争、控制、索取、分离倾向强烈者,不利于形成良好的人际关系,而利人、包容、合作、亲密倾向强烈者,易于形成良好的人际关系。

三、人际关系的影响因素

社会和团体内人与人之间是要相互交往、相互作用和相互影响的。但是不同的人之间,关系的亲密程度不同。在社会和团体的人群中,我们与什么人进行交往并建立较为密切的人际关系?这种人际关系又是如何建立起来的呢?研究证明,影响人际关系的因素是:

(1) 人的个性。有人热情、谦和、待人诚恳、乐于助人、品德高尚、豁达大度,人们都乐于与之交往。有人心胸狭窄、尖酸刻薄、飞扬跋扈、无事生非、私心很重、以邻为壑，人们都不愿与之交往。

（2）地理位置。凡地理位置接近者，如座位相邻或住同一宿舍的同学，办公位置相近或上下班一路的同事，一同居住的邻居，彼此接触的机会多，易形成良好的人际关系。俗语说："远亲不如近邻"即是此理。

（3）交往次数。人与人由于共同工作、学习、生活，或由于地理位置邻近，相互交往的次数较多，较易具有共同的经验、话题，容易了解对方对自己的态度、情感，容易彼此建立密切的人际关系。特别是人在相处初期，地理位置远近、交往频繁程度，往往对于建立人际关系具有决定性作用。

（4）态度和兴趣的类似性。俗语说："物以类聚，人以群分"，"酒逢知己千杯少，话不投机半句多"，就是指人总是喜欢和自己态度和兴趣相类似的人进行交往。因为人和人若对事物有共同的态度、兴趣与价值观，则自己的观念与行为，易于获得对方的支持与响应，也容易预测对方的反应倾向，从而在交往过程中容易彼此适应，配合默契。然而态度、兴趣、价值观的类似并非靠一两次接触就能发觉的，通常是在多次交往中逐渐发现对方与自己的共同点。

（5）需求的相补性。只要稍加注意，你就会发现一个有趣的现象：人与人不仅当具有共同的兴趣、爱好和价值观念时愿意在一起，彼此特性相反者亦有互相吸引的现象。如脾气急躁的与脾气温顺的，性格外向与性格内向的，喜欢主动支配别人与期待别人支配自己的，这两种人在一起，需求相互得到满足，也可以形成良好的人际关系。这种情况在异性的人际关系中尤为常见。

（6）团体的目标、性质和管理方式。具有共同利益和目标的团结型团体，易形成良好的人际关系。具有各自利益和目标的竞争型团体不易形成良好的人际关系。取得成功的团体易形成良好的人际关系。遭受挫折失败的团体容易相互埋怨、指责。民主型的团体易形成良好的人际关系，专制型团体则相反。

（7）制度、政策和社会风气。不同的社会制度、同一制度下不同的政策，都会深刻地影响到社会成员的利益关系、社会风气和价值观念，因而深刻地制约着人际关系。社会的价值观导向、社会风气是影响组织内人际关系的宏观文化环境，必须引起组织领导者的高度重视。

四、人际关系的平衡

1. 含义

所谓人际关系达到平衡，是指交往双方的需要和这种需要的满足程度以及人际吸引的程度保持平衡。

用公式表达如下：

甲对乙的(需要＋吸引)＝乙对甲的(需要＋吸引)

所谓人际需要,包括不同层次的需要:物质需要、感情需要、归属需要、交往需要、尊重需要、赏识需要、体谅和宽容的需要等。

所谓人际吸引,包括审美的需要、学习的需要和模仿的需要,在人际交往中这类需要常常表现为一方对另一方的吸引。

人际吸引最典型的例证是"追星族"现象。人们,尤其是年轻人对歌星、球星、影星、科学家、企业家、政治家的追随、热爱和崇拜,表现出一种极端的人际吸引,不仅特意模仿自己心中偶像的穿着、语言、手势、发型,而且为这些名人的犯罪辩护。

人们在工作和生活中,对他人的外貌、性格、气质、风度、学识、修养、道德品质、杰出能力的欣赏、喜爱、尊敬、崇拜,是产生人际吸引的普遍原因。

人际需要和人际吸引是同时存在、互相补充的。

如:科长与厂长的关系。科长有得到厂长赏识和提拔的需要,补充了厂长缺乏人际吸引力的缺陷。

在恋人之间,对方美貌、善良所带来的吸引力,补充了家境贫寒、学历不高的缺陷;或者对方拥有巨额财产,可以满足多种物质需要的长处,有可能补充了其貌不扬、学识浅薄的缺陷。

2. 人际关系平衡的种类

我们研究人际关系,即是研究人际关系在什么条件下失去平衡,以及如何创造条件达到新的平衡。为此,首先应研究人际关系达到平衡的种类。

（1）自觉平衡

自觉平衡就是指人际关系出现不平衡状态之后,关系双方能够依靠关系本身的基础,进行内部调节,使关系重新进入平衡状态。

这种情况一般多发生在人际吸引对于人际需要的补充和调节。

例如:两位知心朋友之间,基于深刻的相互理解,相互敬仰、志同道合,产生了强烈的互相吸引,觉得两人在利益上斤斤计较是可耻的。他们不计得失的相互帮助,在人际需要上的不平衡变得十分次要了。

又如夫妻之间,母子之间也有类似情况。

（2）主动平衡

主动平衡指人际交往中,交往双方从明确的共同目标出发,各自调整自己的需要,以适应对方的平衡方式。

这种平衡方式主要出现在社会群体和组织中,关系双方以外界目标进行自我约束来实现人际关系的平衡。

例如:领导班子成员之间,从组织目标出发,严格自律,互相帮助,保持团结,即使个人之间缺乏人际吸引,仍可建立和谐的关系。

这类平衡的特点——不是人际关系的自动调节,而是靠外界目标进行自我约束来达成。

(3) 消极平衡

交往双方在自身利益所迫的情况下,通过不情愿地牺牲一些个人利益和需要来实现人际关系的平衡。

这种平衡的特点——有人际需要,无人际吸引,关系的情绪基础薄弱,在利益驱动下被迫违心地实现人际关系的平衡。

例如:某些领导者与其下级之间的关系,下级并不敬佩和喜欢上级,只是出于渴求晋升的需要,而违心地巴结上级,讨好上级,甚至于请客送礼。

这是庸俗关系学的一般表现形式。

五、人际关系的破坏

所谓人际关系的破坏,指人际关系失去平衡。人们常说的:恋人变仇人,夫妻离婚,朋友反目,同志成叛徒……都是人际关系破坏的情况。

造成人际关系破坏的原因,通常来自两个方面。

1. 个人品质的缺陷

(1) 自私——私心过重,精得可怕。或损人利己,或落井下石,或乘人之危,或一毛不拔,使人们与他交往望而却步,甚至化友为敌。

(2) 虚伪——虚情假意,表里不一。台上握手,台下踢脚;嘴上甜蜜蜜,心中一把刀;平时好,关键时刻踢一脚。虚伪是友谊的大敌,真诚是友谊的基石。

(3) 骄傲——自我膨胀,蔑视他人。相互尊重,才能取得认同。如果自以为是,骄傲蛮横,对人缺乏起码的尊重,怎能与他人维持和谐的人际关系。

(4) 刁钻——拨弄是非,制造矛盾,破坏团结,破坏人际关系。人的舌头是软的,但软刀子可以杀人。在一个群体里,常有一些心术不正的人,散布流言,挑拨离间。他们破坏了群体内的团结。一旦被揭露,他们自己将落得老鼠过街、人人喊打的下场。

2. 管理工作的不足

(1) 沟通不良。在组织的上下级之间、平行部门和同事之间沟通不良,造成互不了解,互不信任,甚至互相猜疑,互抱成见,影响人际关系的和谐。

(2) 过分竞争。任何一个组织,没有竞争则缺乏活力,容易形成不思进取、得过且过的消极文化;但内部过分竞争,则会使同事成为对手,处处互留一手、互相戒备,难于互相帮助、主动协作,甚至造成以邻为壑,互不服气,互挖墙脚。

(3) 非正式组织的消极作用。由于正式组织管理不善,凝聚力下降,给非正式组织以很大的生存空间,广大职工在许多非正式组织的团体压力下活动,往往造成帮派心理,排除异己,打击先进,庸俗关系学盛行,人际关系遭到扭曲和破坏。

(4) 政策和领导方式不当。或者由于分配政策、人事升降政策不合理,造成人际之间的不公平;或者由于领导专断,缺乏民主作风,盛气凌人,搞一言堂,使得职工的不满情绪较大,人际关系失去平衡。

六、人际关系的改善

为了改善人际关系,应该有针对性地从两个方面采取措施。

1. 改善人际交往素质

每位职工和管理人员都应该努力改善自己的人际交往素质,遵循正确的人际关系准则。

(1) 求同存异

相似性因素是导致人际吸引、建立良好人际关系的重要因素。求同存异就是把双方的共同点发掘出来,作为改善关系的基础。例如:共同的事业、共同的追求、相近的工作、同乡、同学、同龄等等,都会成为改善人际关系的突破口和友谊的生长点。

态度和价值观的相似,是最重要的相似性因素,以它为基础的人际吸引,是人际关系的稳定因素。因此,加强组织文化建设,培育共同的价值观,是在组织内部改善人际关系的基础性工作。从个人来讲,努力向组织文化靠拢,自觉地认同群体价值观,是与他人建立良好人际关系的关键。

(2) 改变不良的人际关系反应特质

每个人的人际关系反应特质各不相同,因此会引起不同的人际关系效果。感情动机很强,性格随和,关心、帮助、爱护、体贴他人又能主动与别人交往者,必然能和别人形成良好的人际关系;反之,自高自大,权欲过重,总想支配控制别人,或处处与人竞争,树敌过多,锋芒毕露,或自视清高,性情孤僻,沉默寡言,待人冷漠,拒人于千里之外者,就不容易形成良好的人际关系。但是一个人的人际反应特质是可以改变的,关键在于要有自知之明,正视自己在人际关系反应特质上存在某些缺点,并愿意做出切实改进。

(3) 以诚待人

真诚是友谊的基石。真诚会产生感情的交融和心理的相悦,从而大大地增进人际吸引。所谓"人生得一知己足矣。"讲的就是真诚的交往,造成深刻的互相理解和相知。要形成良好的人际关系,必须待人热情,诚恳,真心实意地与别人交往。在真诚的前提下,与人交往时要注意面部的表情。面带真诚的微笑不仅表示自己精神愉快,也是给予对方明确的友好信号,表示欢迎和乐于与对方交往。反之对人板着面孔,哭丧着脸,会给对方以冷落、不受欢迎的感觉。

交往时要关心、体贴、同情、理解别人。每个人都希望得到别人的同情与理解,都欢迎同情与理解自己的人,因为同情与理解是与别人进行合作的感情基础。要培养自己在人际交往中的共知感,即心目中装着他人,设身处地为他人着想,将心比心,善于体谅别人,与别人分担忧愁,共享欢乐。如果你是一个乘务员,在和乘客打交道时,不妨把自己想象成一个乘客,就很容易理解乘客的困难与要求,也就易于和乘客形成良好的人际关系。

(4) 尊重他人

在与人交往时不要以自我为中心,突出自己,夸夸其谈,而应当以他人为中心,耐心倾听对方的讲话,不要心不在焉或随便打断别人讲话。

要尊重别人的劳动、尊重别人的人格。只有尊重别人,才能赢得别人对你的尊重。有教养的音乐指挥,当演奏取得成功获得观众热烈鼓掌时,他总要将第一小提琴手和全体演奏者介绍给大家,向观众表明演奏的成功是整个乐队共同劳动、密切合作的结果。这时,第一小提琴手和演奏者会由于受到尊重而得到激励。

在和别人讨论问题时,要尊重别人的想法,多采用肯定式,肯定别人正确的意见。因为任何人都希望得到别人的赞赏和认可,不要因为别人的意见不完善就否定它;应采用补台而不是拆台的方式,即在肯定其正确的同时弥补他的不足。当对方的意见完全错误时,也应以对方易于接受的方式,实事求是地、善意地提出来。那种以教训的口吻说"不"的人是不会受人欢迎的。

(5) 甘当配角

不少人都有过高估计自己能力,夸大自己作用的倾向,在工作中都愿意当主角。其实在社会系统中当主角,发施号令,支配环境和他人总是相对的,暂时的,而在一定条件和一定时间内当配角,接受环境和他人的控制、支配则是绝对的。

权力和控制仅是完成任务的手段和工具。一个人要求具有的权力仅应以完成工作任务为限,不应追求完成职责以外的权力,更不能将权力当成满足个人心理需要的手段。一个人具有过分强烈的权力和控制欲望是不好的。在人际交往中尽量少用居高临下的命令和支配口吻,因为那只能使对方处于被动状态并易引起反感。而采用平等协商、说服、支持、帮助的态度则使对方处于主动状态,更受对方的欢迎。在人际交往中,不应只考虑发挥自己的作用和长处,而应更多考虑如何发挥别人的作用和长处,这样就易于形成良好的人际关系。

人在社会、组织、团体或家庭中都处于一定的角色地位,社会、组织、团体和家庭对每一个角色都有一定的期望,并规定了与角色相适应的行为标准,要求各司其事,各有其责,各按其规。同样一句话,作父亲讲是合适有效的,作儿子讲可能就不合适或者是无效的。违背了角色地位的常规,只凭善良愿望办事,言行失当,瞎闯一气,不仅事倍功半,而且极易破坏人际关系。

(6) 严于律己

要建立良好的人际关系,在与人交往中必须谦虚谨慎、言行一致,严格要求自己,要求别人做到的首先自己要做到。即使自己有某些长处和成绩,也不要处处显示,甚至怕别人埋没自己。对自己的缺点要勇于做自我批评。对于别人的批评应当虚怀若谷,客观地做出分析判断,有则改之,无则加勉,不应形成偏见、耿耿于怀。对于别人所做工作则应多看长处和成绩,多给予鼓励和肯定,如确有缺点首先应当启发他做自我批评,如确需批评时,也应当注意场合,讲究方式,考虑对方的自尊和可接受的程度,给人以面子和台阶,不应言辞过激、急风暴雨、指责训斥。很少有人在别人训斥的情况下心服口服地接受意见的。在那种气氛下,极易引起对方的敌意和对抗,而意见本身却往往变成次要的被放在一边;相反,平心静气、和风细雨、以理服人却能使对方心悦诚服。

(7) 不怕吃亏

人在处理同组织、团体和他人关系时,不能手中老拿着一杆秤,斤斤计较个人得失,老想占便宜,不想吃亏。挖空心思,占人便宜,似乎显得很聪明,其实很愚蠢。久而久之,人们发现你"精"得可怕,就会疏远你。

树立了"不怕吃亏"的思想,就不会有利则干没利不干,就不会害怕做基层工作,害怕干苦活、杂活、实活,也不会因为暂时没有得到重用和提拔就灰心丧气。现实生活往往偏爱那些品格高尚、埋头苦干的人,而无情地惩罚那些极端自私、投机钻营之徒,真可谓"有心栽花花不开,无心插柳柳成行"。

树立了"不怕吃亏"的思想你就会具有谦让、容忍的精神,就会豁达大度,能和具有各种人际反应特质的人顺利地进行交往。

(8) 努力提高人际交往的技巧

与人交往除了要注意树立正确的人生观、世界观,坚持人际关系的正确原则外,还应注意提高处理人际关系的技巧和方法。例如在人际交往中要注意给人的印象,注意自己的行为举止,姿势动作,衣着装束,语言谈吐,既热情随和又文明礼貌。

与人交往时,要注意分析自己和别人所处的性格状态,自己尽量以成人的状态与别人交往,也要善于引导对方由儿童状态、父母状态转向成人状态,这样就能建立和维持较好的人际关系。

提高自己的共感性,使自己的感情和对方的感情体验尽可能接近,这对于形成共同的态度和良好的人际关系具有重要的意义。

2. 提高管理工作水平

(1) 优化组织风气

一个组织的领导者,应该下功夫培育起优良的企业文化,在积极向上的价值观指引下,努力营造团结、友爱、和谐、进取的组织风气。在这种风气的熏陶感染下,组织内部就比较容易形成和谐和亲密的人际关系。

（2）重视人际关系培训

组织的领导者应该关心干部和职工的人际反应特质，并责成人事部门安排人际关系培训，以不断改善他们的人际反应特质和人际关系技巧。

为此可采用两种方法对人们进行训练。

第一种方法为角色扮演法，即模拟某种现实问题的情景，让一个人在此问题中扮演不同的角色，站在不同的角色立场上处理问题，以便体验别人的感情和需要，从而改善对待他人的态度。例如让一名领导扮演被领导者的角色，接受别人专横的指挥去进行工作，有助于他理解用生硬的命令口吻支配他人的危害，从而改变作风。

第二种方法是敏感性训练，即通过办训练班进行群体讨论，培养与提高管理人员观察、分析、体贴他人的能力，学会从别人的认识中正确地看待、分析、检讨自己，增加对个别差异性的忍受性，培养并提高与他人共处的能力以及解决冲突的技能。训练的办法是将训练者12~13名编成一组，离开原来的工作环境，抛开原来的角色地位，并不准中途退出，另找地点集中训练1~2周，最多不超过3~4周，指导者不暴露其身份只是从旁指导。训练班没有一定的议程，没有中心，没有领导，不涉及到工作及观念上的问题，只让他们自由讨论交谈目前在他们身边所发生的事。一开头由于人们不知所措，从而产生不安、烦躁、疑虑、愤怒，使人体验周围人和自己的精神状态和感情。然后通过彼此的协商和交换意见，促使彼此间的了解，一起发现问题，共同寻找解决问题的办法。在讨论过程中，人们切身体会到群体中达成一致意见的困难，和造成这些困难的原因。例如，彼此间不注意倾听别人的意见的危害。另外受训者面以集训开始时情绪混乱的状态、各人淋漓尽致的表现，发现了各自的真面目，而平时对自己的愤怒、不安等情绪都不愿承认或因自我克制而未表现出来。这样学员不仅进一步深刻认识了自己，而且通过观察周围人与自己一样陷入痛苦的情绪状态，进一步学会体会别人的感情，从而收到学习和观摩的效果。

（3）适当修改政策

在组织内的分配制度改革中，既不能再搞平均主义、大锅饭，也不宜过分强调拉开差距；在职务和岗位的聘任工作中，既要坚持"竞争上岗"，又要坚持公平考核、公开招聘；在工作中，既要强调优胜劣汰，又要强调真诚合作，靠团队的集体力量做好工作。总而言之，政策不能走极端，要把握住竞争的"度"，既借助适度竞争焕发组织活力，又防止过度竞争破坏人际关系。

在组织内部还可以适当减少个人间的竞争，适当增加集体之间的竞争。同时，应强调组织内部的竞争是目的协调性的良性竞争，而不同于外部排他性的竞争。"内和外争"，仍然是组织领导者值得选择的竞争理念。

（4）改善领导作风

组织的领导者应该礼贤下士，尊重人才，尊重职工，平等待人，与人真诚相处；发扬密切联系群众的作风,批评和自我批评的作风;在组织内部要发扬民主,搞群言堂,让人们畅所欲言,把问题和争论摆到桌面上来,就会避免暗中勾心斗角的现象发生,从而建立亲密和谐的上下级关系和一切人际关系。

(5) 及时调解帮助

组织内部一旦出现人际关系失衡或破坏的情况,作为组织的领导者应责成有关部门或干部,及时进行调解帮助,借助组织的力量,实现人际关系的主动平衡。中国的组织,可以采取一些传统的方法,如组织生活会、民主生活会、谈心会等,以加强沟通,化解矛盾,增进了解,改善关系。

第五节 公 共 关 系

一、公共关系的基本概念

1. 公共关系的含义

公共关系是一个社会组织用传播手段使自己与公众相互了解和相互适应的一种活动或职能。

公共关系包括组织内部公共关系和组织外部公共关系两部分,组织内部公共关系的许多内容在上一节人际关系中已经讲述,本节着重介绍组织外部的公共关系。

组织是一个宽泛的概念,考虑到工商管理专业的特点,本节着重讨论企业的外部公共关系。

2. 公共关系的特点

(1) 组织自身的不同性质、不同形式的整体优化,是开展公共关系活动的基础。

(2) 公共关系活动是为公众竭诚服务的过程,是以求实的态度充分利用各种传播媒介向公众交流信息的过程,是双向沟通、相互受益的社会舆论宣传过程。

(3) 公共关系的目标是树立组织的良好形象,增强社会对组织的美誉度。

(4) 公共关系的原则有二:竭诚为公众服务的原则;实事求是的原则。

公共关系是组织协调职能的重要组成部分。

二、企业外部的公共关系

企业是社会活动的基本单位,它的经营活动既有相对的独立性,又是整个社会活动的有机组成部分。随着生产力水平的提高,不论在生产、交换、分配、消费,以至社会生活的各个领域,企业与社会之间都在发生着极为密切,日益广泛的联系。一方面,企业需要社会提供必要的资金、劳务、原料、销售市场、以及多种社会服务;另一方面,企业也必须为顾客提供优质产品和服务、向国家上缴利税、以及参加各种社会活动等等。正是在这种相互需要的基础上,企业与社会之间结成了互相依存,共存共荣的紧密关系。

处在现代社会化大生产整体过程中的企业,其生产经营活动涉及到社会上各种不同的经济、政治、法律、科研教育等部门。要同各式各样的参与者和竞争者打交道,包括政府主管部门、司法机关、财政金融机构、原材料供应者、批发零售商、广告公司、新闻机构、各方顾客及用户等等。这些参与者和竞争者构成了企业的外部公众。能否正确处理企业与外部公众的关系,是衡量一个企业素质的基本标准之一,也是一个企业获得成功的外部条件。企业与外部公众建立经常性的密切联系,了解他们的意见要求,同时将本企业的有关情况及时告诉他们,使社会公众为企业的生产经营提供方便,同时使企业的生产经营符合有关公众的利益和要求。

任何企业自身的经营活动必然要受到整个社会经济活动的制约,企业的自身利益也必须服从社会的整体利益。在此前提下,开展积极的企业对外公共关系活动,有助于促进企业活动与整个社会活动的有机结合,有助于协调企业利益与社会整体利益。

所谓社会整体利益,其实是由各种社会公众的特殊利益汇集而成的。企业必须针对各种有关公众的特殊利益。制订相应的决策,尽量满足各种公众的特殊需求。开展外部公共关系工作,有助于协助企业制订正确的决策,能够对企业的活动、发展,以及企业在社会各界的声誉产生积极的影响。

总之,企业外部的公共关系的作用,就在于促进企业与社会,以及各种社会公众之间的相互了解,协调彼此之间关系,消除可能出现的矛盾冲突,为企业的存在与发展提供良好的社会经营环境。

三、企业对外的信息交流

1. 对外信息交流的特点

外部公共关系的实质,在于促进企业与外部公众之间的了解与合作。为此,必须依赖有效的对外信息交流。

企业的公共关系工作,主要搜集以下信息:

(1) 政府决策信息。了解党和国家的方针政策;它关系到企业的发展战略和经营方针,必须特别注意搜集研究。

(2) 立法信息。了解法律、法令、法规颁布和内容,尤其是经济立法,是企业确定经营方针的重要依据。

（3）舆论信息。通过新闻媒介了解社会各界对本企业的反应。

（4）消费者信息。了解各类消费者的人数、比例和他们对本企业产品的信赖程度，分析消费者的购买动机、模式、特点和时间。

（5）竞争对手信息。了解竞争对手的历史与现状、干部配备、领导水平、技术能力、设备、产品、销售、价格情况等等。

（6）市场信息。了解本企业产品的市场占有率，掌握潜在顾客在市场中的分布情况。

（7）产品信息。了解本企业产品质量是否优良、市场发展前景如何，了解社会对本企业产品规格、种类、质量的要求。

（8）流通渠道信息。了解有关销售地区、路线、网点等方面的信息，以便合理组织商品运输和储存。

此外，还有金融、财政、能源、人口、科技等方面的信息。企业的公共关系部门，可以根据企业的性质和服务对象，考虑信息的分类。

2. 外部信息捕捉

如何在纷纭变幻的信息社会中，准确及时地获取信息呢？主要有两个渠道：

（1）直接信息渠道

直接信息，就是我们常说的第一手资料，它是公共关系人员亲临现场搜集到的资料，这种信息主要用观察和提问两种方式搜集。

① 观察法。例如到百货公司去站柜台，直接了解顾客喜爱哪种商品；直接深入用户所在地，观察用户使用产品或消费商品的情况等。

观察法的优点是省时、省钱、省事。被观察者自然、真实，所得到资料比较可靠。观察法的缺点是，由于观察者经验、阅历不同、观察方法不同，得出的结论也会不同，另外，观察公众的行为，需要较长时间，只能无言观察，不能同消费者面对面地交谈。被观察者的心理与行为常有一定的距离。

② 提问法。可以采用个人面谈或集体座谈的方式倾听公众对本企业及其产品或服务的意见。

提问法的优点是：所获资料丰富，内容详细，调查对象保留的意见较少。缺点是，调查者可能持有某种偏见，致使调查结果偏离实际，调查开支较高。

（2）间接信息渠道

所谓间接信息，就是我们通常说的第二手资料。包括：政府工作报告，各种调查报告，如市场调查、消费者调查、读者调查、人口调查报告等等；政府机构的统计资料；大学和研究机关的研究报告；个人在报刊上发表的论文；科技报告；专利说明书；产品样本以及传播媒介所传播的其他有关信息。

这种信息的搜集方式是：

① 购买有关书刊。建立资料库。一般需要购置以下书籍：百科全书、各类年鉴、工业书、专业书籍、多种报刊等。

② 编选备用资料。将各种书籍报刊中，有价值的内容，分类汇编成册，以供检索和查阅，建立各种数据库和文件库。要建立文献分类检索系统，即可以按照汉语拼音排序，也可以按照偏旁部首排序。例如，下边是汉语拼音排序系统。

背景材料：企业经营的历史与现状。
传播情况：企业对内对外的传播工具、传播内容、传播对象和传播效果。
法律政策：同本企业有关的各项法规政策。
公众意见：内外公众的意见、建议、民意测验结果。
剪报：同本企业有关的报刊报道。
竞争者情况：竞争者的经营及公共关系情况。
人物传记：企业负责人及其关键人物传记。
政府关系：同税收、审计、工商管理、环境保护、环境卫生、公安保卫等政府机构的联系情况。

3. 通过电脑网络捕捉外部信息

电脑网络构成了信息高速公路，从中可以了解国内外的各方面信息，这是一个最先进、最便捷、最有效的信息搜集渠道。

在进行信息搜集时，必须注意真实与迅速这两点。因为失真的信息会给企业带来严重危害，比没有信息更坏。而如果信息提供得不及时，其价值也会削弱甚至完全消失。因此，公共关系部门应将及时反映社会经济活动的最新动态，经过去粗取精、去伪存真、由此及彼、由表及里的加工，将有价值的信息迅速提供给企业领导，作为决策和计划的依据。

四、处理企业外部关系的艺术

1. 企业与顾客的关系

顾客的需求是企业一切活动的中心和出发点。没有顾客，也就没有企业。改善企业与顾客的关系，是企业的生存和发展的首要条件。

企业的顾客公众，根据企业的性质，可以划分为工业、农业等物质生产企业的购买者，以及商业、旅游和通信邮电等服务部门的服务对象。顾客公众还可以划分为生产资料产品的购买者和生活资料产品的购买者，后者就是通常所说的消费者。最后，根据顾客的年龄、性别、职业等，又可以进一步将顾客公众划分为男性顾客公众，女性顾客公众，其中又有老年顾客公众以及儿童顾客公众等等。由于每一类顾客都有自己的特殊利益和需求，因此，任何企业的顾客关系工作都必须明确。哪些顾客与本企业的关系最为密切,他们对本企业的要求如何,以及怎样满足他们的需求。例如,工业企业的顾客最关心产品的质量和售后服务的标准;商业企业的顾客更着重商品的花色品种是否齐全,价格是否合理,以及售货员的服务态度是否热情、耐心;旅游业的顾客关心的是旅馆服务的质量如何? 等等。

为了建立良好的顾客关系,必须树立"顾客第一"的思想,高质量服务是企业赢得顾客的"磁石"。

2. 企业与经销商的关系

企业产品的销售。不外乎有两种方式,一种是直接销售,由企业自己销售,另一种是间接销售,即通过经销商,在我国是通过各级采购供应站,批发商店居间销售。由于经销商在把产品由企业向消费者传送的过程中起着十分重要的作用,因此,经销商公众:包括批发商、零售商、制造商代理人、经纪人等,就成为企业外部公众中的一个重要组成部分。

经销商肩负着产品销售的重任,因此,企业与经销商之间必须开诚布公,友好合作。良好的经销商关系,不仅有助于企业争取经销商的合作,而且可以促使经销商积极宣传,维护企业产品的声誉。产品的质量优良、价格低廉、设计新颖、适销对路,并且供货迅速,这一切都是企业应负的责任,也是企业维持与经销商关系的根本保证。除此之外,企业还应该尽力为经销商提供各种便利和服务。例如:

技术服务。为经销商举办产品使用、维修技术训练班,使他们深入了解产品性能。

销售服务。帮助经销商改进经销方法。

管理服务。协助经销商建立、改建商店、仓库,以及改进送货方法。

广告服务。帮助经销商吸引顾客等等。

3. 企业与供应商的关系

企业要维持正常的生产,必须依靠供应商提供原料、零部件、器材、工具,以及能源;而现代商业、旅游业同样需要供应商提供丰富、可靠的商品供应;否则,企业生产就无法维持。不仅如此,供应商是否能够提供优质、价廉的商品、原料,还直接影响着企业产品或服务质量的优劣。另外,供应商还可以为企业提供市场、原料、商品、价格、消费趋势,以及商业动态等等一系列宝贵的信息。由此可见,维持良好的供应商关系,是提高企业素质的主要手段之一。

美国"公共关系月刊"具体提出了企业与供应商之间的关系的十大准则。

(1) 买主与供应商双方必须在物资管理方面相互了解与合作,实行双方共同负责的原则。

(2) 买主与供应商双方既应独立自主,又须尊重对方的自主权。

(3) 买主应负责将明确而充分的资料及要求告诉供应商,使供应商明白自己应该提供什么样的物资。

(4) 买主与供应商双方在从事商业活动之前,应该就物资的质量、数量、价格、交货条件付款条件等问题达成公平合理的协议。

（5）供应商应该保证物资的质量，保证买主满意。

（6）买主与供应商预先确定一套双方认可的评价方法。

（7）买主与供应商在协议内明确处理争端的方式，如果发生争执，保证双方有章可循，在友好的气氛中解决争端。

（8）买主与供应商双方应考虑对方的立场，必须互相交换资料。

（9）买主与供应商实施共同的管理标准，以使相互之间的关系维持和睦融洽。

（10）买主与供应商双方的商业活动，必须经常考虑到消费者的需要。

企业与供应商关系，主要依靠采购人员维持，因此，公共关系部门需要特别重视训练采购人员，通过他们去建立良好的供应关系。

除此之外，公共关系部门还应该积极推进企业与供应商之间的信息交流。双方之间可以通过：私人访问、举行招待会、接待来访、举行座谈会、招待供应商参观等方式进行信息交流。此外，还可以利用印刷与视听交流工具，诸如业务刊物、广告、年度报告、函件、以及各种有关企业政策、组织、人事、规章等内容的小册子沟通情况。

4. 企业与新闻界的关系

在现代社会里，新闻传播媒介起着越来越重要的作用，在西方人们称新闻机构为"无冕之王"。对于企业来说，新闻界身兼二任，它既是企业获取信息传播信息的重要工具，又是企业求得人和环境的重要手段。要处理好同新闻界的关系是企业生存和发展的重要条件。在与新闻界打交道的时候，最佳途径是同新闻界人士建立个人关系或友谊。公共关系人员要尽可能地认识有关新闻机构的记者、编辑，能拿起电话同他们交谈，并博得他们对自己专业能力的信任。公共关系人员与记者共同工作的过程中，应注意以下几点：

（1）公共关系人员应对新闻记者的工作过程有详细的了解，必须努力提高甚至具备新闻工作者的职业观念。记者的工作是发现新闻，挖掘新闻，所以他们必然对新闻非常敏感，并珍惜自己所掌握的每一条信息。公共关系人员应该充满诚意地同他们接触，协助采访。对本企业有利的采访，应该实事求是，不利的采访，更应该认真对待，不能有丝毫的隐瞒。纵使新闻报道对本单位有损害时，也应委婉地加以说明或向新闻媒介及时提供全面真实的材料，使记者能够报道事实真相。如暂时属于企业秘密，不能公开发表。应耐心解释清楚，正确区别使用"不知道"、"不清楚"、"不能说"这三个具有否定意义的语言，切不能以"无可奉告"加以搪塞或遮掩。遵守真实性的原则，对社会和广大的公众负责，这是相互依赖的基础。

（2）提高工作效率，讲究新闻实效性。记者是天然的忙人，新闻事业是分秒必争的信息事业。记者无论是电话采访，还是登门采访，企业都不能让其久等，如果记者要见企业最高领导人，要尽一切可能，立即引见。同时，公共关系人员应给记者提供最有内容的具体的信息，提供使记者满意的最新鲜的数据。为了做到这一点，公共关系人员平时就应加强企业内部信息和数据的搜集,以备急用。

(3)邀请记者参加记者招待会时,如果凭请柬出席,请柬应发给他们本人,如果是举行冷餐会或大型宴会,也应照此办理。倘若在招待会上需设特别记者席,席次应设在一个能够倾听所有来宾讲话的良好位置上,如果是一个很长的会议,应准备好纸张和铅笔。举行招待会时,应派专人负责招待记者,使他们觉得有人欢迎他们,而不是遭到冷遇。如果记者需要个别访问,也随时能够找到公共关系人员进行联系。

新闻摄影记者也应该得到与新闻记者同样的礼遇。有些摄影记者,对于拍摄一张尽量完美的照片有独特的见解,应全力为其准备好背景。

(4)正确的引导记者。公共关系人员不应利用记者不熟悉某一领域专业知识的弱点,弄虚作假,随意改变不利于本企业的事实,导致报道的失实,而应该使用最通俗的语言,形象地深入浅出地给记者介绍本企业的专业知识,通过记者把深奥的专业知识顺利地传达给广大公众求得理解和支持。

(5)杜绝一切不正之风。公共关系人员不要用请客、送礼、行贿、诱惑的手段走后门,拉关系,要求记者撰写有利于本企业的新闻报道或不利于别的企业的报道。对敢于坚持真理、敢于揭露不正之风的记者,不能因为其报道不利于本企业就从中作梗,或威胁、报复,或使用暴力阻止记者采访和拍摄照片,应尊重记者采访的合法权利。

(6)对记者要一视同仁。不论是中央新闻机关,还是地方新闻机关,对他们派出的记者,应一视同仁,以礼相待,绝不能厚此薄彼,对于曾经批评过本企业的记者,不能再结新嫌,更不允许挟嫌报复,侵犯记者的人权,影响他们的正常工作。

(7)公共关系人员要把过细地研究各种新闻媒介的特点作为日常的基本业务之一。不仅要了解记者,同记者保持友好关系,还应该研究各种媒介在报道方针、报道内容、报道手法上有何特点、有何特殊的要求,以便在不同的新闻媒介的记者前来采访时,都能协助他们工作,为他们提供理想的采访对象、摄影环境、录音条件、录像场地和拍摄电影的场景,以便使企业更有效地利用新闻媒介。树立起本企业的良好形象和信誉,取得理想的经济效益、环境效益和社会效益。

5. 企业与教育界的关系

在科学技术高速发展的今天,企业与科研教育界的合作,对于企业的发展,具有深远的、战略性的意义。因为,无论中小学校、职业学校或者大专院校、以及科研单位,它们的教育方针、教育方法、教学水平、科研方向和科研水平,都决定着未来的企业职工、干部的知识水平与劳动态度,并且决定着企业能否及时采用新技术、开发新产品。目前,在世界上许多企业为了生存和发展,迫切需要科学技术的进步,许多著名的企业与大专院校结合,组成一个新型的科研生产联合体。这样,一方面有利于学生联系实际地学习科学技术知识,学会实际操作本领,为企业培养具有实践能力和科学技术知识的人才。另一方面,企业拥有雄厚的资金,齐全的设备和亟待解决的科研课题,而学校和科研单位拥有众多高水平的科技人才,广博的知识储存,企业与学校、科研单位的合作,可以达到取长补短、互惠互利的效果。

密切企业与学校和科研单位的双边关系,必须进行积极的公共关系交流活动。具体来说包括以下几项内容:

(1) 企业为学校制作电影、幻灯片,内容包括工程、机械、化学、物理、历史、地理、经济、农业、计算机等诸方面。

(2) 企业为学校学生实习建立基地,定期让学生参与本企业的生产经营活动。

(3) 企业尽可能在学校设置本企业某项专业的奖学或奖教基金,以鼓励学生和教师的学习和教学工作。

(4) 企业为学校提供教学用模型和各种器材。

(5) 企业定期邀请学生、教师和科研人员参观本厂,为企业发展提供服务。

(6) 企业、学校或科研单位双方领导经常会晤、磋商。

(7) 双方的专家、教授经常举行学术交流。

(8) 学校邀请企业职工回母校参加校庆活动。

6. 企业与社区的关系

目前,企业日益受到来自各方面的压力,首先:企业生产高度社会化给我们所居住的生物圈带来很多不利的因素,沙漠化、大气污染、海洋毒化等。其次,企业本身所处的社会环境的变化日益迅速,现在的社会是一个组织化程度较高的社会,它充满着彼此利益不同的各种协会、团体。因此,如果我们要使企业继续发展,就不得不承担社会责任,正确处理企业与社区的关系,以求得社区公众对企业的理解和支持。

所谓企业的社区关系,主要是指企业与相邻的工厂、机关、学校、商店、旅馆、医院、公益事业单位以及居民等的相互依存关系。这些社会单位虽然与企业不发生直接的经济、业务联系,但却是企业外部经营环境的重要组成部分,对企业的生存与发展有着重大的影响。因而,构成了企业外部公共关系工作不容忽视的一环。

首先,企业的生产经营活动依赖于周围的各种社会服务,诸如公路交通、水电供应、治安保卫、消防部门等等。

其次,企业的职工及家属的日常生活依赖于周围的商店、浴池、学校、托儿所及其他社会公益事业部门,维持好与上述单位的关系,有助于增加职工的安全感,消除后顾之忧,提高工作热情。

第三,企业的新职工主要来自周围的居民区,提高周围居民的教育文化水准,改善生活环境,有利于企业招收到高水平、有教养、热心于本企业事业的年轻职工。

第四,企业的经营活动必然对周围环境发生影响。有些是积极的影响。例如增加周围居民的就业机会,繁荣本地区的经济生活等等,但是也可能产生消极影响,甚至造成严重后果。例如,在生产过程中发出的噪音,排出的废气、废水、废渣,会污染周围环境,损害居民健康,甚至酿成严重纠纷。为此,企业必须时刻倾听周围公众的反应,以社会利益为重,这样才能维持良好的社区关系。

开展积极的社区关系工作,依赖于积极的信息交流和社会公共关系活动,具体做法有:

(1) 向所有相邻单位通报本企业的宗旨,生产项目,职工人数,以及本企业希望与相邻企业为繁荣当地经济文化建设而做出贡献的良好意愿。

(2) 调查相邻单位,居民区对本企业的印象,以及对本企业的反映和意见。

(3) 邀请相邻单位的领导、职工来本企业参观、座谈,乃至共同举办游艺、娱乐活动。

(4) 资助地方教育事业,为邻近的幼儿园、中小学,乃至大中专院校提供资金、设备和教学实习基地。

(5) 资助地方文化、艺术和体育团体。

(6) 资助地方医院及其卫生部门。

(7) 资助各种社会福利事业,包括养老院、残疾人基金会、疗养院等。

(8) 积极参加社会公益活动,如植树造林、五讲四美活动。

目前,国内许多企业都认为开展上述活动,是一种额外负担,尤其认为一种额外的经济负担。但是从长远目标来看,上述公共关系活动的结果,最终受益的还是本企业,这是一种战略性投资活动,对于企业求得公众支持和理解起着十分重要的作用。

7. 企业与政府的关系

处理企业与政府关系是企业公共关系的一个重要环节。这是因为:国家的政府机构具有组织领导经济建设的职能,对企业的管理是国家对整个国民经济实行统一管理的重要组成部分,国家按照国民经济的客观要求,有效地运用经济、行政、法律等手段,对国有企业、集体企业和其他经济成分的企业实行必要的管理、检查、指导和调节。

随着经济体制改革的日益深入,国家对企业的管理由以往的直接管理逐步转变为宏观控制,企业成为相对独立的国民经济的基本经济单位,有着自己独特的利益。根据企业的经营性质和规模,以及市场的需要,合理地进行生产经营。因此,正确处理企业与国家各级政府和主管部门的关系是企业公共关系工作的首要任务。

企业必须了解国家制定的经济法规,严格遵守经济合同。国家权力机关和行政机关制定与颁布的各种经济法规,是国家管理经济的重要工具,也是调整企业与国家经济关系的杠杆。企业要了解各种经济法规的权限,同时还必须严格遵守法规,以此为准则调整企业与国家,与社会的关系。

企业应在提高经济效益的基础上,力争为国家上缴更多的税金。税金是国家财政收入的基本来源,同时又是国家在公共工程投资的重要基础,以此来扩大再生产,发展国家经济建设,提高社会福利水平,改善人民生活。因此,企业必须按照国家法律规定的税率比例交纳税金。正确处理国家、企业和个人的经济关系,使各方面的利益都得到保证。

上述各点,既是企业领导者的责任,也是企业公共关系部门领导的责任,只有严格遵循上述原则,才能为搞好企业与国家的关系奠定一个坚实的基础。

在上述原则指导下,企业公共关系部门应该大力开展企业与国家政府机构的公共关系工作。企业公共关系工作的首要任务就是,及时、准确、全面地汇集有关国家政策的信息,注视有关方面的发展动向和变化趋势。向企业决策部门汇报,以便使企业的生产经营活动建立在符合国家政策、服从国家指导的前提下,将生产经营目标放在长远和整体利益和宏观考虑上,以求社会各界公众的理解和支持。

同时,企业的公共关系部门及时同国家主管部门和各有关机构建立经常而密切的业务往来,及时向国家主管部门汇报情况、反映问题,通报企业的生产经营、销售盈利状况,以取得国家有关部门的指导和帮助等等。

本章复习题

1. 何谓团体,它与组织有什么异同?
2. 团体有哪些类型,它们都是根据什么原则划分的?
3. 团体有哪些作用?
4. 非正式团体的含义是什么,它有哪些优缺点?
5. 应该如何对待非正式团体?
6. 团体对个人有什么影响?
7. 社会从众行为产生的原因是什么?
8. 如何使用团体压力?
9. 如何建立一个有成效的集体?
10. 什么是冲突,它产生的原因是什么?
11. 建设性冲突和破坏性冲突各有什么特点?
12. 解决冲突的办法有哪些,应如何使用它们?
13. 什么叫沟通,它有几种类型?
14. 沟通有哪些作用?
15. 常见的沟通障碍有哪些?
16. 如何克服沟通障碍?
17. 人际关系是怎样建立起来的?
18. 影响建立人际关系的因素有哪些? 怎样影响?
19. 影响人际关系有效性的因素有哪些?
20. 人际关系平衡包括哪三种类型? 各有何特点?
21. 人际关系往往由于什么原因被破坏的?
22. 如何改善人际关系?

本章讨论题

1. 举例说明你周围有哪些非正式团体,它们都起了什么作用?
2. 你认为从众行为是正确的还是不正确的?请给予解释。
3. 建立一个有成效的团体往往会遇到什么困难?应该如何解决?
4. 如果你和其他同志发生矛盾,你是怎样对待的?为何如此?
5. 在你所处的组织中有没有因沟通不良引起的问题?举例说明。
6. 你认为怎样才能建立良好的人际关系?
7. 良好的人际关系与我们所说的人缘好有什么异同?
8. 企业如何建立良好的对外公共关系?它对企业的生存和发展有什么作用?
9. 目前,国内公共关系活动中存在哪些不良倾向?如何纠正?

第十章 组织文化

文化因素对组织的管理具有重要的意义和举足轻重的作用。根据组织的不同性质,可区分为企业文化、校园文化、乡镇文化、社区文化、政府文化、军队文化等等。由于本书为工商管理硕士教材,本章主要介绍企业文化的概念和企业文化建设的理论。

第一节 企业文化的内涵与结构

一、企业文化的涵义

企业文化无论在中国还是在外国,事实上早就存在,但作为概念和理论,则是美国管理学界在研究了东西方成功企业的主要特征,特别是在对美日企业进行了对比后,于80年代初提出来的。在1982年7月出版的《公司文化——公司生活的礼节和仪式》一书中,作者——哈佛大学的特伦斯·迪尔教授和麦金赛咨询公司顾问阿伦·肯尼迪——提出构成企业文化的要素有5项:

- 企业环境——对企业文化的形成影响最大、决定企业成功的关键因素;
- 价值观——组织的基本思想和信念,它们本身就形成了企业文化的核心;
- 英雄人物——把企业的价值观人格化且本身为职工们提供了具体的楷模;
- 礼节和礼仪——公司日常生活中的惯例和常规,向职工们表明对他们所期望的行为模式;
- 文化网络——组织内部的主要(但非正式的)交际手段,公司价值观和英雄人物传奇故事的"运载工具"。

十几年来,国内外学者见仁见智,陆续对企业文化的涵义提出了许多新的见解,至今还处在探讨、争论的阶段,把各种观点罗列出来,应有数十种之多。各种观点间的区别主要在于企业文化涵义的范围上。最狭义的观点认为企业文化就是企业成员有关企业的价值观念的总和,包括企业价值观、经营观、风气、员工工作态度和责任心等。最广义的观点则认为企业文化是通过企业干部职工的主观意识,改造、适应和控制自然物质和社会环境所取得的成果,它表现为一切经验、感知、知识、科学、技术、厂房、机器、工具、产品、组织、制度、纪律、时空观、人生观、价值观、市场竞争观、生活方式、生产方式、行为方式、思维方式、语言方式、等级观念、角色地位、伦理道德规范、审美价值标准,等等。

我们既不同意狭义的看法,也不主张将企业文化的涵义无限制地扩大化。我们认为下述定义可能是较为适当的:企业文化是企业全体职工在长期的生产经营活动中培育形成并共同遵循的最高目标、价值标准、基本信念和行为规范。它是企业观念形态文化、物质形态文化和制度形态文化的复合体。对于观念形态文化和制度形态文化,人们基本上是没有异议的,需要解释的是物质形态文化。这里所指的物质形态文化,不是指企业产品的本身,而是指产品的特色;不是指生产设备本身,而是指对劳动的态度;不是指工作环境,而是指对工作环境的感情及审美意识;不是指企业生产经营活动本身,而是指所以采用这种生产经营方式的原因;总之,是指从企业物质形态中所折射出来的企业的生产经营特色、技术特色、管理特色以及企业经济行为对社会的影响。

二、企业文化的结构

企业文化的结构大致可分为 3 个层次,即精神层、制度层和物质层(或叫器物层)。如图 10-1 所示。

1. 精神层

精神层指企业的领导和职工共同信守的基本信念、价值标准、职业道德等,它是企业文化的核心和灵魂,是形成企业文化物质层和制度层的基础和原因。企业文化中有没有精神层是衡量一个企业是否形成了自己的企业文化的标志和标准。企业文化的精神层包括以下 6 个方面:

(1) 企业精神。它是现代意识与企业个性相结合形成的一种群体意识,是企业全体(或多数)员工共同信守或拥有的基本信念、意志品质和思想境界。企业精神随着企业的发展而逐步形成并固化下来,是对企业现有的观念意识、传统习惯、行为方式中的积极因素进行总结、提炼及倡导的结果。

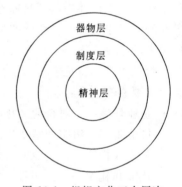

图 10-1 组织文化三个层次

(2) 企业最高目标。它是企业全体员工的共同追求,是全体员工共同价值观的集中表现,同时又是企业文化建设的出发点和归宿。一个企业的最高目标反映了企业领导者和职工的追求层次和理想抱负。有了明确而崇高的企业目标,就可以发动群体,激发广大职工的主动性、积极性、创造性,增强其成就感,还可以防止短期行为。衡水电机厂把"阔步世界、兴业报国"作为自己的最高目标,长虹公司把"产业报国、民族昌盛"作为自己的最高目标,这样就把企业的命运与国家、民族的利益密切联系起来,形成了高尚的企业追求。

(3) 企业经营哲学。它是企业领导者为实现企业目标而在整个生产经营管理活动中坚持的基本信念,是企业领导者对企业生产经营方针、发展战略和策略的哲学思考和抽象概括。只有以正确的企业经营哲学为基础,企业内的资金、人员、设备才能真正发挥效力。有了正确的企业经营哲学,企业领导者处理企业生产经营管理中发生的一切问题才会有正确的依据。企业经营哲学的形成首先是由企业所处的社会经济制度及周围环境等客观因素决定的,同时也受企业领导人价值观念、政策水平、知识水平、实践经验、思想方法、工作作风及性格等主观因素的影响。虽然企业经营哲学与企业领导人的关系最为密切,但也应为广大职工所认可和接受;否则,它就难以得到很好的贯彻。衡水电机厂的领导者总结长期生产经营活动中的经验教训,提出了"顺应天时,借助地利,营造人和"的经营哲学。多年来,这一经营哲学在衡电已深入人心。衡电之所以能在复杂多变的外部环境中实现自己的持续发展,与拥有这样一条富于哲理、高屋建瓴的经营哲学是分不开的。

(4) 企业风气。企业作为一个社会群体,有其特有的风气。它是企业文化的外在表现,是企业及其职工在长期的生产经营活动以及共同的生活中逐步形成的一种精神状态及精神风貌。人们总是通过一个企业职工的言行举止感受到这个企业的风气的,透过企业风气又可以体会到企业全体职工共同遵循的价值观念,从而深刻地感受到该企业的企业文化。

一个企业的企业风气一般有两层含义。第一层是指一般的良好风气。所谓风气就不是个别人、个别事、个别现象,只有形成了带普遍性的、重复出现的和相对稳定的行为心理状态,并成为影响整个企业活动的重要因素时,才具有"风"的意义。例如,开拓进取之风、团结友爱之风、艰苦朴素之风、顽强拼搏之风等等,这是一般意义上的厂风,即企业风气。第二层是指一个企业区别于其他企业的独特风气,即在一个企业中最具特色、最突出和最典型的某些作风。它体现在企业活动的各个方面,形成全体职工特有的活动样式,构成该企业的个性特点。

企业风气是约定俗成的行为规范,是企业文化在职工的思想作风、传统习惯、工作方式、生活方式等方面的综合反映。企业风气一旦形成就会在企业内造成一定的氛围,并形成企业集体的心理定势,形成集体多数成员一致的态度和行为方式,因而成为影响企业全体成员的无形的巨大力量。

企业风气所形成的文化氛围对一切外来信息有筛选作用。同一种不良的社会思潮,如个人主义思潮,在企业文化贫乏、企业风气较差的企业可能会造成工作积极性下降、人际关系紧张、凝聚力减弱、人心涣散等灾难性后果;而在企业文化完善、企业风气健康的企业,则全体职工可能会与企业同呼吸共命运、同舟共济、扶正压邪、战胜困难,保证企业健康发展。

(5) 企业道德。道德是依靠社会舆论和人的内心信念来维持的,调整人们相互关系的行为规范的总和。企业道德是企业内部调整人与人、单位与单位、个人与集体、个人与社会、企业与社会之间关系的准则和规范。其内容包括道德意识、道德关系和道德行为3部分。道德意识是道德体系的基础和前提,它包括道德观念、道德情感、道德意志和道德信念;道德关系是人们在道德意识支配下形成的一种特殊的社会关系;道德行为是人们在道德实践中处理矛盾冲突时所选择的某种行为。

企业是开放性的,它与社会有着千丝万缕的联系,因而企业道德也受到社会道德的深刻影响。企业要摒弃社会道德中的消极面,鼓励积极面,培育独具特色的企业道德。良好的企业道德要能引导干部、职工正确处理国家、企业与个人的关系,时刻以国家利益、企业利益为重,并尽可能把三者的利益统一起来。

(6) 企业宗旨。这是指企业存在的价值及其作为经济单位对社会的承诺。作为从事生产、流通和服务活动的经济单位,企业对内、对外都承担着义务。对内,企业要实现其发展,使职工获得基本的生活保证并不断改善其福利待遇;对外,企业要生产出合格的产品,提供满意的服务,满足消费者的需求,从而为社会物质文明和精神文明的进步做出贡献。

上述6个方面共同构成了企业文化的精神层,各方面都有所侧重、角度不同;但是,在本质上它们又是统一的、协调的。在内容上,6个方面互有交叉,对企业文化进行设计时,不一定要对6个方面作严格的区分。只要在内容上涵盖了全部6个方面,这一企业文化的精神层就是完整的。

2. 制度层

这是企业文化的中间层次,主要是指对企业职工和企业组织行为产生规范性、约束性影响的部分,它主要规定了企业成员在共同的生产经营活动中所应当遵循的行动准则及风俗习惯。制度层主要包括以下3个方面:

(1) 一般制度。企业中存在一些带有普遍性的制度,均应包括在企业一般制度之内。如厂长负责制、岗位责任制、职代会制、按劳取酬的分配制度等。

(2) 特殊制度。这主要是指该企业独有的、非一般性的制度,如职工民主评议干部制度、干部"五必访"制度(职工生日、结婚、死亡、生病、退休时干部要访问职工家庭)、职工与干部对话制度、庆功会制度等。与管理制度相比,特殊制度更能反映一个企业的管理特色、文化特色。有良好企业文化的企业,也必然有多种多样的特殊制度;企业文化贫乏的企业,则往往忽视特殊制度的建设。

(3) 企业风俗。这是指企业长期相沿、约定俗成的典礼、仪式、行为习惯、节日、活动等,如歌咏比赛、体育比赛、集体婚礼、厂庆等等。企业风俗与管理制度、特殊制度不同,它不表现为确定的文字条目,也不需强制执行,它完全靠习惯、偏好的势力维持。它由精神层所主导,又反作用于精神层。企业风俗可自然形成,也可人为开发,一种活动、习俗,一旦为全体职工所接受并沿袭下来,就成为企业风俗的一种。

3. 物质层

这是企业文化的表层部分,是企业创造的器物文化,是精神层的载体,它往往能折射出企业的经营思想、经营管理哲学、工作作风和审美意识。物质层主要包括以下几方面:

① 企业标志、标准字、标准色;

② 厂容厂貌,包括企业的自然环境、建筑风格、车间和办公室的设计和布置方式、厂区

和生活区的绿化美化、工厂污染的治理等；
③ 产品的特色、式样、品质、包装等；
④ 企业的技术工艺设备特性；
⑤ 厂服、厂旗、厂徽、厂花、厂歌；
⑥ 企业的文化体育生活设施；
⑦ 企业造型或纪念建筑；
⑧ 企业的纪念品；
⑨ 企业的文化传播网络，如报纸、刊物、广播电视、宣传栏、广告牌等。

企业文化的物质层稳定性较强，例如风靡全球的可口可乐，它那独特的红白两色标志，历经百年，基本上没有变更过，现在，世界各国的人们只要看见这个标志，就会立刻辨认出：这是可口可乐。又如美国汽车以豪华、马力大为特点，日本汽车以省油为特点，德国"奔驰"汽车以耐用为特点，英国"劳斯莱斯"汽车以华贵为特点，这些特点都已坚持了几十年上百年。正因这样，各国汽车才能各占一份市场、共存共荣。

从上面的分析可知，企业文化的精神层、制度层和物质层是不可分割、浑然一体的。精神层是物质层和制度层的思想内涵，是企业文化的核心和灵魂；制度层制约和规范着物质层和精神层的建设，没有严格的规章制度，企业文化建设也就无从谈起；物质层是企业文化的外在表现，是精神层和制度层的物质载体。

第二节 文化力——企业竞争力的重要源泉

企业文化为什么能推动企业发展？其奥秘何在？《公司文化》一书的作者迪尔和肯尼迪在该书第一章的最后写道："我们希望能向读者们灌输企业生活中的一条新定律：文化中存在力量。"这里所说的"文化中的力量"就是现在人们所说的"文化力"。

一、何为文化力

要解释什么是文化力，首先要对"文化"的内涵有一个科学的界定，但是，对于什么是文化，中外学术界至今也没有统一的定义，据称，世界上的文献资料关于文化的定义已不下200种。《辞海》中对文化的解释是这样的："从广义来说，指人类社会历史实践过程中所创造的物质财富和精神财富的总和。从狭义来说，指社会的意识形态，以及与之相适应的制度和组织机构。"为与前面对企业文化的定义相吻合，也为了使后面的讨论更有现实意义，我们采用狭义的定义。

基于上述定义，我们认为，文化力是与经济力、政治力相对应的概念。经济力也可称为物质力，诸如技术力、机械力、资金力、人力、畜力、水力、电力等等都属于这一范畴。政治力包括国家的政治、经济政策、法规、国家在世界的地位以及对经济的干预等等。文化力,简而言之,就是文化作用于人所产生的效应,如前所述,也可以说是文化中存在的力量。精神力、道德力、舆论力等等都是文化力的具体形式。

二、文化力的特征

1. 间接性

这是与经济力相对而言的,指的是文化力不能直接作用于自然物质对象。文化力的作用对象只有一个,那就是人,因为只有人类社会才有文化,只有人才能感知文化。人受到文化力的作用,就能更充分地发挥其主观能动性,释放出更大的能量,去改造自然、征服自然。

2. 综合性

我们很容易找到经济力、政治力的作用源,这两种力来自哪种实体、哪种原由一般是很清楚、很明确的;文化力则不然,它通常是多种因素综合作用的结果,我们无法确切指出这种力究竟源于何处,其作用源是模糊的。另外,由于文化的构成是复杂的,文化力的作用也不是单一的。同一种文化,往往既有积极因素,又有消极因素;它所产生的文化力也就既有正作用力,又有负作用力,最终表现为多种力的合力。当然,各种力也不是均衡地起作用,一种文化力必然有其主导作用力,这种主导作用力来自文化体系中的主流文化。

3. 无形性

文化力发生作用是无形的,我们只能看到文化力作用的结果,却看不到其作用过程,甚至难以预先感知。政治力虽然也是无形的,却可以预先感知。经济力则既有形,又可预先感知。要使文化力的作用能够预先感知,就要能够操纵文化,使其按预期的方向发展。建设企业文化,就是对企业文化进行操纵,使其产生我们所需的文化力,并使文化力按我们的意愿发挥作用。

4. 继承性

文化的发展是连续的,任何一个时代的文化都不可能脱离历史而存在,因此,文化具有继承性。文化的继承性决定了文化力的继承性。这种继承性是客观的,不可能人为割断它。文化力因文化之存在而存在,所以,人们在继承一种文化的同时,也继承了相应的文化力。但是,同一种文化在不同的社会中所起的作用是不同的,这就要求对于历史文化和外来文化,要采取扬弃的方式,取其精华,去其糟粕,如此形成的文化力,才能对企业、社会的发展起到推动作用。

5. 客观性

这是说,文化力的存在是不以人的意志为转移的。凡有组织,就会有一定的组织文化;只要存在文化,就存在相应的文化力。人只能通过改变文化去改变文化力,却不可能让文化不发挥作用。

6. 渗透性

任何一种文化都具有扩张性和弥漫性,它总是试图侵入周遭的亚文化圈中。与这种扩张性和弥漫性相对应的,就是文化力的渗透性,文化力是无孔不入的。文化的扩张,就是借助于这种渗透性得以实现。一种文化的形成也是这样,这不是一朝一夕的事情,而是一个由点到面、由浅入深的长期的过程,这一过程所表现出来的,正是文化力的渗透性。

以上六点是文化力的一般特征,企业文化是一种亚文化,上述特征当然也适合于企业文化力。

三、文化力的功能

文化力作为一种特殊的力,有其特有的功能。正是因为具有这些功能,文化力才成为企业竞争力的重要源泉。具体来说,文化力主要具有以下功能(在此,我们把文化限于企业之内,只讨论企业文化,但是,这些功能也具有一般性):

1. 导向功能

即企业文化能把职工个人目标引导到企业目标上来。在激烈的市场竞争中,企业如果没有一个自上而下的统一的目标,就不能形成强大的竞争力,也就很难在竞争中求得生存和发展。传统的管理方法都是靠各种各样的策略来引导职工去实现企业的预定目标;而如果有了一个适合的企业文化,职工就会在潜移默化中接受共同的价值观念,不仅过程自然,而且由此形成的竞争力也更持久。

企业文化建设就是在企业具体的历史环境及条件下将人们的事业心和成功欲化成具体的奋斗目标、信条和行为准则,形成企业职工的精神支柱和精神动力,为企业的共同奋斗目标而努力。因此,建设企业文化的实质就是建立企业内部的动力机制。这一机制的建立,使广大职工自觉地把个人目标融入到企业的宏大目标中来,可以使其勇于为实现企业目标而作出个人牺牲。

2. 约束功能

这是指文化力对企业每个成员的思想和行为具有约束和规范作用。文化力的约束功能,与传统的管理理论单纯强调制度的硬约束不同,它虽也有成文的硬制度约束,但更强调的是不成文的软约束。作为一个组织,规章制度对企业来说是必要的;但是即使有了千万条规章制度,也很难规范每个职工的每个行为。企业文化力能使信念在职工的心理深层形成一种定势,构造出一种响应机制,只要外部诱导信号发生,即可得到积极的响应,并迅速转化为预期的行为。这种约束机制可以减弱硬约束对职工心理的冲撞,缓解自治心理与被治现实形成的冲突,削弱由其引起的心理抵抗力,从而产生更强大、深刻、持久的约束效果。这种约束作用还更直观地表现在企业风气和企业道德对职工的规范作用上。

3. 凝聚功能

当一种企业文化的价值观被该企业成员认同之后,它就会成为一种粘合剂,从各方面把其成员团结起来,形成巨大的向心力和凝聚力,这就是文化力的凝聚功能。通过这种凝聚作用,职工就把个人的思想感情和命运与企业的兴衰紧密联系起来,产生对企业的强烈的"归属感",跟企业同呼吸、共命运。"上下同欲"即指思想、信念的一致,它是深层凝聚力的主要来源。

4. 激励功能

文化力的激励功能,指的是文化力能使企业成员从内心产生一种情绪高昂、奋发进取的效应。

倡导企业文化的过程是帮助职工寻求工作意义,建立行为的社会动机的过程。通过这一过程,可以在职工中形成共同的价值观,在企业中形成人人受重视、受尊重的文化氛围。这种氛围一旦形成,就足以胜过任何行政命令。在这种氛围中,每个成员做出了贡献都会及时得到领导和职工的赞赏与鼓励,获得极大的心理和精神满足,并因而自觉树立对企业的强烈的主人翁责任感。职工的主人翁责任感对于一个企业来说是弥足珍贵的。有了这种责任感,职工就会为企业发展而勇于献身、奋勇拼搏;有了这种责任感,职工就能迸发出无穷的创造力,为企业发展献计献策、不断创新。

人是物质力量和精神力量的统一体。作为自然人,每个人都有力气、有基本的思维能力;作为社会人,每个人又都有精神需要,蕴含着巨大的精神力量。而没有获得激励时,人发挥出来的只是物质力量;获得激励之后,人的精神力量就得到了开发,激励越大,所开发出来的精神力量就越大。文化力的作用正是通过激励来满足人的精神需要,使人产生归属感、自尊感和成就感,从而调动人的精神力量。由于它迎合了人的需要、人的本质,所以比现有的其他任何形式都有效得多。

5. 辐射功能

文化力的辐射功能与其渗透性是一致的,就是说,文化力不只在企业内起作用,它也通过各种渠道对社会产生影响。文化力向社会辐射的渠道很多,主要包括传播媒体、公共关系活动等。在企业越来越重视广告、重视形象和声誉的今天,企业文化力对社会的辐射作用越来越大:电视、广播里的广告越来越多,许多广告语成了人们的口头语,色彩纷呈的广告画、广告牌更是铺天盖地。作为一种亚文化,企业文化在社会文化中扮演的角色越来越重要,这正是文化力的辐射功能所导致的。

第三节 企业文化建设——现代化管理的重要组成部分

一、企业文化建设的必要性

管理是通过计划、组织、控制、激励和领导等环节来协调人力、物力、财力和信息资源的,以期更好地达到组织目标的过程。现代管理理论认为,管理的对象包括人、财、物、信息、时间5个方面,其中,人在管理中具有双重地位:既是管理者又是被管理者。管理过程各个环节的主体都是人,人与人的行为是管理过程的核心。

"以人为中心"是现代管理发展的最重要趋势。

企业文化理论正是顺应这一趋势而诞生的一种崭新的管理理论,其中心思想就是"以人为中心",因而,它就自然地成为现代化管理的重要组成部分。

一个企业,其物力、财力、信息资源都是有限的,而人力资源的开发则永无止境。在我国生产力水平尚落后,资金、原材料等资源尚紧缺而人力资源又极丰富的情况下,开发、管理好人力资源具有特殊重要的意义。人的潜力发挥出来了,物力、财力、信息资源也可以得到更好的利用,企业的效益就能提高。所以,对我国企业而言,企业文化建设具有极大的现实必要性。

二、企业文化建设的实施艺术

企业文化建设是一个长期的、浩大的工程,要做的工作很多。在此,我们不准备对企业文化建设的各个阶段作详细说明,只择其要点,也是对衡电公司在企业文化建设实践中的成功点加以论述。

1. 企业文化建设要坚持以人为中心

人在企业文化建设中也有双重身份:既是企业文化建设的主体,又是企业文化建设的客体。坚持以人为中心,就要从这两个方面入手,确立人的中心地位,发挥人的中心功能。

(1)人是企业文化建设的主体。这就是说,企业文化建设要依靠人,不仅依靠企业领导,更要依靠广大职工。我们要看到企业的领导者在企业文化建设中的重要作用,但同时也要注意：职工并不是被动的接受者。一方面，他们也是企业文化的创造者。作为企业文化的灵魂的企业精神、企业道德、企业风气主要是职工群众在长期的实践中创造形成的，企业领导者只是对其进行总结加工，离开了职工群众共同创造的企业的历史，就无法形成企业的文化。另一方面，他们是企业文化的建设者、发展者。企业文化的建设，最终要落实到广大员工的思想和行动中去，这一过程，离开职工群众的主动参与就不可能实现。人是有思想的，强制、灌输的方式只能是事倍功半，甚至达不到目的。企业领导应使企业文化建设成为职工的自觉行动，不仅身体力行、认真贯彻，而且积极参与、献计献策。这样就能够集中企业全体职工的能量和智慧，把企业文化建设好。

（2）人是企业文化建设的客体。这是说，企业文化建设要为了人、塑造人。首先，建设企业文化的目的是为了企业的生存和发展，而企业生存和发展的目的又是为了满足人们不断增长的物质和文化需求，从而，企业文化建设的最终目的就是为了人。对内，是为职工；对外，是为消费者，为人民群众。当代日本学者村田昭治认为："'顾客至上'、'职工幸福'和'为社会服务'这三种价值观将成为企业经营的标志"，"过去那种市场占有率至上和销售额第一的观点将站不住脚，对人和社会做多大贡献将成为一个评价企业的标准。"所以，企业文化的建设要体现企业存在的价值，要为实现企业的目标服务。其次，企业文化建设也要着眼于塑造人、培养人。企业文化是一种氛围，它的精神层和物质层无时无刻不在感染、引导着职工；企业文化又是一种机制，其制度层具体规定了职工的权利和义务。企业要通过充实企业文化的精神层和物质层，在潜移默化中帮助职工树立正确的价值观和对企业的责任感，引导职工加强品德修养，提高思想觉悟。

2. 企业文化建设要形成自己的特色

个性是企业文化的特性之一，企业文化有没有特色，反映了这个企业是否真正重视企业文化建设，是否真下了功夫建设企业文化。企业文化惟有形成特色，才能充分地发挥其应有的作用。目前我国企业文化建设中普通存在的一个问题就是缺乏个性，例如对企业精神的表述，经常是在团结、进取、拼搏、求实、开拓、创新、严谨、勤奋、奋进几个词中进行排列组合，这种没有个性的企业精神，对职工也缺乏吸引力和凝聚力，不能给职工以亲切感和认同感。

企业文化建设要形成特色，首先要密切联系本企业的实际，这包括本企业隶属的行业，企业的发展历史、发展战略，企业的优势和弊端，企业的生产方式、生产工艺流程，企业的人员素质等等；其次是要突出重点，特别是在精神层的表述上，许多企业往往热衷于面面俱到，这样做的结果其实是对重点的埋没和面面难到。突出重点不等于只顾重点，因为企业的各个方面都是互相联系的，抓住重点就可以带动全面，从而收到牵一发而动全身的效果。国内外的许多优秀企业对企业文化精神层的表述都是简洁明了、个性突出的，例如北京同仁堂制药厂的经营哲学——"炮制虽繁必不敢省人工，品味虽贵必不敢减物力"；北京市百货大楼的企业精神——"一团火精神"；云南玉溪卷烟厂的企业精神——"天下有玉烟、天外还有天"；

IBM 公司的经营哲学——"IBM 就是服务";衡电公司的企业精神——"和谐一致,拼搏实干,争创一流"。

3. 企业文化建设是系统工程

目前我国企业文化建设中另一个普遍的问题是流于表面化。很多企业仅仅满足于喊几句口号,既没有对职工的教育普及,也不注意通过加强制度建设把企业文化建设落到实处。企业文化包括精神层、制度层、物质层,3个层面相互依存、缺一不可。只重视精神层的建设,而缺乏制度层、物质层的支持和辅助,精神层就将成为空中楼阁。

健全而富于特色的制度层是衡电文化的一个突出特点,他们的定额制度、张榜公布劳动报酬的经济民主制度、立功制度以及其他各种工作制度、责任制度构成了一个严密的制度体系,而且集中体现了衡电文化的"和谐"精神,与精神层和谐地统一起来,这是他们企业文化建设能够收到实效的一个根本原因。

三、企业家与企业文化

要建设强有力的企业文化,首要的因素是企业家。作为企业的领导人,企业家在企业文化建设中起着至关重要的作用。大凡成功的企业都有优秀的企业文化,又都有优秀的企业家。

企业家在企业文化建设中的作用主要有以下几方面:

1. 企业家是企业文化的塑造者

由于企业家在企业中所处的特殊地位,他们对企业承担了更多的责任,相应地,对企业的经营哲学、企业精神、企业价值观等也都能施加较大的影响。企业文化要形成体系,就更离不开企业家的总结、归纳和加工,离不开企业家的才智以及对企业文化建设的高度重视,很多企业的企业文化的内容,甚至都是直接来自企业家的思想和主张,所以,美国企业文化专家斯坦雷·M·戴维斯在其著作《企业文化的评估与管理》中指出:"不论是企业的缔造者本人最先提出主导信念,还是现任总经理被授权重新解释主导信念或提出新的信念,企业领导者总是文化的活水源头。如果领导者是个有作为的人,他就会把充满生气的新观念注入企业文化之中。如果领导者是个平庸之辈,那么企业的主导信念很可能会逐步退化,变得毫无生气"。

但是,我们也不赞成无限夸大企业家在企业文化建设中的作用,因为,企业文化是一种组织文化,创造一个企业的文化的,是广大职工,他们在创造物质财富的同时,也创造了企业的文化。企业家只是对职工群众创造的文化进行总结和加工。离开职工群众的实践,离开企业已有的文化,企业家是不可能独自创造出适合于一个企业的新文化的,所以,《公司文化》的作者迪尔和肯尼迪指出:"是不是每个公司都能有强烈的文化?我们想是能够的,但要做到这一点,最高层管理者首先必须识别公司已经有了什么类型的文化,哪怕是很微弱的。总经理的最终成功在很大程度上取决于是否能够精确地辨认公司文化并琢磨它、塑造它以适应市场不断转移的需要。"

综上所述,企业家作为企业文化的塑造者,一方面要对企业已有的文化进行总结和提炼,保留其积极成分,去除其消极因素;另一方面又要对提炼后的文化进行加工,加入自己的信念和主张,再通过一系列活动,将其内化为职工的价值观,外化为职工的行动。这就对企业家的素质提出了很高的要求,企业家的品格、智慧、胆识在很大程度上决定了企业文化的水准。

2. 企业家是企业文化的管理者

我国在企业文化建设中存在一个误区,就是把企业文化仅仅看成是企业思想政治工作的一种形式,因而,企业文化建设就成了党委、政工部门的事,厂长(经理)对企业文化建设常常不闻不问。事实上,企业文化是一种先进的管理理论,对企业文化的管理是当代企业家的主要职能。美国管理学家埃德加·H·沙因甚至说:"领导者所要做的惟一重要的事情就是创造和管理文化,领导者最重要的才能就是影响文化的能力。"在美国著名的坦顿公司(Tandem),最高层经理大约花一半时间管理企业文化,这使它获得了巨大的成功。

企业家所塑造或设计的企业文化是企业的目标文化,它源于现实企业文化,又高于现实企业文化。培育这样一个企业文化的过程,是发扬现实企业文化中的适用部分,纠正现实企业文化中的非适用部分的过程,是微观文化的净化和更新的过程,也是把企业的管理工作同思想政治工作密切结合的过程。企业家对企业文化的管理正体现在这一过程中,他所做的一切,就是要在企业中形成预期的文化。为此,他要使员工明白企业提倡什么、反对什么,要及时处理推行新文化的过程中产生的矛盾和问题,必要时,还要对企业文化进行修正和补充⋯⋯通过管理企业文化,企业家就能有效地管理企业,在《公司文化》一书中,这类企业家被称为"象征性的管理者"。

3. 企业家是企业文化的倡导者

这是说,企业家在企业文化建设中要起示范和表率作用。企业文化的形成是一个学习的过程,在这一过程中,企业家的一言一行,都将为职工群众有意或无意地效仿,这时,其言行就不再只是个人的言行,而具有了示范性、引导性。正如《成功之路》一书所说,企业家是"以身教而不是言教来向职工们直接灌输价值观"的,他们"坚持不懈地把自己的见解身体力行,化为行动,必须做到众所瞩目,尽人皆知才行",必须"躬亲实践他想要培植的那些价值观,堂而皇之地、持之以恒地献身于这些价值观",这样,"价值观在职工中便可以扎根发芽了"。孔子在《论语·子路》中说:"其身正,不令而行;其身不正,虽令不从",也是强调管理者要以身作则、率先垂范。

企业家要发挥好示范、表率作用,就需要具备企业家的优秀素质,包括完善而先进的价值观、高尚的道德品质、创新精神、管理才能、决策水平、技术业务能力、人际关系能力等等,尤其是要有良好的道德品质。只有具备了良好的道德品质,企业家才会自觉地以身作则,才会真正信任、尊重职工,而不是凌驾于职工之上,把职工看成自己的工具;职工也才会敬重和支持企业家,心甘情愿地接受企业家的领导,并且自觉地以企业家为榜样,齐心协力共同建设企业文化。

4. 企业家是企业文化的变革者

由于企业的内外部环境在不断变化着,企业文化也不是静止的、永恒不变的,在必要的时候,也需要对企业文化进行变革,以适应新的形势。这种变革必须依靠企业家自上而下地进行,离开了企业家的领导,企业文化的发展就势必陷入一种混乱、无序的状态,新的良性的企业文化就不可能形成。

但是,并不是说只要内外部环境变化了,就需要对企业文化进行变革,企业文化也要有相对稳定性。那么,企业文化在什么时候需要变革呢?这就要求企业家具有敏锐的观察能力和强烈的辨别能力。一般来说,当发生以下几种情况时,企业家必须变革企业文化:

(1) 当企业的内外环境发生重大变化时,例如,国家的经济法律政策发生重大改革并且对本企业造成重大影响,企业的产品结构有重大调整,企业的技术、设备条件有重大改进,企业的规模发生了较大的变化等等。

(2) 当企业的业绩平平,甚至每况愈下时;

(3) 当企业的主导文化与宏观文化发生严重冲突时。

由于文化具有很强的惯性,企业家对变革企业文化一定要采取慎重的态度,要尽可能维持企业文化的稳定性;而一旦决定变革,就应当冲破层层阻力,构筑新的企业文化体系。无论何时,企业都要有明晰的企业文化,切忌使企业陷入文化混乱状态,在这一点上,企业家的旗帜鲜明、当机立断是至关重要的。

本章复习题

1. 企业文化的含义是什么?
2. 企业文化包括哪三个层次?各层次又包含哪些具体内容?
3. 什么叫文化力?
4. 文化力有什么特点?
5. 文化力有什么功能?
6. 为什么说企业文化建设是企业管理的重要组成部分?

7. 企业文化建设应该如何实施？
8. 企业家在企业文化建设中的地位和作用是什么？

本章讨论题

1. 企业文化的精神层、制度层、器物层各处于何种地位？
2. 如何识别一个企业的企业文化？企业文化与企业形象之间是一种什么关系？
3. 在企业竞争力的构成因素中，政治力、经济力、文化力各自发挥什么作用？
4. 有人说，企业文化是企业家价值观的群体化。这种说法对不对？为什么？
5. 中国企业的企业文化建设存在哪些问题？其产生的原因是什么？如何克服？

第十一章 比较管理

随着国际间技术、经济和文化领域的交往日益频繁,随着跨国公司的蓬勃发展,随着国际国内市场竞争的日趋激烈,任何国家(特别是发展中国家)必须学习和借鉴其他国家的管理思想与管理方法,研究其他国家经济成功的原因。本章通过比较分析,对美国、日本、德国及亚洲"四小龙"的文化背景、政治经济法律环境、管理思想及管理实践,进行跨文化跨国度的系统综合研究,以探求具有普遍意义的管理原理和规律,从新的角度检验一切现有的管理理论,预见管理思想、理论与实践的发展趋势,从而找到一条适合中国国情的现代管理方法。

第一节 美国的管理

19世纪以来,美国经济一直处于世界领先地位,是世界经济的一只"带头羊"。美国的管理理论与实践是自由资本主义国家的典型代表,一直是其他国家学习与借鉴的榜样。20世纪80年代之前,许多人认为,美国独家拥有创造性的管理思想和卓有成效的管理方法,似乎除了美国人,谁都不懂管理的研究与实践。这从反面说明了比较研究美国管理模式的重要意义。美国管理模式与该国自由资本主义经济体制、文化背景、民族传统有着极为密切的联系。

一、文化背景

美国从立国到现在仅仅经历了二百多年时间,二百多年来,美国接受了来自世界不同国家的大量移民,吸取了各民族文化的精华,逐渐形成了独特的美国文化。美国早期的开发史,在一定意义上可以说是一部"淘金"史。在淘金动力的驱使下,美国人口不断从一个地区向另一个地区流动,哪里能发家致富,哪里就是美国家庭迁移的目标;干什么能赚钱,人们就争相从事这项工作,而很少顾及风险大小。在西部拓荒时代,早期移民大多过着独自一个或一家的生活,面对生活的挑战,人们必须自力更生、自给自足。这种经历使美国民族养成了强烈的开拓精神、冒险精神、个人主义和功利主义的价值信念。在这里,个人的进取心、事业心受到鼓励,人们讲求个人价值和个人奋斗,而不注重集体的力量,很少有集体归属感,非常崇拜个人英雄主义。美国人从小就接受"竞争意识"与"独立意识"教育,认为人与人之间独立展开竞争是健康而又富有建设性的。美国的这种民族文化被称为典型的"狩猎型文化"。

与此相适应,美国企业文化的主要特点是:

(1) 分配上贯彻能力主义,工资与贡献直接挂钩,工资分配大都采用岗位工资制和职务工资制。

(2) 企业职工只对自己的工作负责,对其他人的工作情况及整个企业的状况都漠不关心。

(3) 职工流动性大,雇佣期短,职工与企业的关系完全是契约关系,职工对企业缺乏忠诚。

(4) 利润的多少不仅是衡量企业行为的惟一尺度,也是决定经营者成败的重要砝码。经营者都拼命追求短期内最大利润和股票价格。

(5) 企业高层管理者权力集中,决策往往只由少数人参与。

(6) 有相当完善的监督管理系统,各项工作都有严格标准,将工作表现与标准对照,用比较结果测评工作绩效。

(7) 美国企业特别重视规划、组织机构和规章制度,强调使用分析技术,做决定都基于准确精细的数据资料,大多企业倾向于"硬"管理。

总之,美国企业一贯崇尚个人主义、能力主义、契约主义和权威主义,是一种理性的企业文化模式。

二、经济体制

美国人信奉的是自由企业制度,该制度的核心是私人财产所有权。私人财产受法律保护而神圣不可侵犯,人们之间的产权界限都是明确的,人们可自由支配自己的财产,或用于消费或用于投资。每个公民都可以建立企业,利用自己的或有偿利用他人的生产要素,从事生产经营活动。这些企业以单人业主制、合伙制、公司制等组织形式,独立而自由地从事各种生产经营活动。

美国有着长期的自由主义传统,在市场经济发展过程中,尽管政府从 20 世纪 30 年代开始在较大范围介入经济生活并对经济活动进行干预和调节,但与欧洲、日本相比,政府干预程度相对低。美国政府主要是通过各种法律法规的制定和实行,通过财政政策、货币政策、收入政策、社会保障与福利政策、对外经济政策等的贯彻执行,通过为社会提供一系列公共物品和服务来实现的。政府对市场实行宏观调控主要有 4 个目标:① 经济增长;② 充分就业;③ 物价稳定;④ 国际收支平衡。在宏观调控过程中,美国政府一向坚持平等竞争与权力制衡原则,如《反垄断法》及《劳动法》的实施都是为了保证市场运行的效率。政府宏观调控的两个主要手段是财政政策和货币政策。财政政策的主要工具是政府税收和政府支出;货币政策主要工具是联邦储备系统的贴现率、银行法定准备率、公开市场业务、信贷政策等。

美国经济活动很大程度上依赖于金融市场的活跃程度。美国的银行系统及金融市场相当发达。美国大中城市的街道上,几乎到处都有自动取款机,信用卡如同美式快餐麦当劳汉堡包一样已经成为美国文化的表征。银行系统金融服务产品多,效率高,服务质量优良,参与经济活动面广。美国金融市场分为货币市场和资本市场两个层面,运行都有各自一套规范化的程序和严格法规,美国的一些交易所,如纽约证券交易所、芝加哥期货市场等,实际上是世界性的交易场所。无论是短期货币市场还是长期资本市场,在解决企业发展的资金来源问题上起了不可替代的作用。企业和投资者需要有效的金融市场,健康的经济也需要有效的金融市场。

三、政企关系

美国实行"自由企业制度",生产者与消费者在一只"看不见的手"——市场价格机制的引导下,从事各种生产经营活动。政府一般不直接经营企业,也不干涉私人企业的微观经济活动,而主要是作为一个"裁判员"和"服务员"的角色,为企业的生产经营活动创造一个良好的外部环境,如确保公共安全,维护契约与财产权,保证货币供应和货币值价稳定,维护市场秩序与公平合理的竞争,以及提供其他公共服务等。

美国工商界强烈反对政府的干预,但在某些特殊场合,联邦政府对私营部门的事务进行了干预,企业必须遵守特定产业活动的联邦条例或行政措施。国会建立了许多联邦条例机构,如联邦通讯委员会、联邦贸易委员会、联邦药品委员会等,其目的在于实施国会所颁布的法律。这样,政府与一部分企业也时有冲突。一些学者与商界人士甚至认为,政府与企业关系不顺是导致美国在本土及海外不能与日本展开成功竞争的重大因素之一。对企业影响最重要的法律之一就是《谢尔曼反托拉斯法》(1876年),该法案目的是要防止工业权力集中于少数公司,以鼓励有竞争力的市场力量自由地相互作用。反托拉斯法曾在打破石油工业等大产业形成垄断局面中发挥了重要作用。反托拉斯法赋予联邦政府采取反托拉斯行动的权力。

联邦对工商业的重大影响还体现在美国的对外政策和国防政策上。特别是"冷战"年代,国会通过了许多法令,明令禁止企业把敏感技术出售给所谓对美国不友好的国家。此外,美国农场主也成为当时美苏关系的工具,粮食是否售给前苏联,要依美国政府的外交政策需要而定。时至今日,美国的国防与外交政策仍然影响着美国企业的商务活动。经济制裁是美国外交的一个重要杠杆。

四、企业管理

1. 组织结构

美国常见的组织结构有以下3种:
(1) 直线职能式组织结构。凡是中小型企业大多采用这种组织形式。它的特点是:公司由单一的总管(总裁或总经理)牵头,各职能部门(制造、财务、营销、人力资源管理等)主任向总管报告工作。每个职能部门各自独立运营、各自为整个组织提供服务。

（2）产品事业部式组织结构。集中决策，分散经营，各事业部都是利润中心。各自的职能部门对各自的产品总经理负责。公司总部究竟是设立集中控制的一些职能部门（财务、人事等），还是以其他方式替代，要视该公司权力分散的程度和决心而定。

美国的大企业多采用这种组织形式。

（3）矩阵式组织结构。该结构是纵（职能部门）横（产品或项目组）并存的一种组织形式，它要求每位成员在纵向系统中向其职能负责人报告，而横向系统中向其项目负责人报告。

除上述3种组织结构外，美国还有各式各样的其他组织形式，如近年来颇受注意的"空心公司"。"空心公司"是指一个以某小公司为核心的网络组织结构，核心公司以契约方式请其他公司和供应商来履行生产、销售等重要业务职能。

美国企业组织一般标准化、程序化程度高，组织内部各部门责任、权限明确，有可能按照规范经营。

2．决策与控制

在美国企业中，董事会一般由股东代表、企业高层管理人员及外聘兼职管理专家、教授等组成。董事会在某种意义上监督管理人员所做的工作，经常审视企业的行动是否对社会负责，经常对行政总裁（CEO）的业绩进行评价，不少人被认为不适合于公司经营而被解除职务。管理人员的报酬由非执行董事审议。董事会设有一个委员会，审议管理人员的报酬，行政总裁作为一名委员参加，但委员会主席必定是非执行董事。美国企业发挥监察部门机能的是附属于董事会的监察委员会（由非执行董事组成），监察委员会统管公司内的监察人员，对公司的各个事业部门进行监察。

美国企业中的最高决策机构是董事会，经理全权负责由下属各职能部门领导组成的管理委员会掌握执行权力。尽管美国企业的经理可以成为董事会成员，但决策和执行是分开的。

美国企业的决策方式是个人（或少数人）决策。主要特点是：

（1）自上而下地进行。由企业的最高管理者制定决策，由各级下属去执行。尽管决策前也要听取各方面的意见，考虑几个行动方案，但最终还是根据董事长、总经理个人的判断和意志来决策。

（2）强调个人责任。一项重大决策如果失误，由决策者负全部责任。

（3）依靠数理统计方法和电子计算机，重视定量分析。

美国企业决策方式的优点是：决策迅速，责任明确。缺点是：不能集思广益，不利调动职工积极性；决策下达时通常进行较多的解释说明工作，具体执行起来往往会遇到挫折，执行速度慢。

在监督控制管理上,美国企业强调明确的控制。由于美国企业上下级之间、部门之间缺乏感情上的交流、理解和默契的配合,为使企业有效地运转起来,只能通过建立严密的组织机构、实行明确的控制来实现。因此美国企业组织机构健全,制度严密,等级森严、权责分明,效率也较高。但这种明确的控制限制了人的积极性和主动性的发挥,在控制不到的地方,人们便不知所措或问题丛生。

五、新的管理革命

美国传统观念认为,经理活动与实际的生产活动是显然不同的,经理代表并维护业主利益,而工人则是与这些利益相对立的。经理有权分配资源、有权聘用和解雇工人;而工人却无权过问企业发展。在许多经理采用的传统管理方法中还有不少问题是由于过分强调所谓的合理决策技术而造成的。例如衡量经理实际业绩时把奖金与季度实绩数字挂钩,往往迫使经理去采取短期行为,贪图近期的利润率,甚至以牺牲长远利益为代价。于是研究开发投资、人力资源开发投资及预防性养护措施减少。

20 世纪 70 年代之后,美国经济由于屡屡遭受冲击,美国人开始从根本上重新审视管理本身的问题,从而开始形成一场新的管理革命。

重视人的问题是这场管理革命的核心。其实质就是强调人本管理,强调最大限度地利用人力资源。日本人的迅速崛起,尤其是管理风格上独树一帜的日本"管理艺术",给美国人很大的启示。美国的管理正从旧式的控制管理转向以参与式管理为标志的新型管理。从表 11-1 中可以看出新旧管理方式的变化。

表 11-1　新旧管理方式对照

类　别	以　前	现　在
对于人的看法	工人是懒惰的,不负责任的,只能用金钱来激励。	工人是乐于承担责任,愿意做有挑战性的工作;责任、赏识及个人的职业发展机会对他们都是激励。
对于工作岗位的看法	工作是局部性的,很少需要工人的技能,单个工人对生产率影响很小。	工作需要工人有多方面的技能和才干,加强沟通是保证工人参与及生产率提高的重要方式。
组织设计与组织结构	组织按森严的等级而设计,权力自上而下,管理部门制定所有的决策。	组织中设计的管理层次很少,鼓励工人参与管理过程。
职工岗位培训与就业保障	工人可有可无,很容易替换;工人培训有限,集中在获取几项基本技能。	工人是一种重要的、拥有技能、会思考并渴望奉献的重要资源。工人对于组织的价值是随时间的推移而增长的。

续表

类别	以前	现在
报酬结构	报酬与岗位挂钩,某一工作对组织的价值是由工作评价体系来决定的。	报酬与工人技能挂钩,而技能包括已经掌握的和要求掌握的,报酬不仅限于金钱。
职工与管理者关系	组织起来的职工与管理部门是对立关系,代表其成员利益的工会在一系列与工作有关的问题上向管理部门提出挑战。	劳动者与管理部门是一种合作关系,管理部门与工会共享信息,管理部门邀请工会参与公司的有关重大问题决策。

另外,这场革命是在把人们的注意力从硬的东西(诸如实实在在的利润数据、财务预决算表等)转向关心那些像真诚、守信和价值观念之类的软东西。若要在长期的激励竞争中立于不败之地,"软"中才能见"硬"。企业要兴旺发达,就要做到人人都为自己所在企业而自豪,积极参与管理,并为之竭尽全力。

美国的一些大公司是这场革命的积极实践者,并取得了一定的成效。

第二节 日本的管理

日本与中国同属东方民族,有着相同的文化渊源。19 世纪中叶以前,日本还是一个农业国家,与现代文明隔绝。明治维新以后,经过短短 30 多年的时间,使日本步入先进资本主义国家行列。第二次世界大战以后,日本在不到 30 年的时间里,再次创建了日本奇迹,成为仅次于美国的世界经济强国。20 世纪 80 年代以来,就连美国的企业界及理论界也纷纷赴日本学习。日本成功的经验是什么呢?是在于日本不仅大量引进西方先进的科学技术,而且学习一整套美国的现代科学管理制度、思想、方法,并能把日本儒家资本主义管理模式中的伦理精神与美国科学管理思想巧妙地揉为一体,从而形成了独具特点的"日本式管理"——"以人为本"的管理。日本管理模式也是产生与适用某一特定文化环境之中,无不打上时代的民族的文化的烙印。本节将对日本式管理形成、发展及存在的环境,以及日本式管理的特点加以介绍。

一、文化背景

日本在长期发展历史中,是单一种植型经济,千百年来以种植水稻为主,这种耕作方式从播种到收获都需要家族及邻人的相互协作,倾向于发挥集体的智慧,并希望一直居住在那里,从事稳定而有规律的以农业为主的活动。因此形成了"耕种型文化"特点的日本文化,即安于守乡故土,重视互相合作,强调集体力量,富于人情味。

日本社会是一个容不得个人主义的国家,极度强调集体主义,不倡导内部竞争,力图避免冲突,强调的是妥协与团结协商一致,即所谓的"和"。日本社会中,团体主义、家族主义观念强烈,个人对集体有一种"恋宠"的情感,对集体依赖性强。公元7世纪,日本传入了中国儒教文化,接受了儒教中的等级观念、忠孝思想、宗法观念及"仁、义、礼、智、信"、"中庸"、"人和"等思想观念,逐渐形成了"稳定性强"的具有大和民族色彩的文化。

日本的文化特点在企业中也得到了很好的反映,比如:

1. 日本企业追求经济效益和报效国家双重价值目标

提倡忠诚是日本文化的突出特点,也是儒家思想的要义,忠于国家、致富经国是日本崛起的强大文化动力。

2. 信奉家族主义和资历主义

日本工运评论家森田实这样描述日本企业的内部关系:"企业主好比父亲,工会好比母亲,企业中层负责人类似小舅子,劳动者则似挣钱的儿子"。日本企业不断向职工灌输"以企业为家"的思想,再加上实行"终身雇佣制"、"年功序列工资制",企业与职工结成了"利益共同体"、"命运共同体"。

3. 富有集体主义管理思想

与美国企业个人主义相反,日本企业在生产方面不是激励某个职员提高效率,而是注重激励整个集体提高效率,它要求职工把个人利益置于团体利益之下,个人从属于集体;在决策方面强调由领导集体共同决策。

4. 以"和"为魂、劳资和谐

松下公司"社训"中有许多条文都是倡导"和"的,如"和亲一致"、"礼节谦让"等。日本劳资关系是"和"的典范,工会在处理劳资纠纷时,多从维护企业整体利益出发,发挥协调作用。"和"的精神使日本企业成为一个劳资和谐、全员经营的高效团体。

5. 以人为本,调动人的积极性与创造性

如日立公司的经营信条是"事业即人",丰田的口号是"既要造车,也要造人",松下主张"造物之前先造人"。人本管理思想来源于"仁者爱人"的儒家思想核心。日本企业特别重视培养人的道德力量和人格力量,突出人的精神因素,其核心是通过建立企业成员共同道德的价值观,进行文化软性管理。

二、社会政治经济背景

1. 政企关系

日本企业与政府存在着高度的合作,这种密切关系可追溯到明治时期。当时,政府为了推进本国工业化进程,大办国营示范工厂,然后将耗资巨大的示范工厂转让给私人经营,政府保留一定的控制权,私营业主也表现出对政府的依赖性,从而形成了上下结合、极为协调的政府指导式的自由市场经济结构。

日本政府通过长期经济计划及产业政策等引导企业的发展,同时对于符合国家经济发展规划的行业和公司给予财政资助,如开发基金、出口补贴、资本扩张等。在20世纪的50年代和60年代,日本政府扶持过的行业有:钢铁、造船、化工,以后还支持过计算机、机器人等重要项目的开发。政府在制订政策过程中,审议会处于举足轻重的地位,它的组成人员主要是企业界领袖及大学、研究机构的学者。政府与企业界之间的信息和观点交流贯穿于政策形成过程始终,保证了政策的可行性。

另外,政府公务员退休后往往到大企业中担任高薪管理职务,这也密切了政府与企业间的关系。

2. 产业结构

日本在经济发展过程中形成了以银行和贸易公司(综合商社)为核心的六大"财团型企业集团",它们是三井、三菱、住友、富士、第一劝业及三和。这六大集团的主要特点是:各集团内的成员企业相互持股,日本企业股票的70%都集中在法人企业手中。银行是企业集团的核心,也是资金的主要来源,银行向其集团的企业派出董事,监督企业活动。银行更关心企业的长期发展,一旦企业经营困难,银行不仅不会像美国银行那样上门逼债,而且会鼎力相助,共渡难关。

除上述财团型企业集团外,日本还形成了"独立系企业集团",这种企业集团是以垄断企业为核心,以控股及其他形式,将一大批企业纳入自己的生产体系而形成的。如日立、日铁、松下、丰田、日产、东芝等。

这些大企业集团虽然数量不多,但横跨各行业,掌握着国家经济命脉。日本是一个企业集团占主导地位的发达资本主义国家,但同时也是中小企业较多的国家,几乎有98%的制造公司的雇员不到100人。从整体看,大企业与中小企业形成一种"二重结构"。中小企业中约有60%是大企业的零部件或配件供应商,它们依赖于大企业,与大企业保持了长期稳定的合作方式,结成了"命运共同体"。中小企业工资低,卖给大企业的零件价格也低,从而增加了大企业的国际竞争力。大企业也重视与供应商的合作关系,对中小企业进行技术培训和人员培训,甚至派驻人员协助管理。

三、企业管理

1. 权力结构与决策方式

第二次世界大战以后,日本以美国商法为范本制订了日本商法,规定股东大会为企业最高权力机构,由股东大会选举产生的董事会拥有实际上的企业经营权,监事会则代表股东对企业财务进行监督。目前,日本企业由于股东分散化,最大的法人股东(一般是银行、保险公司以及大企业)所拥有的该企业资本份额也是很有限的,至于个人股东占的比重就更小了,从而降低了股东的影响力,企业权力转向作为经营者的董事会。由于日本公司的董事主要是从内部提拔的,即多数来自企业管理干部,这样,就形成了日本企业最高决策机构和最高执行机构的一体化,这种转变既保证了企业的集体领导,又保证了权力的集中统一。

日本企业进行决策的方式是集体决策。主要特点是:

(1) 自上而下与自下而上地进行 U 型决策。即首先由最高决策机构提出企业的战略方向和抽象的方针目标,然后下达到基层进行讨论,在讨论过程中,将各级组织讨论和提议的结果逐级向上反映,同时各有关部门也进行横向的交流与协商。这样,最高决策机构提出的抽象的方针目标逐渐成为具体的实施方案,并在讨论过程中对实施方案的每一细节都进行反复讨论研究,最后,由最高决策机构对这些方案进行审查和批准。

(2) 制订决策后执行速度快。由于最高决策机构与最高执行机构一体,董事会成员兼任各职能部门领导,他们即是决策者又是执行者。职工在参与决策的过程中,也明确了决策的意义和要达到的目标,所以在执行决策时积极性高,速度快。

(3) 这种决策方式的优点是:能集思广益,考虑问题周到缜密,决策较少出现失误,执行效果好。但由于介入决策的人太多,讨论时间长,决策速度慢。对决策责任采取含糊态度,容易发生工作疏漏和推诿责任的现象。

2. 三大神器

日本企业的终身雇佣制、年功序列工资制和企业工会制,被称为日本企业管理的三大神器。

终身雇佣即一个劳动者从学校毕业参加工作直到退休长期在一个企业工作,与企业是一种长期的雇佣关系,这种制度一般在大企业中实行。终身雇佣也是一项典型的日本式管理,它在使日本完成工业革命以及后来的经济起飞中发挥了重大作用。终身雇佣制培养了职工对企业的忠诚心,使职工进了公司像走进大家庭,把自己与公司看作命运共同体,也使得公司不惜在职工教育方面投资,从而提高了职工的整体素质。

年功序列工资是指工资收入按工龄拉开档次,而且增长幅度也不大,一般在临退休前才能达到最高峰。日本企业职工的工资差别不大,高工资和低工资的差别至多为5~6倍,而不像美国那样高达几十倍。日本企业家认为,这有利于职工队伍的稳定与团结。

日本的工会与美国工会的根本差别在于,美国工会是行业或更大范围的工会组织,代表工会会员与资方谈合同、讲条件;而日本的工会却仅限企业范围,故称企业工会。按日本的规定,科长以上的管理人员不是工会会员,其余职工进入企业即自动加入工会。工会委员长和其他干部都是不脱产的,只有书记长在委员长领导下脱产从事工会工作。工会也代表工人与资方斗争,如每年的"春斗"(指春季斗争),但实际上企业工会不是在斗,而是采取非常温和的形式,是在妥协。企业工会在劳资之间起到了"缓冲器"和"调节阀"的作用,这有利于公司秩序稳定与经济的发展。

3. 工人参与企业管理

日本工人参与企业管理的形式很多,主要有工人自治小组、禀议制和大办公室制。

自治小组是日本目前推行"工人参加管理"的一种主要组织形式。这是在管理部门的支持赞助下,职工自愿结合成小组,自己讨论工作,自己设置目标,自己努力去达到。自治管理最典型的例子是全面质量管理(TQC)运动。

禀议制是下级主动参与集体决策的过程。在日本企业里,一般以课(中层)为单位提出问题、搜集情报,与有关部门联系并协调关系,形成初步方案,然后写出书面报告向上级建议(禀告)。在此过程中,一个文件往往由一位课长转到另一位课长,而每位课长都得听取本课人们的意见,以便决定是否同意。禀议制赋予下级相当大的主动权,有利于工人参加管理。

大办公室制,就是主要领导与一般职员一起办公,以非常公开、非常有利于上下左右信息沟通的方式进行工作。职员与领导之间没有"隔墙",朝夕相处,天天共事,在感情上没有障碍,有利于职员与领导间沟通,有利于职员参与管理。

4. 企业管理新变化

终身雇佣与年功序列工资制发生动摇。1990年以来,随着日本泡沫经济的破灭,许多企业不得不大量裁员,为了公司生存,盛行提前退休及敦促中高年职工自动退职制度,不少企业向有志另立业的退职者提供一笔补助,以使其另谋职业。年功序列工资制也正在变化,以前50岁左右工资达到顶峰,目前提前到40岁左右,且扩大了能力评价的比重,并使之反映在工资待遇上,工资中贡献大小的成分增加了,年功部分工资减少了。有些日本企业已逐步推行能力晋升的年薪制。

人事制度方面强调能人治理,大胆启用有独立见解的人才,反对论资排辈,容许个人主义存在等等。这种趋势对于日本现行企业经营管理将带来巨大冲击。

第三节 德国的管理

第二次世界大战以后,德国(指西部地区)在战争的废墟上,经过 40 多年的努力,创造了举世瞩目的经济成就,成为仅次于美国、日本的第三号经济大国,被称为"经济巨人"。德国成功的原因固然很多,但是找到一条适合本国国情的管理模式,确是非常重要的。世界上三大管理模式,除美国、日本外,就是德国模式。德国管理模式的主要特点有哪些呢?本节将从两个方面加以论述。

一、社会市场经济体制

德国的经济体制模式既不同于美国,也不同于日本,德国的经济体制模式有其自身的特点,它是一种即按市场经济规律行事,又辅之以社会保障制度的经济模式——社会市场经济体制模式。社会市场经济体制包含两个密不可分的领域:一个是带来经济效率的自由竞争的市场,另一个是提供"社会公正"、"社会进步"和"社会保障"的社会福利领域。其基本内容包括:

1. 保护竞争,维持市场竞争秩序

只有在竞争条件下,市场才能形成正确反映商品和劳务稀缺程度的价格,正常发挥资源配置机制。为减少对竞争的限制,建立正常的竞争秩序,国家建立健全了完整的法律体系。例如,在有关保护竞争的法律中,最重要的是 1957 年 7 月颁布的《反对限制竞争法》,该法律规定:禁止企业间签订商品售价协议,禁止在生产和销售上分配份额或划分销售区等做法;企业兼并受到法律严格约束。在有关竞争秩序的法律中,1909 年颁布的《反对不正当竞争法》至今仍然有效,该法对"不正当竞争"作了较为明确的规定。

2. 国家对经济实行宏观调控

1967 年 6 月,联邦议院颁布了《促进经济稳定与增长法》,规定"联邦和州在采取经济和财政措施时,要注意宏观经济平衡的要求。这些措施必须在市场经济制度的范围内,在保持经济持续和适度增长的同时,维持物价稳定,充分就业和对外经济平衡。"这就从法律上赋予国家对经济进行总体调控的权力。间接干预手段主要有:货币与信贷政策、财政手段、税收手段、编制五年中期国家经济计划和财政计划。直接干预主要表现在:

(1) 对价格形成的干预。

(2) 对农业、能源、外贸等领域,国家采取扶植性政策。对关系国计民生和最基本的公共供给的商品,分别实行直接的行政价格或部分行政价格。

(3) 各级政府参与对企业投资,通过参加这类企业监事会或理事会的活动,影响监事会或理事会的决策,从而影响经济进程。强调国家对经济的宏观调控是德国社会市场经济的特点之一。

3. 促进劳资合作、实行社会保障

在德国,按照结社自由的原则,雇员成立工会,雇主组成雇主协会。工会和雇主协会自主协调,为所有经济部门和就业人群就工资和劳动条件达成具有约束力的协议,并以此影响着整个经济发展进程。劳资双方的这种稳定的"社会伙伴关系",从经济权力方面构成全社会的平衡系统。经济权力方面的社会平衡系统主要包括:

(1) 实行"工资自治",即由工会和雇主协会自主签订劳资协议,调整劳动条件和各种福利待遇。

(2) 实行"共同决定权",雇员和雇主以同等人数的代表共同组成企业最高决策机构,共同决定企业大政方针。

(3) 实行"人民股份制",向雇员出售股票,鼓励雇员参与企业投资。

(4) 通过累进制税率,对高收入者课征高税,缩小贫富差距。

另一方面,以市场自由竞争形成的分配,其实质是按资本分配。为了校正由于竞争而出现的社会不公平和偏差,国家通过实施社会保障制度,对国民收入进行按需再分配。按资分配与按需分配相互补充,从经济利益方面构成了社会的又一平衡系统。经济利益方面的社会平衡主要是通过以社会保险、社会救济、社会补贴(如教育补贴、子女补贴、住房补贴等)为主要内容的社会保障制度实现的。其中,社会保险是社会保障制度的主体与核心,它包括疾病保险、养老保险、失业保险及工伤保险。

上述两大社会平衡系统相互配合、相得益彰,共同维护了社会的稳定,促进了经济的发展,成为社会市场经济体制的重要组成部分。

二、企业管理

1. 组织机构

德国企业组织严密,管理集中,上下级之间界限分明,各职位间分工明确。无论是决策机构、经营机构、还是其部门下层,都是组织严密、环环相扣、有条不紊、紧张而有序。

最有特色的是其"双委员会"制度,德国企业分别设有监事会(Aufsichtsrat)及理事会(Vorstand)。

监事会主要职责是:① 决定公司基本政策;② 任免理事会成员;③ 监督理事会工作;④ 决定理事会成员报酬。监事会不参与公司具体管理,公司日常经营由理事会负责。理事

会执行监事会的决定,定期向监事会汇报公司经营情况,全面领导企业生产和经营管理。理事会成员不参加监事会。理事会下设职能部门与专业管理部门,各部门的分工与责任明确具体,部门主管的角色规范比较严格,只有受过高等教育的有学位的人才方有可能担当。

2. "职工参与决定"制度

"职工参与决定"制度是指企业通过一定的组织形式和制度,让职工参与有关企业重大问题的决策,它是德国企业管理的重要特色之一。"职工参与决定"制度主要通过以下两种形式实现:

(1)"企业职工委员会"代表全体职工的利益,就有关职工自身利益的问题参与决定。据《企业组织法》规定,一切具有 5 名以上职工的企业都要设立"企业职工委员会"。企业职工委员会的参与决定权包括:① 监督劳资协议的执行情况;② 在社会福利问题上享有与资方对等的参与决策权;③ 享有对企业经营情况的知情权及咨询权,雇主每季至少要以书面或口头形式向职委会通报一次情况。

职委会与工会不是一回事,职委会是在企业内代表全体职工利益的独立机构,而工会是社会团体,工会不得在企业内建立组织。

(2) 职工参与决定的最高形式是选派代表进入公司监事会。1951 年,联邦德国制订了《煤钢共同决策法》,规定凡人数在 1 000 人以上的煤钢企业,其监事会成员由劳资双方各占半数,另加一名中立代表组成。1952 年又制订了《企业组织法》,规定凡人数在 500 人以上的企业,其监事会成员 2/3 由资方代表担任,1/3 由劳方代表担任。1976 年又颁布了《参与决定法》,规定凡人数满 2 000 人以上的企业,其监事会由劳资双方各出一半代表组成。2 000~10 000 人的企业,监事会人数为 12 人,劳资各半;10 000~20 000 人的企业,监事会人数 16 人,其中劳方所占 8 名监事中,企业内推举 6 人,企业外推举 2 人;职工 20 000 人以上的企业,总数为 20 人,在劳方所占 10 人中,企业内推举 7 人,企业外推举 3 人。所谓企业外代表,是指由工会推荐的企业外的工会代表或职工。

"职工参与决定"制度的好处是:在一定程度上缓和了劳资关系,减少了有损于企业经济利益的重大纠纷,激发了职工的工作热情,并且管理者能够从职工中吸收许多有利于企业发展的意见,改善了经营管理。

3. 职工的教育培训和考核

德国非常重视职工的教育与培训。1969 年 8 月,德国颁布了《职业培训法》,规定凡受完九年全日制普通学校教育的青少年,如果不想进入大学而继续接受更高程度的全日制普通学校教育,必须接受职业学校的业务教育。对职工培训予以法律保护这一点,是与日、美企业自发培训不同的。《职业培训法》具体规定了 13 类 460 项培训专业的课程和教学时间、培训标准和层次、培训合同的内容等等。

德国的职业培训采取"双轨制"的制度,企业和学校各有自己的培训轨道,共同对学徒进行职业培训教育。学徒每周有 1～2 天在职业学校学习理论知识,其他时间在企业学习实际操作。企业与学徒通过双向选择签订培训合同,企业提供生活费用(约相当技术工人最初工资的 20%～40%),提供培训车间及培训技师。学徒毕业后,既可留在本企业工作,也可到其他企业工作。学徒培训结束时,必须接受严格的考试。学徒工的结业考试由考试委员会负责,考试委员会是由工商联合会的代表、企业主、职工代表与培训教师或职业学校教师组成。考试合格者,颁发全国通用的结业证书,凭此证书才有机会受聘为技术工人。如果企业未尽到责任而使学徒考试不合格,企业要赔偿徒工不能按期成为技术工人的工资差额,并有可能取消企业承担培训的资格。

由于企业和社会都十分重视职工的教育培训,使企业的职工都能受到良好教育,造就了一大批优秀的技术工人,为企业提高劳动效率、提高产品质量创造了重要的条件。

4. 质量管理

德国企业以其稳定、可靠的高质量产品,占据了越来越多的国际市场份额。但德国企业并不像日、美两国企业那样大张旗鼓地强调质量管理的重要性,不高谈现代 QC,很少成立单独的质量管理部门,也很少任用品质管理专家,而宁愿信赖产品线上的经理或工程师。德国企业中有重视产品质量的历史传统,其工人都经过严格的职业培训,有较高的技术水平。日耳曼民族是一个严谨、追求完美主义的民族,非常重视工作质量,认为工作质量决定着人的尊严和价值,认为高品质是理所当然的事。企业管理人员中有相当一部分人原来就是工程技术人员,对工程设计和工艺流程要求严格。另外,德国企业程序化和等级化的组织管理体制,使得管理者不必过于担心自己的下级是否会接受自己的命令,较少注意人际关系和下级管理,能够把注意力集中于高质量的商品和服务方面。这些因素使得产品质量得以保证。

5. 研究与开发管理

德国企业的研究与开发工作主要以产品更新和技术更新为主。产品更新是为了提高企业信誉,为了开辟新的市场,为了吸引更多的订货,为了提供更多的就业岗位,为了获得更多的利润。技术更新是为了提高企业的生产能力,为了节约能源和原材料,为了改进劳动保护条件。

德国企业对研究开发工作非常重视。研究与开发经费在销售额中占了很大比例,如西门子公司占 9.5%,舍林化学公司达 13.9%。许多企业中,专门从事研究与开发部门的领导通常是企业最高权力机构的成员。从事研究开发的人员在全部就业人数中约占 10%左右。

德国企业的研究与开发工作十分讲究经济效益。概括地说,有以下几个结合:

(1) 技术可能性与经济合理性结合,能不断带来赢利的产品才正式投产。

(2) 引进国外先进技术,加以消化、吸收并迅速用于生产,不断加以改造、提高与创新。

(3) 采用现代先进技术和利用原有设备相结合。在采用现代先进技术的同时,十分重视对老企业的技术改造,充分利用原有厂房及设备,以取得投资少、见效快、效益好的效果。

(4) 开发新产品与提高现有产品质量相结合,并以此逐步取代降低价格,以此作为市场竞争的手段。德国有许多在国际市场上享有很高声誉的传统产品,如机床、汽车、通信设备、控制装置、医药等,他们对这些传统产品,不因其畅销而满足,而是在花色品种上不断推陈出新,在质量上精益求精。

(5) 试验研究与推广应用相结合。不仅重视消费者的意见和要求、组织用户讨论设计方案、吸收各方面力量对研究成果进行评议和鉴定,而且研究开发人员常常采取一竿子到底的办法,深入用户现场进行中间试验,亲自解决试制、投产过程中出现的各种技术问题,直到顺利投产、正常生产为止。

第四节 亚洲"四小龙"的管理

亚洲"四小龙"系指韩国、新加坡、中国台湾省和香港地区。这4个国家和地区在近代都经历过一段殖民地的遭遇,新加坡和香港曾是英国的殖民地,台湾与韩国曾遭受日本帝国主义半个多世纪的蹂躏。但近30多年来,"四小龙"经济持续高速发展,由贫穷落后的农业社会或转口贸易港,发展成为新兴工业化国家和地区。据亚洲开发银行统计,"四小龙"经济平均增长速度在20世纪70年代为9%,在80年代为8.3%,在90年代的头5年,发达国家经济衰退或增长缓慢,但"四小龙"经济年均增长率仍高达7%左右。虽然1997年以来发生了金融危机,但1998年在世界竞争力排行榜上,新加坡和香港仍保持了第2名,第3名。危机产生的原因在于长期高速增长伴生的泡沫经济和金融监管不得力等宏观调控问题,而不是企业管理问题。因此,"四小龙"的经验仍有许多值得我们借鉴之处。

一、经济发展战略的选择

殖民统治时期,"四小龙"的经济结构是单一的,畸形的。新加坡与香港的经济活动以转口贸易为主,工业基础薄弱;韩国与台湾以农业生产为主,工业十分落后,第二次世界大战以后,为发展本国或本地区工业,"四小龙"最初大多采用了"进口替代"的战略,即以本国或本地区的工业制成品取代外国进口产品,以满足国内市场需求,并逐步实现工业化。这一过程基本是在20世纪50年代完成的。由于"进口替代"战略是以内部市场为基础的,随时间的推移,经济发展受到了内部市场规模的限制,而且,与"进口替代"战略相共生的贸易保护主义造成了本国或本地区产品生产成本高,生产效率低,生产质量得不到保证。这样,导致了经济发展后劲不足,经济增长速度减慢,甚至停滞。

进入20世纪60年代,随着西方发达国家产业结构的调整,先进国家着重发展附加值高、资本和知识密集型的高新技术产业,相当一部分劳动密集型产品需要从国外进口。"四小龙"抓住了这一有利的国际经济时机,及时调整了发展战略,转向"出口导向"战略阶段,国内经济实行全方位的对外开放,积极引进外资和技术,鼓励扩大出口,创办出口加工区,利用本地劳动力资源优势,大力发展具有国际竞争力的劳动密集型的出口产品。通过扩大出口,推动整个国民经济的发展。"出口导向"战略摆脱了本国或本地区市场狭小的制约,使生产规模不断扩大,生产成本进一步降低;同时,激烈的国际竞争使本国生产水平不断向国际靠拢,从而加速了本国(和本地区)的落后经济向现代化经济过渡的进程。这一阶段大约经历了20世纪60年代初至70年代末近20年时间,"四小龙"也正是在这一阶段实现了经济起飞。它们由最初的生产纯劳动密集型产品开始,逐步占领劳动密集型工业品市场。出口扩大了,外汇收入增加了,便加速引进较先进的技术设备,发展资本密集型产业,及时使产品结构和产业结构升级换代。

进入80年代后,由于两次石油危机的冲击,世界经济又进入一个新的重组时期。生产力的发展及世界经济一体化和区域化步伐加快,金融自由化、国际化趋势日益加强,贸易摩擦加剧,西方先进工业国贸易保护主义抬头;同时,由于本国或本地区劳动力成本提高,劳动力密集型产品遇到发展中国家出口商品的激烈竞争,"四小龙"重新调整了发展战略,调整了经济结构。增加科技研究与开发投资,重点发展资本密集型特别是技术和知识密集型的高科技工业,把劳动密集型产业转移到发展中国家。

总之,"四小龙"经济发展战略都依次经过了"进口替代"、"出口导向"及国际化、自由化和科技化战略等几个阶段。不同的经济形势下采取不同的发展战略,顺应了时代潮流,促进了经济的发展。

二、经济统制与经济自由

"四小龙"的经济体制可以概括为经济统制与经济自由的结合。一方面,政府积极参与和扶持了经济发展,或者说政府主导了经济的发展;另一方面,政府对经济的干预又致力于同市场经济相一致,在整个社会经济中,起基础性作用的仍是自由的市场经济体制。

60年代初期,"四小龙"工业化刚刚起步,商品经济很不发达,市场机制也不健全或不完善,民间资本欠缺,缺乏有开拓力的大型企业集团。在这种情况下,只能依靠政府的强有力的组织协调,通过计划,集中所有的财力、物力和人力,组织出口,协调国内外市场,才能跻身于国际市场。政府对经济的参与和扶持包括两方面的内容:

第一,通过强有力的计划和政策扶持经济的发展。如韩国到90年代初,已实施了6个五年计划;新加坡实施了两个五年计划和两个十年计划;台湾实施了6个四年计划和一个六年计划。这些计划在宏观上指出了经济发展方向及所要达到的目标,并通过政策手段保证计划的实施,如给予出口企业以金融及税收方面的优惠等。

第二,直接建立公营企业,通过国家资本的参与来改造不合理的经济结构。国家资本主要投资于涉及国民经济命脉、对国民经济发展有重大影响的部门,以及投资大、建设周期长、利润少、私人资本无力经营或不愿经营的基础设施部门。政府投资不是取代私人投资,而是为了带动和扶持私人资本的发展。

三、儒家文化影响

在亚洲"四小龙"中,台湾、香港基本属于华人地区;新加坡华人占75%以上;韩国千百年来一直是个受儒家文化影响极深的国家。"四小龙"身上至今体现了儒家忠孝、勤俭、仁爱、服从、推崇知识的文化传统,儒家文化对于经济的发展起到了举足轻重的作用。

首先,儒家关于君臣、父子、长幼、夫妻之间尊卑有序的伦理道德体系被广泛接受。其影响是:各组织机构等级森严和下级对上级的绝对服从。这有利于一个国家或一个地区在经济发展目标十分明确时,保证其发展计划的实施,有利于集中力量来实现其战略目标;有利于使人们安分守己,从而保证社会的稳定和有序发展;有利于经济组织内部提高经营效率。

其次,儒家的忠孝观培养了企业"致富经国"的经营思想以及企业内部集体主义倾向。韩国企业有明确的国家意识和使命感,现代企业集团创办人郑周永说:"为了同先进国家并肩而立,我们必须竞争,而且要胜利。竞争的战场就在车间。"大宇财团领袖金宇中则率先示范,发扬一种为振兴韩国而献身的精神,他说:"要把企业作为国家和民族交给我们的信托财产","时时想着自己制造的产品能够向国外出口,以振国威。"产业报国的经营思想在企业中产生了很强的精神激励作用,同时也带动了员工对企业的忠诚,在企业内部形成了很强的集体主义凝聚力。与韩国相比,新加坡受西方文化影响较深,但他们认为儒家文化是其经济发展、社会稳定的文化推动力。因此政府在中小学教育中恢复了"儒家伦理"课程,在整个社会提倡孝道,提倡重视群体和忠于国家的儒家精神。

总之,亚洲"四小龙"在移植西方资本主义国家市场竞争机制的同时,注重从传统文化中吸取养分,并创造性地转化为市场经济的有机组成部分,推动了经济的发展,成为同西方资本主义国家进行市场竞争的有力武器。

四、始终重视人力资源

"四小龙"受儒家文化影响,一直有尊重知识的传统,非常重视教育和提高劳动力素质。目前"四小龙"的教育开支一般占各自预算支出的15%~20%,如韩国1990年教育开支在预算支出中所占比例为19.6%。适龄青年中,大学生的入学比例均占20%以上,其中韩国最高,达37%,接近日本的升学率。在新加坡,学生在中学时期就开设技术课,使毕业后能具备起码的就业本领。韩国早在1969年就开展了"教育革命",旨在改变、纠正忽视职业教育的倾向,1970年,韩国职业高中在学人数超过普通高中在学人数。另外,"四小龙"还非常重视在职工人培训,新加坡与香港都设立了职工训练局,专门训练各行业职工。

"四小龙"的企业在培养人才方面也起着特殊作用。韩国企业办学始于本世纪50年代末,70年代形成企业办学热。办学形式有:接收学校法人、创办企业私立大学,创办职业学校及职工学校;组织专职培训,选送职工到已建立"产学合作"关系的大学或研究机构进修,选派职工到海外留学或进修。

"四小龙"重视根据未来经济社会发展需要进行"超前培养"人才。韩国政府官员、企业管理人员和工人已具有相当高的文化科学技术水平。历届政府内阁成员中的80%是留美学生。仅大宇集团在1990年就雇用了1 000名博士。现代财团汽车制造公司的工人中,大学毕业生占1/3。

五、企业管理

"四小龙"都非常重视企业文化建设。在韩国和新加坡,几乎每一家企业都有自己的信条和方针,在企业的大门口、车间处处都是企业或车间的奋斗目标和为实现奋斗目标的决心标语、宣传画。大多数企业都有象征本企业精神的厂服、臂章、上岗证等。每个公司都安排了球场、电影院等职工娱乐场所,并定期组织职工外出旅游。新员工进入企业,要首先学习企业传统、经营思想,学习基本的社会公德和职业道德,接受本企业的价值观,培养对本企业的忠诚,以及接受礼仪、举止言谈各方面的训练。台湾企业界、理论界自80年代便加强了对美、日等国企业文化的研究,到90年代初,形成高潮,企业界津津乐道"丰田精神"、"松下价值观"等,并全面导入CI设计。

"四小龙"企业多为私营企业、家族企业和家族财团,其管理方式多为家长制。企业董事长、总经理多是一家之主,家庭成员或家族成员身居要职,整个企业被视作一个大家庭,家长对企业日常事务,不分巨细都要管,不必考虑权限、职责范围,甚至职工的家庭生活、个人隐私都可过问。这些企业的作风和行为规范深深地受企业主的作风和道德观念的影响,克勤克俭、忠孝传家的传统在企业中得到很好体现。企业中不但重视亲缘关系,也非常重视同乡关系、同学关系,处理问题都要考虑"人情"、"面子"等问题,有关系者往往更能得到企业主的信赖和重用。这种亲缘、地缘、学缘、亲私关系无形中使企业具有一种凝聚力,便于企业主监控企业日常工作,劳资关系也较为和缓。但由于照顾亲私关系,违背"惟才是举"的科学管理原则,一定程度上影响了生产效益的提高。与日本相比,虽同属东方文化,但日本在任人惟贤、不考虑亲缘关系方面做得较好;论资排辈现象在亚洲"四小龙"当中不如在日本那么严重。

"四小龙"采取的是家长制的管理,并参照日本管理体制的一些做法,但管理体制中最重要的部分——决策,是美国式的,而不是日本式的。"四小龙"企业遵循的原则也是自上而下,而不是自下而上,因为经营决策权高度集中于企业上层,特别是集中于家族经营者身上。这种决策形式排斥了自下而上的信息交流,一般劳动者的意见和建议得不到表达,尤其是中间管理层的作用得不到充分发挥。近年来,受西方现代管理方式的影响,企业决策上逐步向"决策方式多元化、经营管理分权化"方向发展。这一变化主要表现在各企业内部纷纷成立帮助最高经营者决策的辅佐机构,如企划室、秘书室、综合调整室等。这些机构直属最高决策者,他们在企业的人事、经营战略、资金调配、财务监察等方面扮演着重要角色,不同程度地影响着最高经营者的决策,成为具有较大权限的参谋机构。不过,这一变化不过是经营决策方式的局部调整,并没有从根本上改变决策权高度集中这一现实。

目前,受西方文化的影响,人们不再赞许家长作风和个人专权,以血缘关系为基础的家族统治正在发生变化,企业在用工、提拔、升迁等各方面已采用考核等平等竞争方式,以便留住人才。"四小龙"企业一直在老式的、遵循儒家思想的方法和现代的日、美方法之间寻求万全之策,"四小龙"的企业管理一直处于学习和转变的过程中。

第五节　中国的管理

任何国家的管理都植根于民族文化的土壤之中,也无不带有时代的烙印。目前,我国在建立有中国特色的社会主义市场经济过程中,也必须从民族文化中吸取精华,去其糟粕。在引进与吸收国外先进管理思想、管理方法的同时,必须结合我国国情,顺应时代潮流,才能使中国经济尽快走上腾飞之路。

一、文化背景

中国是一个具有五千年历史的文明古国,中国的各种文化现象,有其相当特殊的背景。中国的文化传统主要表现在:

1. 小农经济的长期影响

千百年来,中华民族在温暖湿润、江河纵横、土地广袤而富饶的自然环境中从事单一种植型农业生产活动。人们"日出而作,日落而息","鸡犬之声相闻,老死不相往来"。这种生活方式养成了人们勤劳、节俭、守旧、散漫等生活习惯,人们追求和谐、安稳、平和而节奏较慢的社会生活,习惯于乐天知命,安分守己。在为人处世原则上崇尚中庸之道,提倡"温、良、恭、俭、让"的君子风度和方式,很少有强烈的自我表现;提倡道德和人格的自我完善,要求人们通过道德修养,融个体于群体之中,即"吾日三省吾身"以便"克己复礼"。只有克制身心,服从群体,才能与世俗融洽相处。在中庸观念引导下,人们从众心理较强,缺乏敢为人先的冒险精神、开拓精神和进取精神。眼界狭小,小成即安是这种小农心理的典型写照。

2. 宗法制度的长期影响

中国古代长期存在着以血缘关系为纽带的宗法制度,它把社会成员牢固地联系在一起,使其有共同的风俗习惯、心理状态、行为规范,宗族成员有很强的集体主义感,宗族内部有很强的凝聚力。但另一方面,宗法制度又导致"家长制"式的集权专制,导致了重人治、轻法制的传统,形成了裙带关系比法律条文更起作用的社会关系网。

3. 儒家文化与道家文化的长期影响

儒家与道家有着不同的价值观、思维方式和心理模式,它们相互刺激,相互影响,相互吸收,推动着民族精神和整个文化的演进,共同构成了中国传统文化的主流。儒家是一种积极"入世"的人生态度,提倡"天行健,君子以自强不息"。儒家思想的道统是"格物、致知、正心、诚意、修身、齐家、治国、平天下。"儒家崇尚大同思想、内圣外王之学,正己正人、成己成物的主张,以及"穷则独善其身,达则兼善天下"的人生哲学。而道家则主张清心寡欲。与世无争、顺其自然,不主张像儒家那样为人生理想而奋斗不息。受儒家及道家哲学的影响,中国既有积极进取、"先天下之忧而忧,后天下之乐而乐"的仁人志士,也有超然世外、自甘寂寞的隐逸之士。儒道互补、阴阳交错,使得中国人无论在得意或失意时都能得到心理平衡,而且皆可以从这一文化背景中寻找到支撑点。

鸦片战争以来,帝国主义的洋枪洋炮打开了中国闭关自守的大门,中国传统文化也受到了巨大冲击。"五·四"运动提倡民主与科学,提倡个性解放的方向是正确的,但"五·四"运动的缺陷是片面地、全盘地否定了传统文化。改革开放以来,西方文化伴随着西方物质文明再次涌入国门时,人们的价值观再次发生动摇和混乱。比如,拜金主义、享乐主义、个人主义、腐败之风的盛行,造成假冒伪劣产品屡禁不止,坑蒙拐骗现象时有发生。道德观念的滑坡已经严重干扰了正常的市场竞争秩序,阻碍了经济的发展。1996年10月10日召开的十四届六中全会指出,如何弘扬祖国传统文化精华,形成有利于社会主义现代化建设的共同理想、价值观念和道德规范,是社会主义现代化进程中必须认真解决的历史性课题。

二、社会主义市场经济体制

改革开放以前,中国长期实行的计划经济体制,虽然在建国初期使经济建设取得了巨大的成就,但这种经济体制存在种种弊端,同社会生产力的要求不相适应,主要表现在:政企职责不分,条块分割,国家对企业统得过死,忽视商品生产、价值规律和市场的作用,分配中平均主义严重,使社会主义经济在很大程度上失去了活力。十一届三中全会以来,随着经济体制改革的不断深入,人们已经挣脱把计划经济看作社会主义、把市场经济看作资本主义的思想束缚。1992年10月召开的中共十四大,正式提出了建立社会主义市场经济体制。1993

年11月14日十四届三中全会通过的《中共中央关于建立社会主义市场经济体制若干问题的决定》,把十四大确定的经济体制改革的目标和基本原则加以系统化、具体化,是我国建立社会主义市场经济体制的总体规划和行动纲领。

建立社会主义市场经济体制,是使市场在社会主义国家宏观调控下对资源配置起基础性作用,使经济活动遵循价值规律的要求,适应供求关系的变化;通过价格杠杆和竞争机制的功能,把资源配置到效益较好的环节上,并给企业以压力和动力,实现优胜劣汰;运用市场对各种信号反应灵敏的优点,促进生产和需求的及时协调。

社会主义市场经济体制是同基本制度结合在一起的。在所有制结构上,以公有制经济为主体,个体经济、私营经济、外资经济为补充,多种经济成分长期共同发展,不同经济成分还可以自愿实行多种形式的联合经营。党的十五大深刻论述了经济体制改革和经济发展战略,第一次明确提出公有制实现形式可以而且应当多样化,公有经济不仅包括国有经济和集体经济,还包括混合所有制经济中的国有成分和集体成分。要从战略上调整国有经济布局:对关系国民经济命脉的重要行业和关键领域,国有经济必须占支配地位。在其他领域,可以通过资产重组和结构调整,以加强重点,提高国有资产的整体质量。十五大重申了对国有企业"抓大放小"的战略方针。

三、企业管理

中国的企业管理是与中国国情和每个时期的政治、经济体制、科技发展,尤其是文化密切相关的。解放后,中国的企业管理主要仿效苏联的管理模式,如推行"一长制"、建设"托拉斯"等等。1961年3月,毛泽东从中国国情出发,提出了"两参一改三结合"的原则,即工人参加管理,干部参加劳动,改革不合理的规章制章,技术人员、工人、干部三结合。同年秋,邓小平主持制订了《国营企业工作条例》草案,阐明了适当扩大企业自主权,加强管理,实行生产责任制等,并在八届三中全会上提出实行党委领导下的职工代表大会制度作为民主管理的重要措施。十一届三中全会以后,全党、全国把工作重点转移到经济建设上来,促使经济体制结构发生了根本性的变化。随着改革的不断深入,企业经营与管理也正在发生着日新月异的变化。

1. 建立现代企业制度

中国过去在计划经济体制下,国家对企业限制过多,管得太死。企业产、供、销、人、财、物等各方面都由国家统一控制,企业缺乏自主权,只要按时完成上级下达的生产任务而不必考虑产品销售和经济效益。这种情况压制了企业的创造性和积极性,使企业失去了应有的活力。

十二届三中全会上作出了《关于经济体制改革的决定》,国家实行简政放权,政企分开,并确定了所有权与经营权适当分离的原则。在企业内部领导体制上，坚持和完善厂长负责制；扩大企业自主权，各级政府部门原则上不再直接经营管理企业；在企业经营方面，普遍推行了经济承包责任制。

中共十四大明确提出建立社会主义市场经济体制。为了实现这个目标，必须进一步转换企业经营机制，建立现代企业制度。其基本特征：

(1) 产权关系明晰，企业中的国有资产所有权属于国家，企业拥有包括国家在内的出资者投资形成的全部法人财产权，成为享有民事权利、承担民事责任的法人实体。

(2) 企业以其全部法人财产，依法自主经营，自负盈亏，照章纳税，对出资者承担资产保值增值的责任。

(3) 出资者按投入企业的资本额享有所有者的权益，即资产受益、重大决策和选择领导者等权利。企业破产时，出资者只以投入企业的资本额对企业债务负有限责任。

(4) 企业按照市场需求组织生产经营，以提高劳动生产率和经济效益为目的。政府不直接干预企业的生产经营活动。企业在市场竞争中优胜劣汰，长期亏损、资不抵债的应依法破产。

(5) 建立科学的企业领导体制和组织管理制度，调节所有者、经营者和职工之间的关系，形成激励与约束相结合的经营机制。

为了适应现代企业制度的需要，规范公司的组织和行为，1993年12月29日，八届人大五次会议通过了《中华人民共和国公司法》。以后，国务院在全国范围内选择了100家效益较好的企业进行股份制试点，各省市也相继确定了2 000多家现代企业制度试点单位。如何建立现代企业制度，目前仍在探索之中。

2. 领导制度

我国企业的领导体制有一个历史的演变和发展过程，大体经历了"一长制"阶段、党委领导下的厂长负责制、十年动乱中的革命委员会、党委领导下的厂长负责制的恢复、厂长负责制等5个阶段。企业领导体制的改革，在过去一直是极为敏感的政治问题。1984年10月，中共中央《关于城市经济体制改革的决定》正式肯定了厂长负责制这一领导体制。《决定》指出："现代企业分工细密，生产具有高度的连续性，技术要求严格，协作关系复杂，必须建立统一的强有力的高效的生产指挥和经营管理系统，只有实行厂长（经理）负责制，才能适应这种要求。"1988年8月开始实施的《企业法》进一步强调："企业要建立以厂长为首的生产经营管理系统，厂长在企业中处于中心地位，依法对企业负有全部责任"。这一规定从法律上确定了厂长在企业整个生产经营管理系统中的权威地位，确立了我国企业的现代领导体制。

厂长负责制在贯彻执行中存在的主要问题是和党委的关系问题。《企业法》既规定了厂长在企业生产经营中的中心地位，又规定了党委在企业中的政治核心地位。这两者的关系究竟如何处理，成为一个未获很好解决的两难问题。目前企业中，处理这一关系往往依靠厂长和书记的个人性格、品行,以及两人的个人关系。个人关系不好,往往矛盾较多,工作不能很好配合。其次,厂长负责制在执行中,由于缺乏有效的监督与约束机制,造成了国有资产的大量流失。

对于实行公司制的国有企业,如何按照《公司法》的要求,建立公司内的法人治理结构,使股东大会、董事会、监事会和经理层各司其职,权力制衡,如何规范经理的经营管理行为;如何处理公司制企业中经理与党委的关系,目前仍在探索之中。

3. 职代会制度

在我国企业经营管理过程中,职工代表大会制度是职工参与管理的最重要的一种组织方式。《企业法》中确定"职工代表大会是企业实行民主管理的基本形式,是职工行使民主管理权力的机构",它在企业中具有并行使下列职权:

(1) 听取和审议厂长关于企业的经营方针、长远规划、年度计划、基本建设方案、重大技术改造方案、职工培训计划、留用资金分配和使用方案、承包和租赁经营责任制的报告,提出意见和建议。

(2) 审查同意或者否决企业的工资调整方案、劳动保护措施、奖惩办法以及其他重要的规章制度。

(3) 审议决定职工福利基金使用方案、职工住宅分配方案和其他有关职工生活福利的重大事项。

(4) 评议、监督企业各级行政领导干部,提出奖惩和任免的建议。

(5) 根据政府主管部门的决定选举厂长,报政府主管部门批准。

1994年7月1日开始实施的《公司法》中规定:"国有独资公司和两个以上的国有企业或者其他两个以上的国有投资主体投资设立的有限责任公司,依照宪法和有关法律的规定,通过职工代表大会和其他形式,实行民主管理。"

与西方国家有关法律相比,我国企业的职工享有相当广泛和直接参与企业管理的合法权利,然而,在实践上,我国企业中的职代会目前还远未发挥出有关法律所规定的那些权利和作用。在相当多的企业中出现了职代会"机构虚设"和"权利虚设"的现象。特别是在普遍实行企业承包制或公司制以后,厂长或经理对各项经营指标承担着最为重要和直接的责任,并使他们获得了相应的权利、地位。在这种情况下,由于企业管理委员会和职代会在法律上所享有的权利与他们在实际中所能够承担的责任之间处于非对等的状况,因此,就使他们难以主动地发挥应有的作用,并极易受企业领导者个性、素质、观念和作风的影响。

我国企业中,如何保护职工的合法权益,如何更好地调动职工工作的积极性与能动性,如何培养职工参与管理的意识、激励职工参与管理的责任等,对于提高产品质量与劳动效率具有十分重要的意义。我国的文化传统和法律制度,为职工参与管理创造了很好的条件。职工代表大会制度是能够和应该充分加以利用的。

本章复习题

1. 美国企业管理有什么特点？
2. 日本企业管理有什么特点？
3. 德国企业管理有什么特点？
4. 亚洲"四小龙"企业管理有何特点？
5. 中国经济体制改革和企业管理有什么特点？

本章讨论题

1. 美国、日本和德国在企业管理上有什么异同？
2. 亚洲"四小龙"与欧美在企业管理上有什么异同？
3. 十四大以来中国国有企业改革的战略方针是什么？在指导思想上有什么突破？
4. 我国经济管理体制的改革和企业管理能够借鉴哪些国外经验？谈谈你自己的看法。

第十二章 未来的管理

当前正值世纪之交。回顾 20 世纪,是管理理论和实践飞跃发展的 100 年;展望 21 世纪,面临更大的管理创新和变革。认清管理发展的趋势,驾驭新世纪管理的风云,是每一个管理者面临的共同挑战。

第一节 管理的软化趋势

自 1769 年世界上第一家现代企业诞生以来,企业已经历了 230 年的发展,企业管理的理论和实践也发生了划时代的变化。纵观企业管理的全部历史,大致经历了经验管理、科学管理、文化管理三个阶段。

一、从经验管理到科学管理——企业管理的第一次飞跃

传统的经验管理完全依靠经营者个人的直觉和经验进行决策,绝大多数企业的经营者将所有权和经营权集于一身,企业没有健全的规章制度,职能部门没有明确的分工,工人像机器一样从事劳动,士气低落,生产效率低下。由于科学技术的落后和生产方式的简单,生产力发展缓慢,经验管理方式一直持续了一百多年。

1911 年,美国著名管理专家泰勒的《科学管理原理》问世,这标志着企业管理由漫长的经验管理阶段,迈进了划时代的科学管理新阶段。

企业家不再靠个人经验和直觉来指挥下属,而是开始用调查研究的科学方法代替个人经验;企业家与工人可以不再为生产定额而争吵,因为"时间和动作研究"提供了精确地计算定额的方法;企业家不再为生产工具和操作工艺的随意性而大伤脑筋,生产工具、操作工艺、作业环境、原材料的标准化,为生产效率的提高开辟了广阔的前景;企业家不再为工人水平的参差不齐而忧虑,"工作挑选工人"的原则和系统的培训,为各个生产岗位提供了第一流的工人;企业家不再因工人作业的随意性而叹息,也不再因事必躬亲的指挥而疲于奔命,"计划(即管理)与执行相分离"的原则,大大加强了企业的管理职能,使依法治厂成为可能。总之,泰勒的科学管理理论使企业管理由经验上升为科学,很快在欧美推广,以福特汽车厂的流水线生产为标志,科学管理极大地推动了生产效率的提高。列宁曾对泰勒制给予高度评价,派人去考察并主张在苏联借鉴科学管理的精华,他说:"社会主义实现得如何,取决于我们苏维埃政权和苏维埃管理机构同资本主义最新的、进步的东西结合的好坏。"

改革开放以来,我国企业界以极大的热情学习和借鉴了科学管理的理论和方法,这对于尚处于经验管理阶段的我国大多数企业来说,是一个强有力的推动。多数企业加强了定额和定员管理、标准化管理、计量管理、人员培训、现场管理,逐步走上了依法治厂的轨道,一些企业已收到了显著成效。虽然要由经验管理阶段登上科学管理的台阶还有很长的路要走,但事实已经证明:管理出效益,实现科学管理,是所有企业的必经之路。

二、从科学管理到文化管理——企业管理的第二次飞跃

科学管理使企业管理走上了规范化、制度化和科学化的轨道,极大地推动了生产效率的提高,同时,在实践中也暴露出其本质的弱点——对职工的忽视。与生产高效化伴生的是人的工具化,以及工人对工作的厌烦、劳资矛盾的激化。

发端于20世纪30年代,流传在60～70年代的行为科学,力图纠正和补充科学管理的不足。80年代兴起的企业文化理论,是这种努力的最新成果。它完整地提出了与科学管理不同的管理思想和管理框架,这种以企业文化建设为龙头的企业管理模式已经成为世界管理的大趋势。

文化管理相对于科学管理而言,在以下9个方面发生了显著变化:

1. 管理的中心

由科学管理下的以物为中心(以技术为中心,以生产为中心,以财务为中心等)转变为以人为中心。在文化管理下,人既是管理的出发点,又是管理的落脚点。对内管理,以职工为中心;对外经营,以顾客为中心。如果说,科学管理是非人性的管理,那么文化管理是人性化的管理。尊重人,关心人,培养人,激励人,开发人的潜力,成为企业管理的关键。

2. 管理的人性假设前提

科学管理把人看作经济人,以"性恶论"为哲学基础;而文化管理把人看作自我实现人和观念人,以"性善论"为哲学基础。在科学管理下,把人仅仅看作成本,而在文化管理下,人是待开发的潜力巨大的资源。

3. 控制方法

在科学管理下,以外部控制为主,重奖重罚是主要手段;而在文化管理下,以自我控制为主,自查自律是主要手段。科学管理的逻辑是"要我这样干",而文化管理的逻辑是"我要这样干"。

4. 管理重点

在科学管理下,直接管人的行为,职工的一言一行都有制度管,是典型的法治;而文化管

理下,直接管人的思想(信念和价值观),间接地影响人的行为,是一种新的管理方式——文治,即以文化来治理。

5. 领导者类型

在科学管理下,领导者恰似乐队的指挥,属指挥型领导;而在文化管理下,领导者则像是导师和朋友,属育才型领导。

6. 激励方式

在科学管理下,以外激为主,依赖于工作的外部条件;而在文化管理下,以内激为主,着重满足职工的自尊和自我实现需要,依赖于工作本身的魅力。

7. 管理特色

科学管理的特色是纯理性管理,排斥感情因素;而文化管理的特色是将理性与非理性相结合,是有人情味的管理。

8. 组织型式

在科学管理下,权力结构明确,是职能式或事业部制等"金字塔"型组织;而在文化管理下,权力结构模糊,管理者与被管理者更为平等,类似于网络状扁平组织,换句话说,是平等沟通,自我学习的学习型组织。

9. 管理手段

科学管理依靠强制性的制度和物质手段的投入;而文化管理则依靠思想的灌输,价值观的认同,感情的互动和风气的熏陶。即依靠非强制性和非物质手段的投入。管理由以硬管理为主,走向软硬结合,以软管理为主,这就是管理的软化趋势。

文化管理纠正了科学管理见物不见人的偏向,适应了人们需要层次的提高,脑力劳动比重加大,知识经济的兴起,第三产业的发展,经济全球一体化等时代变迁,从而实现了高效率与高士气的良性循环。这是现代管理的第二次飞跃,如表 12-1 所示。

表 12-1 经验管理、科学管理和文化管理

特征 \ 模式	经验管理	科学管理	文化管理
年代	1769—1910	1911—1980	1981 以来
特点	人治	法治	文治
组织	直线式	职能式	学习型组织

续表

特征 \ 模式	经验管理	科学管理	文化管理
控制	外部控制	外部控制	自我控制
领导	师傅型	指挥型	育才型
管理中心	物	物	人
人性假设	经济人	经济人	自动人、观念人
激励方式	外激为主	外激为主	内激为主
管理重点	行为	行为	思想
管理性质	非理性	纯理性	非理性与理性相结合

第二节 文化管理——21世纪的管理

一、走向文化管理——与之相关的发展趋势

现代企业管理的发展主要表现出以下趋势：

1. 经营化趋势

传统的生产型管理是由垄断造成的，企业管理的目标在于提高生产效率，对企业来说，生产效率是第一位的，而经营、营销则是第二位的。随着生产力的发展和竞争的加剧，卖方市场变成了买方市场，营销开始被摆到首位，西方管理界提出了"一顾客，二市场，三生产"的经营管理思想，生产型管理也就开始转变为经营性管理，从而使企业管理呈现出愈来愈强烈的经营化趋势。

2. 战略化趋势

随着企业间竞争的日趋激烈、企业与环境联系的日益紧密，企业的经营管理不能再仅仅局限于内部因素和眼前的得失，而必须达到前所未有的高度和广度。中国传统的兵法思想、韬略原则，因而就被国内外企业广泛采用。国际上新出现的一门管理学科——企业经营战略学，正是管理的战略化趋势在理论上的结晶。越来越多的企业开始重视经营战略的研究和制定，那些行动较早的企业则已经看到了正确的经营战略所带来的巨大利益。

3. 非理性化趋势

1982年,美国管理学者彼德斯(T. Peters)和沃特曼(R. Waterman)出版了《追求卓越——美国管理最佳公司的经验》一书,迅速引起了美国管理界的广泛注意,它所提出的一些论点,至今仍是西方管理界的热门话题。该书的主要论点之一,是对作为美国企业界主流思潮的以泰勒为代表的纯理性主义的批判。作者认为:人不是纯理性的,感情因素不容忽视;管理不仅是一门科学,还是一门艺术;管理不仅要靠逻辑和推理,还要靠直觉和热情;理性化的解析手段和技术方法有一定作用,但不能迷信和滥用。在该书的推动下,管理学界对纯理性的科学管理进行了深刻的反思,非理性化思潮一浪高过一浪。表现在:企业文化热在全球迅速蔓延;传统的规范的组织结构和管理模式被按照具体目标而临时构建的各种"团队组织"所否定;对人的非理性因素的关注,等等。

4. 权变化趋势

所谓权变,即权宜应变。由于市场和企业的外部环境越来越变幻莫测,企业就需要不断变更自己的管理方式来适应这种变化,权变管理于是应运而生。这种管理方式在管理的诸多方面都提出了相应的、新的管理理论,如组织结构的变异性,经营方式的灵活性,领导模式的权变性,以及运行控制的多元性等。其特点就是随着环境的变化而采取相应的管理方式,所以,又被称为以现实为中心的管理方式。可以预测,这种管理方式在未来将越来越普及。

5. 电脑化趋势

电脑和网络技术大概是现今更新最快的技术了,电脑手段在企业经营管理中普及应用的速度也是惊人的,而且呈现出加速发展的态势。这给现代企业管理带来了很多新的特点。在信息高速膨胀的今天,管理越来越依赖于电脑手段,现代经济竞争,从某种意义上讲已成为信息战。

网络技术的迅速发展,使"网络购物"、"虚拟企业"成为可能,这对企业及其经营是一个全新的课题。

6. 风险化趋势

企业管理的风险化趋势是变幻的市场环境和高科技发展的产物。随着经营环境越来越捉摸不定,一方面,企业经营、决策的风险日益增大;另一方面,一种以高科技为导向,追逐新产品和新市场的新兴开拓型企业——风险企业正迅速崛起。不论企业对风险采取何种态度——躲避或是追逐,它们所面临的风险是不可避免地越来越大了。这导致了一门独立的企业管理学科——风险管理的发展。显然,风险管理不是一种可以循规蹈矩的规范管理和逻辑管理,它需要一种极强的冒险精神和创新意识,又要有战略头脑,要善于把握市场机遇,从而找到赢利的机会。

7. 跨国化趋势

随着冷战时代的结束,全球经济一体化时代来临,跨国经营成为越来越普遍的现象。其中碰到的主要难题是跨文化管理问题。不同地区,不同民族和不同国家的固有文化差异很大,造成管理上难以克服的困难。如何处理文化冲突,实现文化融合,在此基础上弘扬母公司的企业文化,是一个崭新的管理课题。

8. 知识化趋势

美国微软公司的迅速崛起,标志着知识经济时代的即将来临。有人说,知识经济将主导21世纪的全球经济。与之相应,企业的知识管理将很快成为一个热门的前沿领域。知识管理不同于信息管理,它是通过知识共享、运用集体智慧提高应变能力和创新能力。如何搞好知识管理,是另一个吸引我们去进行探索的崭新领域。

二、走向文化管理——21世纪的必然选择

由科学管理过渡到文化管理不是哪些学派主观随意的创造,而是生产力与生产关系矛盾发展的必然结果,是科学管理越来越不适应飞跃发展的现代化社会大生产的集中表现,也是上述8种趋势综合作用的必然选择。我们可以从5个方面作一简单剖析。

1. 温饱问题的解决与"经济人假设"的困境

科学管理的基本假设——职工都是追求经济利益最大化的"经济人",他们除了赚钱糊口外,没有其他的动机。因此他们都是懒惰的,怕负责任的,没有创造性的。对他们只能用严厉的外部监督和重奖重罚的方法进行管理,金钱杠杆是惟一的激励手段。

在泰勒所处的时代,即19世纪末至20世纪初,生产力低下,工人远远没有解决温饱问题,也许"经济人假设"在当时不无道理。但即使在当时,有觉悟的工人也决不是纯粹的"经济人",轰轰烈烈的工会运动就是明证。随着生产力的迅速提高,发达国家的工人逐步解决了温饱问题,"经济人假设"陷入了困境,工人的劳动士气低落重新困扰着企业主。20世纪30年代,在霍桑试验的基础上美国管理学家梅奥提出了"人群关系论",正式提出——工人不是经济人,而是社会人。他们除了经济需要之外,还有社会需要。影响职工士气的主要不是物质条件,而是社会条件,特点是职工上下左右的人际关系。在此基础上发展起来的行为科学,进一步把人的需要划分为5个层次——生存、安全、社交、自尊、自我实现。对于解决了温饱问题的职工,满足其生存需要和安全需要的物质激励杠杆,已越来越乏力,而设法满足职工的社交、自尊、自我实现等高层次的精神需要,成为激励职工、赢得优势的关键手段。

而这需要营造一个和谐向上的企业文化氛围。

2. 脑力劳动比重的增加与"外部控制"方式的局限

生产力水平的迅速提高,市场竞争的日趋激烈,刺激了科学技术的飞速发展。近20年科技革命的兴起,一方面诞生了以信息产业为代表的高新技术产业,另一方面强有力地推动高等教育的普及。职工队伍的文化层次迅速提高,白领职工比例越来越高,蓝领职工比例越来越小。即使是蓝领工人也逐渐摆脱了笨重的体力劳动。现代化钢铁企业的钢铁工人,已不再是挥汗如雨、高温作业的昔日表象,而是坐在计算机前穿白大褂操作按键的崭新岗位。随着知识经济主导作用的发挥,脑力劳动在劳动构成中的含量越来越高,已经是不可逆转的历史潮流。

脑力劳动的特点是看不见、摸不着,其劳动强度和质量在更大程度上取决于人的自觉性和责任感。在无形的脑力劳动面前,泰勒的时间和动作研究已无用武之地。创造性的脑力活动,其定额如何确定,其进度如何控制,都成为管理者遇到的新课题。如果说,泰勒的从严治厂、加强监督的外部控制方法,对有形的体力劳动曾经卓有成效的话,那么对待复杂的、无形的脑力劳动,则必须转移到进行"自我控制"的轨道上来。这就是要注重满足职工自我实现需要的内在激励,注意更充分地尊重职工,鼓励职工的敬业精神和创新精神,并且在价值观上取得共识。而培育共同价值观正是企业文化建设的核心内容。可以说,文化管理是对脑力劳动为主的信息时代的惟一适用的管理模式。

3. 服务致胜时代的到来与"理性管理"传统的没落

作为生产力迅猛发展的一个结果,是产业结构调整的加速和第三产业的兴起。目前,欧美发达国家的职工中,50%以上在第三产业工作。第三产业的特点是一般没有物质产品,其主要产品是服务。服务质量的竞争,是第三产业竞争的主要形式。

即使在第二产业,工业产品的市场竞争,焦点也越来越转移到服务上来。随着人们消费水平的提高和消费观念的变化,服务质量已成为产品质量的重要组成部分。在产品的规格、品种、性能、价格不相上下的情况下,对用户提供的售前服务、售中服务和售后服务的质量,就往往成为成败的关键因素。

因此,许多企业家和管理学家认为:服务致胜的时代已经到来。

那么,如何提高服务质量?依照泰勒的时间动作研究和外部控制,只能治标不治本。比如微笑服务,硬挤出的笑并不会使顾客感到愉快,皮笑肉不笑反而使顾客感到难受,只有发自内心的真诚的微笑才能给顾客带来快乐和温暖。这种发自内心的真诚的微笑,只能来自职工的敬业精神,对企业的忠诚心,对社会的责任感和高尚的服务道德。运用形体动作的培训和严格的外部监督无法做到,只能通过在长期的生产经营活动中形成一种共同价值观,一种心理环境,一种良好的传统和风气,相互感染熏陶,亦即形成一种良好的企业文化。

追求"以最佳服务独步全球"的美国电脑王国 IBM 公司的总裁小沃森在《事业与信念》一书中指出:"我坚定地相信,为了生存下去和取得成功,任何一个组织都必须具备一整套健全的信念。并把这些信念作为采取一切政策和措施的前提。其次,我还认为,公司取得成功的惟一最重要的因素,便是踏实地严守这些信念。"IBM 公司的信念有三:第一,尊重职工;第二,最佳服务;第三,追求卓越。全公司几十万人遵循这些信念,是 IBM 服务致胜并成长为全球最大的电脑公司的关键。

科学管理也被称为理性管理,这种管理认为只有数字资料才是过硬的和可信的,只有正式组织和严格的规章制度才是符合效率原则的。因此,他们过多地在教学模型上进行定量分析,把管理当成纯粹的科学,而忽视一个最重要的因素:人——有思想,有感情,并为思想感情所支配的人;忽视了管理的非理性因素——观念和感情;忽视了管理不仅是科学更是艺术这样一个本质性的规律。因此,在服务致胜时代到来后,它必将让位于以人为中心的、高度重视观念和感情因素的非理性管理模式,即文化管理。这种管理模式并不排除理性因素,而是使之与非理性因素相结合,并以非理性因素为主。

4. 战略管理的崛起与企业哲学的导航作用

当今世界一个重要特点是生产高度社会化及国际化,企业外界环境复杂多变,市场竞争及企业兼并日趋激烈。置身于这样一个变幻多端的世界中的企业,遇到了空前的挑战和压力,也获得了发展的机遇和条件。企业要想立于不败之地,就应该想方设法利用自身优势,抓住转瞬即逝的机会,避开可能的风险,拓宽生存的空间。欲达此目的,就必须进行战略研究和战略管理。

战略管理以全局为对象,综合考虑供应、生产、技术、销售、服务、财务、人事和企业外部环境等各方面因素,根据总体发展的需要制定企业经营活动的行动纲领。而以生产管理为主的科学管理模式,不能适应以市场营销为主的全局性的战略管理的需要。

战略管理是一种面向未来、向前看的管理,预测未来碰到许多模糊性的不确定的因素。而以精确的定量分析为特点的科学管理模式,很难适应对模糊性的、不确定的因素的研究和分析。

战略管理是在复杂多变的竞争中求生存求发展的战略选择,必须以高明的战略观念为指导,必须确立高明的企业哲学,而这只能在文化管理模式下去实现。许多成功的企业,之所以能在市场竞争的海洋里乘风破浪,正是因为他们具有高明的企业哲学、优良的企业文化。

日本松下公司靠大量生产的"自来水哲学"和仿制为主的"后发制人策略",长期保持了优质低价的竞争优势,成为家用电器行业的"超级大国"。

日本太阳企业集团信奉"大则死,小则活"的哲学,用"见缝即扎根"的"蒲公英精神"和化整为零的灵活经营方式,在激烈的市场竞争中发展壮大。

中国第二汽车制造厂确立了"视今天为落后"的不断进取的哲学,全厂钻研本职工作成风,关心竞争态势成风,关心企业命运成风,依靠自我积累,不断自我发展。

沈阳金杯汽车股份有限公司信守"不求最大,但争最优"的企业哲学,不在生产规模上与一汽、二汽等大型企业竞争,而是把精力放在质量和服务上,以最优的质量和服务在强手如林的汽车行业中站稳脚跟。这一哲学符合该企业内外环境,在它指导下的竞争战略也是高明的。

"春江水暖鸭先知",这些优秀企业的成功范例,说明企业哲学及与之联系的企业文化,在残酷的企业竞争中越来越占据举足轻重的地位。

5. 分权管理的发展与企业精神的凝聚作用

随着市场竞争的白热化,通讯手段的现代化,世界变小了,决策加快了,决策的复杂程度空前地提高了。对决策快速性、准确性的要求,导致决策权力的下放,各种形式的分权管理应运而生。特别是近20年来,跨国公司大量涌现,这种分权化的趋势更为明显。过去,泰勒时代以效率高著称的直线职能制组织形式,即金字塔型组织,由于缺乏灵活性而逐渐失去了活力。代之而起的联邦分权制(即事业部制)、矩阵式组织以及重心移至基层的镇尺型组织。这些分权式组织的特点是有分工但不呆板,重效率而不讲形式,决策权下放给最了解情况、最熟悉问题的相应层次,总的来讲,等级层次大幅度减少,组织弹性大幅度增强。随着金字塔的倒塌、柔性组织和分权管理的发展,企业的控制方式也发生了巨大的变化。

泰勒的科学管理是依靠金字塔型的等级森严的组织和行政命令的方式,实施集中统一指挥和控制的,权力和责任大多集中在上层。现在,权力下放给各事业部或者跨国公司的地方分公司了,地理位置又往往相隔十万八千里,直接监督已不可能,行政命令已不适宜,那么,靠什么维持庞大的企业(或跨国公司)的统一呢?靠什么形成数万职工的整体感?靠什么把分散在世界各地的、不同民族、不同语言、不同文化背景的职工队伍凝聚起来呢?只能依靠共同的价值观、共同的企业目标、共同的企业传统、共同的仪式、共同的建筑式样等等,亦即共同的文化。

法国的阿科尔集团,从1976年开设单一旅馆的小企业,在短短10年间成为取得全球领导地位的巨型跨国公司。这个集团腾飞的诀窍是什么?它怎样使分散在72个国家、用32种商业牌号从事各种业务活动的5万名职工保持凝聚力呢?董事长坎普说:"我们有7个词的共同道德:发展、利润、质量、教育、分权、参与、沟通。对这些词每个人都必须有相同的理解。"

世界最大的快餐企业——美国麦克唐纳快餐公司,其遍布世界五大洲40多个国家的11 000家连锁店,不是靠行政命令和直接监督统一起来的,而是靠独具特色的企业文化形成了不可分割的整体。

网络技术的发展和知识经济的兴起,使"虚拟企业"和在家上班成为可能。对于没有办公楼,不上班共同工作,而且各自在家里电脑前自主安排工作的职员,经理人员怎样对他们实施激励、领导和控制?怎样使他们自觉地积极工作,主动地开动脑筋,愿意开发自己的潜能,并出色地与他人合作?有效的手段只有一种——靠企业文化的神奇力量。核心价值观成为全体职工自觉工作、自我约束的精神动力,也成为凝聚公司员工的思想纽带。当然,管理者对员工的家庭访问、握手寒暄和感情沟通肯定比今天更为重要;而一些丰富多彩的企业风俗、典礼、仪式和业余文化活动,更成为未来企业的动人侧面。

总而言之,未来的企业更像一所学校、一个文化团体,在公司工作将不再是单纯的谋生手段,而是学习知识、共享知识、创造知识、造福人类的精神享受和强烈需要。对于这种公司的管理,也必然仅有一种选择——文化管理。

本章复习题

1. 为什么说从经验管理过渡到科学管理是企业管理的第一次飞跃?
2. 何谓文化管理?与科学管理相比,文化管理有哪些特点?
3. 企业管理的8大趋势是什么?
4. 为什么说文化管理是21世纪的管理?

本章讨论题

1. 试说明企业文化建设在企业管理中的重要地位。
2. 对中国当前的大多数企业而言,当务之急是搞科学管理还是文化管理?为什么?
3. 试分析人们温饱问题的解决与文化管理的内在联系。
4. 试分析人们知识水平的提高与文化管理的关系。
5. 试分析知识经济的兴起与文化管理的关系。
6. 试分析跨国经营的发展与文化管理的关系。
7. 试分析战略管理的崛起与文化管理的关系。
8. 你认为过渡到文化管理应具备哪些条件?

主要参考书

1. 小詹姆斯·H·唐纳利,詹姆斯·L·吉布森,约翰·M·伊凡赛维奇著.司徒淳译.管理学基础.沈阳:辽宁大学出版社,1988
2. 尹毅夫.管理学.北京:企业管理出版社,1992
3. 马丁·J·坎农著.张宁等译.管理学概论.北京:中国社会科学出版社,1989
4. 田杉竞,铃木英寿,山本安次郎,大岛国雄著.于延方译.比较管理学.北京:中国社会科学出版社,1992
5. 张德,刘冀生.中国企业文化——现在与未来.北京:中国商业出版社,1991
6. 张德,吴剑平,曲庆.和谐管理——衡水电机模式.北京:中国机械工业出版社,1997
7. 张德.人力资源开发与管理.北京:清华大学出版社,1996
8. 李田树.现代管理学.台北:天一图书公司,1995
9. 姚为民.杜鲁克管理学新诠.台北:经济日报社,1993
10. 彼得·圣吉著.郭进隆译.第五项修炼.上海:上海三联书店,1994
11. 约翰·科特著.孙琳,朱天昌译.权力与影响.北京:华夏出版社,1997
12. 约翰·科特著.成中,李晓涛译.企业文化与经营业绩.北京:华夏出版社,1997
13. 于显洋,林克雷,李路路.组织行为学.北京:北京工业大学出版社,1994
14. 占部都美著.蒋道鼎译.现代管理论.北京:新华出版社,1984
15. 罗伯特·海勒.现代企业的成功管理.北京:中国经济出版社,1992
16. Robbins S P, Coultar M. Management. Prentice Hall, Iac, 1996
17. H·孔茨,西里·奥唐奈.中国人民大学工业经济系译.管理学.贵阳:贵州人民出版社,1982
18. 王元.美德日中企业决策体制比较.太原:山西经济出版社,1993
19. 徐渊.比较管理学.上海:上海远东出版社,1994
20. 王昭栋,冯并.万国经济体制比较丛书.武汉:武汉出版社,1994
21. 陈光磊,胡奇光,李行杰.中国古代名句辞典.上海:上海辞书出版社,1988
22. 美·弗里蒙特·E·卡斯特,詹姆斯·E·罗森茨维克.组织与管理——系统方法与权变方法.中国社会科学出版社,1985

后　记

　　经过反复切磋,工商管理硕士课程的管理学教材终于脱稿。令人悲痛的是,徐国华教授不幸于1997年4月病逝,这本书算是完成了他的遗愿,也是对他的最好纪念。

　　张力军讲师参加了本书第四章的编写,刘成雅硕士参加了本书第十一章的编写,在此对他们一并表示感谢。

张　德　赵　平

1998年6月10日